国家社科基金“没收之国际刑事司法协助机制研究”（项目编号：18BFX073）阶段性成果
暨南大学高水平大学建设经费支持
暨南大学“一带一路”与粤港澳大湾区研究院资助

Study on
Theory and Legislation of
International Criminal Judicial Assistance

国际刑事司法协助
理论与立法研究

陈晖 著

法律出版社
LAW PRESS·CHINA
北京

图书在版编目(CIP)数据

国际刑事司法协助理论与立法研究 / 陈晖著. -- 北京 : 法律出版社, 2023
ISBN 978 - 7 - 5197 - 6740 - 2

Ⅰ. ①国… Ⅱ. ①陈… Ⅲ. ①国际刑法 - 司法协助 - 中国 Ⅳ. ①D997.9

中国版本图书馆 CIP 数据核字(2022)第 081628 号

国际刑事司法协助理论与立法研究
GUOJI XINGSHI SIFA XIEZHU LILUN YU LIFA YANJIU

陈 晖 著

策划编辑 沈小英
责任编辑 毛镜澄 任 娜
装帧设计 李 瞻

出版发行 法律出版社
编辑统筹 法治与经济出版分社
责任校对 王 丰
责任印制 吕亚莉
经　　销 新华书店

开本 710 毫米 × 1000 毫米 1/16
印张 24 **字数** 386 千
版本 2023 年 7 月第 1 版
印次 2023 年 7 月第 1 次印刷
印刷 北京虎彩文化传播有限公司

地址:北京市丰台区莲花池西里 7 号(100073)
网址:www. lawpress. com. cn
投稿邮箱:info@ lawpress. com. cn
举报盗版邮箱:jbwq@ lawpress. com. cn

销售电话:010 - 83938349
客服电话:010 - 83938350
咨询电话:010 - 63939796

书号:ISBN 978 - 7 - 5197 - 6740 - 2
定价:112. 00 元

凡购买本社图书,如有印装错误,我社负责退换。电话:010 - 83938349

简 称 表

序号	全称	简称
1	《中华人民共和国刑事诉讼法》	《刑事诉讼法》
2	《中华人民共和国引渡法》	《引渡法》
3	《中华人民共和国国际刑事司法协助法》	《国际刑事司法协助法》
4	《联合国禁止非法贩运麻醉药品和精神药物公约》	《联合国禁毒公约》
5	《中华人民共和国民事诉讼法》	《民事诉讼法》
6	《中华人民共和国香港特别行政区基本法》	《香港基本法》
7	《中华人民共和国澳门特别行政区基本法》	《澳门基本法》
8	公安部《公安机关办理刑事案件程序规定》	《公安部刑事程序规定》
9	最高人民检察院《人民检察院刑事诉讼规则》	《最高检刑诉规则》
10	最高人民法院《关于适用〈中华人民共和国刑事诉讼法〉的解释》	《刑诉法解释》
11	《中华人民共和国宪法》	《宪法》
12	《中华人民共和国反洗钱法》	《反洗钱法》
13	《中华人民共和国禁毒法》	《禁毒法》
14	《中华人民共和国反恐怖主义法》	《反恐怖主义法》
15	《中华人民共和国监察法》	《监察法》
16	《海峡两岸红十字会组织有关海上遣返协议》	《金门协议》

续表

序号	全称	简称
17	《海峡两岸共同打击犯罪及司法互助协议》	《南京协议》
18	《关于向国外送达民事或商事司法文书或司法外文书公约》)	《海牙送达公约》
19	《关于从国外调取民事或商事证据的公约》	《海牙取证公约》
20	《中华人民共和国刑法》	《刑法》
21	最高人民法院、最高人民检察院《关于适用犯罪嫌疑人、被告人逃匿、死亡案件违法所得没收程序若干问题的规定》	《违法所得没收程序规定》
22	最高人民法院、最高人民检察院、公安部《关于办理刑事案件收集提取和审查判断电子数据若干问题的规定》	《电子数据规定》
23	《中华人民共和国治安管理处罚法》	《治安管理处罚法》
24	《中华人民共和国行政处罚法》	《行政处罚法》
25	《中华人民共和国出入境管理法》	《出入境管理法》

常用条约及国外刑事司法协助立法

联合国《引渡示范条约》(Model Treaty on Extradition)

联合国《刑事事件互助示范条约》(Model Treaty on Mutual Assistance in Criminal Matters)

联合国《刑事事件转移诉讼示范条约》(Model Treaty on the Transfer of Proceedings in Criminal Matters)

联合国《关于移交外国囚犯的模式协定》(UN Model Agreement on the Transfer of Foreign Prisoners)

联合国《有条件判刑或有条件释放罪犯转移监督示范条约》(Model Treaty on the Transfer of Supervision of Offenders Conditionally Sentenced or Conditionally Released)

《欧洲引渡公约》(1957 年)(European Convention on Extradition)

《欧盟成员国简易引渡程序公约》(1995 年)(Convention on Simplified Extradition Procedure between the Member States of the European Union)

《欧盟成员国间引渡公约》(1996 年)(Convention Relating to Extradition between the Member States of the European Union)

《欧洲刑事司法协助公约》(1959 年)(European Convention on Mutual Assistance in Criminal Matters)

《欧盟成员国间刑事司法协助公约》(2000 年)(Convention on Mutual Assistance in Criminal Matters between the Member States)

《关于刑事判决国际效力的欧洲公约》(1970 年)(European Convention on the International Validity of Criminal Judgments)

《欧洲刑事诉讼移管公约》(1972 年)(European Convention on the Transfer of Proceedings in Criminal Matters)

欧洲《移交被判刑人公约》(1983 年)(Convention on the Transfer of Sentenced Persons)

《日本国际侦查共助法》(Law for International Assistance in Investigation and Other Related Matters 1980)

《瑞士国际刑事司法协助法》(Federal Act on International Mutual Assistance in Criminal Matters 1981)

《德国刑事事务国际司法协助法》(Act on International Cooperation in Criminal Matters 1982)

《加拿大刑事司法协助法》(Mutual Leagal Assistance in Criminal Matters Act 1985)

《澳大利亚刑事司法协助法》(Mutual Leagal Assistance in Criminal Matters Act 1987)

《南非国际刑事合作法》(International Co-operation in Criminal Matters Act 1996)

《英国刑事司法(国际合作)法》[Criminal Justice(International Co-operation) Act 1990]

《英国国际刑事合作法》(CrimeInternational Co-operation Act 2003)

《英国 2002 年犯罪收益追缴法》(Proceeds of Crime Act 2002)

《澳大利亚 2002 年犯罪收益追缴法》(Proceeds of Crime Act 2002)

目录

导　言

国际刑事司法协助是国家关系的重要内容,逐渐被国际社会普遍关注。随着协助范围的进一步扩展,协助机制的不断完善,我国把握当前国际刑事司法协助日益密切的机遇,积极努力创造机会,不断探索双边或多边合作机制以寻求相互支持和共赢,开拓国际刑事司法协助的新局面。

自新中国成立后,我国在和平共处五项原则的基础上与其他国家建立外交关系,开展政治、经济、文化等方面的合作与交流,也与周边国家开展了国际刑事司法协助事务方面的实践,但范围较窄,大多是通过外交途径送达文书。改革开放后,国际交往的日益频繁为我国开展国际刑事司法协助提供了良好的契机,我国陆续与外国签订了一系列含有刑事司法协助内容的司法协助条约、引渡条约、被判刑人移管[1]条约等,我国还积极参加含有刑事司法协助条款的国际公约,成为我国开展国际刑事司法协助的重要法律依据。1996年,我国修订《刑事诉讼法》,对开展刑事司法协助作了原则性规定。2000年,我国颁布《引渡法》,对开展国际引渡协助起到良好的规范作用。党的十八届四中全会确定“深化司法领域国际合作,完善我国司法协助体制,扩大国际司法协助覆盖面”,党的十九大提出要推动“构建人类命运共同体”的愿景,“一带一路”倡议等全球合作理念与实践不断丰富,加强全球治理、推

〔1〕“移管”的英文表述为“transfer”。在欧洲的一些被判刑人移管公约以及联合国的被判刑人移管的示范协定中,国内学者有的翻译成“移交”,也有的翻译成“移管”。为统一表述,本书使用“移管”。

进全球治理体系变革已成为共识，我国也加快构建国际刑事司法协助机制的步伐，为国家治理与全球治理兼容提供法治保障。2018 年，我国颁布《国际刑事司法协助法》，作为打击跨国犯罪工作，积极与外国开展国际刑事司法协助的一项顶层设计，使我国在国际刑事司法协助的立法方面迈上新台阶。

国外关于国际刑事司法协助理论方面的研究，如 M. 谢里夫・巴西奥尼（M. Cherif Bassiouni）的《国际刑法导论》《国际刑法的渊源与内涵：理论体系》、英国 J. G. 斯塔克（Stark J. G.）的《国际法导论》、法国安德鲁・博萨（Andre Bossard）的《跨国犯罪与刑法》、日本著名刑法学者森下忠的《国际刑法入门》和《国际刑事司法协助研究》等。M. 谢里夫・巴西尼奥的《国际刑法导论》以专章的形式对国际刑事司法合作进行介绍，包括它的起源、形式以及对该项制度的评价。森下忠在著作《国际刑法入门》中专编论述了国际刑事司法协助，并在其《国际刑事司法协助研究》中指出，“国际刑事司法协助，实质是将一国的司法权引向一国的领域之外，并通过他国的司法机关完成刑事司法职能”。他们关于刑事司法协助的理论成果经翻译后开始进入我国国际刑法学者的视野。

我国刑事法学界对国际刑事司法协助的理论研究发展较快，逐渐成为我国刑事理论研究的重要课题，激发了众多学者对此问题的探讨，如赵永琛的《国际刑事司法协助研究》（1997 年）、张智辉的《国际刑法通论》（1999 年）、马进保的《国际犯罪与国际刑事司法协助》（1999 年）、成良文的《刑事司法协助》（2003 年）、黄风的《国际刑事司法合作的规则与实践》（2008 年）和《国际刑事司法合作：研究与文献》（2009 年）；赵秉志主编的《欧盟刑事司法协助研究暨相关文献中英文本》（2003 年）、《被判刑人移管国际暨区域合作》（2004 年）等，学者将研究集中于我国国际刑事司法协助的现状、存在问题及完善建议，从不同视角揭示了国际刑事司法协助的基本原则、特点和内在规律，提出具有建设性的国际刑事司法协助发展路径。也有的学者将研究视野聚焦在引渡制度和我国引渡立法，黄风的《中国引渡制度研究》《或引渡或起诉》，刘亚军的《引渡新论——以国际法为视角》，还有一些学者围绕《联合国打击跨国有组织犯罪公约》和《联合国反腐败公约》，提出我国国际刑事司法协助的发展趋势及改进措施。

近年来,没收犯罪收益、斩断犯罪资金链条国际呼声越来越大,犯罪资产追回也成为惩治犯罪的重要环节。国家通过司法协助的方式强制性地将涉案财物剥离于犯罪行为人或其他人,然后再将其转回国内,犯罪资产追回成为刑事司法协助的重要内容,何帆的《刑事没收研究——国际法与比较法的视角》(2007 年),蒋秀兰《没收的国际合作研究》(2015 年)对没收国际合作问题进行研究。此外,张士金(2010 年)、李翔(2011 年)、林雪标(2012 年)、裴兆斌(2013 年)、解彬(2015 年)等在对"境外追赃""反腐败国际合作"等相关法律问题的研究和论证中,也将没收制度置于追逃、追赃或者反腐败的体系中进行分析,提出要建立多元资产追回机制。这些理论成果为我国的刑事司法国际合作立法奠定了理论基础。对各国的司法协助立法和实践起到很大影响作用的主要有联合国的一系列规范性文本,包括联合国《刑事事件互助示范条约》《引渡示范条约》《刑事事件转移诉讼示范条约》《关于移交外国囚犯的模式协定》《有条件判刑或有条件释放罪犯转移监督示范条约》等。在国际刑事司法协助理论和联合国示范立法以及国际公约的指引下,我国也不断完善司法协助体制,扩大国际司法协助覆盖面,加强国际合作,加大海外追赃追逃、遣返引渡力度,充分利用刑事司法协助渠道,办理了一批大案、要案。为打击跨国犯罪,开展境外追逃追赃等工作起到了积极作用,推动了我国国际刑事司法协助的开展。

本书以我国 2018 年通过的《国际刑事司法协助法》为基础,共分为八章,研究内容涵盖国际刑事司法协助理论的基本问题、历史发展、性质、理论基础、基本原则、协助范围、职能机关及国内实施程序等。按照我国《国际刑事司法协助法》的立法体例,对国际刑事司法协助中的文书送达、调查取证、查封、扣押、冻结涉案财物、没收、返还违法所得和其他涉案财物、被判刑人移管等制度进行了理论与立法分析,剖析了我国开展国际刑事司法协助的特点,并从国际法和国内法双重角度对国际刑事司法协助的法律问题进行梳理,分析各国针对某一问题采用的不同解决方式,探讨各国法律方式及处理具体问题的可行性,探究在不同情况下国际刑事司法协助的最优方法。通过刑事司法协助理论与国际刑事公约以及外国国际刑事司法协助立法的比较研究，提出完善我国国际刑事司法协助制度的建议与对策，以构建我国开展国际刑事司法协助的理论体系。

本书采用了理论分析和规范研究相结合、实证分析和批判研究相结合的方法。围绕我国《国际刑事司法协助法》的规定，对一些国际公约和区域条约、双边条约以及外国国际刑事司法协助相关国内立法进行文本解读和比较研究，通过对比和分析，从各国立法实践概括提炼出这些国家和地区开展国际刑事司法协助的特点；本书也紧密联系国际刑事司法协助中的热点及难点问题，通过一些案例和实践进行整理、分析与对比，并借此作为理论研究的论证材料，从而全方位地了解我国相关制度的优劣，并进一步提出完善路径；本书还结合一定的历史研究方法，对国际刑事司法协助的理论与立法进行纵向研究，对国际刑事司法协助及其发展趋势进行预测，为开展国际刑事司法协助提供稳定的制度框架。

加强国际合作，建立有效的全球治理已成为国际社会的强烈愿望。国际刑事司法协助具有比较复杂的跨学科概念，其本身具有很强的实践性，许多国际法原则和国际习惯都源于国家实践，本书也尝试对涉及的国际刑事司法协助的法律问题进行价值分析，探讨主权国家在人类命运共同体的背景之下接受一些共同的规则和共同的机制，促进国家间在刑事司法领域的相互依存、相互协调和共同发展，进行刑事司法管辖权的让渡，有效地开展国际刑事司法协助，更好地维护区域或全球的安全，衡平各国共同的利益，最大化地满足各国的发展需要。

第一章　中国国际刑事司法协助及其发展

第一节　国际刑事司法协助及其意义

一、国际刑事司法协助的内涵及其争论

“司法协助”一词起源于德文“Rechtshilfe”，现代意义上的司法协助制度出现在19世纪的德国。[1] 英文表达有“international judicial assistance in criminal matters”和“international mutual legal assistance”等，法学理论界对其概念的认识并不一致：

国际刑事司法协助是国与国之间在刑事事务方面通过代为一定的司法行为而互相给予支持、便利援助的一种活动。[2]

国际刑事司法协助，是世界各国或地区之间为有效制裁国际犯罪行为，依据国际条约规定或双边互惠原则，直接或在国际组织协调下进行的刑事司法互助，代为履行一定诉讼事务的司法制度。[3]

有学者从政治和司法角度定义国际刑事司法协助：政治上，国际刑事司法协助是专门适用于处理涉外刑事案件的一项国际合作制度，以国际条约为基础，以国内立法为依据而确立；司法上，是不同国家或地区的司法机关之间，依据国际条约规定或双边互惠原则，在刑事司法上相互协助，代为一定诉

---

〔1〕 参见马进保：《中国区际侦查合作》，群众出版社2003年版，第20页。

〔2〕 参见赵永琛：《论国际刑事司法协助》，载《现代法学》1991年第2期。

〔3〕 参见马进保：《国际犯罪与国际刑事司法协助》，法律出版社1999年版，第30～31页。

讼事务。国际司法协助原则上是一个国家的国内司法行为,但由于这种司法活动延伸到国外,因而具有一定的国际性质。[1]

也有学者主张国际刑事司法协助的概念界定与国际刑事司法协助范围密切相关。[2]

以上概念均认为,国际刑事司法协助是主权国家在刑事司法方面的配合和协助,但对国际刑事司法协助的性质、依据和范围的理解存在分歧。准确地理解国际刑事司法协助,必须把握以下三个方面:

(一)关于“刑事”与“民事”

概念是解决法律问题所必须和必不可少的工具,也是我们清楚和理性地思考法律问题的前提。司法协助是不同国家的司法机关在诉讼活动和其他司法活动中相互提供帮助和进行合作。就性质而言,司法协助分为刑事司法协助、民商事司法协助及行政司法协助。民商事司法协助在实践中运用最广泛,最为各国所普遍接受,较多地体现了人民之间的关系,较少体现了政治色彩。[3]《国际私法》教科书将司法协助定义为:根据国际条约或互惠原则,一国法院接受另一国法院的请求,代为履行某些诉讼行为的制度,包括送达诉讼文书、传唤证人、收集证据、承认和执行外国法院的判决和仲裁机构的裁决等。在行政诉讼制度比较发达的国家,如法国,行政司法协助已成为司法合作的基本形式之一,与许多国家签订有条约,与民商事、刑事司法协助形成鼎足之势,构成司法协助的三大体系。[4] 1939 年,哈佛国际法研究部草拟的一项《司法协助草案》中规定的司法协助形式包括民事司法协助和刑事司法协助。[5]《联合国反腐败公约》也将反腐败领域的国际司法协助限定在刑事方面,但在民事与行政方面均可开展调查与诉讼的合作。

刑事司法协助强调对“刑事司法”的协助,“刑事”与“民事”“行政”相

---

〔1〕 参见杨世英、马进保:《论国际刑事司法协助的概念、特征和形式》,载《法律科学(西北政法大学学报)》1991 年第 5 期。

〔2〕 参见张旭:《国际刑法论要》,吉林大学出版社 2000 年版,第 227 页。

〔3〕 参见李铁刚:《浅析司法协助的几种形式》,载《法学评论》1989 年第 2 期。

〔4〕 参见李铁刚:《浅析司法协助的几种形式》,载《法学评论》1989 年第 2 期。

〔5〕 参见黄肇炯:《国际刑法概论》,四川大学出版社 1992 年版,第 228 ~ 231 页。

对，但民事常与商事一起使用，合为“民商事”。在一些国家，“民事”或“刑事”的含义很难达成共识，英美法系国家对“民商事”的定义作扩大的解释，将行政诉讼纳入民事诉讼中加以调整，并由普通法院管辖；而大陆法系国家则对“民商事”定义作缩小解释，刑法、行政法都不应属于民商法的范畴，有的国家还设立独立的行政法院管辖行政诉讼案件。我国在国际司法协助制度中一般区分为刑事司法协助、民事司法协助和行政司法协助，民事司法协助中包含民事和商事协助，在我国与外国签订的民商事司法协助条约中均不直接定义“民商事”的范围，但在对“民事案件”定义时将商法、婚姻法、劳动法等范围内有关财产权益和人身权利的案件都归为民事案件，有的则直接在条约名称或条约内容中用“民商事”一词，且不对此作任何解释，[1]扩大民事司法协助范围，也是为了更好地便利各国之间司法协助的有效进行。

“刑事”，是指治理犯罪的相关事项，外延宽泛，涵盖犯罪、刑法（实体和程序）、刑罚制度与执行等。[2] 也有学者将对犯罪的定义及其构成、刑罚制度与执行、刑事诉讼程序与证据规则、国际刑事司法协助与合作形式的规定等都归入具有刑事性质的内容。[3] 刑事司法是国家在追诉犯罪、保障人权，实现司法权，维护国家安全与秩序的活动。不同国家对“司法”的理解不同，在我国，刑事司法，是指司法机关依照宪法、法律赋予的刑事司法权，对刑事法律的运用、解释和依照刑事法律对刑事案件侦查、起诉、审判、执行所进行的活动。[4] 我国与外国签订的刑事司法协助条约中，并未明确“刑事”的定义，有的条约将“刑事”限定在全国人大及其常委会制定和颁布的法律所规定的与犯罪有关的调查取证或诉讼。按我国国内法的规定，除全国人大及其常委会制定的狭义法律外，最高人民法院、最高人民检察院依据法律所作的有关犯罪问题的司法解释，以及公安部依法作出的有关犯罪问题的规章，只

---

〔1〕 参见《中华人民共和国和波兰人民共和国关于民事和刑事司法协助的协定》第 12 条；《中华人民共和国和罗马尼亚关于民事和刑事司法协助的条约》第 1 条；《中华人民共和国和法兰西共和国关于民事、商事司法协助的协定》第 1 条。

〔2〕 参见储槐植：《刑事一体化论要》，北京大学出版社 2007 年版，第 21 页。

〔3〕 参见高秀东：《国际刑事条约在中国的适用》，中国人民公安大学出版社 2012 年版，第 16 页。

〔4〕 参见杨春洗等主编：《刑事法学大辞书》，南京大学出版社 1990 年版，第 571 页。

要不与法律相抵触,也具有法律效力,也包括在“刑事”的范畴内。

(二)司法协助与司法合作

国际刑事司法协助概念中之“协助”,即帮助,是一国(请求国、请求方)为实现自己的刑事司法管辖权而请求另一国(被请求国、被请求方)帮助代为一些事项。〔1〕 对于司法协助,有学者用司法互助,〔2〕或者司法合作,〔3〕从字面含义来看,在《现代汉语词典》中,“协助”,是指帮助或辅助;“合作”表述为互相配合做某事或共同完成某项任务。协助、互助或合作并没有实质意义上区别,也不会引起歧义。国际刑事司法合作就是国际社会在刑事司法领域达成的共识,并进行的各种形式的配合和协作。〔4〕 有学者认为,协助在某些情况下更加侧重一方的“主动性”或提出协助请求时在时间上的“在先性”,以及另一方回应请求或执行请求时的“被动性”和时间上的“在后性”。而对“合作”则没有主动、被动,在先、在后的区分,更注重两者的共同行动。〔5〕 还有学者认为,应注意区分刑事司法协助和刑事司法合作的规范使用。将“刑事司法协助”等同于“刑事司法合作”进而统摄引渡、刑事司法协助、被判刑人移交等措施,不但不符合法理上理论要求,而且是一个典型的立法技术上的错误,将给我国包括刑事司法协助在内的对外刑事立法和司法合作的进行留下隐患。〔6〕 这一观点得到一些学者的认同,如有学者认为,国际刑事司法合作的概念大而宽泛,而国际刑事司法协助则相对狭窄,国际刑事合作包括

〔1〕 本书讨论的国际刑事司法协助主要聚焦主权国家之间开展的刑事司法协助活动。因此,本书在写作过程中,根据部分条约内容表述的规范性需要,用到缔约方、缔约一方、请求方、被请求方等表述。若无特别说明,内涵均是一样的。

〔2〕 参见赵秉志:《关于中国内地与香港特别行政区建立刑事司法互助关系的研讨》,载高铭暄、赵秉志主编:《中国区际刑法与刑事司法协助研究》,法律出版社、中国方正出版社 2000 年版,第 65 页;赵秉志、钱毅、赫兴旺:《跨国跨地区犯罪的惩治与防范》,中国方正出版社 1996 年版,第 47 页;蔡墩铭:《论两岸刑事司法互助》,载《法律学习与研究》1992 年第 1 期。

〔3〕 参见高德志:《澳门特别行政区之区际司法合作》,载《法学家》1995 年第 4 期。

〔4〕 参见赵秉志:《新编国际刑法学》,中国人民大学出版社 2004 年版,第 350 页。

〔5〕 参见周露露:《当代国际刑法基本原则研究》,中国人民公安大学出版社 2009 年版,第 243 页。

〔6〕 参见朱志峰:《我国刑事司法合作立法的规范、协调与完善:以正在酝酿的〈中华人民共和国刑事司法协助法〉为视阈》,载《社会科学辑刊》2014 年第 3 期。

国际刑事司法协助。[1] 两个概念应严格区分,国际刑事司法协助仅是国际刑事法律合作的组成部分。[2] 把国际刑事司法协助理解为狭义的"国际刑事司法协助",而将广义的国际刑事司法协助留给国际刑事合作,从而界定"协助"与"合作"的范围。[3] 司法协助和司法合作之间的逻辑属于种属关系,国际刑事合作除包含刑事司法协助这种最基本的形式外,还包括国际犯罪学研究,国际犯罪发展动向的预测和防范,刑事科学技术的开发、利用和交流等项内容。交流与社会治安、犯罪动态有关的情报信息资料属于国家之间最基本、最普遍使用的合作方式,属于初级刑事司法协助形式。[4] 以上观点,均是试图将"协助"与"合作"相区分。因此,有学者主张,用"国际刑事司法合作"的术语取代传统的广义国际刑事司法协助,因为合作的范畴要大于单纯的协助,合作不仅体现出主动性的特征,还蕴含着交互性的内在需要。[5] 当然,也有学者不以为意,认为这两个概念是一种并列关系,国际合作实质上是一种实体意义上的合作,而国际刑事司法协助是一种程序法意义上的合作。[6] 各种争议见仁见智,促进了人们更深入地认识刑事司法协助的内涵。

在国际规范性文件中,"司法协助"与"司法合作"确实有不同的含义和范围,自 1990 年联合国大会通过《刑事事件互助示范条约》,"国际刑事司法协助"一词开始更多地在狭义上使用。联合国的一些示范性文件如《引渡示范条约》《刑事事件转移诉讼示范条约》《关于移交外国囚犯的模式协定》也是对刑事司法协助赋予特定的含义,将其严格限定在狭义的范围内,并与引渡、刑事诉讼的转移管辖等属于并列且性质各异的刑事司法合作措施。"合作"一词的外延确实更广泛,在国际的公约中,一般使用"国际合作",如《国际刑事法院罗马规约》第九编用了"国际合作和司法协助"的编目,将"国际合作"与"司法协助"并列,可见二者之间并非简单的包容关系。《联合国禁

[1] 参见王新清:《刑事管辖权基本问题研究》,中国人民大学出版社 2014 年版,第 191 页。
[2] 参见陆晓光:《国际刑法学概论》,中国政法大学出版社 1991 年版,第 91 页。
[3] 参见贾宇:《国际刑法学》,中国政法大学出版社 2004 年版,第 365 页。
[4] 参见马进保:《国际犯罪与国际刑事司法协助》,法律出版社 1999 年版,第 25 页、第 142 页。
[5] 参见吴瑞:《论国际侦查合作的概念》,载《北京人民警察学院学报》2012 年第 5 期。
[6] 参见王秀梅:《国际刑事法院研究》,中国人民大学出版社 2002 年版,第 372 ~ 373 页。

毒公约》(United Nations Convention against Illicit Traffic in Narcotic Drugs and Psychotropic Substances)、《联合国打击跨国有组织犯罪公约》(United Nations Convention against Transnational Organized Crime)以及《联合国反腐败公约》(United Nations against Corruption)等国际条约都规定了关于国际刑事司法合作事项,并将其与刑事司法协助界分开来。《联合国打击跨国有组织犯罪公约》第13条规定更是将刑事司法协助与“引渡”“刑事诉讼的转移管辖”等司法合作措施并列,刑事司法协协助的界定模式与范围则与《刑事事件互助示范条约》一致。《联合国反腐败公约》第四章“国际合作”将刑事司法协助作为刑事司法合作的具体内容之一,而对“引渡”“被判刑人的移管”“司法协助”“刑事诉讼的移交”“执法合作”等事项都作了分条规定。可见,“合作”体现了双方有意愿在特定领域达成共识,在平等的基础进行情报交流等一系列活动,执法合作要求缔约方之间更密切、更经常,参与人员在行动上必须有高度的统一性,信息处理和沟通在参与国之间无障碍。[1]

笔者认为,“协助”与“合作”的含义确实存在一定的区别,“协助”侧重帮助、支持或提供便利,传统的国际刑事司法协助主要是文书送达、调查取证,基本上是经委托代为执行的模式,也比较符合“协助”一词的本义,其内涵应比“合作”更狭窄。而“合作”更能体现平等互惠原则之下的主动合作精神和国家之间的内在需要,在打击跨国犯罪和国际犯罪的共同目标之下,反映了全球一体化背景下控制和预防犯罪的长远目标。但两者的区分标准并不清楚,在我国与外国签署的刑事司法协助条约基本遵循国际通行的标准,在严格意义上使用了“刑事司法协助”术语,我国《刑事诉讼法》第18条、《民事诉讼法》第二十七章都使用的是司法“协助”,我国《国际刑事司法协助法》除狭义的刑事司法协助外,也将最广义的刑事司法协助,如被判刑人移管涵盖在内。在《香港基本法》和《澳门基本法》中,香港特别行政区、澳门特别行政区与内地司法机关进行司法方面的联系和相互提供协助,而在中央人民政府协

---

〔1〕 参见李蓉:《反腐败的国际刑事司法协助——〈联合国打击跨国有组织犯罪公约〉的刑事司法协助体系》,载《政法论坛》2005年第2期。

助或授权下，可与外国则可就司法互助关系作出适当安排。[1] 可见，在立法上，“协助”与“互助”是有区别的。

二、与相关概念的区分

（一）国际执法合作

执法是行使政治主权的形式之一，各国历来不愿意与外国执法机构进行合作。随着打击有组织犯罪、药物犯罪和恐怖主义方面的共同利益以及开展合作应对国际犯罪的重要性，这种态度慢慢改变。[2] 执法合作成为国际社会特别关注的议题之一，也是国际公约所确认的一种新型的刑事司法国际合作。《联合国禁毒公约》对于洗钱及相关执法合作进行了明确的规定，《联合国打击跨国有组织犯罪公约》第 27 条和《联合国反腐败公约》第 37 条至第 39 条均为“执法合作”的专门规定。根据国际公约的规定，执法合作，是指缔约方在符合本国法律制度和行政管理制度的情况下，加强各国执法主管机关、机构、部门之间的联系和交流，在犯罪调查、物品提供、协调交流、资料交换、情报交换等方面采取有效措施，其宗旨是为加强打击公约所涵盖犯罪的执法行动的有效性。执法合作要求缔约方之间有更密切、更经常性的合作，参与人员在行动上必须有高度的统一性，信息处理和沟通在参与国之间无障碍。[3] 虽然执法合作也涉及某些犯罪调查事项，但执法合作主要是基于行政基础而提出，而刑事司法协助则以特定案件的刑事司法为基础。

执法合作与刑事司法协助是两个不同的领域，但也有交叉。我国公安、检察机关已经与一百多个国家的有关机关建立了执法合作关系，并与一些国家构建了长久的联络机制及合作机制，1998 年成立的中美执法合作联合联络小组（Joint Liaison Group on Law Enforcement Cooperation，JLG）就是颇有成效的执法合作典型。中美双方以该机制为平台，在反腐败、打击跨国有组

---

〔1〕《香港基本法》第 95 条、第 96 条，《澳门基本法》第 93 条、第 94 条。

〔2〕参见第十一届联合国预防犯罪和刑事司法大会文件：《加强国际执法合作，包括引渡措施》。

〔3〕参见李蓉：《反腐败的国际刑事司法协助——〈联合国打击跨国有组织犯罪公约〉的刑事司法协助体系》，载《政法论坛》2005 年第 2 期。

织犯罪方面开展追逃、引渡与遣返合作,就杨某珠、黄某荣、王某强、杨某军等重点个案取得明显效果。2014 年 11 月,亚太经合组织(Asia-Pacific Economic Cooperation,APEC)成立了 APEC 反腐败国家执法合作网络,以推进亚太各国之间加强追逃追赃合作,共同打击跨国(境)腐败犯罪行为。执法合作中采取调取证据材料、通信侦听、建立联合调查机构等合作措施。但是,司法协助与执法合作也存在一定的区别:

首先,从主体上来看,刑事司法协助的主体是各国在刑事诉讼中依法履行职能的侦查、起诉、审判、执行等职能机关。而执法合作的主体包括各国宪法和法律赋予特定执行法律职能的机构或部门。国际公约更是将司法机关和各种隶属于政府职能范围的行政执法机关都包括在内。在我国,除公检法机关之外,司法行政机关、海关、税务、工商等都属于执法机关。各国的执法合作一般在职能相同或相对应的执法部门之间开展,如我国与有关国家移民当局运用非法移民遣返程序开展执法合作,实现境外缉捕的目的,中国人民银行代表中国政府与外国政府和有关国际组织开展反洗钱合作等。

其次,刑事司法协助针对的是刑事案件,一般是在刑事立案后的程序中开展,因而会存在"双重犯罪"的标准。而执法合作往往是为了预防、稽查或者侦破犯罪或行政违法行为而开展,如合作调查、信息资料和证据材料的交换,执法机关之间的协调和人员交流等,可以不受"双重犯罪"标准的约束。刑事司法协助的执行一般应当遵循比较严格的法定程序,而执法合作则在保持合法、有效且快捷的原则下遵循比较宽泛的程序规则,控制下交付、化装侦察等特殊的侦查措施只要不违法律的基本原则也可以采用。

最后,刑事司法协助所依据的国际条约或者双边协定一般须经过一定的立法审议和批准程序,而执法合作涉及相关国家的法律制度和行政管理制度,一般只经合作各方的行政主管机关审议批准后立即生效。如《中华人民共和国政府和美利坚合众国政府关于海关互助的协定》《中华人民共和国政府与日本国政府海关互助与合作协定》均是由两国政府签署,由双方海关当局相互提供协助。

（二）国际警务合作

国际警务合作，是指两个以上国家的警察机关，依据相关国际公约、条约、惯例或互惠原则，直接或在国际组织协调下进行的相互配合与协作。[1] 这种合作主要是在国际刑事警察组织（International Criminal Police Organization，INTERPOL 或 ICPO）（以下简称国际刑警组织）框架下开展。国际刑警组织成立于 1923 年，原名为"国际刑事警察委员会"，1956 年改为"国际刑事警察组织"，其主要职能是交换有关刑事案件的信息和资料，尽最大努力与各成员的侦查机关之间建立不断的、积极的合作，在各国现行的法律范围内，本着《世界人权宣言》（Universal Declaration of Human Rights）精神，保证和促进各国刑事警察当局之间尽可能广泛地相互支援，建立和发展可能有助于预防和处罚普通刑事犯罪的各种制度。目前，国际刑警组织成员近 200 个，虽然该组织并不超越国家主权对成员发布强制性命令，但却可以通过居间联络，指挥、指导各成员的国家中心局之间的刑事案件，或通过该组织的秘书处发布"国际通报"的方式进行刑事警务合作，逮捕被通缉的案犯，并依法协调有关国家（地区）间的引渡。国际刑警组织利用其先进、安全的通信网络以及资料系统和通缉制度，在成员之间建立了一整套的刑事司法合作制度，开展包括协助调查、协助送达诉讼文书、通缉在逃犯罪嫌疑人、协助引渡罪犯和移送囚犯、国际刑事信息通报等方面相互配合、实施援助等多边警务活动的合作。因此，有学者认为，国际警务合作在狭义上是国际刑警组织框架内的合作，围绕案件侦查进行合作；广义上还包括各国间开展的刑事司法协助的有关内容，包括在押人员出庭以及刑事诉讼转移、引渡等。[2] 有学者将国际警务合作称为国际组织居间的司法协助，属于世界性国际组织协调的司法协助，[3] 在国际组织的斡旋、协调、干预下形成的国际刑事司法协助在具体执行上发挥重要的作用，这种跨界的警务交流，称为国际警察合作，也是一种警察

---

〔1〕 参见荆长岭、易志华、吴兴民：《全球化时代的国际刑事警务合作》，中国人民公安大学出版社 2014 年版，第 51 页。

〔2〕 参见翟悦：《境外追逃追赃国际警务合作机制研究》，东南大学出版社 2016 年版，第 23 页。

〔3〕 参见杨士英、马进保：《论国际刑事司法协助的概念、特征和形式》，载《法律科学》1991 年第 5 期。

外交。[1]《联合国打击跨国有组织犯罪公约》规定,在紧急必要情况下,可利用国际刑警组织作为司法协助的沟通渠道,在公约的实施和国际合作条款方面,也可使用通过国际刑警组织提供的服务。

国际刑事司法协助不同于国际警务合作。国际警务合作强调"合作",双方共同完成合作事项,而国际刑事司法协助强调"协助",被请求方协助请求方完成协助事项,双方在合作或协助事项中的地位和作用是不一样的。[2]国际警务合作往往采取互派工作组、派驻警务联络官、共同成立专案组等方式,通过联合侦查、派员取证、跨境缉捕等直接合作的方式共同办案,形成了特有的途径,如国际刑警组织途径、警务联络官途径、国际区域组织途径等。国际警务合作的方式并不拘泥于条约和协议,而更直接和灵活,合作双方都能发挥自己的主观能动性。虽然各国对于警察机关规定不一致,但不同国家警方之间通过国际刑警组织可以开展所有的与警察职责相关的合作,成为全球最大的跨国警察"联盟"。我国 1984 年加入国际刑警组织,并在公安部设立中国国家中心局,与国际刑警组织总秘书处、外国警察机构在预防和打击刑事犯罪等方面开展合作,合力侦破了许多有影响的国际刑事案件,我国经由国际刑警组织发出"红色通缉令",与多国有关机构合作,多次成功地将逃亡国外的犯罪嫌疑人缉拿回国,也成功地协助外国缉查犯罪人。国际警务合作的重要性日益凸显,《公安部刑事程序规定》(2012 年 12 月修订、2020 年 7 月修正)第十三章将"刑事司法协助和警务合作"作了专门规定,明确公安部是公安机关进行刑事司法协助和警务合作的中央主管机关,其中第 375 条规定了公安机关进行警务合作和刑事司法协助的范围,从该条的规定可见在公安机关的职务范围内并没有将二者作出具体的区分,而是采用并列的形式列举出来。但在《最高检刑诉规则》(1998 年 12 月、2012 年 10 月、2019 年 12 月修订)以及《刑诉法解释》(2012 年 11 月、2021 年 1 月修订)与

---

〔1〕 参见向党:《〈国际警务合作研究之一〉国际警务合作概述》,载《中国人民公安大学学报》1997 年第 3 期。

〔2〕 参见王青:《国际警务合作与国际刑事司法协助之耦合关系论》,载《湖北警官学院学报》2015 年第 3 期。

《刑事诉讼法》相同，只采用"刑事司法协助"，可见刑事司法协助与警务合作概念的区别。

国际刑事司法协助的调查取证、引渡和国际警务合作中的内容存在部分交叉。通过国际警务合作打击国际犯罪和跨国犯罪，属于刑事司法协助的范畴，刑事司法协助所采取的途径也是国际警务合作的最传统途径。国际刑事司法协助中，各国需以相关的公约、双边条约或者互惠为前提，并遵守严格的司法程序，在理论或实践上都已成体系，合作机制相对成熟且稳定。但警务合作以问题为驱动，方式灵活、直接且高效，并不限于国家之间，地方警务机构之间也可通过签订合作协议直接合作，对于维护国家边境地区的安全与稳定具有重要作用。比较来看，国际警务合作与国际刑事司法协助在性质上有"合作"与"协助"之分，在范围上也有部分交叉，但都是维护国际社会秩序和保障人权的一种手段，实践中相互补充，共同发挥作用。

三、国际刑事司法协助的理论基础

（一）人类命运共同体中的国际合作

人类安全、人格尊严和人身权利是世界各国共同关注的利益，国际社会共同开展了惩治危害人类安全犯罪的立法和司法实践，特别是第二次世界大战之后，国际社会共同缔结了一系列的国际公约，以更好地保护这些共同利益。在全球化时代，国际资本全球流动，跨国公司全球扩展，经济发展已经冲破了国界、摆脱了疆域束缚，国际共同利益相互扩展和延伸，国际社会也逐渐顺应了经济全球化浪潮。恐怖主义的蔓延推动了国家安全利益的变化和转型，安全与稳定对于世界各国的发展尤为重要，人类共同的安全利益得以更加关注。

主流国际关系对国际合作的问题均有论及，现实主义国际关系理论倾向于否定国际合作的可能性，认为没有一个凌驾于国际之上的世界政府，而国家都以本国利益为出发点，国家之间关系存在根本利益冲突，合作也只能是权宜之计，实现即时的利益，国家只能依靠自己的实力来保证自己的生存和安全。除非共同利益存在，当国家之间利益趋同或者部分趋同时，国际合作才成为可能。而自由主义的论调则表现为比较积极，认为国际关系的实质是合作而不是冲突,因为无政府体系虽然没有中央政府,但却有体系秩序、行为准则和规范,任何个体的利益都不能单独实现,只能在与其他个体的互动中实现,国家安全的根本出路在于建立安全共同体,共同体才是稳定安全的状态,因此,合作是理所当然的事情。新自由制度主义者在此基础上认为,国际制度是促进合作的重要条件,国际制度促进国家间达成特定协议为合作关系建立提供信息和信任基础,缓解利己主义,促进已建立的合作关系的良性发展。以机制为原则和规则促进合作议题和参与的国家数量的扩大,这一理论称为"制度合作论",在西方国际合作理论中居于主导地位。新自由主义的商业自由主义流派认为,国家作为一个理性的行为体,国家之间的自由贸易和经济交往是促进合作的重要条件,商贸行为有助于增加国家之间的交流,增进理解和沟通,鼓励国家之间以非冲突来解决分歧,从而减少战争和冲突的风险。

现代国际法已经将国际合作确立为一项国际法上的基本原则。《联合国宪章》(Charter of the United Nations)将"促成国际合作"列为其宗旨之一,联合国的成员为维护国际安全与促进人类社会进步"务当同心协力",是一种必须"严格遵守"的"义务"。联合国大会 1970 年 10 月 24 日通过的《关于各国依联合国宪章建立友好关系及合作之国际法原则之宣言》(Declaration on Principles of International Law Concerning Friendly Relations and Cooperation among States in accordance with the Charter of the United Nations,以下简称《国际法原则宣言》)对国际合作原则的内容、目的、地位、作用以及适用等问题进一步加以明确。

近年来,构建人类命运共同体的国际实践创新,成为全球治理中国方案的重要组成部分。人类命运共同体,是每个民族、每个国家的前途命运都紧紧联系在一起,风雨同舟,荣辱与共,努力把我们生于斯、长于斯的这个星球建成一个和睦的大家庭,把世界各国人民对于美好生活的向往变成现实。[1]从"共同体"到"命运共同体"再到"人类命运共同体"的发展过程,是一个建构国际政治、经济新秩序和新型国际关系的基本价值理念,是全球治理的新

〔1〕 参见习近平:《习近平谈治国理政》(第 3 卷),外文出版社 2020 年版,第 433 页。

主张。[1] 2018年，我国将构建“人类命运共同体”写入《宪法》。“人类命运共同体”是全球化时代所展现出的各国日益相互依赖、休戚与共的利益格局，其核心理念是和平发展与合作共赢，从而增进世界人民的共同利益、整体利益和长远利益。各个主权国家成为一个人类命运共同体。虽然各国在国际社会中都以追求本国利益最大化为目标，强调国家利益保护、主权独立的必要性，但是，任何一个国家都不可能孤立地发展，在人类命运共同体的背景下，即便各国在政治、经济和社会制度上存在差异，国家之间的利益关系是平等的，应该互相尊重、互谅互让以培育国家间的共同利益，在国际交往中接受一些共同的规则和共同的机制，在国际关系的各方面进行合作，以维持国际和平与安全，并增进国际经济安定与进步。当产生共同利益的时候，各国应当共享收益，共担风险，共享和平安全、繁荣与发展，而一旦遇到困难受到挫折，则需要各国放弃自身利益的选择，来衡平共同的利益，最大化地满足各国的发展需要。

国家利益也是国际刑事司法协助的基础，是国家开展国际刑事司法协助的前提。一国请求他国协助办理司法事务，是从本国实际需求出发，而他国是否给予协助也是在充分考虑了本国主权、安全、公共秩序、法律制度以及本国的现实利益之后，才作出的决定，其中蕴含各国的利益需求与目标。从根本上来说，国际刑事司法协助也是一种国际互动形式，是国家间在刑事司法领域相互依存、相互协调、共同发展的体现。传统的国际刑事司法协助局限于程序法方面，然后逐步扩大到实体法方面的合作，国际合作也不局限于单一的刑事合作，而是涉及刑事、行政、金融等多个范畴，蕴含了“综合治理”的理念，[2] 以合作的方式维护区域或全球的安全并促进区域甚至全球经济的发展。

（二）国家主权的让渡理论

主权是一国独立于他国，并得以与其他国家处于平等法律地位、享有平

---

〔1〕 参见赵红艳：《总体国家安全观与恐怖主义的遏制》，人民出版社2018年版，第235~237页。

〔2〕 参见欧斌、余丽萍、李广民：《国际反腐败公约与国内司法制度问题研究》，人民出版社2007年版，第337页。

等权利的基础和保障。国家主权学说是现代国家和思潮萌发以后的产物，最早提出国家主权理论的是法国的古典法学家让·博丹(Jean Bodin)，将主权定义为“在一国中进行指挥的绝对的和永久的权力”。之后，被誉为国际法之父的胡果·格劳秀斯(Hugo Grotius)在其《战争与和平法》(The Rights of War and Peace)中对于主权提出其见解，主权就是国家的最高统治权，主权行为不受任何其他权力的限制，也不从属于任何其他人的意志。〔1〕传统国际法上，盛行的是绝对主权、抽象主权的观念。但随着国际法理论和实践的不断变迁，在全球化、信息化且相互依存的世界里，传统意义上的国家界限已发生改变，全人类共同面临诸多全球性问题，追诉和审判国际犯罪、跨国犯罪以及涉外犯罪的过程中，需要各国共同面对刑事司法领域关乎主权、领土、安全等国际核心利益问题，绝对的国家主权不可分割、不可让渡、不受干预的观念已经暴露出局限性。全球问题的解决要求各国在一定程度上弱化主权意识，增进全人类的共同利益。原有的国家主权观念逐渐淡化，“非民族国家化”“非主权化”逐渐成为全球化形势下的论调。〔2〕相对主权的观点逐步被接受，国家主权让渡理论应运而生，国家主权在国与国的互动得以真正运作和实现，它必然是相对的、具体的。〔3〕主权国家为了最大化的国家利益及促进国家间的良性互动与合作，以国家主权原则为基础，自愿地将国家部分主权权能转让给其他国家或国际组织行使，并保留随时收回所让渡的部分主权权能，这种主权行使方式，并不损及作为国家属性的主权价值的存在。〔4〕第二次世界大战后，苏联、美国、英国、法国等国政府缔结《关于控诉和惩处欧洲轴心国战犯的协定》(Agreement for the Prosecution and Punishment of the Major War Criminals of the European Axis)，很多国家把管辖欧洲轴心国的主要战

---

〔1〕参见[荷]胡果·格劳秀斯：《战争与和平法》，[美]A. C. 坎贝尔英译，何勤华等译，上海人民出版社2017年版，第62~63页。

〔2〕参见段存广：《从绝对主权到实效主权：对国家主权原则的再认识》，载《太平洋学报》2003年第2期。

〔3〕参见黄伯青：《国际刑事司法合作中的一事不再理原则研究》，上海人民出版社2011年版，第44页。

〔4〕参见李慧英、黄桂琴：《论国家主权的让渡》，载《河北法学》2004年第7期。

犯，交给欧洲国际军事法庭审判，这是苏联、美国、英国、法国等国把刑事管辖权让渡给国际组织的例子。[1] 虽然各国将部分国家主权让渡给有关的国际组织或者其他国家形成互惠协议，使国家的自主行为能力受到限制和相对减弱，但一个国家在某些领域中通过自我限制主权空间，对本国主权进行一定程度的让渡和限制，并不是放弃主权，而是使本国的主权能够得到延伸和扩展，使本国主权得以最高程度实现。换言之，一国在某方面对本国主权的谦抑，从表面上看是一种消极的放弃，实际上是国家主权在积极地发挥作用。[2]

司法管辖权是国家主权的一个重要内容，国家主权为一国刑罚权的行使范围划定了严格的地域界限，一国的司法权具有严格的属地性，原则上非经其他主权国家同意，一国不能在另一国领土上实施刑事诉讼行为，也不能允许其他国家在本国领土内进行刑事诉讼活动。当一个犯罪行为危害到两个以上国家的利益时，各国都有权根据本国的刑法对其管辖，一个主权国家势必要维护本国打击犯罪的绝对权力，建立完备的刑事法律制度和刑事程序对犯罪嫌疑人予以缉捕、追诉和审判，向本国人民展示国家司法的力量，安抚民众的恐惧心理，维护国家安全和利益。刑事司法活动的局限性以及刑事管辖权的冲突成为追诉犯罪的障碍，犯罪分子往往利用国家主权所造成的刑事管辖上的漏洞逃避国家的追诉，为此，国家之间也迫切需要最广泛的国际合作，才能及时获取证据，查明案情，控制犯罪嫌疑人，保障其到庭受审以及判决的有效执行。“10·5 湄公河案”发生在“金三角”的泰国水域，泰国和缅甸分别因属地和属人而享有该案的管辖权，我国作为被害公民的国籍国也具有管辖权。而我国最终获得该案的管辖权，这需要其他几个国家对自身存在的管辖权进行让渡，这一让渡是通过刑事司法协助来完成的。主权让渡在形式上表现为国家主权的部分受限或丧失，实际上则是国家自主行使主权的表现，是主权行使方式的改变，国家主权让渡是在不损害国家主权利益的原则下让渡

---

〔1〕 参见王新清：《刑事管辖权基本问题研究》，中国人民大学出版社 2014 年版，第 60 页。

〔2〕 参见黄伯青：《国际刑事司法合作中的一事不再理原则研究》，上海人民出版社 2011 年版，第 46 页。

部分权能,[1]这种让渡能够最为有效惩治国际犯罪、跨国犯罪或者解决犯罪之后的跨国逃跑问题。

基于国际关系的角度,有学者认为,司法协助是国际关系的一部分,是否提供协助主要取决于政治考虑,避免战争的发生也是重要的考量因素。[2]但也有学者认为,经济利益以及司法主权,都是每个国家对是否愿意提供司法协助或者签订双边条约的考量因素。[3] 各主权国家为了国家利益最大化,尽量克服在法律制度方面的差异,共同缔结或参加国际刑事公约,在刑事司法领域进行各种形式的沟通协调与支持配合,在共同利益的驱使下,一国向另一国提出刑事司法协助的请求就意味着该主权国家同意让渡部分的司法权,以相对较小的代价或灵活性维护较大的利益,而被请求方据此行使被请求事项所涉的司法权,在追求本国利益时兼顾对他国的合理关切,在谋求本国发展的同时促进共同发展,这是一种必然合理的逻辑选择,是国际社会对于正常秩序安全环境的营造,也是人类社会利益的一致性决定的。因此,在确保独立国家主权安全的前提下,通过双边或多边方式强化各国在刑事领域的司法协助,并利用互惠原则将司法协助中的问题予以规范化、制度化,对主权设定必要的限制条件,有利于国家之间更灵活、有效地开展刑事司法协助,体现了主权国家的共同利益要求和共同意志。

四、国际刑事司法协助的性质与特点

(一)国际刑事司法协助的性质

对于刑事司法协助行为性质的认识存在不同观点:

第一种观点认为,刑事司法协助属于国际法范畴,是国际公法的一个分支,将国际刑事司法合作置于国际刑法的研究领域,而国际刑法又是以国际法和刑事实体法为主要研究对象,各种国际条约(包括多边、双边司法协助条

[1] 参见翟悦:《境外追逃追赃:国际警务合作机制研究》,东南大学出版社 2016 年版,第 38 页。
[2] 参见翟悦:《境外追逃追赃:国际警务合作机制研究》,东南大学出版社 2016 年版,第 38 页。
[3] 参见叶良芳、张勤:《中国反腐败追赃执法合作的困境及其破解》,载《南都学坛》2017 年第 4 期。

约）的主体都是国家，个人并非条约主体。但该观点遭到诸多批判，因为该观点将导致忽略被追诉人的主体地位，国际刑事司法合作的诉讼特征被忽视，导致对被追诉人的实体权利和诉讼权利得不到保障。

第二种观点认为，刑事司法协助具有刑事诉讼的性质，[1]是对请求方进行刑事侦查、起诉、审判和执行刑罚的协助，因而刑事司法协助的任何作为均具有诉讼性，从属或辅助于请求方的刑事诉讼活动。[2] 林钰雄教授也指出，“司法互助的刑事案件，本质上就是刑事案件，被告是程序主体而非客体，国家也不能只以司法互助之名，就概括解除其刑事被告受内国法的宪法、法律及国际法公约之权利保护”。[3] 有学者将国际刑事司法协助的诉讼特征概括为四点：国际法与国内法并用、条约义务与互惠原则相统一、司法审查与行政审查相互制约、国际组织居间协调和当事国之间直接协助相配合。[4]

第三种观点认为，刑事司法协助等国际法活动应当具有跨境法（transnational law，也被翻译为“超国界法”）的性质，即刑事司法协助牵涉国内法、国际法的不同规定，在办理涉外刑事案件中，国内法与国际法应当一体化适用。[5] 针对涉外犯罪，在犯罪涉及其他国家或法域的情况下，本国法在域外适用存在现实障碍，使本国法上诉讼权利的实现方式需要进行调整，从而产生通过司法协助追诉犯罪的必要。这也是一个跨国界、跨学科的命题，除本身固有的司法因素外，还带有强烈的外交因素。[6]

也有学者融合以上 3 种观点，认为，国际刑事司法协助的本质属性应从四个方面进行阐述：是国际司法合作的重要组成部分；是刑事诉讼国际化的反映；是国家司法权的域外延伸，是国家主权的一种体现；是国家间联合采取

---

〔1〕 参见程荣斌主编：《外国刑事诉讼法教程》，中国人民大学出版社 2002 年版，第 54 页。

〔2〕 参见成良文：《刑事司法协助》，法律出版社 2003 年版，第 16 页。

〔3〕 转引自张景：《国际刑法综述》，人民法院出版社 2004 年版，第 281 ~283 页。

〔4〕 参见马进保：《国际犯罪与国际刑事司法协助》，法律出版社 1999 年版，第 32 ~48 页。

〔5〕 参见陈长文：《国际法之回顾与展望：以超国界法律角度检视》，载《月旦法学杂志》2012 年总第 200 期。

〔6〕 参见王少华：《国际刑事司法合作中的外交：以国际刑事法院为例》，载《外交评论（外交学院学报）》2014 年第 2 期。

司法行动，惩处国际性犯罪的一种手段。[1]

总之，司法协助是国家司法权力在领域以外的延伸，是国家主权的具体表现形式之一。主权国家是刑事司法协助的主体，有权代表国家进行司法协助的是经过国家授权的外交或司法机关，任何其他组织或个人都不能以自己的名义与他国进行司法协助。我国最高人民法院在1995年《关于终止地方法院与国外地方法院司法部门司法协助协议的通知》中明确提出，司法协助关系国家的司法主权，地方法院无权与国外签订司法协助协议，已签订的应立即终止执行。国际社会也承认在一个主权国家内部的独立法域中，如联邦制国家中的一些成员单位（邦、州、共和国），单一制国家中的特别行政单位在得到特别授权的情况下也可以与外国开展刑事司法协助，如我国澳门特别行政区和香港特别行政区基于“一国两制”而享有高度自治权，为了加强特别行政区与外国在执行法律及司法方面的合作，经我国中央政府正式授权，继续与外国签署刑事司法协助协定。此外，一些特定的国际组织，如联合国、区域性国际组织如欧洲联盟，以及专业性国际组织如国际刑警组织和国际刑事法院等也是国际刑事司法协助的主体。法律的适用上，应遵循国内法同国际法相统一的基本规则，条约义务与互惠原则相统一，也是各国刑事诉讼国际化的重要表现。可见，国际刑事司法协助体现了一国涉外刑事诉讼活动的一种特殊形式，也是国家之间合作的一种基本手段。

（二）国际刑事司法协助的特点

有学者将国际刑事司法协助的特征概括为：司法服务性、行为中立性、积极开放性、消极容忍性。既允许各国基于公正司法的理念积极采取行动，也允许一方以一种消极的不作为或容忍态度提供协助。[2] 笔者认为，从国际刑事司法协助的性质来看，国际刑事司法协助表现出外交性、司法性和互利性的特点。

---

〔1〕 参见赵永琛：《论国际刑事司法协助》，载《现代法学》1991年第2期。

〔2〕 参见叶良芳：《国际刑法基本理论研究》，浙江大学出版社2018年版，第225～226页。

1. 国际刑事司法协助具有主权—外交性

刑事司法权作为一个国家主权中的固有部分是神圣不可侵犯的，一旦某个国家遇到涉外因素的刑事问题时，各国都有权根据自己的刑法对其管辖。为了有效地实现刑事管辖权，一国司法机关必须取得另一涉及该案件的当事国的配合与协助，才能及时、公正地解决国际交往中出现的跨国犯罪、国际犯罪以及犯罪之后的跨国逃跑问题，有效维护国际刑事司法秩序。国际刑事司法协助与国家政治、经济、文化等领域的合作一样，无论是请求方提出协助请求，还是被请求方接受协助请求，都是国家的主权行为，意味着各国在相互尊重且自愿的基础上，结合本国法律、政策、国家利益及其他重大关注，作出必要妥协和让步，对本国法律制度进行变通处理，甚至于限制或放弃部分主权以达成双方的协助共识，也允许各国根据本国的社会制度、相关政策以及占主导地位的价值观念和意识形态，予以拒绝，以避免对他国国家主权的伤害而引起外交问题或纠纷，各国都会对国际刑事司法协助采取谨慎态度。

因此，一国外交政策、对外活动、处理国际事务的立场和态度对国际刑事司法协助都会产生重大影响。主权国家之间开展国际刑事司法协助必须建立在外交关系的基础上，司法协助活动的背后就是国际政治关系，隐藏着政治力量的对比和较量，从条约的制定到协助的执行都不可避免地受到外交、政治等因素的影响，在与国家的整体利益和外交政策保持一致时才可能达到司法协助，并推动主权国家间司法协助深入发展。国家之间只有通过外交层面的深入交往和努力才可能签订一系列双边条约，为两国开展刑事司法协助提供基本保障，外交途径也是双方协商解决争议的兜底条款之一。在没有建立外交关系的国家之间开展国际刑事司法协助也必须由两国外交部门达成临时外交关系的协议，或者通过互惠磋商达成临时协助协议，才可能实现司法机关的对接。同样，国际刑事司法协助的发展也可以成为国家关系发展的重要推动力。这种协助不仅需要司法机关执行协助事项，更涉及各国的外交部门、司法行政部门的共同参与、协调与配合，各国通过协助不仅树立公正的国际形象，也增进外交友好关系和彼此之间的交流合作。如引渡中司法和行政相统一的“双重审查机制”的目的就在于保持司法协助的价值与本国政治和外交政策的一致性。在遣返赖昌星案件中,我国政府就以编号为“NOTE NO 085/01”的外交照会的承诺解决了该案中关于死刑的问题,使赖昌星被成功遣返。[1]

2. 国际刑事司法协助具有刑事—司法属性

刑事诉讼是刑事追诉机关追诉犯罪嫌疑人、被告人刑事责任的司法活动,集中体现了公民的个人权利与国家权力的紧张冲突与平衡关系。国际刑事司法协助是外交合作在刑事司法领域的体现,是不同国家的司法机关为解决刑事诉讼程序过程中的问题所进行的相互协助,其内容都是刑事诉讼行为或与刑事诉讼密切相关的行为。

刑事司法程序的各个阶段都有可能需要刑事司法协助,如在审判前就刑事司法文书的送达、刑事调查取证、信息通报以及与之有关的诉讼事务等方面的协助,审判阶段就刑事诉讼移转管辖,在执行阶段就外国生效裁判的承认和执行、被判刑人的移管等进行的协助。引渡中为审判而引渡犯罪嫌疑人以及为执行刑罚而引渡犯罪人,对刑事涉案财物的查封、冻结、扣押及违法所得的没收等,这些行为都关系到刑事诉讼的正常进行,关系到刑事诉讼目的的最终实现。

刑事司法协助是通过国际合作的途径使域外的司法机关配合国内的司法机关完成刑事司法任务,实现追诉犯罪、保障人权、司法主权的价值目标,在处理具有涉外性质的刑事案件中,还要依赖各国国内司法机制的系列活动,破除各国由于政治体制、法律制度以及社会文化的差异所带来的各种障碍,刑事司法协助的实质,是解决不同国家或不同法域之间刑事管辖权的冲突,从而实现对有关跨国或跨法域刑事犯罪的有效预防和惩罚。[2] 因此,国际刑事司法协助体现了国际司法属性和国内司法属性,既要受国际公约和国际惯例的约束,又要适用国内的法律规范,通过司法协助维护双方的司法管辖权,推动打击犯罪的国际合作的深入发展,可以认为,司法协助在国际社会

---

[1] 参见王勇:《赖昌星“难民”案的法理评析——兼论加强我国国际刑事司法合作的几点思考》,载《法学》2002 年第 10 期。

[2] 参见吕岩峰、李海滢:《中国区际刑事司法协助初论》,吉林人民出版社 2007 年版,第 22 页。

中日益彰显其的外交价值和司法价值。

3. 国际刑事司法协助体现为委托—互利性

早期的刑事司法协助领域盛行的是“恩惠”的思想，为他国提供一定的协助行为，并不涉及本国主权的贬损，相反更强化了绝对主权的观念。[1] 一个独立主权国家并无任何义务为另一国从事任何法律行为，即便在个案中，一国为他国实施了相关行为，也是基于本国的同意，体现本国对他国的一种帮助，而非法律上的任何义务。各主权国家之间平等独立，缺乏统一的机构来协调国家意志之间的冲突，因此，在国际交往中必须坚持以相互礼让为基础的国家合作。两个国家一旦建立正式外交关系，就可以在遵循国际法基本原则的基础上就相同问题进行平等协商，在意见分歧时互谅互让，根据国际条约载明的权利和义务以及各自的国内立法原则精神，求同存异，以便在国际交往中达成共识。这种请求与被请求关系相当于形成了民法上的委托—代理关系，即一国“委托”他国和“代为”他国执法的方式。对请求方来说，是委托另一国代为实施某种与诉讼有关的司法行为；对被请求方来说，是接受委托代另一国实施某种与刑事诉讼有关的司法行为，体现国家之间的双互性。一国既可作为请求方向他国请求协助，也可以作为被请求方接受他国请求为他国提供协助。两国通过充分协商签订刑事司法协助条约或协定，规定双方互为请求方与被请求方的权利与义务，一方提出协助请求时必须从本国国家利益出发，同时也会考量被请求国的国家利益，涉及双方对自己国内法律制度的变通，甚至让步与妥协，在不损害他国利益的前提下，根据各国的国内法对于是否提供协助以及如何协助进行判断和取舍，尽最大努力实现各国利益的最大化，既表现一国对外国的友好，也实现互利与双赢。对于请求方来说，对方的协助使请求方境内的诉讼或相关程序得以顺利进行，实现请求方的司法利益。而对于被请求方来说，协助他国完成刑事诉讼活动，也使本国在今后同类案件中能够得到对方的同等协助。

---

〔1〕 参见冯俊伟：《刑事司法协助所获证据的可采性审查：原则与方法》，载《中国刑事法杂志》2017 年第 6 期。

主权国家在彼此尊重的基础上，强化合作意识、协助精神，客观地考虑双方的利益和需要，实现惩罚犯罪、保障人权、维护人类命运共同体的目标，国际礼让也体现了国家之间的互利。随着国家之间互信程度的加深，各国在司法协助方面的良性循环必然会巩固两国的外交关系，更有利于国际交往中法律关系的稳定和良好秩序的维护。

第二节　国际刑事司法协助的范围与立法

国际刑事司法协助涉及一国司法主权，协助的范围、条件、程序和保障都必须有系统的法律规范指引，因此，主权国家之间一般会通过国际公约或条约予以明确，或者制定完善的国内立法，以便于有关机关在具体工作中准确把握国际刑事司法协助的性质，正确理解需要协助的事项内容，规范国际刑事司法协助活动，保障国际刑事司法协助的顺利开展。

一、国际刑事司法协助的范围

（一）争论

1. 狭义、广义与最广义之分

日本学者森下忠认为，国际刑事司法协助在狭义、广义和最广义 3 种意义上使用。狭义的刑事司法协助主要包括刑事文书送达和调查取证等基本内容；狭义的刑事司法协助加上对犯罪的引渡，被称为广义的刑事司法协助，或称为古典形态的国际刑事司法协助；广义的刑事司法协助再加上两种现代形态的国际刑事司法协助，即外国刑事判决的执行与刑事追诉的移管，则为最广义的国际刑事司法协助。[1] 这种分类方式与国际刑事司法协助的起源与发展和国际上刑事司法协助条约的制定方式紧密相关。我国国内学者的理解也大多源于该分类，[2] 还有一种“三分法”则是根据案件与刑事管辖权

---

〔1〕 参见[日]森下忠：《国际刑法入门》，阮齐林译，中国人民公安大学出版社 2004 年版，第 14 页。

〔2〕 参见杨世英、马进保：《论国际刑事司法协助的概念、特征和形式》，载《法律科学(西北政法学院学报)》1991 年第 5 期。

的关系划分:第一类是与具体案件刑事管辖权无直接关系的刑事司法协助(如文书送达、信息通报、协助调查取证等);第二类是直接关系具体案件刑事管辖权的刑事司法协助(如刑事诉讼转移);第三类是部分涉及具体案件刑事管辖权的刑事司法协助,主要是外国刑事判决的承认与执行。[1]

但我国也有学者主张"二分法",将国际刑事司法协助作狭义和广义的划分。[2] 或者作初级和高级的划分,[3]荷兰的费尔斯曼教授和德国的叶谢克教授分别将国际刑事司法协助划分为古典形式的刑事司法协助和新形式的刑事司法协助,[4]这些均属于"二分法"的范畴。狭义的刑事司法协助是初级形式的国际刑事司法协助,引渡与承认和执行外国刑事判决一样,属于国际刑事司法协助的高级形式。[5] 也有根据国际刑事司法协助的发展过程作传统与现代之分,将早期惩处国际犯罪过程中发展起来的刑事司法协助,包括引渡和文书送达、调查取证等狭义的刑事司法协助视为传统的国际刑事司法协助,而将第二次世界大战以后发展起来的国际刑事司法协助,如被判刑人移管、刑事诉讼转移管辖,外国刑事判决的承认和执行等形式划归为现代的国际刑事司法协助。[6]

有学者认为,刑事司法协助本身无须为狭义、广义或者大、小之分,凡是国家间应彼此请求,依照条约或互惠原则相互协助或代为履行一定的诉讼程序或实体行为的活动均属刑事司法协助。[7] 从分类的具体内容来看,国家在刑事司法领域的协助是在引渡制度的基础上发展起来的,刑事司法协助从狭义到广义,再到最广义,将国际刑事司法协助分为初级与高级,或者传统与现代,都与"三分法"并没有太大的区别,只是换了一种提法而已。一般而

---

[1] 参见赵秉志:《我国内地与港澳特区之间被判刑人移管机制构建探讨》,载《环球法律评论》2009年第5期。

[2] 参见赵永琛:《论国际刑事司法协助》,载《现代法学》1991年第2期。

[3] 参见马进保:《国际犯罪与国际刑事司法协助》,法律出版社1999年版,第142页。

[4] 参见马进保:《中国区际侦查合作》,群众出版社2003年版,第33页。

[5] 参见赵秉志主编:《欧盟刑事司法协助研究暨相关文献中英文本》,中国人民公安大学出版社2003年版,第101页。

[6] 参见张旭:《国际刑法论要》,吉林大学出版社2000年版,第229～230页。

[7] 参见成良文:《刑事司法协助》,法律出版社2003年版,第14页。

言,各国对狭义的刑事司法协助都能接受,并在国家法律中予以确立,但广义的刑事司法协助形式由于直接涉及刑事管辖权,大多数国家持不同的态度。

2. 消极与积极之争

司法协助还有一种积极和消极的划分方式。[1] 积极的司法协助是以接受委托方,即被请求方不仅承认和同意委托方(请求方)司法机关在其境内执行一定的司法行为,而且只有在其司法机关给予积极主动的协作、配合才能实现的司法协助,也即一般所讲的司法协助,称为积极的司法协助。消极的司法协助,就是只需被请求方允许和同意外国司法机关在其境内执行一定的司法行为,而无须其提供主动的作为即可实现的协助形式。消极并不是指被请求方对司法协助持一种消极的态度,拒不合作;而是针对某些司法活动因其特点,只要被请求方不加反对阻止,请求方司法机关自己即可完成,既简单便利且不会损害被请求方的利益。如邮寄送达,或者通过外交和领事代表机构在外国直接进行法律允许的司法活动,或者一国法院向另一国法院派出"特派员"取证等,[2]这种分类主要是基于司法协助是否需要被请求方积极协助和配合的角度来划分的,这种分类方法也得到部分学者的赞同,被请求方以自己积极的作为向请求方提供便利、帮助或合作,是积极的协助;而被请求方以一种消极的不作为或者叫"容忍"态度提供协助则是消极的协助。如一国主管机关允许外国司法人员在本国境内调查取证,虽然是消极的不作为和不制止,却为请求方司法机关在其司法管辖范围内之外履行司法职能提供了至关紧要的便利,其意义不亚于积极的协助。当然,消极的容忍并不等于不管不问,它同样以不超过法律限度为基本条件。[3] 但也有学者反对这种划分,认为任何司法协助都是应对方的请求而提供,没有一方的请求,不可能有另一方的协助行为,从这个意义上说,司法协助只能是消极、被动的,协助意味着提供帮助,只默许而不提供任何帮助,就不存在协助的问题,就不是本来意义上的司法协助。国际刑事司法协助从行为方式上讲是积极的,但从动

---

〔1〕 参见吕岩峰、李海滢:《中国区际刑事司法协助初论》,吉林人民出版2007年版,第9页。
〔2〕 参见李铁刚:《浅析司法协助的几种形式》,载《法学评论》1989年第2期。
〔3〕 参见黄风:《国际刑事司法合作的规则与实践》,北京大学出版社2008年版,第111页。

因上,无法区分“积极”与“消极”。[1]

在美国,积极性协助是指美国的官方机构应请求为外国的诉讼行为提供协助而从事某种活动;而消极性协助则是指对于不具有美国官方资格的人协助外国进行诉讼活动的,不提出任何异议。英美法系国家不仅热衷于通过司法委托书进行司法协助,而且基本上把民事司法协助方式都适用于刑事司法协助,因此,消极的司法协助这种自由的方法,完全不涉及侵犯主权问题,是较常见的默认合作形式。[2]

3. 其他争论

理论中,也有一些分类跳出了原有的“三分法”或“二分法”的基本标准,如根据是否为各国普遍承认适用之标准,分为普适的国际刑事司法协助和非普适的国际刑事司法协助。[3] 或者把国内刑事诉讼程序与国际合作有机地结合纵向地划分为国际侦查合作、国际审判合作以及国际执行合作。[4] 这种分类方式试图将对国际刑事司法协助的关注焦点集中到诉讼程序中,以便更好地去除国际刑事司法合作中的外交依赖性和政治性。还有学者依据实施协助的诉讼主体的不同,划分为国际组织居间的协助和当事国司法当局之间直接进行的协助,前者主要是指依靠国际组织从中斡旋、协调、干预下形成的协助活动,以体现国家社会公共机构的作用和效能,该国际组织又可以区分为地区性国际组织、集团性国际组织和世界性国际组织三大类。[5] 如20国集团(G20)、亚太经合组织(APEC)、上海合作组织(Shanghai Cooperation Organization,SCO)等国际组织都建构了针对特定犯罪的司法协助平台。

随着国家之间合作打击国际犯罪、跨国犯罪,国际刑事司法协助的内容或范围不断扩大,如各国为加强反洗钱方面的合作,实践中逐渐突破了“严守

---

〔1〕 参见张智辉:《国际刑法通论》(增补本),中国政法大学出版社1999年版,第354页。

〔2〕 参见[日]森下忠:《国际刑法入门》,阮齐林译,中国人民公安大学出版社2004年版,第198~200页。

〔3〕 参见赵秉志主编:《国际刑事司法协助专题整理》,中国人民公安大学出版社2007年版,第25页。

〔4〕 参见吴瑞:《论国际侦查合作的概念》,载《北京人民警察学院学报》2012年第5期。

〔5〕 参见杨世英、马进保:《论国际刑事司法协助的概念、特征和形式》,载《法律科学(西北政法学院学报)》1991年第5期。

银行机密”禁令，开始调查金融犯罪或者向金融部门调查其他有关犯罪，有的国家把刑事司法协助扩大到“财税犯罪”这一传统禁区，使“刑事”的含义进一步扩大，随着外国刑事判决的执行与刑事诉讼移管的发展，在审判程序的协助之外又增加了资产追回、没收资产分享等内容。因此，明确规定司法协助的内容和范围是完全不可能的，为了防止犯罪应尽可能在最广泛的范围内开展刑事司法协助。

笔者认为，狭义或广义的国际刑事司法协助范围的划分的意义更多的是出于理论研究的需要，取决于学者个人的研究视角，便于对刑事司法协助问题进行系统研究，找出同类性质的司法协助形式的规律。而不同国家之间采取哪一种类型的刑事司法协助，则更多地考虑相互之间的外交关系以及提供协助的国家的政治主张。随着研究的深入和司法实践的积累，各种形式的刑事司法协助都形成了大量的立法成果和公认的规则，因此，各国在制定国际条约时，基本上都是根据本国的具体情况适当采纳具体的刑事司法协助形式，或者与国家刑事司法协助立法保持一致，如 1981 年《瑞士国际刑事司法协助法》以及 1982 年德国《国际刑事司法协助法》的立法形式中都不分广义和狭义的概念，而是对各种刑事司法协助行为依次排列。

（二）国际公约中的国际刑事司法协助范围

1988 年《联合国禁毒公约》是第一个对国际刑事司法协助制度作出比较全面和具体规范的联合国法律文件，规定了缔约方针对非法贩运麻醉药品和精神药物的刑事案件的管辖权、没收、引渡、相互法律协助、移交诉讼、情报交换等方面提供最大限度的协助，包括关于比较详细的司法协助的形式、范围、条件和程序等，具有一定的可操作性。第 7 条以“相互法律协助”为题规范了狭义的刑事司法协助规则，其中第 2 款将刑事司法协助的形式归纳为：(1)获取证据或个人证词；(2)送达司法文书；(3)执行搜查及扣押；(4)检查物品和现场；(5)提供情报和证物；(6)提供有关文件及记录的原件或经证明的副本，其中包括银行、财务、公司或营业记录；(7)识别或追查收益、财产、工具或其他物品，以作为证据。除以上形式外，综合有关国际条约，还可补充列举以下形式：(8)为有关人员自愿在请求方出庭提供方便；(9)为追回财产的目的辨认、冻结和追查犯罪所得;(10)追缴和返还资产;(11)移送被羁押人或正在服刑的人前往请求方出庭或者协助调查;(12)采用电视会议形式进行询问;(13)采用电话会议形式进行询问;(14)建立联合侦查机构;(15)通信侦听。以上15项内容中,除了第(2)项是送达司法文书,第(9)项是以没收为目的财产保全,其余形式均围绕着调查取证而开展相关的司法协助,该条款篇幅超过了第45条关于"引渡"的内容。

联合国《刑事事件互助示范条约》第1条"适用的范围"第2款包括:(1)向有关人员收集证词或供述;(2)协助提供被关押者或其他人作证或协助调查工作;(3)递送司法文件;(4)执行搜查和查封;(5)检查物件和场地;(6)提供资料和证据;(7)提供有关文件和记录的原件或经核证副本,包括银行、财务、公司或商务记录。该示范条约适用的范围就是狭义的刑事司法协助内容,不包括引渡、刑事诉讼的移转管辖以及外国刑事判决的承认和执行。联合国还将《引渡示范条约》《刑事事件转移诉讼示范条约》《关于移交外国囚犯的模式协定》《有条件判刑或有条件释放罪犯转移监督示范条约》等最广义的刑事司法协助形式另行订立示范法。这些示范条约反映了大多数国家在刑事司法协助中的原则和制度,是各国在刑事司法协助领域中可以接受的共同规则和最低标准,可以充分地指导各国立法。国际刑法学会主席M.谢里夫·巴西奥尼教授(M. Cherif Bassiouni)主持起草的《国际刑法典及国际刑事法庭草案》则以最广义的国际刑事司法协助为基础,将国家之间的刑事司法合作归纳为6种方式:刑事司法协助;引渡;外国刑事判决的承认;查封、没收犯罪非法所得;被判刑人的移转;刑事诉讼程序的转移。[1]

《联合国打击跨国有组织犯罪公约》和《联合国反腐败公约》对刑事司法协助均采用狭义的定义。前者对引渡、司法协助等的专条规定更加详尽,尤其是第18条关于司法协助的规定达30款之多,远远超出了作为最传统合作形式的引渡条款的篇幅。后者第46条"司法协助"规定的"侦查、起诉和审

---

〔1〕 参见[美]M.谢里夫·巴西奥尼:《国际刑法的渊源与内涵——理论体系》,王秀梅译,法律出版社2003年版,第3页。

判程序中”相互提供“最广泛的”司法协助。除了在公约中规定了引渡(第44条)、被判刑人的移管(第45条)、刑事诉讼的移管(第47条)等内容,还将联合侦查(第49条)和特殊侦查手段(第50条)作为广义的国际刑事司法协助。《联合国反腐败公约》第五章“资产的追回”也与“司法协助”联系起来,专章规定了在资产追回方面相互提供最广泛的合作和协助,使协助的范围进一步扩大。公约中的国际刑事司法协助实际上就是最广义的司法协助,欧洲、美洲等一些地区刑事司法协助方面的多边公约、国家间的双边条约也都表达了在刑事司法领域相互提供最广泛合作的诚意,我国目前也倾向于从最广义上来界定和使用国际刑事司法协助。

总之,虽然联合国有关刑事司法协助方面的示范条约和各个国家的立法、签订的双边和多边刑事司法协助条约的内容各不相同,国际上对刑事司法协助的分类标准也未统一,但是,从某种意义上来说,任何刑事司法领域的事项都有可能纳入国际刑事司法协助中,将引渡、诉讼移转管辖以及承认和执行外国刑事判决均纳入刑事司法协助的范围,更有利于国际刑事司法协助的实践,甚至还可以将情报交流、冻结和没收财产、执法部门的信息采集和信息共享、区域和亚区域的司法空间等刑事司法合作的范畴纳入其中。[1]

二、国际刑事司法协助的发展

国际刑事司法协助有着悠久的历史,也在实践中不断发展。公元前18世纪,《汉穆拉比法典》中关于实行捉拿越境逃犯的合作是国际刑事司法协助的早期形态。公元前一二世纪的古希腊就有了向其他城邦的证人收集证词的协助形式。[2] 古罗马时代,也曾经建立过所谓的“20人法庭”,专门负责审理外国提出的交出犯罪公民的请求和城邦当局向外国提出的送还犯罪人的请求,这被认为是比较完善的早期国际刑事司法协助的形式,成为后人

---

〔1〕 参见[美]M.谢里夫·巴西奥尼:《国际刑法导论》,赵秉志、王文华等译,法律出版社2006年版,第304~319页。

〔2〕 参见黄肇炯:《国际刑法概论》,四川大学出版社1992年版,第228~231页。

称颂和继承的司法原则之一。[1] 我国春秋战国时期的诸侯国盟约中也有“毋保奸，毋留匿”的约定，就是国家间不要庇护犯罪者，应驱逐出境。[2] 这些引渡和遣返犯罪者的实践发展到现代，就成为国际社会公认的引渡法律制度。1624 年格劳秀斯在《战争与和平法》中明确提出了国家间合作惩治国际犯罪的法制主张，特别是对海盗的惩治和引渡的内容，即著名的“或引渡或起诉”的司法原则，这项原则在主权国家进行国际司法协助的实践中发挥重要作用，也奠定了近代刑事司法协助的理论基础。[3] 1689 年清政府同北方邻国沙皇俄国签订的《中俄尼布楚条约》涉及边界划分等双边关系，确立了相互遣返逃犯的司法合作制度，被认为是我国近代历史上第一个涉及国际刑事司法协助的条约。1886 年中国和法国签订的《中法越南边界通商章程》也有相互遣返逃犯的规定。[4]

18～19 世纪中期，犯罪嫌疑人的引渡逐渐成为普遍的国际刑事司法协助形式。1794 年，美国和英国签订了近代第一个双边引渡条约《杰伊条约》，基本确立了双方逃亡到对方国家的罪犯及时抓获后相互遣返的司法合作制度，被誉为第一个具有现代意义的引渡协助活动的国际公约。[5] 1833 年 10 月 1 日比利时制定了第一部《比利时引渡法》，规定了引渡的原则和程序，成为欧洲各国立法的模范。随着引渡实践的广泛开展，国际社会又出现了询问证人、调查取证、代为送达等司法协助形式。1846 年法国与巴登之间签订的条约被认为是第一个国际司法协助文件，涉及相互送达司法文件、收集证据和执行判决。[6] 该时期的国际刑事司法协助的范围主要停留在引渡以及为配合引渡所进行的调查取证和文书送达等内容。

第二次世界大战之后，国际军事法庭在纽伦堡和东京公开审判了德国、

---

〔1〕 参见马进保：《国际犯罪与国际刑事司法协助》，法律出版社 1999 年版，第 52 页。

〔2〕 参见赵秉志主编：《国际区际刑法问题探索》，法律出版社 2003 年版，第 240 页。

〔3〕 参见毕武卿：《国际刑事司法协助的理论与实务》，载《河北大学学报（哲学社会科学版）》1996 年第 3 期。

〔4〕 参见马进保：《国际犯罪与国际刑事司法协助》，法律出版社 1999 年版，第 59 页。

〔5〕 参见黄风：《引渡制度》，法律出版社 1990 年版，第 5 页。

〔6〕 参见黄肇炯：《国际刑法概论》，四川大学出版社 1992 年版，第 228～231 页。

日本战犯,该国际刑事审判实践得益于各国的参与及司法合作,也推动了国际刑事司法协助的发展。联合国自成立以来,一直致力于发展预防犯罪和刑事司法领域的国际标准、规范和指导原则,为各国调整相关政策、进行改革提供了参考标准,国际合作的方式和层次不断增加和提高。联合国预防犯罪和罪犯待遇大会从 1955 年起每五年召开一次,研究犯罪的趋势,扩大和加深在引渡领域的国际合作。通过或签订了一系列与刑事司法协助有关的宣言、决议、公约等规范性文件,包括在引渡、刑事诉讼移管、移交外国囚犯等方面的示范性文本。这些文件虽然不具有普遍适用性和法律上的约束力,但对国际刑事司法协助的发展起到极大的推动作用。各国纷纷通过引渡法、刑事程序法或其他的特别法对刑事司法协助问题加以明确,使刑事司法协助在国内法律化、制度化,也推动了国际刑事司法协助的范围的扩展。

(一)国际刑事司法协助的全球化发展

"全球化"是世界各国在经济、政治、文化方面呈现出的相互依存现象,已赢得了世界各国的关注与认可,是超越国家和跨越民族界限的新经济时代的一个共同认知和理念。全球化在促进人类社会进步的同时,也使犯罪成为辐射全球的跨国现象,日益增长的跨国犯罪及犯罪嫌疑人外逃现象,使双边的刑事司法协助机制弊端凸显,一些犯罪分子故意选择未与本国签订引渡条约的国家作为逃亡之地,利用这些国家的司法程序和人权保护机制逃避引渡。因此,加强国际合作,建立有效的全球治理成为国际社会的强烈愿望,国际刑事司法协助也不断探索多边合作机制以寻求相互的支持和共赢。20 世纪以来,全球性或区域性国际组织的创立推动了国际刑事司法协助的多边发展,具有刑事司法协助内容的国际公约和区域性多边条约迅速发展,促进了主权国家间的刑事司法协助。

早期的多边刑事司法协助体现在几个国家之间签订的多边公约,如 1948 年,瑞典、丹麦、挪威缔结的《关于承认和执行刑事判决的公约》,比利时、荷兰、卢森堡于 1969 年缔结的《关于执行刑事判决的条约》。第二次世界大战之后,联合国的成立联合了世界各国共同打击国际犯罪的意愿,推动了国际刑事司法协助蓬勃发展,联合国大会、各专门委员会及其所属的国际组织制定了众多规定有刑事司法协助内容的国际公约,这些公约对国际社会或联合国成员或缔约方有拘束力,对于国际刑事司法协助的发展作出巨大贡献。这些公约中,部分涉及国际刑事司法协助的基本原则,如《世界人权宣言》、《公民权利和政治权利国际公约》(International Covenant on Civil and Political Rights)等;部分涉及有关具体国际刑事司法制度以及操作性规范,如《国际刑事警察组织章程和总规则》等。还包括一系列禁止和惩治严重危害国际社会公共安全的刑事犯罪的公约,如《关于在航空器内的犯罪和其他某些行为的公约》(Convention on Offences and Certain Other Acts Committed on Board Aircraft,1963 年)、《关于制止非法劫持航空器的公约》(Convention for the Suppression of Unlawful Seizure of Aircraft,1970 年)、《关于制止危害民用航空安全的非法行为的公约》(Convention for the Suppression of Unlawful Acts Against the Safety of Civil Aviation,1971 年)、《关于防止和惩处侵害应受国际保护人员包括外交代表的罪行的公约》(Convention on the Prevention and Punishment of Crimes against Internationally Protected Persons the States Parties to this Convention,1973 年)、《反对劫持人质国际公约》(International Convention against the Taking of Hostages,1979 年)、《禁止酷刑和其他残忍、不人道或有辱人格的待遇或处罚公约》(Convention against Torture and Other Cruel, Inhuman or Degrading Treatment or Punishment,1984 年)、《联合国禁毒公约》、《联合国打击跨国有组织犯罪公约》和《联合国反腐败公约》等,特别是"9·11"事件发生后,联合国陆续制定新的反恐合作公约,各国在侦查和起诉恐怖主义分子方面有力地加强了国际合作。针对这些严重危害国际社会公共安全的刑事犯罪,上述公约都设有起诉或者引渡的规定,并要求缔约方采取司法协助或者其他一切可行方法共同预防和惩治此类罪行,传统的国家之间、地区之间的刑事司法协助进入全球合作的范畴。虽然公约的规定具有原则性,但联合国积极倡导缔约方之间有效地执行这些公约,为各国开展司法协助提供了统一原则和合作平台,各国之间的司法协助的具体方式、程序均可以在多边条约的基础上,通过双边条约或其他机制来实现,从而提高司法协助的效率。国际刑事司法协助从双边化向全球化发展,促进了国际刑事司法协助多边机制的建立。

(二)国际刑事司法协助呈现区域化特征

随着全球化浪潮,受地缘因素的影响,在一些地理位置较近、有着共同文化渊源、社会制度彼此相容的国家之间,为了共享利益也纷纷成立了一系列区域化组织,如欧盟、非盟、阿盟以及东盟等,以维护本区域内各国的共同利益。在一些区域性国家间组织的协调下,全球各地区涌现出大量以规范刑事司法协助为内容的地区性公约,推动这些国家的刑事司法从松散的点滴合作向紧密的一体化合作转变。

1. 欧洲国家刑事司法协助条约

欧洲是第二次世界大战之后在国际刑事司法协助上发展最快的区域。自 20 世纪 50 年代起,欧洲国家围绕联合与合作目标,致力于协调欧洲范围内的法律行为,签订一系列公约、协议,谋求在政治、经济、法律的合作,特别是在刑事司法协助领域的法律体系和前沿理论发展方面颇有建树。

欧洲国家在引渡事项方面先后共签订如下公约:《欧洲引渡公约》(the European Convention on Extradition,1957 年)及两项补充议定书(1975 年、1978 年)、《欧盟成员国简易引渡程序公约》(Convention on Simplified Extradition Procedure between the Member States of the European Union,1995 年)、《欧盟成员国间引渡公约》(Convention Relating to Extradition between the Member States of the European Union,1996 年)。这些引渡制度无论从国际立法的技术上,还是在司法合作的实践中,都堪称典范,极具积极进步的意义。[1] 针对刑事司法协助,欧洲国家签订了《欧洲刑事司法协助公约》(European Convention on Mutual Assistance in Criminal Matters,1959 年)及两项附加议定书(1978 年、2001 年)、《欧盟成员国间刑事司法协助公约》(Convention on Mutual Assistance in Criminal Matters between the Member States 2000 年,第 2000/C 197/01 号欧洲委员会法令)、《欧盟成员国间刑事

---

[1] 参见赵秉志主编:《欧盟刑事司法协助研究暨相关文献中英文本》,中国人民公安大学出版社 2003 年版,第 29 页(本文涉及欧盟有关刑事司法协助研究的中文内容除有特别提示外,均来自该书的翻译)。

司法协助公约附加议定书》(the Council Act of 16 October 2001 Establishing the Protocol to the Convention on Mutual Assistance in Criminal Matters between the Member States of the European Union,2001 年,第 2001/C 326/01 号法令)。以上公约对国际刑事司法协助问题作出了许多突破性的规定,缔约方根据公约的规定,相互提供“最广泛的司法协助”。在最广义的国际刑事司法协助领域,签有欧洲《移交被判刑人公约》(Convention on the Transfer of Sentenced Persons,1983 年 3 月 21 日)以及《移交被判刑人公约附加议定书》(Additional Protocol to the Convention on the Transfer of Sentenced Persons,1997 年 12 月 18 日),欧洲理事会成员国签订了《欧洲刑事诉讼移管公约》(European Convention on the Transfer of Proceedings in Criminal Matters,1972 年 5 月 15 日)。1990 年签订的《关于洗钱和搜查、扣押、没收犯罪收益的公约》不仅被欧洲理事会的 16 个成员国签署承认,美国、加拿大也先后加入该公约。同一内容的公约之间形成一种补充与被补充的关系,公约的签订推动了欧洲国家在国际刑事司法协助方面的不断探索创新,形成了比较完整的区域性国际刑事司法协助法律体系。欧洲公约专家委员会还对欧洲理事会制定的刑事领域的公约、协定在国际刑事司法协助中的作用及其实施情况进行检查、修正并改进其在实践中的适用状况,对国际刑事司法协助的不断发展和完善起到了重要的作用。

早在 1992 年,《欧洲联盟条约》就将“刑事领域的警务合作与司法合作”确定为欧盟(European Union)的三大支柱之一。1999 年 10 月欧盟理事会《坦佩雷决议》强调,相互承认原则是欧盟民事和刑事司法合作的“基石”。在一成员国合法作成之司法裁判(含处分),在任何其他会员国也须同样予以承认。[1] 在该原则的基础上,欧盟理事会又通过了《关于欧盟逮捕令及成员国之间的移送程序》(2002 年,以下简称《欧洲逮捕令》)、《关于执行欧盟冻结财产和证据的命令》(2003 年,以下简称《欧洲冻结令》)、《为获得刑事

〔1〕 参见[德]赫尔穆特·查致格:《国际刑法与欧洲刑法》,王士帆译,北京大学出版社 2017 年版,第 183 页。

司法中使用的物品、文件和数据的欧洲证据令的框架决定》(2008 年,以下简称《欧洲证据令》)等推动欧盟成员国之间的司法协助更快地发展。2009 年 12 月 1 日生效的《里斯本条约》将欧盟刑事司法合作作为欧盟政治任务之一,并将欧盟刑事司法合作划归欧盟的一般立法程序,由欧盟委员会提出立法议案,然后由欧盟理事会和欧洲议会在平等地位下通过后形成法律。[1]

在刑事司法领域的合作,欧盟成员国之间充分体现了对彼此刑事司法制度的相互信赖,这与欧盟国家之间特有的国家理念、历史文化传统以及现有社会价值观念的相似性、一致性分不开,体现了欧盟国家通过法治化的刑事司法合作理念实现欧盟建立"自由、安全与司法的区域"的目标,以及欧盟"刑事一体化"的理念。而这一体化正体现了主权国家在平等和自愿的前提下通过"求同存异"的方式对国家主权的让渡,[2]从而使一个国家基于主权所享有的权力在相当大的程度上延伸至成员国内部行使或与其他成员国共享,将欧盟成员国国民视为本国国民予以平等对待,将欧盟利益视同为成员国利益给予刑法上的保护,以实现共同体和个体的利益最大化。

2. 美洲国家的刑事司法协助条约

美洲也是最早开展区域性刑事司法协助的地区之一,1948 年在哥伦比亚的波哥大召开第 9 次美洲国家会议,通过了《美洲国家组织宪章》,据此成立"美洲国家组织"(Organization of American States, OAS)。[3] 1902 年美洲国家在墨西哥城缔结了《美洲引渡公约》,包括美国在内的 17 个国家加入该公约,1933 年又缔结了《泛美引渡公约》。1981 年,美洲国家在加拉加斯又签订了一个开放式的《美洲国家间引渡公约》,该公约允许其他具有美洲国家组织常驻观察员地位的国家加入。此外,美洲国家在反恐和打击毒品犯罪领域也签订了《美洲国家组织关于防止和惩治恐怖主义行为公约》(1971 年),并通过《化学试剂控制公约》《反洗钱公约》等文件指导成员协调行动。1992

[1] 参见高秀东主编:《欧盟刑事司法合作领域相互承认原则研究暨相关法律文件》,中国法制出版社 2019 年版,第 71 页。

[2] 参见何家弘主编:《刑事司法大趋势——以欧盟刑事司法一体化为视角》,中国检察出版社 2005 年版,第 58 页。

[3] 参见马进保:《国际犯罪与国际刑事司法协助》,法律出版社 1999 年版,第 279 页。

年的《美洲国家刑事司法协助公约》要求成员提供从侦查、起诉到审判等最广泛的司法协助，该公约吸收了《欧洲刑事司法协助公约》的合理因素。《美洲国家组织反腐败公约》(1996 年)将协助的范围扩展到对赃款之追踪、冻结、扣押、没收以及分享、没收令的承认与执行等内容。

3. 非洲国家刑事司法协助条约

非洲国家于 1961 年成立了由 12 个国家参加的“非洲和马尔加什共同体组织”，并于同年 9 月 12 日在塔那那利佛签订《非洲和马尔加什共同体组织公约》。该公约包括了初级合作形式、引渡、移管被判刑人、有条件的判刑和有条件的释放等。并灵活地规定各国司法机关不通过外交渠道和程序可以直接进行司法协助，可以在不违背公约精神的前提下对某一协助形式进行新的约定。

4. 东南亚国家联盟刑事司法协助条约

1967 年 8 月，印度尼西亚、马来西亚、泰国、菲律宾和新加坡等国在泰国曼谷发表《东南亚国家联盟成立宣言》，成立东南亚国家联盟。之后，文莱、越南、老挝、缅甸与柬埔寨纷纷加入，成为“东南亚十国”，即东盟成员。该组织开始通过充分自由协商，在共同利益的基础上制定了有关司法合作条约，如《防止和控制跨国犯罪马尼拉宣言》(1998 年)、《东盟刑事司法合作条约》(2004 年)，鼓励缔约方有责任地向其他东盟国家提供在本国法律允许范围内最大限度的刑事司法协助。我国已与东盟成员中的泰国、柬埔寨、菲律宾、老挝、越南和印度尼西亚等建立了引渡或刑事司法协助关系，2011 年“10·5湄公河案”就是我国与东盟成员的老挝、泰国等国之间开展的卓有成效的刑事司法协助实践。

5. 上海合作组织

上海合作组织(The Shanghai Cooperation Organisation，SCO，简称上合组织)是一个横跨欧亚的新的区域性组织，由哈萨克斯坦共和国、中国、吉尔吉斯共和国、俄罗斯联邦、塔吉克斯坦共和国、乌兹别克斯坦共和国于 2001 年在上海成立，先后签署了《打击恐怖主义、分裂主义和极端主义的上海公约》(the Shanghai Convention on Combating Terrorism, Separatism and Extremism)、

《上海合作组织宪章》(the Shanghai Cooperation Organization Chart),为共同打击威胁各国领土完整和安全以及政治、经济和社会稳定的恐怖主义、分裂主义和极端主义的国际违法犯罪进行密切合作,截至2023年7月24日,上合组织有9个成员国、3个观察员国、14个对话伙伴国。[1] 2004年,上合组织成员国签署上海合作组织成员国《关于合作打击非法贩运麻醉药品、精神药物及其前体的协议》(the Agreement Between the Member States of the Shanghai Cooperation Organization on Cooperation in Combating Illegal Trafficking of Narcotics, Psychotropic Drugs and Their Precursors),我国第十届全国人大常委会第十三次会议于2004年12月29日批准了该协议。2009年在俄叶卡捷琳堡举行的元首理事会第九次会议上,六国元首签署了《反恐怖主义公约》(the Counterterrorism Convention of the Shanghai Cooperation Organization),这些协议都是我国参加的区域性打击和预防专门犯罪多边条约的典型代表。通过上合组织平台,各成员以制定联合公约、合作条约等形式,确立应对“三股恶势力”的刑事司法合作方式、途径和策略。[2] 各成员之间的刑事司法合作主要通过各国之间的双边司法协助条约进行,我国与各上合组织成员签订了一系列的民事和刑事双边司法协助条约。上合组织成员间的刑事司法协助已扩大至审判程序,增加了追回资产、提供资料等内容,为我国刑事司法协助提供了新实践。上合组织在刑事司法协助区域化方面的努力和实践可以使刑事司法协助在区域性国际组织中逐步走向国家间的高度合作,进而走向刑事司法一体化。[3]

区域性组织的发展也推动了区域性刑事司法协助的发展,进而推动有关刑事司法协助的国际立法和实践日益丰富并逐渐成熟。

(三)国际刑事司法协助的多元化发展

国际刑事司法协助的多元化发展首先体现在其适用范围的不断扩大。

---

〔1〕 参见《上海合作组织简介》,载上海合作组织网,http://chn.sectsco.org/about_sco/20151209/26996.html,最后访问日期:2023年7月24日。

〔2〕 参见王志亮主编:《上合组织刑事司法合作研究》,苏州大学出版社2016年版,第207页。

〔3〕 参见王永红:《问题与对策:上合组织下国际刑事司法协助论纲》,载《长春理工大学学报(社会科学版)》2012年第2期。

“有罪必罚”是正义的原则之一，传统司法协助重点是对犯罪分子个人的刑事追诉，以达到惩处犯罪、恢复秩序的目的。因此，在国际刑事司法协助制度确立初期，司法协助的范围仅限于引渡以及围绕着引渡而展开的相关调查取证和文书送达。第二次世界大战之后，国际社会对国际刑事司法协助追诉国际犯罪维护世界和平的呼声日益高涨，联合国以创建国际刑事法庭的方式寻求国际刑事合作，刑事司法协助的范围逐步突破传统形式，刑事诉讼的移转管辖和外国刑事判决的承认与执行等新的国际刑事司法协助方式在欧洲逐渐发展起来，得到许多国家的推广与认同，也为国际司法实践普遍接受，《联合国反腐败公约》更是明确要在“侦查、起诉和审判程序中”相互提供“最广泛的”司法协助。传统的以调查取证为主要协助手段的国际刑事司法协助制度逐渐遍及侦查、起诉、审判和刑罚执行等刑事诉讼的各个环节。

经济犯罪不仅破坏一国的法律秩序，还给国家带来巨额经济损失。由于犯罪分子在外逃之前已将赃款转移到国外并通过洗钱伪装赃款，还利用离岸金融中心和保密天堂逃避监管，有的国家又秉承私有财产神圣不可侵犯的理念，使追赃问题变得复杂、敏感而困难。犯罪资产追回也成为惩治犯罪的重要环节，为有效识别、扣押、没收犯罪收益，从《联合国禁毒公约》开始，涉案财物的处理成为国际公约的一项重要内容，传统的调查取证的刑事司法协助扩大到通过银行、公司等金融单位对犯罪所得进行跨国追回，特别是“9·11”事件后，没收犯罪收益、斩断犯罪资金链条的国际呼声越来越大。1998 年 2 月，联合国大会通过了第 53/112(1998 号)决议《刑事事项的相互协助和国际合作》，对联合国《刑事事件互助示范条约》的相关条款予以修订，特别将其中作为任择条款的关于犯罪收益的互助事项作为新条款一并归入《刑事事项的相互协助和国际合作》中。国际刑事公约中逐渐构建了一个针对毒品、洗钱、跨国有组织、腐败、恐怖主义等各类犯罪的多层次没收措施体系，为资产追回的国际合作提供了法律支撑和技术指导。《联合国反腐败公约》将“资产追回与返还机制”作为反腐败五大法律机制之一，将辨认、冻结和追查犯罪所得的“资产追回”以及返还被非法转移的资产作为司法协助的适用范围，确立了直接追回财产的措施和通过没收事宜的国际合作追回资产机制，甚至创新性地引入“独立没收”机制,使公约成为各国开展追赃协作的平台,为打击犯罪、最大程度上挽回资产流出国的经济损失创造了有利条件,反映了各国在司法协助上灵活务实的态度,也标志着在资产追回与返还等方面新的国际法律规则的出现和形成。有学者认为,资产的追回在本质上属于国际刑事司法协助的范畴。[1] 将资产追回作为司法协助的重点,一些传统的调查取证等协助形式都可以围绕这一内容开展协助,国际刑事司法协助从对人的追诉为主发展为对人的追诉和对资产的追回并重,[2]形成了为追缴犯罪所得或收益而开展调查取证、资产冻结或扣押、没收和返还等方面的国际合作的体系。[3]

另外,国际刑事司法协助的多元化发展还体现在国际社会共同打击犯罪的反恐、反腐败、反洗钱等特定领域的刑事司法合作体系化建设中。国家间交往与合作大大拓展了反腐败的国际合作空间,《联合国反腐败公约》《美洲国家间反腐败公约》《非洲联盟预防和打击腐败公约》《欧盟理事会反腐败刑法公约》《亚太地区反腐败行动计划》等全球性和区域性国际反腐败公约中都出现了大量的刑事司法协助的条款,任何一个国家都有责任通过国际刑事司法协助途径和手段来履行其所承担的国际义务,各国也在反腐败立法完善、情报交流与传递,反腐败刑事侦查与起诉、引渡跨国腐败犯罪嫌疑人、监控追缴赃款赃物等方面,求同存异,与他国联合采取行动,推动国际反腐败的司法合作发展为世界性潮流,成为各国间平等互利、和平共处的重要标志。

国际刑事司法协助已从单一向多元发展成一个完整的体系,这既是国家间互惠互助地完成追诉活动的需要,也是在国际犯罪日益猖獗之下发展国家间友好往来、维护世界共同利益的需要。

(四)国际刑事司法协助的程序向简便化发展

国际刑事司法协助因涉及国家主权和外交关系,请求方与被请求方对待

---

[1] 参见陈雷:《惩治与预防国际腐败犯罪理论与实务》,中国检察出版社2005年版,第204页。

[2] 参见汤磊:《国际刑事司法协助的发展及其对我国的启示:以广东开平案为例》,载《湖北社会科学》2010年第1期。

[3] 参见黄风:《国际刑事司法合作的规则与实践》,北京大学出版社2008年版,第109页。

国际刑事司法协助的申请和执行都非常谨慎,有关国际条约和国内立法中,对刑事司法协助请求的提出与接受,行政审查与司法审查的相互配合,具体刑事司法协助行为的执行等都有严格的程序规定,实践中的程序烦琐而缓慢,最终双方取得合作成功具有很大的不确定性。

随着世界各国在共同打击犯罪活动中不断取得共识,以及国际关系的不断发展,国际社会和主权国家也正在努力简化国际刑事司法协助的程序,以提升打击犯罪的效率。以引渡为例,引渡谈判不仅受“条约前置主义”的约束,还对“死刑犯不引渡”和“政治犯不引渡”等原则的态度和意见不一,引渡谈判过程充满政治考量与博弈,使引渡的现实操作举步维艰。1962 年,比利时、荷兰和卢森堡签订了《引渡和刑事司法协助条约》,规定引渡请求不经过外交渠道传递,而由各国司法部部长直接通信传递。法国和非洲的喀麦隆等国签订的双边引渡条约也规定由检察官或司法部部长之间直接传递引渡请求。[1]《联合国禁毒公约》要求各缔约方简化引渡程序,简化证据要求。1989 年的《英国引渡法》作出积极的回应,要求请求方应提供将被控犯罪的人“交付审判的足够证据”,降低了证据要求。联合国积极作为,在一系列打击恐怖主义、跨国有组织犯罪的决议中呼吁各国全面合作,预防和制止恐怖行为,在公约中不断强化简化协助程序,各国也本着扩大合作的精神纷纷制定或修正本国的立法和司法程序。《联合国反腐败公约》更是为一些坚持“条约前置主义”的国家提供合作的可能性和法律依据。一些国家纷纷探索更加灵活多样的司法协助方式,如通过立法程序对该条约前置主义进行变通,或以互惠原则作为条约前置的补充,[2]或者在个案中以个案协议作为引渡合作的依据,[3]甚至针对个案的特殊性及偶然性,变通采用各类引渡替代措施,如驱逐出境(“许某凡、许某俊案”)、遣返(如“余某东案”“赖昌星案”)、非法移民、劝返(如“李某案”)等,体现了便捷性、双赢性以及合法性及

---

〔1〕 参见黄风:《引渡制度》(增订本),法律出版社 1997 年版,第 104 ~ 106 页。

〔2〕 参见李晓明、陈栋:《从国际引渡制度谈我国反腐败工作机制的新发展》,载《社会科学家》2010 年第 4 期。

〔3〕 参见冯殿美、王芳:《反腐败犯罪国际引渡合作机制研究——基于我国主动引渡制度的视角》,载《法学论坛》2011 年第 2 期。

国际认同性、双向性的优势。[1]

卢森堡、比利时、荷兰缔结的《关于实现卢比荷经济联盟宗旨以及在行政和司法法规方面合作的公约》第24条、第25条规定，缔约一国主管调查犯罪案件的官员在紧急情况下，可以依法进入另一缔约方领土追捕逃犯，必要时可对逃犯予以拘留、逮捕或者搜查、没收货物或者交通工具。缔约一方官员可以着装佩带武器进入另一缔约方执行警察任务，并且有权依法使用上述强制和自卫措施。欧盟更是借用“单一市场”理念发展了刑事司法的“相互承认”原则，为欧盟国家之间司法机关直接进行刑事司法协助提供依据，如成员国之间以移交程序代替引渡、司法机关直接签发欧洲逮捕令送交给执行机关、签发国签发欧洲证据令送交执行国主管机关等，[2]这些直接协助模式使国际刑事司法协助呈现出条件逐渐宽松、司法协助标准逐渐统一的发展趋势。在拒绝提供刑事司法协助的理由方面，各国同意将某些情形明确不得作为拒绝理由，如在打击毒品犯罪的合作中，保守银行秘密不得作为拒绝协助的理由。面对高科技的发展，新的协助方法和形式也逐步得到允许，如请求书的提出也不再局限于书面形式，而是可以“能够生成书面记录的任何形式”。在不违背本国法律的情况下，采取电视或电话会议的询问形式也被允许。各国在协助过程中，尽量避免给对方附加过多的责任，赋予过重的义务或工作量，尽量简化诉讼程序，缩短诉讼周期，使司法协助更高效便捷。

三、我国开展国际刑事司法协助的法律基础

国际刑事司法协助的法律依据主要涉及国际法和国内法两个层次，国际法，是指适用于主权国家之间以及其他具有国际人格的实体之间的法律规则的总称，主要包括国际公约、区域性多边条约和双边条约。国际公约是国际法主体确立其相互间权利义务关系的书面协议，相比国内立法数量较多，拥有绝对的优势，是国际合作的最主要的渊源。缔约方在刑事诉讼中有义务按

[1] 参见王志亮主编：《上合组织刑事司法合作研究》，苏州大学出版社2016年版，第217页。

[2] 参见高秀东主编：《欧盟刑事司法合作领域相互承认原则研究暨相关法律文件》，中国法制出版社2019年版，第76～77页。

照公约的相关要求开展活动,这是条约法上“条约必须遵守原则”的要求,也是国际法基本原则之一的“善意履行国际义务原则”的要求,利用多边机制开展合作也是完善各国国际刑事司法协助制度的必然选择。此外,绝大多数国家都与其他国家缔结了刑事司法协助条约,作为请求和提供刑事司法协助时所援引的法律依据,虽然条约的内容不尽相同,但兼具原则性和可操作性。有学者指出,国际习惯亦可作为国际刑事司法协助的法律依据。[1] 国际习惯是国际法最古老的渊源,是各国重复类似的行为而产生的具有法律拘束力的行为规则,也是国家间的默示协议。国际习惯是一种“不成文法”,并没有成文的法律文件,国际习惯作为国际法的渊源,不失其重要性,它适用于整个国际社会。[2]

国际刑事司法协助是国家行为,涉及当事国的国家主权、政治外交、公共秩序等重要国家利益,需要司法机关和外事部门的积极介入,除公约的指导和调整之外,必须要有一个完备的国内法律体系作为调整刑事司法协助活动的基本原则,明确国内有关机构在刑事司法协助活动中的职权、责任以及具体的实施程序等。改革开放以来,我国的国际刑事司法协助实践经历了从少到多、从简单到复杂的过程,也基本确立了双边条约、国际公约和国内立法有机结合,既符合中国国情和实际,又符合国际法和普遍实践的国际刑事司法协助法律体系。

(一)我国积极加入惩治犯罪的国际公约

为了增进国际合作、合力打击跨国犯罪,我国积极加入了一系列惩治国际罪行的多边公约或者区域性国际组织的合作公约,确立了对数十个国际犯罪行使刑事管辖权的义务,这些国际公约包含有国际刑事司法协助的条款和内容,各缔约方在公约确定的框架和原则下,进一步讨论和确定具体的合作方式和模式,依据双方签署的刑事司法协助协议或其他协议,履行司法协助义务,为缔约方提供了一种可资借鉴的打击犯罪的立法和合作模式,有效地

---

〔1〕参见赵永琛:《国际刑法与司法协助》,法律出版社 1994 年版,第 167 ~ 174 页。

〔2〕参见叶良芳:《国际刑法基本理论研究》,浙江大学出版社 2018 年版,第 16 页。

促进各国在预防和惩治犯罪的标准方面与国际接轨，消除各国因法律制度不同而带来的履约差异。根据各国适用国际条约的具体实践，国际条约通过转化、采纳和混合方式在各国国内适用。[1] 在我国，这些国际公约经全国人大常委会批准后发生法律效力，成为我国开展刑事司法协助的重要法律渊源，但是我国声明保留的条款除外。以引渡为例，国际社会在公约中规定"可将本公约视为引渡依据"，以寻求在多边框架下的引渡合作，各国积极响应公约的规定，积极履行条约义务，特别是为奉行条约前置的国家开展引渡合作提供了很好的平台。《引渡法》明确规定，根据我国缔结或者参加的国际引渡条约或者载有引渡条款的其他国际条约，均为我国与外国开展引渡合作的法律依据。近年来，越来越多的国家倾向于以多边公约为国际刑事司法协助的依据，如海外取证、缉捕逃犯、追回被转移到国外的违法所得。2008 年，我国司法部收到英国内政部根据《联合国打击跨国有组织犯罪公约》就"卡斯特行动案"向我国提出刑事司法协助请求，该请求涉及英国执法机关正在就一起巨额增值税欺诈和洗钱案件进行刑事调查，英方请求派员来华调查取证，司法部收到请求后，进行认真审查，并与英方就取证程序及技术细节达成一致。2008 年 4 月 14 日，在司法部主持下，海关总署缉私局、深圳海关具体执行，顺利地对证人提取了证词和相关材料。[2] 这是依据多边公约开展国际刑事司法协助的成功案例。"李某波案"中，我国和新加坡在没有缔结引渡条约和双边刑事司法协助协定的情况下，作为《联合国反腐败公约》的缔约方，进行反复磋商，开展司法执法合作，我国向新方提供有力证据，新方冻结了李某波涉案财产，对李某波实行逮捕、起诉，以"不诚实接受偷窃财产罪"判处其 15 个月有期徒刑，使其丧失在新加坡合法居留权。我国还及时对李某波转移到新加坡的违法所得采取冻结、扣押措施，并在李某波服完 2/3 刑期当天将其遣返回国，检察机关依法对其进行侦查，该案也是我国与新加坡依据《联合国反

[1] 参见苏彩霞：《中国刑法国际化研究》，北京大学出版社 2006 年版，第 136 页。

[2] 参见高秀东：《国际刑事条约在中国的适用》，中国人民公安大学出版社 2012 年版，第 177 页。

腐败公约》,践行《北京反腐败宣言》,开展追逃追赃的成功案例。[1]

(二)我国与外国签署双边刑事司法协助条约

由于多边国际条约不能顾及不同国家国内法的差异,国际社会一直视双边条约的缔结为两国深度合作的表现,鼓励国家之间以"一对一"的方式签订双边的刑事司法协助条约、协定或安排,并针对协助中的特定事项达成一致,为开展国际刑事司法协助提供共同适用的法律基础,使各国的刑事司法协助的义务法定、程序法定,使协助路径更顺畅。从效力来看,多边条约类似于"立法",双边条约类似于"合同"。[2]

我国在20世纪50年代与邻国开展国际刑事司法协助实践,但范围仅限于文书送达等内容,主要通过外交途径或非司法途径。随着我国对外开放政策的实行,涉外案件增加,促进了司法协助的发展。1982年,我国原《民事诉讼法(试行)》专章对民事"司法协助"制度作了概括性规定,为我国开展国际民商事司法协助提供了法律依据。1984年,我国正式加入国际刑警组织,并加入一些国际公约,陆续与外国签订司法协助条约,条约框架经历了一个由刑事、民事、商事混合到刑事、民事分立的过程。我国与外国签订的刑事司法协助条约主要可以分为三种形式:一是专门的刑事司法协助条约;二是专门的引渡条约和移管被判刑人条约;三是综合类的民商事和刑事司法协助条约。1987年6月,我国首次与波兰签订《关于民事和刑事司法协助的协定》。[3] 1993年8月,我国与泰国签订第一个引渡条约。为履行《打击恐怖主义、分裂主义和极端主义上海公约》,缔约方在公约的框架内打击"三股势力"方面的合作,我国先后与吉尔吉斯斯坦(2002年)、哈萨克斯坦(2002年)、塔吉克斯坦(2003年)、乌兹别克斯坦(2003年)等国签订了关于打击"三股势力"的合作协定。截至2019年4月,我国已与77个国家签署引渡、司法协助、资产返还和分享、打击"三股势力"及移管被判刑人等司法协助类

---

[1] 参见肖军:《境外追逃追赃国际合作研究》,法律出版社2016年版,第36页。

[2] 参见叶良芳:《国际刑法基本理论研究》,浙江大学出版社2018年版,第15页。

[3] 本文引用的我国与其他国家的双边司法协助条约的内容的文本,参见G20反腐败追逃追赃研究中心编:《中华人民共和国反腐败追逃追赃条约法规汇编》,中国政法大学出版社2017年版,少数未纳入其中的条约参见全国人大常委会官网。

条约共161项,已生效131项。其中包括引渡条约55项(39项生效),移管被判刑人条约15项(13项生效)。从缔约方的情况看,我国与一个国家可以同时签署刑事司法协助条约和引渡条约,如法国、意大利。但与一些国家,如美国、加拿大,签订了国际刑事司法协助条约,而未签订引渡条约。与我国签订条约的国家基本分布在亚洲、欧洲、非洲、美洲、大洋洲,以我国周边国家为主,且以发展中国家居多。

从我国与外国签订的刑事司法协助条约来看,基本涵盖了司法协助的含义、内容、中央机关、适用的法律、使用的语言、司法协助的费用、拒绝协助的理由、请求司法协助的内容,在押人员作证、在请求方境内作证或协助调查、对证人和鉴定人的保护,对赃款赃物的查明、冻结、扣押、没收和移交等,以及犯罪记录的提供、保密和使用限制等。从司法协助的规则到具体程序都予以明确,具有很强的可适用性和针对性。刑事司法协助的范围主要集中在狭义的范围,引渡和被判刑人移管制度单独签订双边协议,刑事诉讼的移转管辖、刑事判决的承认与执行等广义的刑事司法协助形式不包括在内,至于控制下支付、秘密侦查等在国际公约中规定的协助方式,也未提及。

(三)刑事诉讼法及相关司法解释

1988年,最高人民法院颁布的《关于执行中外司法协助协定的通知》[法(办)发〔1988〕3号,已失效]指定司法部作为对外联络的机关,并规定有接受外国协助请求的域内审查流程。1995年,外交部、最高人民法院、最高人民检察院、公安部、国家安全部、司法部为进一步妥善处理涉外案件的有关问题,联合颁布了《关于处理涉外案件若干问题的规定》,其中对"涉外案件"作出明确定义,详细规定了关于处理涉外案件的问题。1996年,我国修订《刑事诉讼法》在总则中增加了关于国际刑事司法协助的条款:根据中华人民共和国缔结或者参加的国际条约,或者按照互惠原则,我国司法机关和外国司法机关可以相互请求刑事司法协助。该款引入了"刑事司法协助"的概念,将刑事司法协助问题纳入我国刑事诉讼法调整的领域。1997年4月,最高人民检察院颁布了《关于检察机关办理司法协助案件有关问题的通知》,外交部主持起草并会同最高人民法院、最高人民检察院、司法部、公安部研究确认

《通过外交途径办理刑事司法协助案件的若干程序》(公办〔1999〕1号),为我国开展刑事司法协助的实践提供依据。

2012年3月14日,刑事诉讼法再次修正,《刑诉法解释》第十八章“涉外刑事案件的审理和司法协助”对涉外刑事案件的审理和司法协助详细规定了司法协助中送达法律文书的途径、主体、期限等内容。《最高检刑诉规则》专设一章,第十六章“刑事司法协助”规定了检察机关在刑事司法协助中的职责、地位及方式。《公安部刑事程序规定》第十三章规定了“刑事司法协助和警务合作”,规定了公安部是刑事司法协助和警务合作的中央机关,公安机关刑事司法协助和警务合作的范围、期限和方式等。2017年,最高人民法院和最高人民检察院对2012年《刑事诉讼法》的没收违法所得程序作出司法解释,为我国请求外国开展没收违法所得及其他涉案财物的协助程序提供了法律依据。这些司法解释和部门规章都是各个职能部门在自己权限范围内涉及刑事司法协助的程序和有关事项作出零散的制度规范,虽然没有形成一个整体的体系框架,无法全面调整整个刑事司法协助领域,实践中也难免出现各职能部门分工不明晰、协调不畅、效率低下的现象,但在一定程度上促进了我国刑事司法协助的顺利开展。

(四)专门立法

我国多年来关于国际刑事司法协助的法律规定相对分散,与外国开展刑事司法协助实践时缺少相应的国内法规范,在执行公约时也可能由于缺乏某些条款的配套立法而面临无法直接适用的窘况,大大影响了我国执行条约的能力,开展司法协助呈现外国多我国少的特点。与我国发生司法协助关系的国家由以前主要是美国、法国、德国、日本、韩国等向全世界扩展。[1] 我国所有关于国际司法合作的立法突破都是从缔结国际条约的实践开始的。[2] 2000年,我国制定《引渡法》,构成了我国引渡体系的核心内容。2003年,全国人大常委会批准了《联合国反腐败公约》,为了实现我国法律制度与公约

〔1〕 参见《移管被判刑人国际合作呈双增长态势》,载新浪新闻中心网,http://news.sina.com.cn/o/2017-05-05/doc-ifyeycte8818414.shtml。

〔2〕 参见黄风:《〈中华人民共和国引渡法〉评注》,中国法制出版社2001年版,第24~25页。

及其他国际条约的衔接,我国明确提出制定司法协助法的任务。2006年以来,我国相继颁布了《反洗钱法》(2006年)、《禁毒法》(2007年)和《反恐怖主义法》(2016年施行,2018年修正),3部法律中均专章规定了"反洗钱国际合作""禁毒国际合作""(反恐怖)国际合作",明确在上述犯罪领域开展刑事司法协助,并简单、笼统地规定了有关国际刑事司法协助"由司法机关依照有关法律的规定办理"。2018年通过的《监察法》专设一章"反腐败国际合作",用3个条文规定了包括反腐败执法、引渡、司法协助、被判刑人移管、资产追回和信息交流,以及反腐败追逃追赃和防逃工作的国际合作的内容,一部完整的国际刑事司法协助立法呼之欲出。

党的十八届四中全会通过的《中共中央关于全面推进依法治国若干重大问题的决定》明确提出"深化司法领域国际合作,完善我国司法协助体制,扩大国际司法协助覆盖面"。2015年6月,国际刑事司法协助法再次被列为第十二届全国人大常委会立法规划一类项目,中央各部门也积极推进立法进程,广泛征求有关部门和专家学者的意见,形成了《国际刑事司法协助法(草案)》,2017年12月,第十二届全国人大常委会首次审议草案,此后,《国际刑事司法协助法》经过了二审、三审,2018年10月26日在第十三届全国人大常委会第六次会议上正式表决通过。该立法案的通过使我国的国际刑事司法协助制度不再分散于刑事司法协助条约中,真正有了一套成体系的国内法的支持,为我国开展国际刑事司法协助提供完整、统一的法律规范。该立法案也是国内有关刑事司法协助的基础法,对于开展国际刑事司法协助起着根本性的指导作用,也提供了相关的规则和程序。

(五)国际条约的优先适用

国际刑事司法协助是平等国家之间的相互协助,体现了一定的外交属性以及刑事司法属性,国际法、国内法和双边条约都是我国开展国际刑事司法协助的法律基础。当国内法与国际法发生冲突时如何选择适用国内学者将其归纳为不同的理论学说,[1]国家签订的国际条约建立在国家主权平等协

---

〔1〕 参见马进保:《国际犯罪与国际刑事司法协助》,法律出版社1999年版,第41页。

商的基础上,国家在条约中确立其权利义务关系实际上是国家自我限制其主权的结果。各国在开展国际刑事司法协助时,必须严格信守参加或者缔结的国际条约,秉承善意及条约宗旨如实履行,但部分条款声明保留的除外。以维护国家主权原则为借口拒不履行国际刑事司法协助义务,是对国际社会公共利益的侵犯。这是在古罗马民法中"契约必须遵守"的基础上发展而来的条约信守原则,它是守法正义在国际法中的具体表现。我国于 1997 年加入的《维也纳条约法公约》(Vienna Convention on the Law of Treaties),确认了条约必须遵守。有的国家在其宪法或法律中对该原则予以明确,如 1982 年《德国刑事事务国际司法协助法》第 1 条第 3 款规定,"国际性条约中的规定,在转化为可直接适用的本国法后,优先于本法中的规定而适用"。体现了一般国际条约规定的适用优先于专门的司法协助规定。1988 年《意大利刑事诉讼法典》第 696 条以"条约和一般国际法优先"的原则,《俄罗斯刑事诉讼法典》第 1 条第 3 款也有规定,体现了国际条约的规定与本国法典不同时以国际条约优先的适用规则。但也有的国家认为这些规范处于同等的层次,当它们发生冲突时,应当根据法律效力和衔接的一般原则,即特别法优于一般法,后来法优于先前法的原则,判断其优先地位。[1]

虽然我国《宪法》中并没有明文规定国际条约在我国适用的方式,但我国《民事诉讼法》明确规定当国内法与国际条约冲突时,条约在国内适用中处于优先地位。我国《关于处理涉外案件若干问题的规定》第 1 条明确指出,国内法或者我国内部规定同我国所承担的国际条约义务发生冲突时,应当适用国际条约的有关规定(我国声明保留的条款除外)。各主管部门不应当以国内法或者内部规定为由拒绝履行我国所承担的国际条约规定的义务。我国引渡法草案曾规定类似条款,"引渡条约同本法有不同规定的,适用引渡条约的规定",但在最终立法中被删除。[2] 曾有学者建议在我国的国际刑事司法协助立法中规定这一原则。[3] 但也有学者认为,涉及刑事法律内容的国

---

〔1〕 参见刘亚军:《引渡新论——以国际法为视角》,吉林人民出版社 2004 年版,第 278 页。
〔2〕 参见高秀东:《论双边引渡条约在我国的优先及直接适用》,载《法治研究》2013 年第 12 期。
〔3〕 参见黄风:《制定我国〈国际刑事司法协助法〉的几个问题》,载《中外法学》2011 年第 6 期。

际条约在我国只能是间接适用，即只能通过国内刑法的相关协调、完善来履行我国的国际义务。[1] 笔者认为，我国开展国际刑事司法协助最主要和具体的法律依据是我国缔结或者参加的国际条约，明确条约在我国国内法上的法律地位，对于解决与国内法的冲突及条约能否优先适用的问题，确实至关重要。《国际刑事司法协助法》只对我国有法律效力，不可能对各个国家的具体情况考虑周全，为了更好地与含有国际刑事司法协助的公约相衔接，将公约的规定转化为国内法，从而在我国实施，便于其在我国的适用。但同时应明确我国开展国际刑事司法协助，有国际条约规定的，应直接依据国际条约，国内法和国际条约均有规定或规定不同的，通过确立"国际条约规范优先适用原则"，明确具体执行程序规则等，只有这样才能确保公约具有较强的适用性与可接受性，有利于缔约方能够有效地行使该国际条约所赋予的权利，消解国际条约与国内法之间以及不同国家的国内法之间的矛盾和冲突，促使相关各方获取更有效的司法协助。

四、我国《国际刑事司法协助法》评析

2018年，我国《国际刑事司法协助法》立法通过，全文共9章70条。第一章是总则，规定本法的立法目的、定义、原则、法律依据、对外联系、主管机关和办案机关以及经费承担等内容；第二章规定刑事司法协助请求的提出、接收和处理；第三章到第八章规定刑事司法协助的具体内容，包括送达文书、调查取证、安排证人作证或者协助调查、涉案财物的查封、扣押和冻结、违法所得及其他涉案财物的没收返还、移管被判刑人，分别规定了中国作为请求方向外国请求司法协助和作为被请求方接受外国司法协助请求两种情况下的程序和要件。第九章是附则，规定本法也适用于与国际组织开展司法协助的法律适用、文件和证据材料的公证和认证、刑事司法协助条约的概念以及生效日期等。

（一）立法模式的选择

各国对刑事司法协助的法律调整规范的表现形式不尽相同，对各国国际

---

〔1〕 参见苏彩霞：《中国刑法国际化研究》，北京大学出版社2006年版，第137～138页。

刑事司法协助立法的考察,主要有两种模式:

(1)附列法模式。这种模式是将刑事司法协助看成是刑事诉讼的一个组成部分,在本国的刑法或刑事诉讼法中设专节或专章来规范涉外刑事司法协助,而不单独制定单行法,大多数国家采这种立法模式。如意大利的刑法典中规定了司法协助适用的犯罪及其"双重归罪"、本国公民不引渡、庇护政治犯等合作原则;刑事诉讼法典则系统地规定了协助的种类及其相关的程序问题,"与外国的司法关系"专设一编。采用附列法模式的国家,一般只把狭义上的刑事司法协助列入其中,如荷兰在刑事诉讼法典中规定了狭义的国际刑事司法协助的内容,《俄罗斯刑事诉讼法典》第五部分为"刑事诉讼领域的国际合作",法国的刑事司法协助的内容规定在 1962 年生效的《法国刑事诉讼法典》中,后经多次修订并沿用至今,其中第十编规定了"国际司法协助",共两章,第一章介绍了法国与外国进行司法协助请求时的转递、执法及使用规则;第二章则专门针对法国与其他欧盟成员国之间司法协助请求的转递、执行,特别是签发和执行财产保全令,包括法国司法机关执行外国主管机关的财产保全令。我国学者黄风教授也曾为《刑事诉讼法》修订时提议增加"国际刑事司法合作"作为第五编的建议。[1]

(2)专门法模式。是将国际刑事司法协助涉及的各个具体方面分别制定具有专业性质的法律,分别规范不同的刑事司法协助制度,以适应刑事司法协助发展的需要,但各国的立法情况不一。

一种是把国际刑事司法协助涉及的各个具体制度分门别类,各自制定出不同形式的且具有专业化性质的刑事司法协助制度的法律。专业化立法模式有助于针对不同的国际刑事司法协助形式规范地设置不同的审查和实施制度。其中,单行的引渡立法最为完善,1833 年比利时制定了世界上第一部《比利时引渡法》,实行特别法专门调整的涉外司法制度,随后,卢森堡和英国也于 1870 年颁布了专门的引渡法立法,亚洲最早颁布引渡立法是伊拉克于 1922 年颁布《伊拉克引渡法》,引渡单行立法有效地促进了各国的引渡实

---

〔1〕 参见黄风:《中国引渡制度研究》,中国政法大学出版社 1997 年版,第 324 ~ 332 页。

践。日本也是单行的专业化立法模式的典型代表，日本 1980 年制定的《国际侦查共助法》是针对外国提供司法协助而制定的法律，详细规定了国际侦查的定义、范围、条件、受理审查程序以及调查取证、询问证人、搜查、查封、扣押等具体操作规范等。韩国、瑞典也采这种模式，1991 年《韩国国际刑事司法协助法》、2000 年《瑞典司法协助法》均是针对为外国提供司法协助而制定的法律，但新加坡和南非等国的专门立法则涵盖了本国向外国提供以及外国向本国请求司法协助两方面的内容，进一步体现国家对于国际刑事司法协助的需求性以及互利性，内容上也更具操作性。

另一种是综合性立法。英美法系国家更倾向于从狭义上理解刑事司法协助的概念，刑事司法协助法也只规范狭义的刑事司法协助形式，如 1987 年《澳大利亚刑事司法协助法》和 1985 年《加拿大刑事司法协助法》。英国除 2003 年颁布的《英国引渡法》之外，还出台了两项关于刑事司法合作的法律，即 1990 年《英国刑事司法（国际合作）法》和 2003 年《英国国际刑事合作法》，这些立法都涵盖了提供和请求司法协助两方面的内容。这两部法律将英国已参加的一些多边国际法律文件以及双边刑事司法协助条约中的国际法规范转换为国内法条款，内容庞杂、细致，包括送达文书、调查取证、证人出庭以及通过视频连线或者电话听证，提供银行交易信息等方面的合作内容，以促进英国与其他国家在刑事诉讼和调查领域的合作。从发展来看，将狭义的司法协助与引渡、刑事诉讼移转管辖、外国刑事判决的承认与执行等广义的刑事司法协助形式统一纳入同一部法律、依次序排列的立法模式也备受推崇。如大陆法中传统的德国将所有涉及的国际刑事司法协助的内容从各个部门法抽出与其 1929 年颁布的《德国引渡法》合并制定了一部专门且全面调整国际刑事合作的《德国刑事事务国际司法协助法》，于 1982 年 12 月 23 日生效，该法共 9 章 86 条，约 4 万字，系统规定了引渡、刑事司法协助、刑事诉讼移管、外国刑事判决的执行等内容，被称为司法协助立法的“集大成者”。[1] 这部立法不仅包括国家之间的司法协助，也包括国家与国际组织、

[1] 参见马进保：《国际犯罪与国际刑事司法协助》，法律出版社 1999 年版，第 53～55 页。

超国家组织和国际法庭之间的协助。德国的立法内容全面、结构清晰、分类明确，国际刑事司法协助的国内立法向特别法的专门化方向迈进，对各国产生深远影响。1981 年《瑞士国际刑事司法协助法》、1991 年《葡萄牙国际刑事司法合作法》以及 1996 年《匈牙利国际刑事司法协助法》都是综合性立法的代表。这些外国成功的立法模式都为我国国际刑事司法协助的立法提供了可供借鉴的样板。

立法时如何处理与《刑事诉讼法》《引渡法》的关系是必须考虑的问题之一。虽然我国《刑事诉讼法》将刑事司法协助问题纳入调整领域，明确了我国司法机关在国际刑事司法协助中的主体地位和主导作用，但对于指导实践是远远不够的，因此，有学者提出，刑事司法协助已经成为我国司法实践的重要组成部分，《刑事诉讼法》有必要像《民事诉讼法》一样作出专章规定。[1] 修改现行刑法典时增加有关国际刑事司法协助的内容。[2] 而对于处理与《引渡法》的关系，有学者指出，《引渡法》的颁布实施，使我国刑事司法协助的立法已经走上并且只能继续走分阶段、分步骤的立法道路，[3] 单行化、专业化已成为我国国际刑事司法协助的立法方向，[4] 应单独制定刑事司法国际合作法。[5] 但也有学者认为，专业领域的分步骤立法不宜过于零碎和拖沓，应增强刑事司法协助的连贯性和有效性，订立统一的国际刑事司法协助法。《刑事司法协助（合作）法》是一部包含引渡等全部合作措施在内的综合性法律，[6] 统一立法的方式更可取。[7] 关于立法模式和内容的探讨为我国

---

〔1〕 参见朱志峰：《我国刑事司法合作立法的规范、协调与完善——以正在酝酿的〈中华人民共和国刑事司法协助法〉为视阈》，载《社会科学辑刊》2014 年第 3 期。

〔2〕 参见黄风：《〈刑事诉讼法〉应增加“国际刑事司法合作”编》，载司法部司法协助局编：《司法协助研究》，法律出版社 1996 年版，第 137 页；黄风：《〈刑诉法〉应增加承认与执行外国判决的制度》，载《现代法学》2007 年第 2 期。

〔3〕 参见黄风、王君祥：《非洲国家刑事司法协助立法若干问题探析——兼议对我国刑事司法协助立法的启示》，载《比较法研究》2011 年第 2 期。

〔4〕 参见李瑛：《国际刑事司法协助与引渡问题探析》，载《政法学刊》2007 年第 5 期。

〔5〕 参见赵永琛：《关于制定〈中华人民共和国国际刑事协助法〉的设想》，载司法部司法协助局编：《司法协助研究》，法律出版社 1996 年版，第 117 页。

〔6〕 参见张坚：《论我国国际刑事司法协助制度的立法完善》，载《北华大学学报（社会科学版）》2014 年第 3 期。

〔7〕 参见张智辉：《国际刑事法通论》（增补本），中国政法大学出版社 1999 年版，第 454 页。

刑事司法协助的立法提供多种思路。

随着国际刑事司法协助范围的不断扩大,国际刑事司法协助立法不仅涉及立法模式确立,还涉及立法内容的协调,特别是法律体系内部各法律之间的关系。制定一部规范、系统的国际刑事司法协助法,将我国已经开展的国际刑事司法协助的原则、基本程序、实践内容等涵盖其中,为我国国际刑事司法协助的实践提供充分的法律依据和法律指导是必要的,也为制定其他国际刑事司法协助形式的单行法预留空间。黄风教授草拟的《中华人民共和国国际刑事司法协助法(立法建议稿)》中也采用统一立法模式,且未将引渡制度列明其中。在最终通过的《国际刑事司法协助法》中,我国采用了与《引渡法》并列立法的方式,形成《国际刑事司法协助法》与《引渡法》相并列共同调整不同内容的国际刑事司法协助立法模式。

国内法与国际法协调的争论仍然存在,如《引渡法》颁布施行后,我国与其他国家所签订的引渡条约中与《引渡法》不相统一的地方,需要进行修改,使两个方面的法律协调统一。同样,《国际刑事司法协助法》通过之后,也存在与相关立法的协调与统一问题,有关部门要尽快对现有立法进行梳理和清理,以尽快保持立法之间的有效衔接。

(二)立法内容

《国际刑事司法协助法》中关于协助范围的争论,特别是在是否将最广义的刑事司法协助范围纳入立法中,学界更是见仁见智。有学者建议,结合当前我国的刑事司法合作实践,将未来的刑事司法合作的基本措施限定为送达文书、调查取证、扣押、冻结和没收财物、被判刑人移交和刑事诉讼的转移管辖。[1] 还有学者主张立法要对承认与执行外国刑事判决、被判刑人移管和刑事诉讼移管的合作都进行具体规定,而且对赃款赃物的追缴、返还、分割也要作具体规定。[2] 被判刑人移交只是外国刑事裁判的承认与执行的一个

---

〔1〕 参见黄风:《中华人民共和国国际刑事司法协助法(立法建议稿)》,载《法学评论》2008 年第 1 期。

〔2〕 参见乔慧娟、刘小荷:《论我国反腐败境外追逃的法律障碍及完善建议》,载《北方工业大学学报》2018 年第 1 期。

组成部分，我们不应该因为我国实践中只存在被判刑人移交的双边条约和成功案例，就只将这一小部分纳入《刑事司法协助（合作）法》而忽视整个外国刑事裁判的承认与执行的内容，这既不符合法的前瞻性要求，也不符合当前国际司法合作的发展趋势。[1]

笔者认为，立法的内容安排必须与我国的国际刑事司法协助实践紧密相关。我国与外国签订的有关刑事司法协助的条约基本属于狭义的国际刑事司法协助的内容，但条约中也明确规定，协助的内容取决于缔约双方对于开展司法协助的具体需要及双方对于开展该类司法协助的条件，这为协助范围的拓展提供了依据。我国还与外国缔结了引渡条约和移管被判刑人条约，并以此开展引渡和移管被判刑人的协助实践。我国《国际刑事司法协助法》的主要内容基本涵盖了我国与外国签订的刑事司法协助条约的内容，包括送达文书，调查取证，安排证人作证或者协助调查，查封、扣押、冻结涉案财物，没收、返还违法所得及其他涉案财物，移管被判刑人等。立法中对于刑事司法协助的形式采用的也是签发请求书的"相互协助"方式，而对于刑事裁判的承认与执行并未纳入立法中。从章节的结构来看，每一章均涵盖了我国向外国提供和外国向我国请求司法协助两方面的内容。

被判刑人移管属于最广义的刑事司法协助范畴，也可以看作外国刑事裁判的承认与执行的下位概念。基于其在国际刑事司法协助中发挥的积极作用，国际社会通常将其视为一种独立的司法协助措施。在我国，继狭义的刑事司法协助和引渡之后，被判刑人移管是近年来发展最快的司法协助措施，我国与外国缔结了移管被判刑人条约，并以此开展移管被判刑人的协助。我国《监察法》（第 51 条）、《反恐怖主义法》（第 70 条）以及《出境入境管理法》（第 28 条）都有移管被判刑人的规定。虽然在 2017 年的《国际刑事司法协助法》草案稿中并没有关于"移管被判刑人"的内容，但在二审稿中纳入"移管被判刑人"作为第八章，用 12 个条文的篇幅系统构建了我国的被判刑人移管

---

〔1〕 参见朱志峰：《我国刑事司法合作立法的规范、协调与完善——以正在酝酿的〈中华人民共和国刑事司法协助法〉为视阈》，载《社会科学辑刊》2014 年第 3 期。

制度。有学者建议,将最广义的刑事诉讼移管以及刑事判决的承认与执行也一并纳入国际刑事司法协助立法中,但考虑我国目前并未开展过这两类刑事司法协助,最终的立法正式文本中并没有将该两项内容纳入其中。

刑事诉讼转移管辖属于最广义的国际刑事司法协助范畴,哪个国家对某一国际或者跨国犯罪案件行使管辖权最为合适就由哪个国家管辖,必须有利于诉讼的顺利进行,有效地惩罚犯罪,保障人权,充分体现国际人道主义精神。刑事诉讼转移管辖正是基于这种客观需要而产生,体现了请求方与被请求方之间对于打击犯罪所具有的共识和共同需要。联合国专门拟订了《刑事事件转移诉讼示范条约》。在我国与希腊、土耳其签订的民(商)刑事司法协助协定中也规定有这一刑事司法协助形式。

国际公约已经将"资产的追回"与"司法协助"挂钩,国际刑事司法协助从以调查取证为中心向以资产追回为中心发展,形成以追缴犯罪所得或收益而开展调查取证、资产冻结或扣押、没收和返还等方面国际合作的体系。非洲国家刑事司法协助法中的"犯罪所得追缴"无论在立法章节体系上还是立法内容上都是相对独立的,围绕着资产追回,设置了查找犯罪所得资产、冻结和扣押犯罪所得资产以及执行外国限制令或没收令等专门的协助事项。这种立法模式正好契合了国际刑事司法协助的最新发展,也体现了有关非洲国家进行刑事司法协助法立法时所具有的前瞻性。如 1996 年《南非国际刑事合作法》就围绕相互提供证据、相互执行判决和赔偿命令以及没收和转移犯罪所得三个问题加以规定。[1] 因此,为了有效地与我国加入的国际公约相衔接,我国将公约的相关规定转化为国内法实施。我国《国际刑事司法协助法》中用第六章和第七章两章的篇幅分别规定了国际刑事司法协助中"查封、扣押、冻结涉案财物"以及"没收、返还违法所得及其他涉案财物",破解我国在国际追赃合作中的法律难题。该两章共有 16 个条文,占全部条文的 23%,足见其重要性。

---

〔1〕 International Co-operation in Criminal Matters Act, 1996, Chapter 2 Mutual Provision of Evidence; Chapter 3 Mutual Execution of Sentences and Compensatory Orders; Chapter 4 Confiscation and Transfer of Proceeds of Crime.

(三)关于与国际组织的协助问题

随着联合国和其他国际组织的成立,国家之间建立了大量的政府间和非政府间国际组织,不同的国际组织在基本性质、活动目标或范围以及成员构成方面均有一定的区别,国际组织也会依据其缔结的条约或其他正式法律文件建立常设性机构,一些区域性国际组织不仅制定了大量的含有国际刑事司法协助内容的区域性公约,还采取多种手段保证公约的有效执行,在推动国家之间的合作、共同打击国际犯罪的活动中发挥重要作用。

国家与国际组织的合作问题特别要注意国家与国际刑事法庭之间的合作关系。第二次世界大战之后,纽伦堡国际军事法庭和东京国际军事法庭对战争罪犯进行审判,德国和日本将应受惩罚的主要战犯引渡给国际刑事法庭,使国际刑事司法协助也延伸至这一领域。1993 年联合国安理会决议成立前南斯拉夫问题国际刑事法庭、1994 年成立卢旺达国际刑事法庭,依据《联合国宪章》的规定,有关国家承担无条件与刑事法庭合作的强制国际义务,两个特设法庭也大量引入国际刑事司法协助概念。这种国际司法合作机制不同于传统主权国家之间的"平行方式",而被认为是"垂直方式",即联合国各成员有义务与法庭合作,法庭被赋予类似"超国家"的地位。[1]《国际刑事法院罗马规约》(Rome Statute of the International Criminal Court,2002 年 7 月 1 日生效)对国际社会最关切、国际法上最严重的罪行进行惩治,并专章规定了国际刑事法院的国际合作和司法协助,国际刑事法院在案件的调查、起诉、审判和刑罚的执行等方面必须依赖有关国家的合作,包括移交被调查、起诉的人员、证据调查、刑事司法文书送达和信息通报等,这种司法协助模式不同于国家之间的刑事司法协助,协助的一方并不是主权国家,而是享有不完全刑事管辖权的政治实体,[2]这也是一种全新的刑事司法协助,虽然国际刑事法院在处理与缔约方之间的关系时既要确保有效地履行职能,也要维护各

---

〔1〕 参见王少华:《国际刑事法院司法合作的特点》,载《山西警官高等专科学校学报》2014 年第 2 期。

〔2〕 参见张智辉:《国际刑法通论》(增补本),中国政法大学出版社 1999 年版,第 327 页。

缔约方的主权。[1] 但各国在满足国家主权、安全等方面的合理关切之外,要为国际刑事法院有效的履行职能提供便利。国际刑事法院是否能有效运作以完成国际社会所赋予的使命,在很大程度上取决于国家向它所提供合作的范围和程度,[2]对成员在国际刑事法院调查和起诉犯罪方面具有与其"充分合作"的义务,对其拒绝合作的权利作了严格限制。在有关国家不合作的情形下,国际刑事法院可以作出裁定确认不合作的事实,并将其提交缔约方大会予以解决,以便采取措施。而国家之间的刑事司法协助中,被请求方基于一定的理由拒绝协助,不会产生国际责任问题,可能导致请求方在相同情形下的对等报复。虽然我国至今并未加入《国际刑事法院罗马规约》,但根据该规约的规定,无论是缔约方还是非缔约方,均可以从国际刑事法院获得包括调取证据、讯问被羁押人在内的各项司法协助。从长远来看,必要的立法规范也是需要的。

与国际组织的司法合作的实践,也推动了各国的立法完善,有的国家的刑事司法协助立法中将国际刑事法院视为"外国",同一部法律不仅调整国家之间的刑事司法协助,还调整本国与国际刑事法庭之间的司法合作关系。联合国"毒品和犯罪办公室"于 2007 年拟订的《刑事司法协助示范法》适用于"由国际刑事法院或者国际法庭提出的协助请求",并建议各国将国际刑事审判机构也列入合作伙伴的范围。《加拿大刑事司法协助法》、《毛里求斯刑事司法协助和相关事项法》和《新加坡刑事司法协助法》都规定,将国际刑事法院与"外国"平等看待,采用相同的标准处理由国际刑事法院提出的司法协助请求,暂时不为国际刑事法院规定任何特殊的待遇或者显著优惠的条件。同样,《日本国际侦查共助法》也专条规定了与国际刑事警察机构的合作内容,《德国刑事事务国际司法协助法》也适用于与国际刑事法院或其他国家间、超国家机构在刑事方面的协助。我国也有学者建议与国际刑事审判机构的合作,应当与外国开展合作一样,严格遵循相关立法为提供国际刑事司法协助规定的各项条件和审查规则。[3]

---

〔1〕 参见成良文:《刑事司法协助》,法律出版社 2003 年版,第 49 页。

〔2〕 参见朱文奇:《国际刑法》,中国人民大学出版社 2014 年版,第 301 页。

〔3〕 参见黄风:《制定我国〈国际刑事司法协助法〉的几个问题》,载《中外法学》2011 年第 6 期。

当然,也有的国家把与国际刑事法院的协助与"外国"的司法协助区分开来,制定专门的法律调整与刑事法院的法律关系,如法国于 2002 年 2 月 26 日颁布了《与国际刑事法院合作的法律》,专门调整根据国际刑事法院的请求逮捕和移交人员、提供调查取证等方面的协助以及执行刑事裁决等问题。英国于 2001 年 5 月 11 日颁布了《国际刑事法院法》,其中第二至四章分别调整"逮捕和移交人员""其他司法协助形式""判决和命令的执行"。南非 2001 年颁布的《南非共和国国际刑事法院法》第四章调整"向国际刑事法院提供合作和司法协助"。当然,我国与国际刑警组织开展了有效的国际警务合作,并取得了良好的成绩。

针对与国际组织开展刑事司法协助的问题,我国《国际刑事司法协助法》在立法附则中专门设置一条,明确中华人民共和国与有关国际组织开展刑事司法协助,参照《国际刑事司法协助法》执行,可见,我国与外国以及与具有刑事司法性质的国际组织之间开展相关的刑事司法协助均适用于我国《国际刑事司法协助法》。该条规定过于原则,而实践中有各种变化,与国际组织之间的合作的理论基础以及指导原则有待进一步具体规范,否则,仍可能出现无法可依的情形。未来的立法修订时,有待进一步完善。

(四)国际与区际的问题

"区际"从法域的概念引申,主要是指一个复合法域国家内,各法域之间在法律的属地性与属法性问题上的相互关系。[1] 香港特别行政区、澳门特别行政区的回归和将来海峡两岸的统一,我国未来将进一步形成"一国两制三法系四法域"的局面。根据基本法的规定,香港特别行政区和澳门特别行政区除国防和外交事务外,享有高度自治权,在处理国家对外关系的问题上,我国只能以一个国际法主体出现。香港特别行政区和澳门特别行政区依照基本法享有与外国政府签署司法互助协议的权力,这种司法互助属于我国与外国司法协助关系整体体系中的组成部分。《香港基本法》第 95 条和《澳门基本法》第 93 条都明文规定,两个特别行政区都可与全国其他地区的司法机

[1] 参见马进保:《中国区际侦查合作》,群众出版社 2003 年版,第 9 页。

关通过协商依法进行司法方面的联系和相互提供协助。这将大大丰富我国国际刑事司法的合作实践。自 1998 年起,最高人民法院与香港特别行政区和澳门特别行政区,经过多次协商一致在相互委托送达司法文书、相互执行仲裁裁决、相互提取证据、相互执行民商事判决等方面签订了具有约束力的区际民商事司法协助"安排",三地遵从各法域的司法体系,在尊重现有法律原则和司法实践的前提下,分别根据自己的法治,通过一定的法律程序将之转化为各自法域的法律制度,然后在各法域实施贯彻执行,也是我国区际司法协助取得的重大突破。虽然内地与香港特别行政区和澳门特别行政区之间暂未签署任何关于刑事司法协助方面的专门安排,区际刑事司法协助实践止步于警务合作与个案协查,但内地与香港特别行政区和澳门特别行政区在没有法律保障的情况下依靠高层协调、行政默契的方式开展协助,也取得一定成绩。

1990 年,海峡两岸的红十字会组织作为中介签署了《金门协议》,该协议确定了以民间组织为中介机构负责遣返私渡者、刑事犯罪嫌疑人或刑事犯的间接合作方式。1993 年,我国大陆与台湾地区签署包括共同协议联系与会谈制度、公证书的使用查证及挂号函件的查询补偿 4 项协议。2009 年,我国大陆与台湾地区授权的中介团体海峡两岸关系协会、海峡交流基金会在南京达成了《南京协议》,该协议共 5 章 24 条,内容从单一的遣返罪犯,发展到包括认可裁判、文书送达、调查取证等多种形式,作为两岸合作共同打击犯罪的依据。[1]

我国内地(大陆)与港澳台湾地区的刑事司法协助属于一个主权之下、不同法域之间的区际刑事司法协助范畴。区际刑事司法协助与国际刑事司法协助都以刑事司法协助为内容,但两者诉讼关系完全不同,区际刑事司法协助的非主权性和纯司法性是其在诉讼关系上区别于国际刑事司法协助的根本点。[2] 国家主权原则,在我国国内四法域之间并不适用,国内各法域的独立性不是一种主权的独立,维护国家主权统一是各法域的共同利益所在,

[1] 参见王新清:《刑事管辖权基本问题研究》,中国人民大学出版社 2014 年版,第 139 页。
[2] 参见成良文:《刑事司法协助》,法律出版社 2003 年版,第 196 页。

各法域不得以国家主权为由拒绝对他法域提供司法协助。[1] 因此，也有学者提出，我国国际刑事司法协助的立法需要将有关部门复合法域的问题纳入立法视野，制定一部囊括国际刑事司法合作与区际刑事司法合作在内的统一的刑事司法协助（合作）法，以在终极意义上实现中国刑事司法合作的规范化。在体例安排上，将刑事司法协助（合作）法分为"总则"、"国际刑事司法合作"、"区际刑事司法合作"及"附则"四编。[2] 但是，2017 年年底全国人大常委会网站颁布的《国际刑事司法协助法（草案）》，及最终通过的《国际刑事司法协助法》，均没有将我国区际刑事司法协助的内容涵盖其中。而且，该法第 2 条明确该法的适用范围是我国与外国在刑事活动中相互提供协助。

笔者认为，实施统一的区际刑事司法协助法对于我国区际刑事司法协助规范、顺畅进行意义重大。因此，笔者更倾向借鉴区际民商事司法协助的"安排"，本着统筹考虑、循序渐进、先易后难的原则，针对区际刑事司法协助的不同内容，如文书送达、调查取证，相互移交逃犯、区际被判刑人移管等，先就某方面的事务进行协商，制定普适性的专门协议，既体现了"一国两制"的基本精神，也充分尊重内地、香港特别行政区及澳门特别行政区的法律传统，可以为区际刑事司法协助在法定框架内、在三地法律秩序下迅速、规范地开展创造条件，为内地与香港特别行政区、澳门特别行政区共同实施基本法所确定的区际司法协助协商原则找到共同的方法，待时机成熟，再考虑签订区际司法协助的全面协议，或进行综合立法。

综上所述，《国际刑事司法协助法》的制定有利于进一步推进我国刑事司法制度体系，填补刑事司法协助合作的法律空白，为我国履行国际条约义务提供国内法律依据。该法也是我国反腐败和打击跨国犯罪工作的一项顶层设计，与《监察法》《刑事诉讼法》相配套，完善反腐败追逃追赃法律法规，加强打击跨国犯罪的国际合作力度。

---

[1] 参见肖建华主编：《中国区际民事司法协助研究》，中国人民公安大学出版社 2006 年版，第 12～13 页。

[2] 参见朱志峰：《我国刑事司法合作立法的规范、协调与完善——以正在酝酿的〈中华人民共和国刑事司法协助法〉为视阈》，载《社会科学辑刊》2014 年第 3 期。

第二章　国际刑事司法协助的原则、职能机关及程序

第一节　国际刑事司法协助的基本原则

国际刑事司法协助的基本原则，主要是指被世界各国公认的，在调整和推进国际刑事司法活动中具有一定概括性、普遍性和广泛指导意义的最一般性准则。[1] 这些原则在国际刑事司法协助的实践中逐渐形成并发展，被国际社会普遍承认并善意遵从，并且指导不同国家和地区在各个领域、各个环节相互开展协助的实践。

一、关于原则的争议

对于国际刑事司法协助的原则，不同的学者进行了广泛而深入的探讨，并形成不同的观点，有学者尝试将国际刑事司法协助的原则分为基本原则和非基本原则，并对基本原则进行深入的研究。有学者认为，从程序法学角度来看，国际刑事司法协助的基本原则主要包括两个方面：有关国家主权的基本原则和程序公正的基本原则。前者为国家之间应当如何处理诉讼程序相互衔接问题提供指导准则；后者为各个诉讼阶段应当如何确保程序公正提供强制性衡量准则，二者在相互协调的基础上共同构建出国际刑事司法协助基

---

〔1〕 参见马进保：《国际犯罪与国际刑事司法协助》，法律出版社1999年版，第73页。

本原则体系。[1] 但大部分学者则对原则进行概括性排列，笔者简单汇总如下：

“三原则说”：互相尊重国家主权和管辖原则；平等互利原则；或起诉或引渡原则。[2]

“四原则说”：恪守条约义务原则；互相尊重国家主权和管辖权原则；平等互利原则；或起诉或引渡原则。[3]

“五原则说”：国家主权原则；平等互惠原则；法制原则；特定性原则；人权保护原则。[4]

“六原则说”：平等互惠原则；保护国家利益原则；双重犯罪原则；政治犯、军事犯例外原则；适用本国法原则；本国公民例外原则。[5]

从以上对于原则的分析，虽然各有分歧，但共性也不容忽视。总体而言，国际刑事司法协助主要是发生在主权国家之间，而且要求国家之间具有相关的协议或者根据互惠，因此，大部分学者主要是借鉴国际法公认的一些原则作为国际刑事司法协助的原则，如国家主权原则，主权平等原则或平等互惠原则等。恪守条约义务也是各国在处理涉外法律关系时所遵循的一个原则，将该原则引入国际刑事司法协助中，是为了解决其中所涉及的国际条约与国内法相冲突的问题。也有学者考虑到引渡属于广义的国际刑事司法协助范畴，于是将引渡制度中的一些原则上升为国际刑事司法协助的原则，如或起诉或引渡原则，政治犯、军事犯例外原则，本国公民例外原则等，这显然是将适用于某一类国际刑事司法协助具有指导性的准则作为原则。总之，对于原则的研究也是国际刑事司法协助发展不断完善的过程，推动着国际刑事司法协助逐渐与一些国家的规定接轨。

---

〔1〕 参见温克志：《涉外刑事证据规则研究》，中国政法大学出版社 2016 年版，第 164 页。

〔2〕 参见邵沙平：《现代国际刑法教程》，武汉大学出版社 1993 年版，第 231～236 页。转引自赵秉志主编：《国际刑事司法协助专题整理》，中国人民公安大学出版社 2007 年版，第 11 页。

〔3〕 参见冯殿美、周静：《国际刑法通论》，山东大学出版社 1995 年版，第 110～116 页。

〔4〕 参见成良文：《国际刑事司法协助的基本原则》，载《中国法学》2002 年第 3 期。

〔5〕 参见林荫茂、柯葛壮：《论国际刑事司法协助》，载《上海社会科学院学术季刊》1995 年第 2 期。

笔者认为,国家主权是国际刑事司法协助的出发点和归宿,请求方与被请求方开展刑事司法协助首先在于对本国主权和国家利益的维护,防止本国利益受到非法侵害。在国际关系中,任何一个国家也会需要其他国家的支持与协助,以更好地帮助本国克服司法障碍,实现追诉犯罪的目的。特别是在面临一些全球性问题时,需要各国共同参与解决,因此,在国际刑事司法协助中,原则应该是能够为各国所公认并遵循,在国际刑事司法协助领域具有决定意义,并有效指导各国开展协助实践的一般性准则或标准,原则直接决定了国际刑事司法协助的基本性质和内容以及基本的价值取向,补充国际刑事司法协助立法的不足,限定在协助活动的自由裁量权的合理范围,原则必须具有普遍性和法定性。因此,国际刑事司法协助的基本原则包括国家主权原则、人权保障原则以及平等互惠原则、正当程序原则。

二、国家主权原则

(一)内涵

在国际法中,国家主权是国家赖以存在的基础,是每个国家所不可或缺的基本权利。国家主权引申出最为基础的4项权利,即独立权、平等权、自保权以及对内最高管辖权。其中,独立权和平等权是主权在国际关系中最基本的体现,自保权是主权在国际关系中的安全保证,这三者体现的是主权的外部效力;对内最高管辖权是国家主权的国内体现,为其实现奠定了坚实的国内基础,是主权的内部效力,这几方面的权利缺一不可地支撑着主权的完整存在。[1] 换言之,国家主权是至高无上的绝对的权力,没有一国自愿的同意,任何他国或者其他国际力量不得对国家进行强制。[2] 国家对内自主决定其社会、政治、经济制度和国家形式,排除外国干涉的权力,国家对其领土内的一切人和事物以及领土外的本国人实行管辖;国家对其他国际社会成员来说独立存在,不受其他任何权力的管辖和支配。主权也是国际社会中参与

[1] 参见杨成:《利益边疆:国家主权的发展性内涵》,载《现代国际关系》2003年第11期。
[2] 参见王秀梅:《国际刑事法院研究》,中国人民大学出版社2002年版,第153页。

国际事务的前提，国家在国际社会从事任何活动都是以追求本国的主权利益最大化为目标。

《联合国宪章》在序言中重申了“大小各国平等权利之信念”。1970 年《关于各国依联合国宪章建立友好关系及合作之国际法原则宣言》（Declaration on Principles of International Law Concerning Friendly Relations and Cooperation among States in accordance with the Charter of the United Nations）指出：“各国一律享有主权平等。各国不问经济、社会、政治或其他性质有何不同，均有平等权利与责任，并为国际社会之平等会员国。”主权平等，意味着国家不分大小强弱，无论其政治制度、经济发展水平如何，是国际社会平等的成员，在国际上平等地享有权利并承担义务。国家主权也不是绝对的，毫无限制的权力，国家在国际社会中虽不受别国的管辖和支配，但也不可将本国主权置于别国主权之上，把本国利益置于别国利益或者国际社会的共同利益之上，一国的主权在国际交往中如果毫无限制就有可能侵犯到别国的主权，因此，各主权国家须在符合国际法的前提下行使主权，不得违反其承担的国际义务。因此，多数国际公约和条约都明确规定，各缔约方在履行公约所承担的义务时，应当恪守各国主权平等和领土完整原则以及不干涉内政原则。在国际刑事司法协助中，一些特殊的地区得到其主权国家的授权，或国际社会的承认，或有关国家的认可，而成为国际关系的主体，而享有国际刑事司法协助条约所确认的权利并承担相应的义务。

（二）国家主权对于国际刑事司法协助的意义

国家主权对于国际刑事司法协助具有特殊的意义，国际法首先维护的是国家的主权和尊严，并要求世界各国在尊重他国主权的前提下取得他国对自己主权的尊重。平等国家之间开展国际刑事司法协助应相互尊重、和平共处，任何国家在处理与其他国家的司法协助事务时都不得享有任何特权，各国严格遵守不干涉任何他国事务的义务，各国应当在“相互”的基础之上，形成对等协助或者对等优惠的合作机制。刑事司法协助关系的建立完全取决于请求方与被请求方双方的自愿，任何一国都不应强迫或采取威胁手段迫使另一国开展协助。《联合国反腐败公约》与《联合国打击跨国有组织犯罪公约》中均有“保护主权”(protection of sovereignty)的条款，公约的任何规定概不赋予缔约方在另一国领土内行使管辖权和履行该另一国本国法律规定的专属于该国当局的职能的权利。两个公约中对“司法协助”均规定，如果被请求缔约方认为执行请求可能损害其主权、安全秩序或其他基本利益，可以拒绝提供司法协助。[1]

我国《宪法》序言中规定，中国坚持独立自主的对外政策，坚持相互尊重主权和领土完整、互不侵犯、互不干涉内政、平等互利、和平共处的五项原则，这也是我国与外国进行司法、执法方面交流的基础。在宪法原则的指导下，我国与其他国家签订刑事司法协助条约、引渡条约，也体现了国家主权原则。我国《国际刑事司法协助法》第4条规定，国际刑事司法协助不得损害中华人民共和国的主权、安全和社会公共利益，就是对主权原则的明确。它不仅是国际刑事司法协助中的一项基本准则，也构成拒绝外国刑事司法协助的理由。

(三)国家主权原则在国际刑事司法协助中的具体表现

1. 国家司法权的专属性

国家主权原则要求国家在国际刑事司法协助中相互尊重国家主权，不得以任何借口和任何形式贬损、破坏和践踏他国主权。司法是一个国家重要的主权，任何其他国家不能干涉他国的司法事务。一国司法机关在本国境内独立自主地开展对涉及本国的犯罪案件的侦查、起诉、审判和执行刑罚，不能及于其他主权国家，也不受任何其他国家或国际组织的干涉。也是国家之间相互协助以有效打击刑事犯罪活动的一项制度，体现了各国的共同利益和需求，这是一个国家刑事司法制度的重要组成部分。

刑事管辖权是国家主权原则在刑事司法领域的具体体现，是国家基于主权原则派生的一项基本权利，在理论上可分为刑事立法管辖权和刑事司法管辖权，[2]前者通常是指国内刑法的效力范围，后者主要是指国内司法机关受

---

[1] 《联合国反腐败公约》第4条、第46条，《联合国打击跨国有组织犯罪公约》第4条、第18条。

[2] 参见张智辉：《国际刑法通论》(增补本)，中国政法大学出版社1999年版，第61页。

理刑事案件的权限分工。国家在其主权范围内,通过国内刑事立法确立了以下管辖原则:属地管辖原则、属人管辖原则、普遍管辖原则、保护管辖原则等。一个主权国家对在本国领域内发生刑事案件、对本国公民实施的刑事案件以及针对本国或者本国公民实施的刑事案件进行司法管辖,国家行使刑事管辖权的活动,是在个案上进行侦查、起诉、审判和惩治的活动。一个国家为了维护本国司法权的独立行使,都有权依据国内法或国际法对其实行司法管辖权,如调查取证、传唤证人、逮捕、起诉、审判等,主权国家依法对涉及本国的国际性犯罪案件进行追诉,不受其他任何国家的干涉,如果一国认为本属于自己管辖的事宜被他国介入,就容易将他国的这一行为看作对本国主权的冒犯或挑战。[1]

但由于刑事案件的复杂性,不同国家,甚至一个国家内部由于法律制度的差异,使刑事管辖权的确定十分复杂,各主权国家针对某种国际犯罪、跨国犯罪或者具有涉外因素的犯罪,在刑事法律的具体适用上,即便按照严格的属地原则,也可能产生域外管辖的冲突,特别是在当前全球化、国际化背景下,恐怖活动、毒品犯罪、国际电信诈骗等跨国犯罪、国际犯罪问题日益突出。国家管辖权的行使范围和自由也受到国际法、条约和国际习惯的影响,而对国际性犯罪的管辖冲突或管辖不能的问题,各国需要经过不同层次的接触和磋商,以国际社会的共同利益为前提,对案件的管辖原则、执行办法以及争议处理程序和解决方式予以规定,并通过国际刑事司法协助加以解决。

2. 国家司法权的域外延伸

国家主权原则下在国际公法领域,域外管辖权的获取主要考虑的联系因素有:领土、后果、国家功能的保护、普遍性和刑事司法管理的代理等方面。[2] 对国际犯罪实行普遍管辖是以国家主权为基础的,必须严格遵守相关国际公约的规定。而国际公约是缔约方为维护国际社会共同利益在平等

---

〔1〕 参见[英]奥本海:《奥本海国际法》(第1卷 第1分册),[英]詹宁斯、瓦茨修订,王铁崖等译,中国大百科全书出版社1995年版,第332页。

〔2〕 参见耿勇、张炳文:《论国家的域外管辖权——以国内刑法的域外适用为视角、以德荷边境毒品案管辖为实证》,载《安徽大学法律评论》2002年第2期。

自愿的基础上缔结的,公约的缔结表明了缔约方对其刑事管辖权方面的国家主权的自愿让渡。[1] 随着国际交往的增多以及人员流动的频繁,犯罪人通过在不同法域下进行跨境犯罪活动,能够获得最大的犯罪收益以及最小的犯罪成本,这些国际犯罪和跨国犯罪以及其他含有涉外因素的犯罪行为因其行为、结果等方面的原因,又会在对象、证据、执行等方面与其他国家存在关联。在特定情况下,当事国应当彼此尊重对方的主权,尊重对方的司法制度,同时,也需要当事国在平等的基础上,取得其他与案件相关联的主权国家司法机关的协助、配合和支持,刑事诉讼才得以顺利进行。这个过程需要双方各自作出必要的妥协、让步、限制或放弃部分主权以达到刑事司法协助的共识,才能够实现共同打击犯罪的目标。国际刑事司法协助就是将一国的司法权引向该国领域之外,并能通过他国的司法机关完成刑事司法职能,理论上也可称为司法权的域外延伸。[2] 可见,管辖权的存在并不意味着管辖权的实现,由于国家间政治体制、法律制度的差异,管辖权的实现在很多情况下还有赖国家之间对于管辖权的让渡。司法权的适当让渡成为更好地维护国家主权的必然选择,即以相对小的代价和适当的灵活性维护了较大的利益或根本利益,这样从客观上促成了国家主权在特殊情况下的域外延伸,国家的主权、安全和社会公共利益不但没有受到实际损害,反而得到有效的维护。

虽然主权的行使应当以国家利益最大化为原则,但也不得机械地行使,这是建立在"主权可以交易"这一基点之上的,而且主权行使过程中的交易必然会越来越明显和频繁,[3] 因此,过分强调绝对国家主权,将可能导致犯罪嫌疑人在一国犯罪后逃往另一国而免责,使正义无法伸张。如承认逮捕令并予以执行是国家主权的礼让,也是国际合作的应有之义。[4] 超越一个国

---

[1] 参见刘亚军:《引渡新论——以国际法为视角》,吉林人民出版社 2004 年版,第 123 页。

[2] 参见成良文:《国际刑事司法协助的基本原则》,载赵秉志主编:《国际刑事司法协助专题整理》,中国人民公安大学出版社 2007 年版,第 133 页。

[3] 参见裴兆斌:《中非追缴腐败犯罪违法所得的国际司法协助》,载《辽宁大学学报(哲学社会科学版)》2011 年第 3 期。

[4] 参见洪期荣、陈荔彤:《新欧盟逮捕令及解送程序架构规定与传统国际法引渡制度的比较研究》,载《军法专刊》2011 年第 1 期。

家行使刑事管辖权也不是没有可能，相互承认原则就是一种例外，刑事诉讼的移转管辖、外国刑事判决的承认和执行等是通过国际刑事司法协助的形式将一国的司法权合法地转移到另一国家，理论上可将其称为司法权的有条件转让。[1] 当然这种承认或者转让是有条件的，司法权的域外延伸和司法权的有条件转让与一国司法权的专属性并不矛盾，正是在国际刑事司法协助这一大的前提之下，司法权的域外延伸和司法权的有条件转让才使国家主权在司法职能的行使上得以完整、有效。

3. 国际刑事司法协助中对公共秩序的保留

国家主权原则致力于将本国的国家利益放在首位，对国家基本利益的保护也包括了对本国国民的保护，被认为是司法协助条约中的"标准条款"。无论国家之间有无签订协议或互惠承诺，只要司法协助的请求违背和侵害了被请求方的主权、安全、公共秩序，被请求方有权拒绝提供协助，并且这种拒绝并不构成违反国际条约背信行为。就内涵而言，主权、安全、公共秩序或基本利益均属于国家主权的原始和衍生内容，是国家主权在国内事务上的基本体现。公共秩序这一制度源于国际私法，是一个国家或社会的重大利益或法律和道德的基本原则。从称谓上说，"公共政策""公共秩序""社会公共利益""保留条款""排除条款""公序良俗"等，都是一个主权国家为了捍卫其根本利益而对外国法设置的最后一道防线。公共秩序性质也决定了其不确定性，各国均可以根据本国的国情规定公共秩序制度，是特定国家在特定时期、特定环境下，对特定问题的根本利益之所在。[2] 越来越多的国际公约对公共秩序作出规定，并得到各国普遍的肯定与承认，各国除明确规定公共秩序保留条款外，还包含了一些体现国家重大利益、法律基本精神与原则及国家基本政策的规定。根据国家主权和公共秩序保留理论，一国可以以国际刑事司法协助请求有损于本国的公共秩序为由而拒绝执行，这样就可以排除外国法的适用。因此，对本国公共秩序的保护起到了对国际社会利益和国家利益

---

〔1〕 参见成良文：《国际刑事司法协助的基本原则》，载赵秉志主编：《国际刑事司法协助专题整理》，中国人民公安大学出版社 2007 年版，第 133 页。

〔2〕 参见刘亚军：《引渡新论——以国际法为视角》，吉林人民出版社 2004 年版，第 171 页。

协调的“安全阀”的作用。《关于刑事判决国际效力的欧洲公约》(European Convention on the International Validity of Criminal Judgments,1970 年)规定,如果执行判决违反被请求方的法律制度的基本原则,被请求方可以拒绝请求方提出的执行判决的请求。《引渡法》和《国际刑事司法协助法》明确将“主权、安全和社会公共利益”作为拒绝引渡和协助的理由。我国在与其他国家签订的刑事司法协助条约中,也将此作为拒绝协助的理由。

各国在行使主权时,须受到国家法、国际习惯和国际条约对于国家主权的限制,因此,主权国家在援引公共秩序制度拒绝刑事司法协助时,也必须接受国际法的限制,不得与整个人类生存发展的一些基本原则相违背,以防止在国际刑事司法协助中对于拒绝协助行为的滥用。

(四)禁止“长臂管辖”

1. 所谓“长臂管辖”的内涵

而根据美国的文献,美国将司法协助分为“积极性协助和消极性协助”,英美法系国家不仅热衷于通过司法委托书进行司法协助,而且基本上把民事司法协助方式都适用于刑事司法协助,因此,消极的司法协助这种自由的方法,完全不涉及侵犯主权问题。[1]《美国联邦法典》(United States Code)规定,身在美国的人可以按照他所同意的方式,并且可在法律指名者以外的人面前,自愿提供证言或者供述,或者提供文书以及其他物品。

所谓“长臂管辖”,最早起源于美国国内各州之间的司法判例,旨在通过对域外行使管辖权,解决各州之间的管辖冲突问题。20 世纪 70 年代,美国针对海外腐败、跨境洗钱等问题,在金融监管等领域逐步引入“长臂管辖”,以解决国家间的经济、政治问题。“9·11”事件后,美国颁布了《爱国者法案》(The Patriot Act,中文意义为“使用适当之手段来阻止或避免恐怖主义以团结并强化美国的法律”),初步形成了覆盖全世界的金融反恐融资监管体系。该法案提出所谓的“长臂管辖”原则。一是只要可送达诉讼文书,即可实施

---

〔1〕 参见[日]森下忠:《国际刑法入门》,阮齐林译,中国人民公安大学出版社 2004 年版,第 198~200 页。

"长臂管辖"。如果外国人或外国金融机构参与了洗钱活动,只要可依法送达诉讼文书,美国法院即可对其行使司法管辖。二是可追缴境外银行资产。美国相关部门可通过在美国境内采取手段,对涉嫌洗钱的机构或组织存放在外国银行中的资产实行追缴。三是可扣押境外银行在美国境内分行账户内的资金。如果资金存放在某一境外的外国银行账户中,且该外国银行在美国境内的金融机构设有银行账户,该资金可被视为存放在后一个账户中,美国相关部门可直接针对该账户采取冻结、扣押和没收措施。四是要求外国银行提供交易记录。美国可要求在美国设有代理行账户的外国银行向其提供与该代理行账户有关的交易记录。这一原则实际上扩张了美国法院的管辖范围,即越过法院所在地而在域外行使法律管辖权,因而也遭到了其他国家的指责。

作为一种治外法权,"长臂管辖"与国际法中的国家主权等基本原则相冲突,其无疑是对其他国家主权和利益的一种挑战,而"长臂管辖"的动机也日益"泛化",除国家安全的传统动机之外,所谓的民主、人权、反贪、打击有组织犯罪等因素也被纳入目标之内。欧盟于 1996 年颁布"阻断法令",规定基于制裁的任何外国法院判决或行政决定,在欧盟境内无效,禁止欧盟司法管辖区内的所有居民与企业,依照该法所列出的美国制裁等域外法律来行动,否则企业将面临罚款。虽然该法案一直未实质生效,但在 2018 年,欧盟重启该法令,并宣布 2018 年 8 月生效,以保护欧盟企业的利益,宣示自身主权独立的主张。

2. 我国的规定

随着经济的全球化浪潮,越来越多的跨国公司进驻我国进行经营活动,基于公司内部管理、民事程序或刑事诉讼程序准备等需要,不可避免会涉及一些调查活动。在调查过程中,跨国公司可能从境外派人到我国未经我国主管机关准许调取我国境内的证据材料,或者要求我境内的机构、组织和个人提供证据或协助调查,这实际上是外国滥用所谓的"长臂管辖权",将其司法权凌驾于我国的司法主权之上。在调查中极有可能损害我国司法主权和有关机构、组织和个人的合法权益。实践中,曾发生多起美国对我国金融机构等进行跨境取证、财产冻结、执行判决等司法行为，其依据正是美国所谓的“长臂管辖权”。这一制度不仅涉及利益博弈，更是对一国司法主权的侵犯。

我国《民事诉讼法》第二十八章“司法协助”第 284 条规定：未经中华人民共和国主管机关准许，任何外国机关或者个人不得在中华人民共和国领域内送达文书、调查取证。从而对我国境内进行的跨国调查取证作出严格限制，凡是未经准许的送达文书和调查取证活动是擅自在我国境内行使外国司法管辖行为，实际上是对我国司法主权的侵犯，“宪某伟、李某引渡案”就是一个典型案例。

为应对这种情况，我国在强调国际刑事司法协助不得损害我国主权、安全和社会公共利益，不得违反我国法律的基本原则的同时，作出抵制外国的“长臂管辖”的规定，该项规定在立法阶段最初并无相关内容，此后在草案审议过程中，有的部门提出，针对实践中外国司法执法机关未经我国主管机关准许要求我境内的机构、组织和个人提供相关协助的行为予以规范，[1] 因而在《国际刑事司法协助法》第 4 条第 3 款增加了相关的规定：非经我国主管机关同意，任何外国机构、组织和个人不得在中国进行刑事诉讼活动，我国境内机构、组织和个人不得向外国提供证据材料和本法规定的协助。该条的主要内容包括：一方面，非经我国主管机关同意，外国机构、组织和个人不得在我国境内进行国际刑事司法协助法规定的刑事诉讼活动。我国与外国开展国际刑事司法协助必须根据我国法律或双方签订的刑事司法协助条约或共同参加的国际公约的有关规定进行。首先，从该条的措辞看，“外国机构、组织和个人”显然适用范围更广，不仅仅局限于外国司法执法机关，直接扩大到了所有外国机构、组织和个人。其次，本法规定的“刑事诉讼活动”可以参照《国际刑事司法协助法》第 2 条中“刑事案件调查、侦查、起诉、审判和执行等活动”。考虑到实际情况，有关机构、组织和个人须经我国主管机关同意，可以采取有关刑事诉讼活动的行为，如作为当事人、证人等诉讼参与人在我国

---

[1] 全国人民代表大会宪法和法律委员会关于《中华人民共和国国际刑事司法协助法（草案）》审议结果的报告。

参加刑事诉讼活动,包括出席法庭审判、出庭作证、提供证据行为,并按照我国《刑事诉讼法》等法律的规定进行。另一方面,我国境内的机构、组织和个人不得向外国提供证据材料和本法规定的协助。

三、人权保障原则

(一)内涵

人权是在一定的社会历史条件下每个人按其本质和尊严享有或应该享有的基本权利。尊重和保障人权是民主政治的基本要求,也是社会政治文明的基本标志。[1] 第二次世界大战后,国际社会兴起世界性人权保护国际化思潮,并成为全人类共同关注的事务,联合国制定的《世界人权宣言》《公民权利和政治权利国际公约》《经济、社会及文化权利国际公约》是三个最为基本的国际人权文件,各国也纷纷签署世界级的人权宣言、公约。

人权表达了个人与国家或社会的关系,也是个人对国家或社会的一种要求,预示着国家自律以及对国家权力进行限制的必要性,作为国际法的一项基本原则,也影响渗透到刑事司法领域。国家在发动刑事诉讼的过程是国家公权力主动而广泛地强制行使并作用于公民个人权利的过程,刑事追诉代表国家维护公民的基本权利,既要保证制裁犯罪活动的合法与准确,还须保护刑事被告人的合法权益,实现文明诉讼。开展国际刑事司法协助,各国相互为彼此的刑事诉讼活动提供便利条件,这是打击犯罪的应有之义,也是对人类生存权利的最好保护。尊重人权并保障人权也是国际刑事司法协助的重要价值目标和实践内容,我国全国人大常委会于 1988 年 10 月批准了《禁止酷刑和其他残忍、不人道或有辱人格的待遇或处罚公约》,并在 1998 年 10 月签署了《公民权利和政治权利国际公约》。2004 年,“国家尊重和保障人权”写入《宪法》。2012 年我国《刑事诉讼法》修正,在刑事诉讼中明确了尊重与保障人权的理念、非法证据排除规则、律师在侦查中的辩护人地位等,加强了对被追诉人的权利保障。

---

〔1〕 参见莫纪宏:《人权法制的确立与缺憾》,载《人民论坛》2010 年第 6 期。

国际刑事司法协助的立法和实践中，就涉及对维护当事人合法权益的人权保障问题，并形成了一系列专门针对不予以协助的规则，如引渡实践中的“本国国民不引渡原则”就体现了国家对其公民的特别保护责任。1927 年的《法国引渡法》，1967 年的《荷兰引渡法》，日本 1964 年的《逃亡罪犯引渡法的修订法》等均明确规定不得引渡本国人，这与德国法的“忠诚责任原则”如出一辙，即国家有责任采取各种措施保护其公民，不愿意将在外国犯罪的本国国民交由外国审判，更不愿意将本国国民交由外国司法机关监禁服刑。德国、保加利亚甚至将这一原则写入宪法。中国《引渡法》也采取绝对禁止引渡模式，但在我国与外国签订的引渡条约中，则兼采用绝对禁止与相对禁止两种模式，如我国与俄罗斯、罗马尼亚的引渡条约中，将“被请求引渡人为被请求方的国民”列为“应当拒绝引渡的情形”，但在与泰国、柬埔寨的双边引渡条约中却规定“缔约双方有权拒绝引渡其本国国民”，赋予缔约双方在此问题上的自由裁量权，采用相对禁止引渡模式。随着国际刑事司法协助的发展，在刑事诉讼的移转管辖、被判刑人移管、刑事判决的承认与执行等刑事司法协助中，对于保护罪犯在刑事诉讼中的基本权益，帮助罪犯改造和重返社会具有重要的现实意义，更加体现了对人权的关注。

(二)有关人员诉讼权利的最低限度保障

1. 犯罪嫌疑人、被告人的人权保障

“刑法不仅是犯罪人的大宪章，更是公民自由的大宪章。”[1]刑法对人权的保障应当包括犯罪嫌疑人、被告人以及犯罪人的人权在内。《世界人权宣言》规定：“任何人不得加以酷刑，或施以残忍的、不人道的或侮辱性的待遇或刑罚。”“任何人不得加以任意逮捕、拘禁或放逐。”“从完全平等地有权由一个独立而无偏倚的法庭进行公正的和公开的审讯，以确定他的权利和义务并判定对他提出的任何刑事指控。”“凡受刑事控告者，在未经获得辩护上所需的一切保证的公开审判而依法证实有罪以前，有权被视为无罪。”《联合国反腐败公约》也规定，在对所适用的任何犯罪进行诉讼时，应当确保其在诉讼

---

[1] 陈兴良：《刑法的价值构造》，中国人民大学出版社 2006 年版，第 117 页。

的所有阶段受到公平待遇，包括享有其所在国本国法律所提供的一切权利和保障。

这些条款都是针对保护刑事被告人的合法权益而设置，国家之间开展刑事司法协助，在“国家对国家”的二元结构中犯罪嫌疑人、被告人的人身权利、财产权利以及诉讼权利应当得到保障，以此来约束和规范执法人员的权力，确保其对诉讼程序充分的知情、参与和辩护等。在诉讼过程中，还要尊重犯罪嫌疑人或被告人的人格以及宗教信仰，不得以任何形式侮辱犯罪嫌疑人或被告人。在引渡制度中对可引渡之罪有最低刑期限制，在移转管辖、被判刑人移管等司法协助活动时，有关国家应当先行通知被告人或被执行人，听取他们的意见或对实施该种协助方式的态度，再依法作出处理，都体现了诉讼的人道主义精神和人文关怀。“10·5 湄公河案”中，虽然包括糯某在内的6名被告人均表示不自行委托律师，但根据我国法律规定，法院最终还是根据各被告人的权利和意愿为其指定了法律援助的律师，有效保障其辩护权。

2. 被害人、证人的合法权益保护

人权保障还体现在对被害人、证人的权利保护方面。世界各国对于被害人的角色地位一般设定为当事人、证人、诉讼参与人三类。国家发动刑罚权惩罚犯罪的同时，也应恢复被害人的权益。在打击和预防犯罪的过程中，不能只强调罪犯的人权，也要充分地肯定和坚决保护被害人的人权。《联合国打击跨国有组织犯罪公约》第24条、第25条以及《联合国反腐败公约》第32条、第33条的规定凸显了证人、被害人主体的重要性，而且公约中对证人、鉴定人和被害人的保护应酌情扩大至其亲属及其他与其关系密切的人免遭可能的报复或者恐吓。在保护手段方面，包括制定提供人身保护的程序，确保这类人员安全的方式作证的证据规则，如通过视像连接之类的通信技术作证，甚至考虑与其他国家订立有关安排，以便对这类人员进行跨国重新安置。我国与加拿大的刑事司法协助条约第15条规定了“证人和鉴定人的保护”，第17条规定双方应在各自法律允许的范围内，在向被害人进行补偿的有关诉讼中相互协助。充分体现了在国际刑事司法协助中，被害人的境遇和权利日益受到的关注和重视，资产追缴过程中对于被害人财产的返还也体现了被害人权益的保护。

（三）死刑的适用

《公民权利和政治权利公约》第6条第2项规定，在未废除死刑的国家，判处死刑只能是作为最严重罪行的刑罚，判处应依犯罪时有效并不违反本公约的规定和防止及惩治灭绝种族罪公约的法律。这种刑罚，非经合法法庭最后判决，不得执行。因此，死刑与剥夺自由刑一样，只要符合法律的规定，未被滥用，则是道德的、公正的。早期的引渡活动中，由于引渡对象集中于政治犯和宗教犯，被引渡回去之后通常都要判处死刑，但在第二次世界大战之后，世界范围内尊重人权、保护人权与废除死刑运动高涨，被请求引渡人的利益得到考虑和保障，逐渐形成死刑犯不引渡的原则，虽然各国对坚持死刑绝对不引渡或相对不引渡的规定不同，但许多保留死刑的国家也都在引渡立法中承认了这一原则。可见，开展引渡合作的国家是否采用死刑不引渡原则已经与这些国家是否保留死刑没有必然的联系。联合国《引渡示范条约》也将死刑作为拒绝引渡的任择理由，双方可以通过协商，请求方在作出充分的保证不会判处死刑，或者不执行死刑时，可以实现引渡，这其实是一种附条件的或者变通的死刑不引渡的做法。中国《引渡法》中没有明确、直接地规定这一原则，在我国与外国签订的引渡条约中，如我国与老挝的引渡条约第3条“应当拒绝引渡的理由”和第4条“可以拒绝引渡的理由”中均没有规定死刑不引渡，在引渡实践中双方也不会因为死刑问题而存在法律上的障碍，如“10·5湄公河案”中，老挝政府顺利将犯罪嫌疑人糯某引渡到我国，最后在我国被依法判了死刑。引渡实践中，我国对于“死刑犯不引渡原则”采取灵活策略，也用外交照会的承诺解决这个法律障碍。[1]“赖昌星案”与“余某东案”就是典型的例子。2006年4月29日，我国与西班牙正式签署引渡条约，这是我国与欧美发达国家之间的第一个引渡条约，该条约中明确规定“根据请求方法律，被请求引渡人可能因引渡请求所针对的犯罪被判处死刑，除非

---

〔1〕参见王勇：《赖昌星“难民”案的法理评析——兼论加强我国国际刑事司法合作的几点思考》，载《法学》2002年第10期。

请求方作出被请求方认为足够的保证不判处死刑，或者在判处死刑的情况下不执行死刑，"否则被请求方"应当拒绝引渡"。这在我国引渡领域是一个重大变化，体现了我国对死刑不引渡的接受。

其他国际刑事司法协助领域对于"死刑不予以协助"也有所体现，如1981年的《瑞士国际刑事司法协助法》以及1982年的《德国刑事事务国际司法协助法》也坚持这一原则。在我国与外国签订的刑事司法协助条约中有这样的规定，"如果被请求方认为，执行请求会与国内法的基本原则相抵触，应当拒绝提供协助"或者"如果可能判处的刑罚与被请求方的根本利益相冲突，可以拒绝提供协助"，虽然这些条款并没有直接出现"死刑"字眼，但已暗含着在可能判处死刑的情况下，刑事司法协助可能被拒绝。

死刑问题在我国与外国开展的刑事司法协助时的影响正在不断加大，甚至影响协助的成败。实践中，通过司法协助调取对犯罪嫌疑人或被告人不利的证据材料的情况下，限制适用死刑的问题也会存在，请求方或者作出不适用死刑的承诺，或者保证不将通过司法协助获得的证据材料用于对被告人的死刑判决，或者不根据通过司法协助获得的证据对被告人判处死刑等。我国《国际刑事司法协助法》回避了对于死刑的问题，没有明确死刑对于协助的影响，只是在第八章"移管被判刑人"的刑事司法协助中，将"被判刑人被判处死刑缓期执行"作为可以拒绝移管的理由之一，死刑缓刑执行既是死刑的一种执行方式，也反映了死刑对于协助的影响。在我国，死刑问题的处理方式只能按照《国际刑事司法协助法》第11条量刑承诺的方式灵活解决。

（四）种族、民族、宗教、国籍、性别、政治见解或者身份等方面的人权保护

《世界人权宣言》第2条规定，人人有资格享受本宣言所载的一切权利和自由，不分种族、肤色、性别、语言、宗教、政治或其他见解、国籍或社会出身、财产、出生或其他身份等任何区别。为了保护平等权和宗教、政治信仰自由权，该条款的目的在于防止歧视待遇，通常被称为"歧视性条款"。[1] 该条款被国际引渡法广泛采纳，成为拒绝引渡的重要理由之一，并被引进到国际刑

〔1〕 参见张明：《中国国际刑事司法协助的理论与实践》，载《中国司法》2001年第12期。

事司法协助条约中,联合国《引渡示范条约》和联合国《刑事事件互助示范条约》以及1970年欧洲理事会《关于刑事判决国际效力的欧洲公约》都有类似的规定,体现了对犯有普通罪行的人在诉讼地位上的保护。

在我国与外国签订的引渡条约和双边刑事司法协助条约中,也将因民族、种族、国籍和宗教、政治信仰方面的案件列入不予协助的案件之列。我国《国际刑事司法协助法》中也明确规定:请求的目的是基于种族、民族、宗教、国籍、性别、政治见解或者身份等方面的原因而进行调查、侦查、起诉、审判、执行刑罚,或者当事人可能由于上述原因受到不公正待遇的案件不予协助。

四、互惠原则

(一)内涵

互惠原则,是指当事国之间在不具备公约或协定所确定的权利义务的前提下,可以遵循对等条件相互为对方提供司法互惠的准则。[1] 该原则最早可以追溯到胡伯的“国际礼让说”,国家之间通过互惠给予相互礼让和妥协,导致相互权利义务的产生,使国家利益最大化,同时也最大限度保障当事人的合法权益,成为国际政治法律交往中处理国家关系的既定原则。互惠原则最主要考虑的还是基于实用主义的观点,从经济学角度,存在互惠关系或互惠要求实际上植根于被请求方的一种价值判断,请求方如果曾经要求被请求方提供过某一类型的协助,今后会向被请求方提供同类协助,这是一项基本承诺。[2] 互惠原则从该意义上而言,具有维护一国司法主权和本国社会公共利益的作用。

《联合国打击跨国有组织犯罪公约》第18条第2款专门叙述了互惠原则,要求所有缔约方遵守该原则。国家在相互往来中,从本国利益出发,依照平等原则相互给予的好处或优惠待遇,利用权利义务对等的关系提出来的要求,以互利为目标,在积极追求双赢的过程中实现利益平衡的效果,因此,该

---

〔1〕 参见马进保:《国际犯罪与国际刑事司法协助》,法律出版社1999年版,第42~43页。

〔2〕 联合国毒品和毒品问题办公室:《联合国司法协助与引渡手册》,第23页。

原则又称平等互惠，或平等互利。互惠体现了主权国家之间的相互尊重，互惠最为重要的内涵是对等。开展刑事司法协助的双方司法机关在合作中的活动权限和特定要求上相互给予同样的优惠和便利，在某种程度上意味着非缔约的双方将自己的司法主权小部分地出让，即便在某些事项上存在分歧，也应本着平等互利的精神，在互谅互让中协商，求同存异，达成共识形成互惠关系，以实现各自追诉目标，从而有效扩大国际刑事司法协助的范围。在互惠中尽量避免给予对方不公平的待遇或附加额外限制，绝对禁止以互惠为借口成为国家之间相互钳制和相互报复的工具。主权原则与互惠原则统一，能充分体现国际刑事司法协助的原则性与灵活性相结合。

（二）绝对互惠与相对互惠

互惠并非条约，而属于国家外交政策范畴，一国有时单方给予外国提供司法协助上某些便利或优惠条件，也并不必然形成对方也提供同等条件的义务，对各国也没有法律上的约束力。当代国际法理论将互惠原则分为绝对互惠和相对互惠。凡是要求双方国家所实行的协助内容必须完全一致，称为绝对互惠，或严格互惠；凡协助的内容只达到盖然的程度或协助的内容在较大的范围内基本一致，则称为相对互惠，也叫盖然互惠。[1] 第一次世界大战之后，为了撤销凡尔赛条约对德国规定的特别待遇、实现国家之间权限对等，德国当时的犯罪人引渡法采用了严格的互惠原则，但严格互惠原则给引渡造成严重障碍，往往违反实体正义。第二次世界大战后，接受相对互惠原则（温和的互惠原则）逐渐成为趋势。[2]《欧洲引渡法》中没有明文规定互惠原则，但规定了“互惠约定引渡”逃亡的犯罪人，体现了更具灵活性、最具温和色彩的互惠原则。相对互惠原则不以司法协助或国际合作的对等原则为前提，只要不与国内法基本法律相抵触并且符合国际法的基本精神，就请求方提出司法协助或国际合作请求的，应当根据“尽可能广泛地开展国际司法协助”的原

---

〔1〕 参见陈雷：《惩治与预防国际腐败犯罪的理论与实务》，中国检察出版社2005年版，第127页。

〔2〕 参见［日］森下忠：《国际刑法入门》，阮齐林译，中国人民公安大学出版社2004年版，第144～147页。

则予以执行或协助。

(三)法律互惠和无条约互惠

互惠原则包括两方面的内容:法律上的互惠和无条约情况下的互惠,或称为立法互惠和外交互惠两种。国家或地区的刑事司法协助立法中明确以对等互惠为原则,此为法律互惠。我国《刑事诉讼法》第 18 条以及《引渡法》第 15 条均有互惠原则的规定,我国澳门特别行政区《刑事司法互助法》与香港特别行政区《刑事事宜相互法律协助条例》也均对互惠原则进行明确。[1]即使有条约义务,其本身也包含有互惠的内容,有的国际公约、双边、多边条约内容上载明在司法协助过程中的互惠条款,对缔约方产生拘束力。在我国与外国缔结的关于引渡、司法协助和移管被判刑人的双边条约中,一般都包含关于"在相互尊重主权和平等互利的基础上"的表述,它要求合作双方在国际刑事司法协助中处于相互平等的地位,平等地承担义务和享受权利,合作中应当照顾并惠及缔约双方的利益。如我国与泰国的引渡条约中,第 1 条"引渡义务"规定:缔约双方有义务根据本条约的规定,相互引渡在缔约一方境内发现、在缔约另一方境内被追诉的人,以便就可引渡的犯罪对其提起诉讼、进行审判或执行刑罚。

无条约情况下的互惠,主要是由于国家间缔结条约受制于政治、法律以及国家之间关系等多种因素的影响,当国家间无条约可循时,互惠是一项非常有用的工具,双方可以通过外交磋商的方式实现协助:一是事实互惠,即请求方在提出请求之前已经在同类案件中向被请求方提供过类似的协助;互惠承诺是指,请求方做出保证将来在相同情况下为对方提供相同或类似的司法协助。我国与无条约关系国家之间的合作主要是在互惠的基础上进行的,如

[1] 澳门特别行政区《刑事司法互助法》第 5 条规定,刑事司法互助须以互惠原则为前提。行政长官视需要可请求其他国家或地区给予互惠保证,并可向其他国家或地区提供互惠保证。在特殊情况下,如基于有关事实的性质或打击某些严重犯罪的需要,有利于改善嫌犯或被判刑人的状况或有助于被判刑人重返社会等,即使不存在互惠待遇,也可满足有关的刑事司法互助请求。香港特别行政区《刑事事宜相互法律协助条例》规定,提出刑事司法协助请求的有关当局未能向香港特别行政区律政司作出承诺,以令律政司信纳该地方在不抵触其法律的情况下会顺应将来由香港特别行政区向该地方提出的刑事事宜协助的请求,这样的协助请求应当予以拒绝。

1993 年 11 月 2 日，为办理"中国农业银行衡水中心支行 100 亿美元备用信用证诈骗案"，中国司法部部长向加拿大司法部部长发出的刑事司法协助请求书中作出互惠承诺：中华人民共和国司法部希望两国司法机关不断加强在刑事领域的司法合作关系，并愿意在互惠的基础上，依据有关法律，为加拿大司法部就类似刑事案件提出的请求提供协助。[1] 2007 年，中国和新加坡在没有签订引渡条约的情况下，双方按照平等互惠的原则，将原云南省交通厅副厅长胡某从新加坡押解回国。中日双方也是在没有引渡条约的情况下，第一次在职务犯罪领域将涉嫌挪用公款罪、潜逃日本 3 年的袁某顺引渡回国。这些互惠原则之下的成功个案为今后双方进一步开展刑事司法协助奠定了良好的基础。

2015 年 7 月 7 日，最高人民法院发布的《关于人民法院为"一带一路"建设提供司法服务和保障的若干意见》规定，对于未与我国缔结司法协助双边条约的国家，可以根据实际情况，不再坚持必须有对方承认或执行我国判决的先例，对方承诺给予我国互惠的前提下，可以考虑由我国法院先行给予对方司法协助。这是我国司法对于事实互惠原则的新突破，体现了我国在坚持主权原则的基础上，积极参与国际司法协助的良好意愿。根据我国《国际刑事司法协助法》第 13 条的规定，在没有刑事司法协助条约的情况下，请求方应当作出互惠的承诺。可见，国际刑事司法协助的活动中，任何一方都具有请求对方协助的权利，合作双方处于平等地位，平等地承担义务和享受权利，任何一方应当照顾并惠及双方利益。即使双方有条约义务，双方的协助也包含互惠的内容。在无条约义务时的情况下，互惠原则是对国际刑事司法协助实践的有效弥补，体现在国际刑事司法协助中即要求请求方在遇到类似案件时给予同样的合作要求。在国际刑事司法协助中，扩大互惠实践也是健全和完善我国刑事司法协助制度的一条重要渠道。有学者曾建议，为了扩大互惠实践，需要建立一套完整的信息传输系统，在司法部内设立关于司法协助的

---

[1] 参见苗京平：《刑事司法国际合作原理》，中国政法大学 2006 年博士学位论文，第 54 页。

互惠档案馆,以备检索查询,并可以定期将互惠事实向有关部门通报和公布。[1] 笔者表示赞同。

五、刑事正当法律程序原则

(一)内涵

法律制度的基本价值在于实现正义,包括实体正义和程序正义。实体正义体现在实体法中,贯穿于司法裁判的结论中,而程序正义则体现于法律程序的设计以及司法审理过程中。自然公正是英国非常古老的一个普通法原则,它包括两个最基本的程序原则:任何人不能成为与自己有关案件的法官(no man shall be judge in his own cases);任何人的辩护必须被公平地听取(a man's defense must always be fairly heard)。自然公正原则中的第一个程序原则要求支配所有行使权力的权限都应该而且必须正当行使,并实行最低限度的公正的原则。该原则的思想渊源可以追溯到英国1215年的《自由大宪章》(Great Charter),其中规定:"凡自由民,如其未经同级贵族的依法裁判,或经国法判决,皆不得被逮捕或监禁、没收财产、剥夺法律保护权、流放或加以其他损害。"虽然该条反映的是封建贵族限制王权的愿望和要求,但却蕴含着国家权力的行使必须遵循法定程序的思想。美国《宪法修正案》第5条和第14条分别是美国联邦政府部门和各州政府部门权力的限制,也被称为美国的"正当程序条款",其主要目的是保护公民免受政府的侵犯。

英国的法学家丹宁勋爵(Denning A. T.)在《法律的正当程序》(*The Due Process of Law*)前言指出:"法律的正当程序,系指法律为了保持日常司法工作的纯洁性而认可的各种方法:促使审判和调查公正地进行,逮捕和搜查适当地采用,法律援助顺利取得,以及消除不必要的延误等。"[2] 因此,正当程序要求符合公平正义,政府权力需严格按照这一程序行使,对公民生命、自

---

〔1〕 参见陆晓光主编:《国际刑法概论》,中国政法大学出版社1991年版,第176~181页。转引自赵秉志主编:《国际刑事司法协助专题整理》,中国人民公安大学出版社2007年版,第41页。

〔2〕 参见[英]丹宁勋爵:《法律的正当程序》,李克强、杨百揆、刘庸安译,法律出版社2015年版,第2页。

由、财产等重要权利的剥夺或者限制必须通过一定的程序才能决定，在广义上剥夺个人利益时必须保障其享有被告知和陈述自己意见并得到倾听的权利。[1] 第二次世界大战后，人们对践踏人权问题进行深刻反省，正当法律程序的思想走向国际社会。联合国《公民权利和政治权利国际公约》第 14 条、《欧洲人权公约》(European Convention on Human Rights, ECHR)第 6(2)条和《美洲人权公约》(The American Convention on Human Rights)第 8 条都涉及正当法律程序的一般原则。平衡保障人权与惩治犯罪之间的关系，是正当程序原则的价值所在。正当程序原则通过限制国家公权力的行使，保护在刑事诉讼中处于弱势地位的刑事被告人。要求法院的审判必须符合正当程序的国际标准的方式公平对待被告人，而且明确赋予被告人各种权利，包括获得公平、公开、迅速的审判，不得强迫作证或认罪等。

(二)国际刑事司法协助中正当法律程序

正当法律程序理论是国际社会一项重要的法治理念，其合法性、中立性、平等性、公开性、参与性、效益性的价值要求，是当今世界任何司法制度中都不可或缺的，已经渗透在刑事诉讼程序的每一个环节之中。[2] 程序原则的价值就在于国家要用程序去约束权力，是司法走合理性化和人性化的动力，[3]在刑事司法领域，为有效推进刑事诉讼的顺利进行，必须彰显对人权的保障，每一项诉讼行为都必须遵守严格的标准和程序。

《联合国打击跨国有组织犯罪公约》和《联合国反腐败公约》中都明确了正当法律程序等要求。其中，《联合国反腐败公约》在其序言中规定了在刑事诉讼程序和判决财产权的民事或者行政诉讼程序中遵守正当法律程序的基本原则。2012 年我国修正《刑事诉讼法》时虽然没有将这项内容作为基本指导理念或原则规定在条文中，但我国《刑事诉讼法》保障诉讼参与人合法

---

[1] 参见[日]谷口安平：《程序的正义与诉讼》，王亚新、刘荣军译，中国政法大学出版社 1996 年版，第 4 页。

[2] 参见王沛：《我国刑事诉讼程序的体系建构——以“正当程序”理念为视角》，载《社会科学家》2011 年第 8 期。

[3] 参见樊崇义：《正当法律程序研究——以刑事诉讼程序为视角》，中国人民公安大学出版社 2005 年版，第 136 页。

权利的条款中体现了法律正当程序的内容。该原则也不可避免成为我国开展国际刑事司法协助的一个重要原则。被请求方在决定是否接受协助请求时，往往会把请求方将如何处理该类案件纳入考虑视野，也可能会基于本国的治理理念和刑事诉讼法的规定向请求方提出程序附加条件，作为接受协助请求的条件，而这些条件可能涉及当事国的主权，以及协助案件中当事人的人权问题，正当法律程序作为一项重要法治理念，对国际刑事司法协助的顺利推进具有重要的指导意义。为了更有效地促进我国与外国开展国际刑事司法协助，需要对联合国以及各国法律规定的正当法律程序展开研究，以使我国的国际刑事司法协助符合国际公约的规定。

第二节　国际刑事司法协助的职能机关

有学者主张，国家在行使国际司法协助的各项职责时所设立的专门机关可分为三类：中央机关、主管机关和外交机关。[1] 中央机关是一个国家为便利开展国际刑事司法协助而指定的联络机构，作为对外国联络的枢纽，负责对外联系，即对外接收或提出司法协助请求，确保在司法协助中对收到的请求迅速而妥善地执行或者转交。同时，中央机关可对请求作出初审和最终审定，然后将结果通知请求方。主管机关，是指通过中央机关向外国提出司法协助请求并完成外国提出的请求事项的机关，即负责具体执行协助请求的机关。在刑事司法协助中，一般是依本国法律有刑事司法协助职责的机关。外交机关在刑事司法协助中，是在请求方与被请求方之间无条约情况下，通过外交途径进行联系和传递请求，或者负责解释条约争议和查明外国法的机关。也有学者认为，这些机关各自均无可替代，在国际刑事司法协助机制中，首先的是三个国家司法机关，其次是两个政府部门，它们都依法担负着相应的职责和任务。[2] 根据我国《国际刑事司法协助法》的规定，在国际刑事司法协助中的职能机关包括：对外联系机关、主管机关和办案机关，通过立法明

---

〔1〕 参见王铮：《国际刑事司法协助及中国的实践》，载《政法论坛》1995 年第 3 期。

〔2〕 参见马进保：《国际犯罪与国际刑事司法协助》，法律出版社 1999 年版，第 359 页。

确执法机关的分工架构,便捷了各执法司法机关之间的协作关系,完善了我国国际刑事司法协助的执法司法制度体系。

一、对外联系机关

(一)对外联系机关与中央机关

对外联系机关,是指刑事司法协助条约中规定的,由一国国内法或政府确定的有权代表该国提出、接收、转递和执行国际刑事司法协助请求的机关。对外联系机关可以通过不同途径作出规定。刑事司法协助中的联系方式多种多样,可以分为外交途径、领事途径、中央机关途径以及司法机关直接联系途径。外交途径较传统,表现为由请求方和被请求方的外交部或其代表机构传递司法协助请求;领事途径则为请求方司法机关直接通过本国驻外国的领事官员向被请求方主管机关提出司法协助请求;中央机关途径则是要求缔约国开展司法协助活动时指定专门的“中央机关”;司法机关的直接联系则是请求方的司法机关与被请求方的司法机关不经任何中介直接提出和接受司法协助请求。

在民商事司法协助领域,于1965年和1970年,在海牙分别签订了《海牙送达公约》(the Hague Convention on the Service Abroad of Judicial and Extrajudicial Documents in Civil or Commercial Matters)和《海牙取证公约》(the Hague Convention on the Taking of Evidence Abroad in Civil or Commercial Matters),率先要求各缔约方为开展公约所调整的司法协助活动而指定专门的“中央机关”。《联合国禁毒公约》《联合国打击跨国有组织犯罪公约》《联合国反腐败公约》也要求缔约方指定一个或数个中央机关或者专门的机关使其负责和有权接受司法协助请求并执行请求或将请求转交主管机关执行。《联合国打击跨国有组织犯罪公约》中使用了“中心局”(central authority)的表述。中心局应负责并且有权接收司法协助请求并执行请求或将其转交主管当局执行。如缔约方有实行独立司法协助制度的特区或领土,可另行指定一个对该地区或领土具有同样职能的中心局(distinct central authority)。除特别规定外,司法协助请求以及与之相关的任何联系文件均应转交缔约方指定的中心局。[1] 中心局应当成为与一个国家开展任何国际刑事司法合作相关的所有信息中心。成立中心局的好处在于国家对收到和发出的请求有更多的控制力，并且开始形成与国际合作相关的专业知识中心。[2] 我国指定由司法部和公安部作为该公约的司法协助中心当局。我国在批准加入《联合国反腐败公约》时指定最高人民检察院为接受司法协助请求事宜的中央机关。由于该公约也适用于香港特别行政区和澳门特别行政区，因此，香港特别行政区和澳门特别行政区分别指定香港特别行政区政府律政司司长和澳门特别行政区政府法务司为本地区负责和接受司法协助请求等事宜的"中心局"。

在一国与外国签订国际刑事司法协助条约时，一般会明确一个或者多个对外联系机关。各国或不同条约对于对外联系机关的表述或设定并不相同，如大多数国家都是由政府负责司法行政事务的司法部（含司法部部长）作为中央机关对外联系，但是也有国家如意大利、荷兰则是以最高法院作为中央机关对外联系，或者指定本国刑事检控机关，最高检察机构作为中央机关，也有的国家将外务大臣和法务大臣同时为中央机关，如日本，这些对外联系机关也即中央机关。中国《引渡法》中明确了外交部的法律地位，我国与外国之间的引渡，通过外交途径联系。外交部为指定的进行引渡的联系机关。[3] 我国与外国签订的引渡条约中规定主管机关通过"外交途径"[4] 或者"外交部途径"进行联系，外交部为对外联系机关。可见，外交部在我国与外国开展的引渡合作中实际承担着"中央机关"的职责。

我国与外国签订的刑事司法协助条约中，有些条约中称为联络机关、有些条约中称为中央机关等，但并没有明确其具体含义和之间的关系。如在我国与美国、印度尼西亚、南非、泰国、巴西等国的刑事司法协助条约中，使用"中央机关"一词，并用专门条款规定"中央机关"。在我国与加拿大、保加利

---

〔1〕《联合国打击跨国有组织犯罪公约》第18条第13款。

〔2〕联合国毒品和犯罪问题办公室：《司法协助和引渡手册》，第30页。

〔3〕中国《引渡法》第4条第1款。

〔4〕《中华人民共和国和泰王国引渡条约》第6条，《中华人民共和国和巴基斯坦伊斯兰共和国引渡条约》第5条。

亚、韩国的刑事司法协助条约中,用专门条款规定刑事司法协助的“协助途径”或“联系途径”中双方法院和其他机关应通过各自的中央机关相互请求和提供司法协助。从功能上看,“中央机关”类似缔约方之间的信件往来设立的总收发室,为缔约方之间进行联系,相互发送和接收信件,以此减少联系途径的烦琐环节,提高联系和协调工作的效率。[1] 当然,条约对于中央机关的规定不统一,可以作为中央机关与外国进行联系的包括司法部、最高人民法院、最高人民检察院,也有条约只笼统地规定了中央机关但未具体指明。有的条约中还规定由司法部和其他一个或多个部门共同担任对外联系机关,如司法部和最高人民检察院为联系机关,或者司法部与公安部为联系机关。[2] 因此,应当按照条约确定对外联系机关。在设立两个以上司法协助对外联系机关的情况下,不宜根据司法协助请求所涉案件的性质或者所属的诉讼阶段分割中央机关的职责,这样会增加请求方的困难,还可能造成两个中央机关之间的相互推诿或分歧,不利于充分发挥中央机关的枢纽机制。[3] 各机关之间职责划分不清,也对刑事司法协助工作的协调开展带来困境,导致实践中办理刑事司法协助案件的效率低下。

我国《国际刑事司法协助法》对这一问题进行了明确规定,第 5 条使用“对外联系机关”,主要是考虑“对外联系机关”更能体现“提出、接收和转递”的职责。同时与中国《引渡法》中的“联系机关”称谓保持一致,明确刑事司法协助的对外联系机关不仅有利于刑事司法协助工作的统一管理,也有利于国家对外代表的一致性,维护国家的统一形象。立法中,我国对外联系机关的表述是“司法部等对外联系机关”,从我国目前签订的刑事司法协助条约来看,多数规定司法部为对外联系机关,此外,国家监察委员会(以下简称监

〔1〕 参见黄风:《中华人民共和国国际刑事司法协助法立法建议稿及论证》,北京大学出版社 2012 年版,第 47 页。

〔2〕 如《中国和加拿大刑事司法协助条约》《中国与美国刑事司法协助条约》规定的中央机关是司法部;《中国与哥伦比亚刑事司法协助条约》《中国与墨西哥刑事司法协助条约》规定的中央机关是最高人民检察院和司法部;《中国和英国刑事司法协助条约》《中国和日本刑事司法协助条约》规定中央机关是司法部和公安部。

〔3〕 参见黄风:《国际刑事司法合作的规则与实践》,北京大学出版社 2008 年版,第 130 页。

察委)、最高人民法院、最高人民检察院、公安部等都是担任对外联系的机关,在没有与我国签订刑事司法协助条约的国家,通过外交途径联系,外交部等负责联系的部门担负对外联系机关的职责。笔者认为,在我国《国际刑事司法协助法》生效之后,在我国与外国签订的刑事司法协助条约时也可以将之前习惯使用的"中央机关"更改为"对外联系机关",以保持立法与条约的一致性。

(二)对外联系机关的职能

对外联系机关负责提出、接收和转递刑事司法协助请求,处理其他与国际刑事司法协助有关的事务。外国向中国请求刑事司法协助,需制作刑事司法协助请求书并附相关材料。在我国与美国的刑事司法协助条约中,对中央机关的职权作了全面的规定,包括以下事项:(1)代表本国司法机关提出和接受司法协助请求;(2)就执行司法协助请求的进度进行相互磋商;(3)向请求方通知司法协助的执行结果;(4)就不能提供、推迟提供或者拒绝提供司法协助的理由请求方作出说明;(5)在特殊情况下,负责就提供司法协助的附加条件进行协商;(6)负责就司法协助中的保密问题进行协商;(7)负责就执行调查取证请求的时间和地点以及被调查人员的权利主张等情况向请求方进行通知或告知;(8)负责将要求到请求方境内作证或协助调查的人员是否接受该要求的答复通知请求方;(9)代表本国司法机关要求请求方归还在执行司法协助请求时向其提供的任何文件、记录或物品;(10)负责通报有关犯罪所得或犯罪工具的信息以及采取的相关法律措施;(11)负责为提高执行工作的效率和解决有关的争议而进行磋商;(12)负责在因本国境内执行协助请求而产生的任何程序中为请求方提供代表并承担费用。

以上事项均是中央机关在刑事司法协助中所表现的对外联系方面的具体职责,中央机关以国家名义对外宣告意见或决定,无论此种意见或决定依其国内法是由哪一主管机关拟定的,这一职责都可以认为是刑事司法协助中央机关所具有的程序性确认的职能。

根据《国际刑事司法协助法》第5条的规定,对外联系机关的职责,包括向外国提出刑事司法协助请求;接收和转递外国向我国提出的刑事司法协助请求以及处理其他与国际刑事司法协助相关的事务。在接收和转递外国提出的刑事司法协助请求的过程中,对外联系机关要对外国提出的刑事司法协助请求的请求书及其所附材料进行审查。主要是审查请求书的形式和内容是否符合要求。对于符合要求的请求书,按职责分工转交有关部门办理;对于不符合要求的请求书,可以要求请求方补充材料或重新提出请求。这种审查实际上是一种形式审查,形式审查的目的是节约执法和司法资源,同时也符合我国法律关于刑事诉讼职能分工的规定。但是,如果刑事司法协助请求明显损害中华人民共和国的主权、安全和社会公共利益的,对外联系机关可以直接拒绝协助,以更好地维护我国的主权、安全等国家利益和社会公共利益。

(三)国际刑事司法协助中的直接联系问题

在国际刑事司法协助的实践中,国家之间的直接联络问题得到重视,大部分国家或国际条约都规定或认可司法当局之间可以直接开展初级形式的司法协助活动,而不经过行政审查程序。[1] 如《非洲和马尔加什共同体组织公约》允许各国的司法协助请求不通过外交途径,直接由司法机关进行传达和协助。1990 年《申根公约》第 53 条也规定,刑事互助可以通过缔约方司法机构的直接联络方式进行。《欧洲刑事司法协助公约》第 15 条规定,司法协助的请求尤其是有关起诉前调查的请求可以在司法机关之间直接转递。2000 年《欧盟刑事互助公约》也规定成员国司法机关之间的直接联络义务。实践中,因成员国并不熟悉直接联络这种沟通渠道而导致执行得并不好,但由于通过其他渠道传递使许多成员国的法律工作者感到拖沓,因此,建议更多地经过司法机构的直接联络以达到互助的目的。[2] 尤其是国际刑警组织成立后,国家间很多刑事司法协助可以通过国际刑警组织的渠道落实并完成,直接联系途径使司法协助更加便捷快速。

我国与外国也存在司法机关就刑事司法协助事宜直接联系的途径。一

---

〔1〕 参见杨世英、马进保:《论国际刑事司法协助的概念、特征和形式》,载《法律科学(西北政法大学学报)》1991 年第 5 期。

〔2〕 参见马贺:《欧盟区域刑事合作进程研究》,上海人民出版社 2012 年版,第 148 页。

种是中央主管机关的直接联系,即无论是中央主管机关直接办理的案件还是本系统下级机关办理的案件,均通过其中央主管机关进行司法协助请求和提供的转递进行对外联系。如我国与越南签订民事和刑事司法协助条约中约定的我国的中央机关(对外联系机关)是司法部和最高人民检察院。2012年,我国与越南最高人民检察院签署《中华人民共和国最高人民检察院和越南社会主义共和国最高人民检察院合作协议》就是一种中央主管机关直接联系机制。[1] 另一种是办案机关之间的直接联系。后者主要体现在与我国近邻的边境地区之间的公安司法机关之间的直接联系,以高效、快捷地打击和惩处跨境犯罪,并加强相邻司法机关之间的彼此信任和传统的合作关系。2004 年上海合作组织成员国《关于合作打击非法贩运麻醉药品、精神药物及其前体的协议》第 6 条规定,经本国中央主管机关同意后,边境地区主管机关之间可以直接开展本协议框架内的合作。我国《禁毒法》包含了专门调整边境地区公安机关直接开展执法合作的条款,经国务院公安部门批准,边境地区县级以上人民政府公安机关可以与有关国家或者地区的执法机关开展执法合作。《公安部刑事程序规定》第 376 条规定了我国边境地区设区的市一级公安机关和县级公安机关与毗邻国家的警察机关之间的直接合作,展现了警务合作简便、专业的特点。如我国广西公安机关与越南警方在交界的广宁、高平、谅山、河江等省,我国黑龙江省与俄罗斯联邦滨海边疆区等地的边境执法合作传统,取得明显成效。

二、主管机关与办案机关

(一)主管机关

国际刑事司法协助由国家授权专门的职能机关来履行,在国际条约或国内法通常称为“主管机关”,任何其他组织或个人都不能以自己的名义与他国进行司法协助。刑事案件包括调查、侦查、审查起诉和审判、刑罚执行等过

---

〔1〕 参见熊安邦:《反腐败刑事司法协助的联系途径问题研究》,载《湖北警官学院学报》2019 年第 5 期。

程,因此,各级监察委、公安机关、国家安全机关、人民检察院、人民法院、监狱等都是刑事诉讼的办案机关,其所属的中央机关则是主管机关。如《公安部刑事程序规定》第374条规定,公安部是公安机关进行刑事司法协助和警务合作的中央主管机关……地方各级公安机关依照职责权限办理刑事司法协助事务和警务合作事务。

我国《国际刑事司法协助法》第6条对此予以明确规定,我国《宪法》《监察法》《刑事诉讼法》也明确规定了公安机关、法院、检察院和监察委等主管机关的职责。“等部门”意味着,还有一些机关如海关总署、中国人民银行等执法机构也可能成为刑事司法协助的主管机关。由最高国家机关担任国际刑事司法协助的主管机关,有利于各中央国家机关全面了解和掌握本系统内国际刑事司法协助工作的情况,及时发现工作中存在的问题,并对本系统内国际刑事司法协助工作进行日常管理、指导和监督,促进国际刑事司法协助工作的制度化、规范化,便利于上下级国家机关之间办理国际司法协助工作渠道的畅通。

主管机关在国际刑事司法协助中的职权主要包括:(1)审核向外国提出的刑事司法协助请求。办案机关需要向外国请求刑事司法协助的,需要经主管机关审核同意。(2)审查处理对外联系机关转递的外国提出的刑事司法协助请求。(3)其他与本部门有关的国际刑事司法协助的行政事务、组织工作,以及相关制度规范建设完善等工作。各主管机关对于是否可以执行外国的刑事司法协助请求进行审查,并作出协助执行或者拒绝执行的决定。对于同意执行的,安排有关办案机关执行;对于拒绝执行的,将请求书及所附材料退回对外联系机关并说明理由;也可以要求补充材料或者对执行请求提出附加条件,在补充材料或者对方作出保证后再决定是否协助执行。职能不同的各机关,在相互合作、信息资料共享的基础上,共同处理好国际刑事司法协助事务。为有效地执行条约,我国还在主管机关内设立司法协助的工作部门或职能机构负责司法协助工作的对外联络和协助的执行,如司法部司法协助与外事司、最高人民检察院国际合作局、最高人民法院外事局以及外交部条约法律司等。

要特别注意的是,国际刑事司法协助中的主管机关有时又兼对外联系机关之责。如司法部在国际刑事司法协助中是一个重要的对外联系机关,但同时,国务院司法行政部门主管全国的监狱工作,是监狱的主管机关。在移管被判刑人刑事司法协助中,司法部按照职责分工,承担相应的主管机关职责。同时,司法部也是负责被判刑人移管的对外联系机关。我国目前签署的移管被判刑人条约中,规定我国司法部是中方负责移管事务的中央机关,即对外联系机关。

(二)办案机关

办案机关,是指根据有关法律承担相应的刑事案件的调查、侦查、起诉、审判和执行等职责的机关。《刑事诉讼法》第3条对公安机关、检察院和法院的职权予以明确,第4条又规定国家安全机关的职权。我国《刑事诉讼法》和《监狱法》还规定了公安机关、看守所以及监狱执行刑罚的职权,以上这些部门在办理自己承办的案件时,称为办案机关。

国际刑事司法协助的办案机关的主要职责包括:(1)执行所属主管机关交办的外国提出的刑事司法协助请求,并将执行结果或者妨碍执行的情况及时报告主管机关;(2)向所属主管机关提交需要向外国提出的刑事司法协助请求。是否需要提出刑事司法协助请求,由办案机关根据实际情况考量决定,并经所属主管机关审核同意,将请求书所附材料提交给对外联系机关,由对外联系机关向外国提出。《国际刑事司法协助法》明确要求办案机关在执行请求过程中维护当事人和其他相关人员的合法权益,保护个人信息。《公安部刑事程序规定》第375条、第377条以及第378条分别规定了公安机关开展刑事司法协助的范围以及公安机关作为办案机关办理刑事司法协助请求的程序的规定。同样,《最高检刑诉规则》第672条与第673条也分别作了类似规定。

三、监察机关作为国际刑事司法协助的主管机关

(一)背景及意义

为了应对腐败,各国均在法律制度上寻求遏制腐败之道。党的十八大以

来，我国对腐败采取“零容忍”的基本政策，坚持老虎苍蝇一起打，对腐败犯罪做到有案必查、有贪必肃、有腐必反。但长期以来，我国由于国内有关部门在反腐败职权划分、程序衔接等问题上存在一些分歧，反腐败组织和资源分散，追逃追赃工作进展缓慢。2014 年，中央纪委进行内部机构调整，将外事局与预防腐败室整合为国际合作局。2014 年 6 月，中央反腐败协调小组国际追逃追赃工作办公室正式成立，中央纪委国际合作局作为办事机构，承担具体工作。通过中纪委的有效组织协调，我国反腐败国际合作取得巨大进展。2016 年 11 月，我国在北京市、山西省、浙江省启动国家监察体制改革试点。2017 年 11 月 4 日，国家监察体制改革试点工作在全国推开。2018 年，中共中央印发的《深化党和国家机构改革方案》组建国家监察委，同中央纪律检查委员会合署办公，履行纪检、监察两项职责，实行一套工作机构，两个机关名称。第十三届全国人民代表大会第一次会议通过《宪法》修正案，在原《宪法》文本中专门增加一节“监察委员会”，为国家监察工作的开展和国家监察立法的推进提供了充足的宪法依据，我国监察体制改革形成“一府一委两院”的新格局，监察机关依法独立行使监察权，是一种有别于侦查机关的国家反腐机关。2018 年 3 月 20 日，第十三届全国人民代表大会第一次会议通过《监察法》。

反腐败国际合作涉及不同国家的法律，其专业性、技术性和政策性都很强，是一项系统工程，而《监察法》赋予监察机关专责行使国家监察职能，对行使公权力的公职人员进行监察，调查职务违法和犯罪，开展廉政建设和反腐败工作。明确监察委履行的监督、调查、处置 3 项监察职责，可以采取的谈话、讯问、询问、查询、冻结、调取、查封、扣押、搜查、勘验检查、鉴定、留置 12 项措施。《监察法》中专设一章“反腐败国际合作”，用 3 条的篇幅规定了国家监察委的反腐败国际合作职责（第 50 条）、反腐败执法等方面的国际合作（第 51 条）、反腐败追逃追赃防逃的国际合作（第 52 条）。根据第 51 条的规定，国家监察委在反腐败国际合作的中具有统筹协调职能，与其他国家、地区、国际组织开展反腐败国际交流、合作，并组织反腐败国际条约实施工作，合作的范围，包括反腐败执法、引渡、司法协助、被判刑人移管、资产追回和信息交流等领域。2018 年 8 月 23 日,国家监察委首次与最高人民法院、最高人民检察院、公安部、外交部联合发布《关于敦促职务犯罪案件境外在逃人员投案自首的公告》,对外逃人员形成强大震慑力。同年,外逃的职务犯罪嫌疑人、浙江省绍兴市新昌县原常务副县长姚某旗在中央反腐败协调小组国际追逃追赃工作办公室的统筹协调下,经我国和保加利亚两国执法部门通力协作,顺利从保加利亚引渡回国,这是国家监察委成立后成功引渡第一案,也是我国首次从欧盟成员国成功引渡涉嫌职务犯罪的国家工作人员。[1] 自国家监察委成立以来,截至 2020 年 8 月,共追回外逃人员 3848 人,包括党员和国家工作人员 1306 人、“红通人员”116 人、“百名红通人员”8 人,追回赃款 99.11亿元,追回人数、追赃金额同比均大幅增长。[2]

我国《国际刑事司法协助》草案一次审议稿规定,本法所称“国际刑事司法协助”,是指中国和外国在刑事案件侦查、起诉、审判和执行等活动中相互提供协助。但《监察法》中明确规定监察委在调查、处置职务犯罪案件过程中,需要开展相关国际刑事司法协助,因此,二审稿中将监察调查包括在国际刑事司法协助的范围内,并将国家监察委明确为开展国际刑事司法协助的主管机关之一,审核向外国提出的刑事司法协助请求,审查处理对外联系机关转递的外国提出的刑事司法协助请求,在国际刑事司法协助中依法享有统筹协调、主管司法协助要务的职能。这一法律规定和行动部署体现了我国国际刑事司法协助立法对监察体制改革的回应与对接。

(二)监察机关及其职权

明确国家监察委统筹协调反腐败国际合作有利于加强反腐败工作的集中统一领导,高效顺畅地开展反腐败国际合作。《国际刑事司法协助法》确定监察委是进行国际刑事司法协助的主管机关之一,按照职责分工承担相应的工作,使之与《监察法》相衔接。它可以直接和外国的相关机关开展国际

---

〔1〕 参见《透视国家监委引渡第一案》,载人民网,http://fanfu.people.com.cn/n1/2018/1201/c64371-30435844.html。

〔2〕 参见杨晓渡:《国家监察委员会关于开展反腐败国际追逃追赃工作情况的报告》,载中国人大网 2020 年 8 月 10 日,http://www.npc.gov.cn/npc/c30834/202008/e7e5519ba34a45c58a4fe552e91e9569.shtml。

刑事司法协助，直接向外国提出司法协助、引渡或者是资产追缴等方面的请求。我国加入《联合国反腐败公约》时指定最高人民检察院为司法协助的中央机关。根据宪法和监察法的规定，国家监察委负责全国监察工作，并被指定为我国在《联合国反腐败公约》司法协助的中央机关，依托该公约有效开展刑事司法协助等对外执法合作。

《监察法》第 11 条对监察委依法履行监督、调查和处置职责予以明确规定，根据以上职责安排，监察机关在国际刑事司法协助的职能包括：

1. 开展职务犯罪案件调查的国际刑事司法协助

《监察法》规定职务犯罪案件的调查由监察机关负责。但《监察法》对监察机关在国际合作中的主体地位并没有明确确定，只确定它具有组织和协调职能。因此，将监察机关加入刑事司法协助的主管机关，赋予了监察机关在腐败犯罪案件调查等活动中，与外国有关部门和机构开展反腐败国际合作和刑事司法协助的职责，这会使监察机关在打击跨国职务犯罪和国际追逃追赃的工作中更加具有主动权。

国家监察委先后与白俄罗斯、老挝、越南、阿根廷、澳大利亚、丹麦、泰国、菲律宾、哈萨克斯坦反腐败执法机构签署反腐败执法合作谅解备忘录，首次与联合国毒品和犯罪问题办公室签署了反腐败合作谅解备忘录，织密国际执法合作网络。在以往的国际刑事司法协助中，一直由检察院就职务犯罪侦查工作与外国相关机构进行联系和协助，目前，国家监察委已成为《联合国反腐败公约》刑事司法协助中方中央机关，依托该公约有效开展刑事司法协助等对外执法合作。国家监察委出台《监察机关监督执法工作规定》《纪检监察机关办理反腐败追逃追赃等涉外案件规定(试行)》，以进一步提升追逃追赃法治化水平。

2. 开展对职务犯罪涉案财物追回的国际刑事司法协助

监察机关对一些职务犯罪的被调查人逃往境外进行调查、开展引渡或者对其在境外的涉案财产进行追缴时，依据《国际刑事司法协助法》的规定，需要地方各级具体承办案件的监察机关向主管机关国家监察委提出刑事司法协助请求。国家监察委对该请求进行审查后移交给司法部，由司法部作为对外联系机关最终向外国相关部门提出该协助请求。国家监察委自成立以来，在外交部、公安部、司法部等部门协助下，对外提出执法合作请求50余项、刑事司法协助请求9项、引渡请求7项，在国内与外方执法机关磋商案件50余次，组成31个团组赴17个国家开展追逃追赃执法合作。[1] 国家监委会同公安部，首次开展外逃职务犯罪嫌疑人集中缉捕国际合作，推动柬埔寨警方将4名逃犯缉捕归案。通过个案合作，推动澳大利亚、塞浦路斯法院承认和执行我国法院出具的职务犯罪案件冻结裁定；国家监察委与菲律宾总统反腐败委员会开展执法合作，推动菲方依据菲律宾《移民法》，将江苏省纸联再生资源有限公司原总经理谢某杰遣返。[2]

笔者认为，国家监察委履行引渡、刑事司法协助、资产追回等法定职责的配套制度还有待完善，从而实现监察法与相关法律和国际公约、条约的有效衔接。

第三节 国际刑事司法协助的程序

刑事司法协助的基本程序包括刑事司法协助请求、审查、受理和执行，刑事司法协助拒绝、终止和撤销等程序，有学者将传统国际刑事司法协助的程序称为“倒U形”构造，与之相对应的是指协助双方的直接联系与协助的“一字型”构造，前者与后者相比程序冗长、效率低下。[3]

一、国际刑事司法协助的申请

（一）国际刑事司法协助请求的提出

司法协助是一国应他国的请求所作的一定行为，请求是司法协助的一

---

〔1〕 参见杨晓渡：《国家监察委员会关于开展反腐败国际追逃追赃工作情况的报告》，载中国人大网2020年8月10日，http://www.npc.gov.cn/npc/c30834/202008/e7e5519ba34a45c58a4fe552e91e9569.shtml。

〔2〕 参见杨晓渡：《国家监察委员会关于开展反腐败国际追逃追赃工作情况的报告》，载中国人大网2020年8月10日，http://www.npc.gov.cn/npc/c30834/202008/e7e5519ba34a45c58a4fe552e91e9569.shtml。

〔3〕 参见冯俊伟：《跨境电子取证制度的发展与反思》，载《法学杂志》2019年第6期。

般条件,因请求而启动司法协助程序。如果一国在未接到请求的情况下主动为之,势必有损害他国主权、干涉他国内政之嫌。因此,请求构成司法协助的要件,[1]或者称为司法协助的必要条件。请求有一定的格式和内容,虽然各国要求不同,但普遍较严格和正式,一般包括请求的主体、请求的权限、请求的对象、请求的内容和范围等。

当然,随着国际刑事司法协助的发展,不经请求而主动协助的行为也在国家之间出现。《联合国打击跨国有组织犯罪公约》第 18 条第 4 款和《联合国反腐败公约》第 56 条第 4 款均确立了主动协助的行为,即缔约方主管当局如果认为与刑事事项有关的资料可能有助于另一国主管当局进行或顺利完成调查和刑事诉讼程序,则在不影响本国法律的情况下,一国无须事先请求而向另一国主管当局提供这类资料,以协助其刑事司法活动的开展,但是提供的这种司法协助必须受到范围、条件的限制。该规定确立了主动协助的行为即提供资料的协助,主要还是属于狭义的调查取证的刑事司法协助范畴,各国基于公正司法的理念主动采取行动。2005 年,我国与西班牙签署的刑事司法协助条约中规定了主动提供信息或证据的协助行为。在国际司法协助中主动提供信息体现了司法协助的全面性以及简便性发展趋势,有利于缔约方更加快捷地打击犯罪。

(二)提出请求的机关

根据《国际刑事司法协助法》第 9 条的规定,向外国提出刑事司法协助请求的机关是具体的办案机关,即负责请求刑事司法协助的案件所处的诉讼阶段的办案机关负责提出请求。这一点与中国《引渡法》的规定不同,我国提出引渡请求的机关是由负责办理有关案件的省、自治区或者直辖市的审判、检察、公安、国家安全或者监狱管理机关,显然,中国《引渡法》将需要提出引渡请求的案件都归口到省一级,主要是考虑提出引渡请求的案件属于涉及外交方面的特殊案件,由省一级主管机关负责提出引渡的请求,也是考虑根据

---

[1] 参见[日]森下忠:《国际刑法入门》,阮齐林译,中国人民公安大学出版社 2004 年版,第 193 页。

谁主管谁负责和便利引渡的原则来作出规定的。而国际刑事司法协助的各种协助形式的复杂程度不尽相同,立法明确由具体的办案机关提出请求,也是考虑诉讼效率的要求。

(三)请求书及所附材料

请求书是请求方向被请求方递交的载有刑事司法协助请求内容的正式文件。一个主权国家将刑事司法协助的请求书送达另一个主权国家,也意味着请求方同意让渡部分的司法权,对请求方来说,请求书是一种授权声明,接受请求书的国家可以据此行使被请求事项所涉及的司法权;而对被请求方一方来说,请求书是其受托依据,因而在请求方与被请求方之间形成一种委托代理关系,被请求方从中获得某种权利并承担相应的义务。

我国向外国提出刑事司法协助请求,由办案机关制作刑事司法协助请求书。一般而言,请求书及相关材料应根据案件的具体情况以及我国希望外国协助的内容进行有针对性的准备,根据在我国与被请求方缔结或共同参加的刑事司法协助条约或载有刑事司法协助条款的其他条约中规定的请求书的内容和事项来准备,如果两国之间没有条约或者条约中没有规定的,可以依照《国际刑事司法协助法》第 13 条外国向我国提出刑事司法协助的请求的规定来准备,同时附上支持刑事司法协助的相关材料,包括:(1)请求机关的名称;(2)案件性质、涉案人员基本信息及犯罪事实;(3)该案适用的法律规定;(4)请求的事项和目的;(5)请求的事项与案件之间的关联性;(6)希望请求得以执行的期限;(7)其他必要的信息或者附加的要求。第(7)项为兜底性规定。针对具体的司法协助事项,我国《国际刑事司法协助法》规定了不同的具体要求,如向外国请求查封、扣押、冻结涉案财物的,请求书所附材料中还须载明相关事项的具体内容。显然,以上相关材料应尽可能符合被请求方对请求书设置的要求,也有助于解释和阐述我国提出刑事司法协助请求的原因、内容和必要性,既体现对被请求方主权的尊重,也有利于外国有关机关执行我国的刑事司法协助请求。

被请求方对于请求方提出的请求都有可能附加特殊要求,这种特殊要求大多是被请求方为执行请求方提出的刑事司法协助请求,针对请求所涉案件的具体情况，根据其国内法的规定提出的要求。针对被请求方提出特殊要求的，我国《国刑事司法协助法》明确规定，在不违反我国法律的基本原则的情况下，我国有关机关可以按照被请求方的特殊要求向其提出刑事司法协助请求。

联合国《刑事事项的相互协助和国际合作》中则弱化了对请求书的要求，规定了各国可通过现代通信手段提出请求，包括在特别紧急情况下口头请求并立即以书面确认的方式。《联合国反腐败公约》第46条规定了在紧急情况下口头方式提出书面加以确认的方式。在加拿大和美国的刑事司法协助条约中也有类似规定。2017年4月23日，我国与越南两国最高检察机关在北京签订合作谅解备忘录中规定，两国最高检察机关根据条约提供刑事司法协助请求书时，可注明希望收到协助结果的时间，并可同时提供电子版本进行提前审查，需要补充材料时，可直接通过电话或其他方式联系，不需要重新提供请求书。[1]

笔者认为，随着电子技术的发展，未来的司法协助程序也可以探讨建立“电子化”的流程。将请求书及所附材料的相关翻译文本都采用电子形式，并可以直接发送给对方，对于相关请求书和翻译文本可以进行电子审核，将提高司法协助的效率。

（四）请求的语言

请求一般要求采取书面形式，应当以请求方语言或约定语言作出，并附有被请求方官方文字的译文，这也是尊重被请求方主权的具体体现，取决于双方立法及双边司法协助条约的规定和被请求方的具体要求，双方也可以在互惠的基础上就语言问题达成特别双边协议。我国与保加利亚刑事司法协助条约要求使用本国官方文字以及经证明无误的英文译本。而在我国与俄罗斯民刑事司法协助条约中则规定使用本国官方文字，并不要求提供译文。我国《国际刑事司法协助法》对执行语言进行了统一明确的要求，规定我国

---

〔1〕 参见熊安邦：《反腐败刑事司法协助的联系途径问题研究》，载《湖北警官学院学报》2019年第5期。

向外国提出的刑事司法协助请求书及所附材料应当以中文制作，并附有被请求方官方文字的译文；外国向我国提出刑事司法协助请求的，请求书及所附材料也应当附有中文译文。我国批准《联合国反腐败公约》，并对公约第46条第14款作出声明，我国仅接受以中文提出的司法协助请求；就香港特别行政区而言，仅接受以英文或中文提出的司法协助请求；就澳门特别行政区而言，仅接受以中文或葡萄牙文提出的司法协助请求。

在国际刑事司法协助中，要求提供译文的目的主要有两个方面：一是使被请求方中央机关及主管机关正确理解请求书及所附材料的内容，准确地为请求方提供协助；二是便于被请求方中央机关及主管机关准确判断是否存在与本国立法与双边司法协助条约规定的可以拒绝提供协助的情形。如果是送达文书，也便于受送达人能够读懂有关的诉讼文书的内容。

关于译文的问题，最高人民法院《关于依据国际公约和双边司法协助条约办理民商事案件司法文书送达和调查取证司法协助请求的规定》（法释〔2020〕20号），其中第5条规定，“人民法院委托外国送达民商事案件司法文书和进行民商事案件调查取证，需要提供译文的，应当委托中华人民共和国领域内的翻译机构进行翻译”。“翻译件不加盖人民法院印章，但应由翻译机构或翻译人员签名或盖章证明译文与原文一致。”之所以要求我国领域内的翻译机构进行翻译也是延续了我国司法解释和规范性文件的规定，我国目前的翻译机构基本能满足各种语种的翻译需求，如果是将中文翻译成外文，中国的翻译机构更能够准确理解中文文字的字面含义和在中国法律框架中的含义，具有一定的优势。

（五）请求的途径

刑事司法协助请求的提出是根据当事国之间是否存在相关条约，分别通过中央机关途径（对外联系途径）和外交途径进行。实践中，具体请求由哪一个对外联系机关向外国提出，要根据请求协助的事项、被请求方的国别、所依据的条约来确定。在我国签署的一些协助条约中，也明确了外交途径可以作为联络渠道。如果请求方与被请求方有司法协助条约，一般会根据条约约定的中央机关（对外联系机关）负责接收来自外国的司法协助请求书；在当事国之间没有条约关系的情况下,主管机关一般交由外交部向被请求方提出请求,这也是国际上普遍采用的外交途径方式。外交途径具体可分为两种情况:一是请求方司法机关将司法协助请求送交本国外交部门,由外交部门将请求书直接送达本国驻被请求方的外交官员,由外交官员转交给被请求方的外交部门。二是请求方司法机关将协助请求送交本国外交部门后,本国外交部门将请求书送交被请求方驻本国的外交官员,由该外交官员转交被请求方外交部门,再由被请求方外交部门审核后,交由有关主管部门具体实施。相对中央机关途径而言,外交途径程序比较烦琐,但却为国际上普遍采用的,特别是在两国间不存在司法协助条约的情况下。

请求的主体一般是法律授权的司法当局,各国一般由主管司法的中央机关负责,有的国家指定其中的一个或几个机关承担司法协助的任务。请求的权限,是指由国际条约或各国国内法赋予请求的主体具体负责司法协助的职权范围。我国向外国提出司法协助请求的具体要求,一般也会规定在我国与外国缔结或者共同参加的刑事司法协助的条约中。提起刑事司法协助的主体是具体的办案机关。办案机关在办理具体案件的过程中,需要向外国请求进行文书的送达,调取证据,安排证人作证或协助调查、查封、冻结涉案财产,没收、返还违法所得及其他涉案财物,移管被判刑人等工作。办案机关制作刑事司法协助请求书并附相关材料,向主管机关提出,由主管机关对请求外国进行刑事司法协助的原因、请求书的内容和所附材料等进行审核,对外国提出的特殊要求是否违反我国法律的基本原则进行审核,主管机关认为请求书及相关材料存在缺漏的,可以要求办案机关补充。主管机关审核同意办案机关制作的刑事司法协助请求书及相关材料的,如果该主管机关又是对外联系机关的,应当及时向外国提出请求,如果该主管机关不是对外联系机关,则应该通过对外联系机关向外国提出请求。

二、国际刑事司法协助中的审查机制

(一)行政审查与司法审查

审查是国际刑事司法协助中的重要环节,是指被请求方依照本国法律对外国刑事司法协助的请求检查核对是否合法、可行,并决定是否准予协助的一种程序。审查机制包括审查的主体、审查的依据和审查的内容。

由于刑事司法协助跨越一国的管辖范围,且须与其他国家的配合协助,涉及国家之间的关系,国际刑事司法协助中的审查与国内案件的审查的最大区别在于刑事司法协助不仅具有“司法”属性,也是一国对外关系的重要组成部分,涉及一国价值观念和国家外交政策的抉择与维护,其中暗含着被请求方对请求方刑事追诉活动的态度,刑事司法协助也是国家行为,又具有行政性质,因此,世界上大多数国家实行司法审查和行政审查的“双重审查机制”,由于司法机关和行政机关之间的机构性质、职能分工不同,二者的审查重点也不同。

以引渡审查程序为例,由于各国权力体制和司法制度不同,对引渡请求的双重审查表现形式不一样,包括“行政审查—司法审查模式”“司法审查—行政审查模式”“行政审查—司法审查—行政审查模式”。[1]《引渡法》第10条和第16条规定了引渡协助中的双重审查:“请求国的引渡请求应当向中华人民共和国外交部提出。”“最高人民法院指定的高级人民法院对请求方提出的引渡请求是否符合本法和引渡条约关于引渡条件等规定进行审查并作出裁定。”大体流程是:外交部行政审查—最高人民法院司法审查—国务院行政决定(公安部、最高人民检察院参与协助执行)。外交部的行政审查通过,引渡即进入司法审查程序,行政审查的未通过将意味着引渡程序的终结。最高人民法院指定高级人民法院进行司法审查,司法审查作出是否符合引渡的裁定,再报国务院行政决定是否进行引渡。《引渡法》还特别规定了司法审查方式是由审判员3人组成合议庭进行,应当听取被请求引渡人的陈述及其委托的中国律师的意见,并作出裁定,最高人民法院对高级人民法院的裁定进行复核,作出是否符合引渡的裁定。显然,我国将是否引渡的最终决定权赋予了作为最高行政机关的国务院。引渡协助中司法审查和行政性审查相统一的双重审查机制,充分体现了国家主权原则与司法行政相互制约以保证对外一致性,与国内刑事诉讼程序要求侦查、起诉、审判相分离的原则有明显

〔1〕 参见邹红江:《附条件引渡研究》,华中科技大学出版社2019年版,第46页。

的区别。

可见,司法审查属于一种实质性审查,体现的是法律的意志,由国家指定的司法机关进行,审查的依据是本国参加或缔结的条约和国内法律,审查的内容侧重于从本国的法律制度、法治的基本原则对案件的事实从法律条件和程序上进行审查,包括审查有关案件的事实和证据,针对司法协助是否符合法律要求,审查本国依法应承担的国际义务,同时审查是否存在不予协助的例外情形,认为符合本国法律和国际条约的规定,即可以作出准予协助的决定。

行政审查则更多的是作为政策性审查,侧重于从一国的外交政策、国家利益、国际政治关系和国家通行的惯例等角度进行审查,体现的是国家意志,侧重于对国家利益的保护。行政审查一般交由司法部,或委托国务大臣、外交部或其他职能部门。这是一种综合性审查,其内容既可以是司法审查的部分内容,也可以包括司法以外有关问题的审查。

司法审查与行政审查基于分工不同,在决定是否进行刑事司法协助问题上都有否决权,体现了在国家利益基础上的相互配合关系,且有相互制约和监督的目的,任何一方的否定性结论均基于自己审查的范围而决定,并不意味着对另一方审查结果的否定,司法审查与行政审查保证审查工作的全面性和权威性,使国际刑事司法协助在法治与主权的原则上进行,更好地维护国家利益。国际刑事司法协助中司法性与行政性相统一的诉讼机制也充分体现了国家主权的完整性和互相制约保证对外态势的一致性原则。[1]

至于行政审查和司法审查的顺序,有学者认为,经司法审查符合条件的,须将同意请求的书面报告再交由条约指定的中央机关作行政审查。[2] 也有学者认为,司法审查为基本审查,体现的是法律的意志,行政审查是政策性审查,体现的是国家意志,因此,只有司法审查合格才能进入行政审查程序,而司法审查优先可以限制国家行政首脑出于某种原因而故意撇开法律的约束,

---

〔1〕 参见赵秉志主编:《国际刑事司法协助专题整理》,中国人民公安大学出版社 2007 年版,第 143 页。

〔2〕 参见贾宇:《国际刑法学》,中国政法大学出版社 2004 年版,第 390 页。

实行单纯的"政治协商"或者"外交协助"。[1] 对此,各国的规定并不一样。

(二)我国国际刑事司法协助法的规定

我国《国际刑事司法协助法》也规定了行政审查与司法审查相结合的机制。对外联系机关收到外国提出的刑事司法协助请求,应当对请求书及所附材料进行审查。该审查为初步审查,即审查请求是否符合国际刑事司法协助法和刑事司法协助条约的有关要求。一方面,要审查请求书载明的事项是否齐全,是否提供了必要的法律文书、被请求人的身份材料及犯罪证据材料,是否作出必要的保证和承诺,请求书或者有关文件是否有主管机关签署或者盖章,是否附有中文译文等事项;另一方面,我国与外国缔结了刑事司法协助条约的,还应当审查刑事司法协助请求材料是否符合条约的有关规定。对于刑事司法协助请求明显损害中华人民共和国的主权、安全和社会公共利益的情况,对外联系机关可以直接拒绝协助。对外联系机关在审查中发现请求书形式和内容不符合要求的,可以要求请求方补充材料或者重新提出请求。对于请求书形式和内容符合要求的,应当按照职责分工,将请求书及所附材料转交有关主管机关处理。

主管机关收到对外联系机关转交的刑事司法协助请求书及所附材料后,应当进行审查。主管机关的审查包括,请求是否符合提供刑事司法协助的条件,对请求是否需要提出附加条件,是否具有拒绝协助的情形,是否妨碍我国有关机关正在进行的调查、侦查、起诉、审判或者执行活动等。对于不同的具体协助请求,其要求和条件也有所不同。根据主管机关的审查结果作出不同的处理:(1)根据本国法律和刑事司法协助条约的规定认为可以协助执行的,作出同意协助的决定并安排执行;(2)主管机关审查时认为需要补充材料的,书面通知对外联系机关要求请求方在合理期限内补充提供;(3)执行请求可能妨碍我国有关机关正在进行的调查、侦查、起诉、审判或者执行的,主管机关可以决定推迟协助,并将推迟协助的决定和理由书面通知对外联系机关;(4)如果请求明显损害我国的主权、安全和社会公共利益的情况,或者

---

[1] 参见马进保:《国际犯罪与国际刑事司法协助》,法律出版社 1999 年版,第 47 页。

不符合被请求方的条件,则主管机关可以决定拒绝协助。当然,对于国际刑事司法协助的审查,要特别注意一些依托国际组织开展的协助形式,如国际刑警组织系统就有其独立的内部运行规则,其审查与执行按照其要求。

我国《国际刑事司法协助法》规定外国向我国请求司法协助的审查程序为"对外联系机关审查—主管机关审查"模式。同样,我国向外国提出刑事司法协助请求,由办案机关制作刑事司法协助请求书并附相关材料,经所属主管机关审核同意后,由对外联系机关及时向外国提出请求,属于"主管机关审查—对外联系机关审查"模式。显然,审查程序并没有像中国《引渡法》那样必须经国家最高行政机关作出行政决定,而且,立法中对于主管机关的审查方式未进行规定。笔者认为,对于具有一定中立性、服务性的文书送达、调查取证等初级司法协助形式,不牵涉对人的控制和处置的,没有必要经国家最高行政机关的行政决定,也无须像引渡审查一样,由人民法院以合议庭的方式进行严格的司法审查。对外联系机关的行政审查和具体主管机关的司法审查足以掌握和控制好应予协助的标准。而对于涉案财物的查封、扣押、冻结以及违法所得的没收、被判刑人移管等刑事司法协助形式则可以考虑对司法审查的方式加以要求,在审查过程中充分发挥主管机关的监督职能,本文在各章节中对这个问题进行详细分析。

三、请求的接受:附加条件和承诺

(一)附加条件

在引渡制度中有附条件的引渡,作为同意引渡的要求,国际刑事司法协助中,被请求方也可以提出附条件的协助。国际刑事司法协助的附条件,是指被请求方基于国家主权、安全和社会公共利益以及人权等相关因素,为维护本国法律中的强制性规定或根本价值观念,在对请求方提出的刑事司法协助作出决定前,对请求方提出附加条件,要求请求方保证在协助后实施某种行为或不得实施某种行为的活动。

对于主权国家之间的刑事司法协助行为,无论是请求方提出协助请求,还是被请求方接受协助请求,或者针对协助提出附加条件,均属于该国内部事务,由该国依据国际法和本国国内法自行决定。根据国家主权原则,任何请求方都不能强迫被请求方提供协助,被请求方为宣示本国主权和体现本国对人权保护的价值理念,或者基于对请求方司法制度的不信任,往往与请求方讨价还价,在作出同意协助的决定之前,向请求方提出附加条件,从而使刑事司法协助更加符合本国利益、政策或者体现在本国占据主导地位的价值观念。

对于请求方来说,如果不接受被请求方的附加条件,则可能使协助活动无法开展,导致延迟追究甚至无法追究被告人的刑事责任的后果,而刑罚威慑力的关键在于其确定性和及时性,而非严厉性。虽然接受这些条件意味着请求方对本国的法律制度作一些变通的处理,可能放弃刑罚的严厉性,甚至是限制、放弃本国的部分主权。所谓两害相权取其轻,请求方接受被请求方所附加的条件,而达到成功追诉的目的。

两国之间的这种博弈正是在相互礼让、妥协中促成了主权国家之间开展司法协助,在变通和让步中实现了一个更重要的目的,保护了较大的利益或根本利益。因此,在一些国际层面的公约中,也有对刑事司法协助中附条件的规定,如《欧洲引渡公约》就有附条件不执行死刑的规定。在国际刑事司法协助中的附条件表现为一种有严格限制的协助,这种附加条件与协助后的司法活动紧密相关,对他国司法权的干涉也应该限定在一定的限度内。国际刑事司法协助的目标是实现对被告人进行刑事追诉和惩罚,或者对违法所得进行没收,其所实施的司法活动也应当为这一目标服务。

从立法和实践来看,这种附加条件的内容可以是限制追诉的,也可以是关乎量刑的。其一,限制追诉的附加条件,是指被请求方要求请求方,就协助后开展的刑事追诉活动的范围和名义提出的限制性条件。如要求请求方放弃对协助请求中列举的某种犯罪的追诉,要求不按照协助请求所列举的或者根据请求方法律可能认定的某种罪名实行定罪等。在调查取证的刑事司法协助中,对证人和鉴定人的保护条款就体现了限制追诉的保证,“来中华人民共和国作证或者协助调查的证人、鉴定人在离境前,其入境前实施的犯罪不受追诉;除因入境后实施违法犯罪而被采取强制措施的以外,其人身自由不受限制”。其二,关乎量刑的附加条件,被请求方为维护本国法律中强制性规定或根本价值观念,在作出同意司法协助的决定前,要求请求方对判处刑罚种类或刑期而提出的条件。量刑是司法机关在定罪的基础上,权衡刑事责任,依法决定对犯罪分子适用刑罚或适用某种非刑罚处理方法的审判活动。一般而言,附条件的量刑可分为三种类型:一是刑种的变更,即量刑时由适用较重的刑种改为较轻的刑种;二是刑期的变更,即量刑时由法定较长的刑期改为较短的刑期;三是刑罚执行的变更,如对被请求人作出刑事处罚的判决,但不予执行。在这方面最常见的是保证司法协助中涉及的被追诉人不判处死刑或者不执行死刑。

(二)承诺

请求方为了寻求他国协助而针对被请求方提出的附加条件作出承诺是国际上通行的做法,承诺是国家间为了跨越法律制度、法治理念的差异,实现共同打击犯罪目的,而自愿对本国司法主权进行的一种合理限制。[1] 即请求方就刑事司法协助之后追诉、审判或者执行的刑罚向被请求方作出限制性保证。承诺体现了国家意志,由代表国家意志的机关作出决定。请求方的承诺制度可以解决不同国家法律价值观念差异,为进一步取得被请求方的信任,也是对实现本国的刑事司法管辖权而作出的一种妥协,使刑事司法协助的决定更加符合本国的国家利益和公共政策,从而有效地提升国家刑事司法协助的空间,也正是这种相互之间妥协、礼让方式促成了双方的刑事司法协助。

对于请求方和被请求方来说,附加条件或者承诺在一定程度上都是使本国的刑事司法管辖权向境外延伸,必然会对对方的司法主权产生一定的制约或限制效果。对于请求方来说,对犯罪进行追诉有利于维护国家利益,但如果被请求方附加的条件可能会对本国利益产生负面影响时,国家就应当权衡利弊,从国家主权和国家利益的大局出发,决定是否作出承诺。请求方向被

---

〔1〕 参见王强军:《死刑不引渡不应成为“倒逼”国内废除死刑的理由》,载《华东政法大学学报》2011年第4期。

请求方作出承诺后,只有在被请求方明确表示接受后方可生效,并推动国际引渡、刑事司法协助、遣返活动等顺利开展,该国相应机关在追诉犯罪时,应当严格遵守已作出的承诺。

量刑承诺在实践中较常见,由于各国在刑罚制度及对其体现的价值观念的理解等方面存在较大差异,而国内刑事立法关于犯罪和刑罚的实体规定正是本国中占据主导地位的政治、文化、价值观念的集中体现。[1] 我国《刑法》第 63 条第 2 款规定,犯罪分子虽然不具有本法规定的减轻处罚情节,但是根据案件的特殊情况,经最高人民法院核准,也可以在法定刑以下判处刑罚。该条规定是我国量刑承诺的刑法依据。我国有学者将量刑承诺类型概括为不判处死刑和不执行死刑承诺、减轻处罚承诺。[2] 也有学者将量刑承诺划分为不判处和不执行死刑承诺、限制适用其他种类刑罚承诺。[3]

中国《引渡法》第 50 条规定附条件引渡,为我国向外国提出引渡时可作出有关承诺提供了法律依据。"赖昌星案"与"余某东案"就是我国司法实践中量刑承诺的典型。"赖昌星案"中,由于加拿大当局根据《加拿大引渡法》第 44 条和加拿大 1982 年《人权与自由宪章》规定的死刑不引渡原则,要求中国政府作出不判处赖昌星死刑的承诺,[4]我国外交部于 2011 年 10 月对加拿大方作出了充分的承诺:赖昌星遣返回国"将不判为死刑"。该承诺等于给予赖昌星"免死牌"。[5] 终于使滞留加拿大 12 年之久的赖昌星被遣返回国接受审判。遣返非法移民是一国为了保障本国的国家安全和社会秩序而单方面决定将非法进入本国的外国人遣返回其本国的行为,不以外国提出请求为要件,也无须满足外国追诉犯罪的需求。"余某东案"中,遣反潜逃到美国的原广东中国银行开平支行的行长余某东时,中国在与美国达成的双边协议中,也提出限制量刑条件,("If the People's Republic of China prosecutes and

---

〔1〕 参见邹红江:《附条件引渡研究》,华中科技大学出版社 2019 年版,第 71 页。

〔2〕 参见张磊:《境外追逃中的量刑承诺制度研究》,载《中国法学》2017 年第 1 期。

〔3〕 参见黄风、凌岩、王秀梅:《国际刑法学》,中国人民大学出版社 2007 年版,第 233 页。

〔4〕 参见田晓萍:《我国引渡外逃经济罪犯的法律障碍和对策:以赖昌星遣返为视角》,载《行政与法》2007 年第 5 期。

〔5〕 参见吉敏丽:《我国引渡外逃罪犯所涉法律问题分析》,载《兰州大学学报》2005 年第 6 期。

convicts Mr. Yu transactions with the Bank of china occrring between 1992 and 2001, Mr. Yu shall not be subject to the death penalty, and shall be sentenced to a term of imprisonment in the PRC of not more than 12 years. ")明确了如果我国就发生在 1992 年至 2001 年中国银行资金转账之事指控余某东,并对其定罪,余某东不能被判刑死刑和 12 年以上的监禁刑。中国政府对此限制量刑条件作出承诺,才顺利将余某东引渡回国。在量刑承诺中不判处死刑或不执行死刑的承诺,为我国缔结双边引渡条约和开展个案引渡开辟了广阔的空间。同样,在其他的一些协助方式中,也会存在承诺问题,如作为引渡替代措施的劝返中的承诺,多数是需要对外逃人员回国以后的待遇给予承诺作为促使他们回国的重要砝码。例如,在"胡某劝返案"当中,我方执法人员就其回国后的处理问题作出过一定承诺,这些承诺对于推动胡某自愿回国发挥了重要作用。

当然,也有学者对承诺质疑,如对作出承诺的机关、承诺的程序,法律依据,以及最高人民法院在具体引渡案件中的承诺,只有对外的自我约束义务,其是否具有在刑事案件中适用的法律效力,均值得商榷。[1] 向被请求方作出量刑承诺,容易造成外逃人员和未外逃人员"同罪不同罚"的结果等。[2] 笔者认为,对被请求方进行的量刑承诺以实现追诉外逃人员的目的,恰恰是为了实现我国刑法平等适用于任何犯罪人的需要,但是,对承诺的量刑"幅度"进行适当、合理的立法限制是必要的,该量刑承诺的"幅度"不能突破国家利益、安全、公共利益的底线。如果向被请求方作出与案件严重程度严重不符的、过低的量刑承诺则可能会损害到我国《刑法》的权威。

总之,在国际刑事司法协助中,被请求方为维护本国法律的规定,在决定作出刑事司法协助的决定时,会基于本国的刑罚观念、刑事司法理念,或者本国对于"人权"问题的考虑,要求请求方就协助以及协助后是否追究其刑事

---

〔1〕 参见马军亮:《试析中国反腐败国际追逃追赃长效机制的构建》,载《哈尔滨工业大学学报(社会科学版)》2016 年第 2 期。

〔2〕 参见王强军:《死刑不引渡不应成为"倒逼"国内废除死刑的理由》,载《华东政法大学学报》2011 年第 4 期。

责任、所判刑罚的种类与轻重或者被追诉人回国之后的待遇作出限制性的保证和承诺,这不仅是对请求方国家利益的维护,还可以扩大提供协助的范围,更好地履行了国际条约义务。

(三)附条件承诺的程序

量刑承诺不能被简单地理解为不经法定程序,只由司法机关作出的口头或书面的许诺,并加盖了公章的一纸公文。[1] 在国际刑事司法协助中,任何的附条件的承诺都必须遵循严格的程序要求,明确作出决定的主体和对外承诺的主体。我国《国际刑事司法协助法》第 11 条规定了对于附条件的承诺,被请求方就执行刑事司法协助请求提出附加条件,不损害中华人民共和国的主权、安全和社会公共利益的,可以由外交部作出承诺。被请求方明确表示对外联系机关作出的承诺充分有效的,也可以由对外联系机关作出承诺。对于限制追诉的承诺,由最高人民检察院决定;对于量刑的承诺,由最高人民法院决定。在对涉案人员追究刑事责任时,有关机关应当受所作出的承诺的约束。上述规定对我国向外国提出国际刑事司法协助时进行承诺提供了法律依据,与《引渡法》的规定一样。而且对于承诺的标准则以是否会损害我国的主权、安全和社会公共利益为准。但是,立法中,该法条主要是对于承诺主体的规定,对于承诺的审查程序以及如何保证承诺依约实现等方面的并未具体规定,有待进一步完善。

1. 关于请求方承诺的主体

承诺从本质上讲是对国家的司法主权进行的限制,且承诺的决定是承诺制度的核心。承诺的决定主体,是指司法协助请求方审查被请求方附加条件并作出决定的机关。中国《引渡法》第 50 条以及《国际刑事司法协助法》第 11 条,针对不同的附加条件,规定了作出承诺的主体为外交部和对外联系机关。外交部主管外事工作,对外代表国家,由外交部代表国家作出承诺也是国际惯例。同时,外交部也是我国的对外联系机关之一,被请

[1] 参见陈雷、薛振环:《论我国引渡制度的量刑承诺——兼论死刑不引渡原则的变通或例外适用》,载《法学杂志》2010 年第 1 期。

求方明确表示对外联系机关作出的承诺充分有效的，也可由对外联系机关作出承诺。

对于限制追诉的承诺，请求方根据被请求方的要求，就协助后开展的刑事追诉活动的范围和名义作出限制性保证，意味着对行为人涉嫌的全部或部分罪名不得再进行调查、侦查，也不得向法院移送起诉。根据不告不理原则，我国检察机关提起公诉是刑事案件进入审判程序的前提，无控诉即无审判，所以检察机关控制着限制追诉的主动权，应当由最高人民检察院对限制追诉条件作出决定。被请求方提出限制追诉条件后，应将此要求提交外交部，外交部经审查认为必要的，转交最高人民检察院处理，最高人民检察院认为符合条件且有必要的，应作出同意的决定并书面通知外交部，最后由外交部代表中国政府向被请求方作出承诺。

对于量刑的承诺，属于法庭审理问题，审判机关对于行为人触犯的罪行应在法律规定的承诺的量刑范围内判处刑罚，应由最高人民法院作出决定。中国《引渡法》并未对量刑承诺的审查程序进行规定，笔者认为，可以参照外国引渡请求的审查进行。在国际刑事司法协助中，对外作出量刑承诺条件的，对于量刑承诺的幅度如何决定，国内法律尚无明规定，有观点认为，当被请求方除死刑承诺外还要求我国对被追逃人限制适用其他种类的刑罚时，我国主管机关应当综合考虑被请求方法律限制的情况、被追逃人罪行的严重程度以及我国法律规定的量刑幅度与被请求方进行必要磋商，尽量减少所付出的代价，不把可判处的刑罚压得太低。[1] 可以在实践中，作出与案件严重程度严重不符的、过低的量刑承诺。

2. 关于请求方承诺兑现程序

能否完全、充分地兑现该承诺，是一国在外交和国际关系中是否遵循诚信原则的重要体现。[2] 对于被请求方向我国提出的条件，一旦我国外交部作出承诺，就应产生相应的约束力，任何机关和个人不得以任何理由违反该

---

〔1〕 参见黄风：《引渡问题研究》，中国政法大学出版社2006年版，第122页。

〔2〕 参见张磊：《境外追逃追赃良性循环理念的界定与论证》，载《当代法学》2018年第2期。

承诺。最高人民检察院、最高人民法院等必须受该承诺的约束，保证承诺的完全执行。如赖昌星回国之后得到了公正审判，诉讼权利得到了充分保障，我国向加拿大作出的外交承诺都得到兑现。虽然这种承诺可能会使部分犯罪人逃避刑法的严厉制裁，致使审判结果失之均衡，但长远来看，有利于我国进一步与外国继续开展国际刑事司法协助，使越来越多的外逃犯罪人受到应有的法律制裁，对于打击犯罪、维护国家主权具有重要价值。相反，违反承诺也会影响国际刑事司法协助的开展。

四、国际刑事司法协助的拒绝

被请求方针对请求方的协助请求进行审查后，并非必须提供协助。根据被请求方的国内法和有关国际公约、国际惯例，凡违反司法协助的基本原则、条件或程序规定，如果请求方的协助请求不符合相关要求，被请求方有权拒绝。有的国家立法针对所有刑事司法协助活动规定统一的拒绝理由，并且将这些法定拒绝理由区分为强制性的和任择性的，对于强制性拒绝理由通常以"应当拒绝"表述，对于任择性拒绝理由则表述为"可以拒绝"。在我国与外国签订的引渡条约中，两种表述都有，"应当拒绝引渡"，"拒绝引渡的任择性理由"，或者"可以拒绝引渡的情形"。对于具体协助事项的拒绝协助理由，各国处理也有所不同，有的国家对于调查取证和送达文书，并不列举拒绝理由，如1996年《南非国际刑事合作法》采用此种方式，但在执行外国罚金令或没收令问题上，上述法律则列举了一系列必须满足的条件，不符合法定条件，执行外国罚没裁决的请求将受到拒绝。毛里求斯的立法中对于以调查取证为中心的协助事项，没有规定强制性拒绝理由，仅规定任择性拒绝理由，赋予本国主管机关较宽的自由裁量权以决定是否向请求方提供刑事司法协助。笔者认为，该立法的考虑主要在于调查取证和送达文书这类的狭义或初级的司法协助，体现了较强的服务性和中立性，提供协助有助于澄清事实，因而双方更倾向于任择性理由。

全球化的发展推动国际刑事司法协助越来越广泛，但各国的制度差异也导致制度壁垒的大量存在。本着扩大协助的精神，各国对于拒绝提供刑事司法法协助的理由也进行限制，如银行为客户保密是许多国家银行法中的一项重要内容，但由于贩毒案件的特殊性，《联合国禁毒公约》要求缔约方不得以保守银行秘密为由拒绝提供相互法律协助。综观国际公约和双边司法协助协定，被请求方拒绝司法协助的理由，一般包括：(1)不符合“双重犯罪原则”；(2)违反“一事不再理原则”；(3)不符合互惠原则；(4)司法协助请求不符合有关要求，如内容不明确，语言文字不符或者没有经过主管机关提出等；(5)执行有关的请求事宜可能损害被请求方的主权、安全、公共秩序或者其他基本利益；(6)被请求协助的事项是本国法律所禁止的行为；(7)被请求方同意请求方的协助请求将违反本国关于司法协助的法律制度；(8)如果被请求方当局依其管辖权对任何类似犯罪进行侦查、起诉或审判程序时，其本国法律会禁止其对此类犯罪采取被请求的行动，等等。被请求方往往基于以上理由中一项或几项拒绝提供协助。被请求方拒绝提供司法协助应当说明理由，这是被请求方的一项国际义务，也是拒绝司法协助的法定程序，体现了对请求方司法协助请求权的尊重，也是防止被请求方滥用拒绝司法协助的权力，促使其在作出拒绝司法协助的决定时更慎重。

我国《国际刑事司法协助法》第 4 条规定，对于危害国家主权、安全和社会公共利益的司法请求是强制性拒绝理由。第 14 条则列举了 6 种主管机关拒绝提供协助的情形。《国际刑事司法协助法》草案在规定拒绝协助的理由时，分别规定了强制性和任择性的“应当拒绝提供协助”和“可以拒绝提供协助”两种情形。我国缔结或参加的国际条约多数将拒绝协助规定为任择性，因此，在正式立法稿中，把“应当”改成“可以”，将拒绝提供协助的情形表述为任择性拒绝理由，给予主管机关、办案机关更大的裁量空间，如果我国认为提供司法协助有助于澄清案件事实或者有助于维护被告人的权益，也可以酌情考虑提供司法协助，体现了国际刑事司法协助的灵活性。我国立法对于国际刑事司法协助中可以拒绝的情形包括：

（一）根据我国法律，请求针对的行为不构成犯罪

1. 国际刑事司法协助中的双重犯罪原则

双重犯罪原则，是指只有当请求方与被请求方双方都认为某种行为构成

犯罪并应加以处理时,才提供刑事司法协助,也称双罚主义,[1]这是国际刑事司法协助领域的一项传统国际法原则。该原则从引渡制度中产生,逐步扩展到适用于域外犯罪的刑事管辖权,并适用于国际刑事司法协助中,体现了各国之间平等互惠的精神和对对方法律制度的尊重。

刑事司法协助主要是对刑事追诉活动的实际参与,必须遵循现代刑法的罪刑法定原则。一些国际法律文件都规定了该原则,国际刑事司法协助也通过"双重犯罪原则"来贯彻"罪刑法定"的精神。基于主权原则,一国有义务保护在其主权之下的人们的安全,除非其构成犯罪,才会将此人交付审判和惩罚,同样,也只有当此人被指控的行为如果发生在本国也被认为是犯罪的情况下,该国才会将在其主权之下的人交给其他国家进行审判和惩罚。

在国际刑事司法协助中,如果请求方一方所指控的行为不符合被请求方刑事法律认定的犯罪行为,就有可能使被请求方参与追诉一些并不违反本国法律的行为,而有违罪刑法定原则,从而被认为是无视被追诉对象的基本人权,构成对被请求方人民价值观念的伤害,甚至招致国内外舆论及社会各界的不满,因此,该国将不会愿意以违反本国法律为代价而开展这种协助。如《韩国国际刑事司法协助法》第5条规定,被请求方对司法协助所针对的行为依照其法律判断是否成立犯罪,以决定是否要提供协助。在国际刑事司法协助中坚持双重犯罪原则可以阻却一些不必要的刑事司法协助活动,减轻双方司法机关的工作压力,使双方在刑事司法协助的问题上更加慎重,集中精力打击那些双方都认为严重危害社会的犯罪行为。

在国际刑事司法实践中,对于"双重犯罪"的解释也不同,有的国家认为,必须是在罪名和犯罪构成要件甚至包括法定刑上都完全相同,但多数国家也只要求双方均构成犯罪,而无须强调罪名和犯罪构成要件的同一。为此,各国之间的引渡条约对可引渡的罪行都进行列举性规定,但考虑到各国法律制度的不同,各国对于犯罪类型的划分和具体罪名的表述存在差异,列举式对某一行为是否属于应予引渡的犯罪类型容易产生歧义,因此,一些国

---

[1] 参见[日]松本丽:《跨国犯罪的刑事侦查》,载《犯罪学论丛》2007年第5卷,第417页。

家在签订引渡条约和国际刑事司法协助条约时，转而采用“实质类似”标准，即只要某一行为按请求方和被请求方的法律作为犯罪加以处罚即符合“双重犯罪”标准，而不必强调罪名表述一致和犯罪成立条件同一。[1] 联合国《引渡示范条约》也采用这一标准，1993 年我国与泰国的引渡条约中也规定，对于某一行为是否均构成犯罪，不应因缔约双方法律是否将构成该项犯罪的行为归入同一犯罪种类或使用同一罪名而产生影响。《联合国反腐败公约》对双重犯罪原则也有一定的突破，增加了“可罚性”这一条件。可罚性并不是犯罪的构成要件，而是指犯罪后的一种法律后果，即有可能使犯罪行为受到刑事处罚，反映的是一种法律态势，决定是否具有可罚性的因素包括人身因素、一定的客观条件、追诉时效等，“可罚性”引入双重犯罪原则既尊重两国共同利益，又避免分散对重大国际犯罪的注意力。[2] 从而扩大、放宽了引渡合作中对共同犯罪认定的条件，以便更有利于打击、惩治犯罪。对双重犯罪的可罚性程度的要求上，学界存在两种不同的主张：一是抽象的双重可罚性，即被请求引渡的犯罪行为，只要在请求方和被请求方同时触犯抽象同一或类似的刑罚法规即可构成双重可罚性；二是具体的双重可罚性，即同一犯罪行为必须依照引渡双方的刑罚法规具有具体的可罚性时，才成立双重可罚性。[3]

2. 双重犯罪原则的任择性

由于涉及各国之间刑法制度的冲突，严格遵从双重犯罪原则有可能为某些犯罪的追诉提供庇护，不能完全适应打击犯罪的需要，因此，各类立法也开始突破双重犯罪的原则而进行相应的变通。1958 年，联邦德国和比利时缔结的引渡和刑事司法协助条约首开先例，在某些问题上放弃了这个原则。[4]

双重犯罪原则的刚性体现在引渡、相互承认和执行刑事判决以及诉讼移

---

〔1〕 参见张旭：《国际刑法论要》，吉林大学出版社 2000 年版，第 274 ~ 275 页。

〔2〕 参见马德才：《国际法中的引渡原则研究》，中国政法大学出版社 2014 年版，第 34 页。

〔3〕 参见赵秉志主编：《国际区际刑法问题探索》，法律出版社 2003 年版，第 303 ~ 340 页。

〔4〕 参见邵沙平：《论苏联的国际刑事司法协助制度及其对东欧国家的影响》，载《中外法学》1988 年第 6 期。

管方面的国际刑事司法协助中。在以追诉和处罚犯罪为目的引渡实践中,双重犯罪是决定能否引渡的基本条件。1998 年,联合国《刑事事项的相互协助和国际合作》对《刑事事件互助示范条约》的双重犯罪要求予以补充、修订,最大限度地排除“两国共认罪行”的限制,即在可行的情况下,各国不妨提供协助,即使请求所依据的行为在被请求方不是犯罪。各国也不妨考虑将两国共认罪的规定限制在某些类型的协助,如搜查和收缴。《联合国打击跨国有组织犯罪公约》第 18 条以及《联合国反腐败公约》第 44 条除了坚持在引渡方面严格遵守双重犯罪原则,也对双重犯罪原则的例外作了规定,要求被请求方尽可能酌情考虑变通该原则,对于提供协助符合被请求国法律制度的基本概念以及协助不涉及强制性行动的情况下不适用该原则,从而更加有利于缔约方之间顺利便捷地开展刑事司法协助。被请求方甚至可以为促进公正司法的目的而不顾国际刑事司法合作的传统禁忌,如毛里求斯法律则规定,只有当协助行为涉及对人身权或财产权的保护时,才应当考虑双重犯罪原则。

我国有学者认为,在国际刑事司法协助中双重犯罪原则有存在必要,完全取消该原则的条件尚未成熟。[1] 双重犯罪原则对于被请求方确实具有非常重要的保护功能,但这并非一个刚性原则,在具有明显的服务性和中立性的文书送达、调查取证的司法协助活动中,对犯罪嫌疑人和被告人的合法权益具有保护功能,甚至可以使他们避免陷入请求方的追诉,则可以放弃对双重犯罪原则的坚持。在我国与美国的刑事司法协助条约中,就规定了对特定的犯罪或特定领域的犯罪即使不符合双重犯罪原则也可以商定开展司法协助。[2] 我国《国际刑事司法协助法》也坚持双重犯罪原则的任择性,这一规定体现了对司法主权的尊重和对被请求人的权利保护,从而更适应不同类型的刑事司法协助具体要求。

---

〔1〕 参见黄风:《国际刑事司法合作的规则与实践》,北京大学出版社 2008 年版,第 116 页。

〔2〕 《中国和美国刑事司法协助协定》第 3 条第 1 款第 1 项规定,当请求涉及的行为根据被请求方境内的法律不构成犯罪时,被请求方可以拒绝提供协助;但双方可以商定,就某一特定犯罪或特定领域的犯罪提供协助,无论该行为是否根据双方境内的法律均构成犯罪。

(二)一事不再理原则的适用

1. 一事不再理的内涵

在刑事诉讼程序中,一事不再理是为了保障被告人不因同一行为而进行两次或两次以上追诉和审判而建立的一项重要司法原则。《公民权利和政治权利国际公约》最早规定一事不再理原则,大陆法系国家的“一事不再理原则”起源于罗马法并沿袭至今,英美法系国家称为“禁止双重危险原则”,或称为禁止重复追究,[1]一罪不二罚。[2] 对无论是有罪还是无罪的判决,作出产生法律效力的判决后不允许对同一行为再启动新的程序的诉讼原则的概括。[3] 该原则是针对各国诉讼制度提出的一项基本要求,该原则的根据已经不再是维护法院的权威,更主要是为了保护被告人的合法权利,[4]通过维护案件的终局性将被告人从刑事诉讼中解放出来,达到制约国家权力的过度行使,保障人权,维护司法行为的既定力。同时,从经济原则来看,一事不再理原则可以及时终结诉讼,节约司法资源。作为刑事诉讼中协调和平衡追诉犯罪与保障人权关系的一项重要原则,法国将该原则写入宪法和刑事诉讼法典,[5]日本宪法和美国联邦宪法修正案均确立了这一原则,[6]在法律上确立了一事不再理原则,则生效的实体裁判可以阻却再次提起的诉讼。

2. 国际刑事司法协助中的一事不再理

国际刑事司法协助中的一事不再理源于刑事管辖权的竞合,请求方和被请求方不能因同一犯罪事实对相同的犯罪人都实施刑事管辖,因此,当请求方提出刑事司法协助请求时,被请求方从维护本国司法权威的角度出发,可以根据一事不再理的适用原则,对刑事司法协助请求予以拒绝。该原则在一定程度上成为国际司法协助的通行原则,通过禁止他国国内法院对同一被告人的同一行为进行再次的审判,也体现了国家之间的平等互信与合作互利的

---

[1] 参见谢佑平主编:《刑事诉讼法学论点要览》,法律出版社 2000 年版,第 122 页。

[2] 参见陈光中、江伟主编:《诉讼法论丛》(第 3 卷),法律出版社 1999 年版,第 272 页。

[3] 参见《德国刑事诉讼法典》,李昌珂译,中国政法大学出版社 1995 年版,第 14 页。

[4] 参见陈兴良:《禁止重复评价研究》,载《现代法学》1994 年第 1 期。

[5] 参见《法国刑事诉讼法典》,谢朝华、余叔通译,中国政法大学出版社 1997 年版,第 135 页。

[6] 参见王以真主编:《外国刑事诉讼法学》,北京大学出版社 1990 年版,第 30 页。

精神，其基本价值取向是通过对刑事实体真实价值目标的合理抑制，来促成人权保障和刑事诉讼效益价值目标的实现，从而维持整个刑事价值目标体系的平衡。[1] 由于各国对“一事不再理”原则的认识不同，国内刑事法律中对该原则的处理模式不同，因此，“一事不再理”有时会给国际刑事司法协助带来障碍。以“一事不再理”为理由对其他国家的刑事审判进行抗辩引起了国际社会的关注，一些国际引渡条约和国内引渡立法也开始引入该原则，联合国在其国际刑事司法协助的示范条约中都对此有规定。1957 年《欧洲引渡公约》、1970 年《关于刑事判决国际效力的欧洲公约》以及 1972 年《欧洲刑事诉讼移管公约》也为被告人提供了“禁止双重危险”的保护。还有的国家，如《芬兰国际刑事司法协助法》中对一事不再理提出明确要求。

我国与许多国家签订的双边刑事司法协助条约和引渡条约中都确认了“一事不再理”，将此作为可以拒绝协助的理由，“如果提供协助会损害被请求方的侦查、起诉或者诉讼，可以拒绝提供协助”。“被请求方正在对请求所涉及的同一犯罪嫌疑人或者被告人就同一犯罪进行诉讼，或者已经终止刑事诉讼，或者已经作出生效判决，可以拒绝提供协助。”“当请求涉及就一犯罪行为起诉某人，而此人已因该犯罪行为在请求方被判有罪、无罪或者已被赦免，或者因追诉时效已过而不会再受到追究，可以拒绝提供协助。”[2] 中国《引渡法》第 9 条也将此作为可以拒绝引渡的一种情形。我国《国际刑事司法协助法》明确，在收到请求时，在中华人民共和国境内对于请求针对的犯罪正在进行调查、侦查、起诉、审判，已经作出生效判决，终止刑事诉讼程序，或者犯罪已过追诉时效期限，可以拒绝提供协助。从而在根本上维护犯罪嫌疑人和被告人的实体权利和诉讼权利，免除其因为一次行为而被双重评价的风险，也是对国际司法秩序的保障。“已经作出生效判决”，是指由人民法院作出的，已经发生法律效力的判决和裁定，包括已经过了法定期限没有上诉、抗诉的判决和裁定，终审的判决和裁定，最高人民法院核准的死亡的判决和高

---

〔1〕 参见谢佑平、万毅：《一事不再理原则重述》，载《中国刑事法杂志》2001 年第 3 期。

〔2〕 《中华人民共和国和澳大利亚关于刑事司法协助的条约》第 4 条，《中华人民共和国和大不列颠及北爱尔兰联合王国关于刑事司法协助的条约》第 3 条，《中国和法国刑事司法协助协定》第 3 条。

级人民法院核准的死刑缓刑2年执行的判决。“终止刑事诉讼”，是指刑事诉讼程序终结，对于不追究刑事责任的，应当作出撤销案件、不起诉、终止审理、宣告无罪的等决定。“犯罪已过追诉时效”，是指被请求人所犯罪行已经超过了追究其刑事责任的期限。

(三)请求针对的犯罪属于政治犯罪

政治犯罪不协助的规定源自政治犯不引渡原则。最早明文规定禁止引渡外国政治犯的国内法是1833年10月1日比利时制定的《比利时引渡法》，[1]政治犯罪不引渡成为现代引渡制度的一个重要的“安全阀”。政治犯不引渡保障了被请求引渡人的人权和被请求方的主权，防止对持不同政见者进行政治迫害和不公正的审判。

虽然各国基于不同的社会制度、价值理念和意识形态对某些政治行为是否确定犯罪具有不同的看法，为了保障国际刑事司法协助不因一些敏感的政治问题而面临危机和障碍，使各国刑事司法领域的合作集中于对国际社会秩序造成侵害的普通刑事犯罪，从而在充分尊重国家主权和政治独立自主性的基础上保持良好的司法合作关系。因此，在绝大多数国家的引渡立法、刑事司法协助立法以及签署的双边、多边引渡和刑事司法协助条约中都规定了“政治犯不引渡”“政治犯罪拒绝提供刑事司法协助”的内容，从而允许各国根据本国的社会制度、外交政策以及占主导地位的价值观念和意识形态，对是否开展国际刑事司法协助进行充分且独立自主的权衡和评价，不受制于某些政治利益或价值标准。我国《宪法》对因政治原因要求避难的外国人给予庇护，也体现了政治犯不予引渡的立场。中国《引渡法》规定对因政治犯罪而请求引渡的，或者中华人民共和国已经给予被请求人受庇护权利的，应当拒绝引渡。我国与波兰缔结第一个含有刑事司法协助内容的双边条约，第一次将政治犯罪列为拒绝协助的理由。但我国在一些条约中，如我国与巴西的引渡条约、我国与加拿大签订的刑事司法协助条约中就没有关于政治犯不引渡或不协助的规定。

---

[1] 参见马德才：《国际法中的引渡原则研究》，中国政法大学出版社2014年版，第37页。

引渡理论与引渡立法实践中对于“政治犯罪”的概念均未明确规定，由于各国的国体不同，确定政治犯罪的标准也不同，甚至不同国家或者各个国家的不同时期都会因不同的政治立场和政治经济条件，对政治犯作出不同的解释。“政治犯罪”也成为各国对引渡请求所指控的行为进行评价时的借口，成为犯罪分子规避法律制裁的手段。与我国签订的双边引渡条约和双边刑事司法协助条约中，对政治犯罪的表述也不完全一致，包括“政治犯罪”“政治性质的犯罪”“犯罪具有政治性质”“政治犯罪或与之有关的犯罪”“因为政治原因的犯罪”等。实践中，有的犯罪嫌疑人逃到国外，为隐瞒自己的经济犯罪事实，借用政治原因作为其出逃的理由而申请政治庇护，国家对请求避难的外国人是否行使庇护权通常也都从政治角度考虑，导致司法机关在提出引渡申请时面临很大的困难。贝卡利亚曾尖锐地指出，“庇护往往是提供犯罪，它使刑罚赶不走犯罪”，“庇护在国家和舆论当中造成过巨大的混乱”。[1]

学术界对政治犯罪的讨论与分类：广义和狭义的政治犯罪、纯粹和相对的政治犯罪，复合和牵连的政治犯罪等。在政治犯罪伴随着普通刑事犯罪的情况下，有些普通刑事犯罪被一些国家裁量为政治犯罪而逃脱惩罚，而有的政治犯罪却因为裁量为普通刑事犯罪而得不到应有的保护，使犯罪更猖獗。为了防止犯罪人借政治犯罪之名逃避法律制裁，国际社会通过国际公约、双边或多边条约对该条规则的运用加以限定，并陆续得到国际社会的认可。如比利时的“行刺条款”，即对谋杀外国元首、政府首脑或其家属的行为，不得引用政治犯罪而拒绝引渡。这一条款也被欧洲等国的条约所采纳，行刺条款的适用范围不断扩大，从最初的限于对国家元首及其家属的杀害行为扩大到对外交官的人身伤害等。第二次世界大战之后，联合国大会要求各国逮捕战争罪犯，并将他们送回战争发生地国加以审判和惩罚，并首先确立了犯有破坏和平罪、战争罪和反人类罪的战争罪犯，应受到惩罚而不能视为政治犯。《国际刑事法院罗马规约》也禁止将种族灭绝罪、战争罪和侵略罪、危害人类

---

〔1〕 参见[意]贝卡利亚：《论犯罪与刑罚》，黄风译，中国大百科全书出版社1993年版，第63页。

罪列入政治犯罪,这些犯罪都是应当准予引渡的。联合国有关国际公约对一些国际犯罪的庇护权进行了限制,对某些犯罪,不能因其中含有政治因素而将其作为政治犯罪的例外排除在国际刑事司法协助的范围之外。一些国际公约对灭绝种族罪及与之相关的罪行、种族隔离罪、劫持航空器、危害民用航空安全的罪行、毒品犯罪、腐败犯罪、恐怖主义犯罪等,要求各国不要给予上述国际犯罪分子庇护,宣布其为可引渡之罪,防止一些国家出于意识形态的需要,将某些特殊犯罪政治化,而将其排除在国际刑事司法协助的范围之外,从而限制政治犯不引渡原则的适用。我国与西班牙的引渡条约中,明确将恐怖主义犯罪纳入了"不得视为政治犯罪"的范畴,在我国与大不颠及北爱尔兰联合王国的刑事司法协助条约中,也明确恐怖主义犯罪和双方均为缔约方的国际公约不认为是政治犯罪的除外。

(四)请求针对的犯罪纯属军事犯罪

军事犯罪,是指对一国特定军事义务的违反,侵害的是一国的军事或国防利益,这种利益具有鲜明的特性。任何一个不想证明自己在任何情况下均是请求方亲密的军事同盟的国家,都无必要也不会愿意就发生在请求方中的军事犯罪提供引渡合作。[1] "军事犯不引渡""军事犯罪拒绝提供协助"也是国际上的通行做法。军事犯罪往往涉及政治、军事、种族、宗教等复杂背景,因而对军事犯罪的制裁也会涉及国家的政治立场甚至主权问题。

"纯属军事犯罪",是指对一国特定的军事义务或国防利益的违反,依照请求方法律或被请求方法律,协助请求所指的犯罪仅构成军事性质的犯罪,而不构成其他犯罪。如我国《刑法》第十章军人违反职责罪规定的相关罪名,属于纯军事犯罪,军人所触犯的普通刑事犯罪不属于军事犯罪。国际刑事司法协助中之所以将军事犯罪排除在外,主要是因为军事犯罪不是普通犯罪,它以违反某一国家法律规定的军事义务,侵犯的只是该国的军事利益,这种利益具有鲜明的政治性,对于军事利益方面的协助远远超出了刑事司法协助的范畴。1987 年,我国与波兰缔结第一个含有刑事司法协助内容的双边

---

〔1〕 参见黄风:《中国引渡制度研究》,中国政法大学出版社 1997 年版,第 86 页。

条约,将军事犯罪列为拒绝协助的理由。我国与外国签订的双边引渡条约和双边刑事司法协助条约多数明确规定对军事犯罪不予协助,对军事犯罪的表述为"军事犯罪""纯粹的军事犯罪""军事法规中规定的犯罪"等,也有的条约中根本没有提及,如我国与加拿大的刑事司法协助条约。

此外,有的国家对财税犯罪也列入不予协助的例外中,财税犯罪侵害的是一国的税收、海关、货币等方面的财经管理制度。传统的国际刑事司法协助理论认为,财政、金融、税收有关的犯罪的制裁是一国强化其国内经济管理活动,保持本国经济发展和国际竞争力的手段,对于此类犯罪的惩罚具有一定的民族保护特色,并不构成对国际社会的普遍利益的侵害,而被排除在刑事司法协助的范围之外。1959 年《欧洲刑事司法协助公约》中还明确将财税犯罪与政治犯罪、同政治有牵连的犯罪规定拒绝提供司法协助。但是随着国际经济合作的加强,经济全球化逐渐打破国家间的经济壁垒,国际犯罪也更多地涉足于财税领域,如走私犯罪、毒品犯罪、洗钱犯罪等,越来越多的国家将财税犯罪纳入可予协助的犯罪之列。《联合国打击跨国有组织犯罪公约》第 16 条第 15 款规定,禁止缔约方以所指控的犯罪在性质上属于金融犯罪的事实为由拒绝引渡。我国在对待财税犯罪不引渡规则的立场是持否定态度的,我国与其他国家的引渡条约中明确将财税犯罪归入可予引渡的犯罪之列。在我国的国际刑事司法协助法中,并未规定财税犯罪不予协助。综上分析,财税犯罪应归入可予以协助的犯罪之列。

(五)请求的目的是基于种族、民族、宗教、国籍、性别、政治见解或者身份等方面的原因而进行调查、侦查、起诉、审判、执行刑罚,或者当事人可能由于上述原因受到不公正待遇

也有学者将该内容称为"人权条款",或"差别条款"[1],或者称为"不正当追诉目的条款""防止迫害条款"等,[2]被请求方有充分理由相信针对普通

---

[1] 参见[日]森下忠:《国际刑法入门》,阮齐林译,中国人民公安大学出版社 2004 年版,第 156~157 页。

[2] 参见黄风:《中华人民共和国国际刑事司法协助法立法建议稿及论证》,北京大学出版社 2012 年版,第 47 页。

犯罪提供协助将可能对请求所涉及的当事人基于种族、宗教、国籍或政治见解等原因而进行诉讼或处罚，在刑事程序方面遭受不公正待遇或不利时，可以拒绝协助请求的条款。这是在第二次世界大战之后，随着人权国际保护不断发展而被提出，最早出现在保护难民的国际条约中，被国际引渡法和国际刑事司法协助法所采纳，并成为拒绝引渡和提供刑事司法协助的重要理由之一。其目的是防止被指控或者被判决有普通罪行的人在请求方受到迫害或者不公正待遇。但也有国家将这种与政治有关的情形列为强制性应当拒绝的理由，如《芬兰国际刑事司法协助法》第 12 条规定，如果执行请求将会有损于芬兰的主权、安全或者其他重大利益，或者执行请求将违反人权原则和基本自由或者违反芬兰的公共秩序，应当拒绝协助。

中国《引渡法》第 8 条将此项列为“应当拒绝引渡”的强制性拒绝理由，但我国《国际刑事司法协助法》将该条规定为可以拒绝协助的任择性拒绝理由之一，其主要理由也是考虑我国国际刑事司法协助法中包含了送达、调查取证协助等中立的狭义的协助行为，也包含了被判刑人移管等广义的协助行为，任择性赋予实践中一定的选择性，使我国针对外国外请求的国际刑事司法协助进行审查和判断建立在国际人权保障制度的基础上。

（六）请求的事项与请求协助的案件之间缺乏实质性联系

司法协助请求应当明确，有特定的范围限定或有具体要求。请求的事项与请求协助的案件之间存在实质性联系，即具有关联性，否则被请求方无法理解执行该项协助请求的必要性或针对性，从而加重被请求方的执行负担。

对于这一项任择性拒绝理由，在我国与外国缔结的刑事司法协助条约中有专门的表述，“被请求方认为请求提供的协助与案件缺乏实质联系，可以拒绝提供协助”，“如果请求提供的协助与案件缺乏实质性联系，可以拒绝提供协助”。[1] 但对于何为“实质联系”，条约中并没有明确规定。在我国与菲律宾的刑事司法协助条约中表述时增加了“被请求方认为”一语，意在强调，上

---

〔1〕《中华人民共和国和大不列颠及北爱尔兰联合王国关于刑事司法协助的条约》第 3 条，《中国与美国刑事司法协助协定》第 3 条。

述“实质性联系”的有无完全取决于被请求方的判断，从而增加了实践的可操作性。

(七)其他可以拒绝的情形

这项规定是一项兜底性条款。在国际刑事司法协助中，被请求方是否予以协助在一定程度上也会考虑该协助行为的合理负担问题，包括对资源利用不合理负担，或者协助时需耗费的巨额开支，并将其作为可以拒绝的一项理由。如《芬兰国际刑事司法协助法》第 13 条规定，如果考虑有关犯罪的性质，执行请求可能会造成在可利用资源方面的不合理负担，则可以拒绝协助。我国与菲律宾的刑事司法协助条约中也有类似规定。当然“负担”问题不一定都与协助请求的关联性问题相关，某些与案件有着实质性联系的协助请求也可能产生对被请求方的过分负担问题，在这种情况下，有关各方可以通过协商妥当地解决此问题。我国与加拿大刑事司法协助条约规定，如果执行请求明显需要一项巨大的开支，双方应协商确定能够提供被请求方的协助的费用和条件。

五、国际刑事司法协助的执行

被请求方对其他国家提出的协助请求进行审核后，如果符合条约中规定的协助条件，也不存在可以拒绝提供协助的情形，被请求方则可以决定接受协助请求，并予以执行。在执行过程中，在被请求方接受协助请求的机关应当根据本国司法机关的职权划分并结合请求的内容，确定协助事项的管辖权，将请求书和相关证据材料交付有关的机关执行。

(一)执行中的法律适用

根据国家主权原则，被请求方司法当局就请求方提出的请求事项，按照本国法律规定的相同诉讼中可能采取的方式和手段，实施某些诉讼行为，以实现请求方的请求事项，这里采用的是“地点决定行为”的原则。[1] 即被请

[1] 参见[日]森下忠：《国际刑法入门》，阮齐林译，中国人民公安大学出版社 2004 年版，第 200 页。

求方向请求方提供司法协助，一般应当适用被请求方法律规定的方式和程序。在我国与其他国家签订的刑事司法协助条约中，基本都对“司法协助适用的法律”或者“请求的执行”进行专条规定，如我国与加拿大刑事司法协助协助条约的第4条“司法协助适用的法律”规定：被请求方应按照本国法律提供协助。

但是，由于请求方的法律与被请求方的法律之间存在一定的差异，这种差异会导致实践中依据请求方法律无法承认通过协助的行为后果，因此，请求方可能会要求被请求方按照请求方法律规定的方式和程序提供协助，以便提供协助的结果能够为请求方法庭所接受和采纳，这种执行方式也可能是请求方法律所规定的，但不同于被请求方法律所规定的方式和程序。因此，依被请求方法律适用的原则也存在一定的例外。如请求方明确提出请求时，被请求方按照请求方的规定，要求证人在宣誓后提供证言。在有的国家的刑事司法协助法中也会有类似规定，如日本在其法律中就明确，任何请求都应依日本法律执行。被请求方可以尽可能尊重和满足请求方的要求，如果请求方提出了应依某一特别程序执行，只要该请求不与被请求方的立法或强制性规范相冲突，不违反被请求方的公共秩序，即便这一特别程序不为被请求方所采用，被请求方也可以按照请求方提出的方式来执行请求，但该种方式必须在被请求方法律允许的范围之内，如果违背被请求方的法律，被请求方可以改变执行方式或拒绝执行。如果被请求方认为，国内法禁止执行对本国当局依其管辖权进行调查、起诉或审判的犯罪采取被请求的行动，或者同意此项请求将违反被请求方关于相互法律协助的法律制度时，可以拒绝按照请求书的要求执行请求事项。

也有一些双边条约中允许被请求方在法律未予禁止的范围内，应按请求方要求的方式执行请求。如我国与蒙古国的刑事司法协助条约中规定“被请求机关应依其本国法律执行请求。在不违背本国法律的情况下，被请求机关亦可根据请求机关的请求，适用提出请求的缔约一方的诉讼程序规则”。在国际刑事司法协助中，这一例外的情况包括：(1)调整有关司法协助活动的国际条约对执行程序作出特殊规定，如在调查书证材料时使用缔约各方专门约定的表格，在远程视频听证中按照请求方法律规定的程序进行询问等；(2)请求方要求在执行中采用该国法律规定的特殊程序，被请求方认为此种要求是可以接受的并且在实践中是可操作的。

（二）执行要求

刑事司法协助的执行，是指被请求方按照请求方的具体要求，并根据被请求协助行为的性质和特点，由被请求方具有相应的职能的主管机关承担实施有关的协助行为。执行外国刑事司法协助请求，对于请求方来说，是通过被请求方的执行行为，完成特定的司法任务；而对于被请求方来说，是基于请求方的委托，在本国管辖的范围内，依法代为特定的司法行为。

一般而言，被请求方受理了请求方提出的刑事司法协助请求之后，如果经过审查，没有发现应当或者可以拒绝协助的情况，就应当按照条约规定，及时尽快地提供协助。司法协助只能根据请求书所确定的内容、范围和程序进行，不得对请求以外的任何人的行为采取法律措施。被请求方对请求方的协助请求经审查同意后，被请求方一般负有如下义务：负责依法办理请求方的请求事项，承担因办理该项事务而引发的义务，如通知义务，回答请求方的查询、通报办理委托过程及其结果等。被请求方应当把为执行请求所采取的行动及时通知请求方，并应在适当的时候，将进行司法协助的有关情况通知对方，尤其是执行结果要及时通知。请求方应当尊重被请求方为其进行诉讼所提供的协助，合理利用被请求方提供的资料，并就有关刑事诉讼的结果告知被请求方。

我国《国际刑事司法协助法》规定，办案机关收到主管机关交办的外国刑事司法协助请求后，应当依法执行，并将执行结果或者妨碍执行的情形及时报告主管机关。如果请求事项全部或部分执行完成，由办案机关将执行结果或未完成部分的原因及时报告给主管机关，再转告请求方，使请求方知悉，或者让请求方及时采取必要的措施予以处理。

办案机关在执行请求时，应当严格按照法律规定的程序和方法进行，不得侵犯相关人员的合法权益，如受送达人、证人、财产所有人、利害关系人等。外国对执行其请求有保密要求或者特殊程序要求的，在不违反我国法律基本原则的情况下,主管机关可以按照其要求安排执行。

为了刑事司法协助的顺利进行以及贯彻互惠原则,保持密切的合作关系,请求方与被请求方之间在请求事项之外,应当互相通报本国对对方国民所作的生效刑事判决和裁定的结果,提供判决书和裁定书的副本,并应免费提供各自国家现行的或者曾经施行的法律法规及其在司法实践中的适用情况。

(三)执行费用

开展国际刑事司法协助过程中,必然产生相关费用,主权国家以其完备的警察和司法系统,以自己的经济实力支付惩罚犯罪的成本也是理所当然,因此,我国《国际刑事司法协助法》明确规定,由国家来保障国际刑事司法协助所需的经费,以有利于各项具体协助工作的顺利开展。

但国际刑事司法协助中,一国为了实现本国的司法主权而需要他国协助,他国因此而产生相应的执行费用。联合国《刑事事件互助示范条约》第19条"费用"条款中提出,除非缔约方另有协议,执行请求的一般费用应由被请求方负担。虽然免费提供司法协助一直是国际司法协助中的重要原则,但是,随着国际司法协助事项和内容越来越复杂,扣除合理费用逐渐成为各国国内法要求,并得到国际公约的认可和确认。《联合国打击跨国有组织犯罪公约》《联合国反腐败公约》也专门规定,国际刑事司法协助的费用由被请求的缔约方承担。如果费用巨额或者有异常费用时,应当由缔约方进行协商费用的承担问题。显然,公约鼓励请求方与被请求方之间就双方协助的费用问题进行协商。被请求方在国际刑事司法协助中的正当花费,请求方对此分担一定的成本或费用,也是为了减轻被请求方的司法成本分担,该费用在国际刑事司法协助中又称为"合理费用补偿"。费用的承担关系到具体案件能否得到有效及时处理,也关系到司法协助的长期开展。因此,国家会在立法中明确刑事司法协助中的执行费用的承担原则,如《韩国国际刑事司法协助法》第36条第1款规定,韩国可以承担在本国境内发生的费用。实际上,请求方享受的是免费协助的待遇。早期,我国与外国签订刑事司法协助条约中对协助费用确认的也是免费协助原则,如"缔约双方应相互免费提供司法协助”“不得要求偿还因提供司法协助所支出的有关费用”的规定，或者规定“缔约双方应各自负担在本国境内根据本协定提供司法协助时支出的费用”。但在后期的一些双边协议中，也逐渐要求司法协助的执行费用可以由双方约定，有些条约甚至涉及对一些额外支出的高昂费用或特殊性质的费用的分担问题，如我国与美国、加拿大的刑事司法协助条约中对“超常性质的费用”“明显的巨大开支”进行约定，要求“双方应协商确定能够提供被请求的协助的费用和条件”。[1]

笔者认为，要求对方免费提供司法协助不一定符合国际司法协助的发展趋势，司法协助行为是为请求方服务的，由请求方承担实际发生的费用或开支具有一定的合理性，可以调动或者激励被请求方进行司法协助的积极性，特别是作为发达国家在费用问题上向发展中国家和不发达国家作出让步，也是符合现代国际法的基本精神的。[2] 因此，我国《国际刑事司法协助法》第8条对于协助费用明确规定：有条约约定的依条约进行，没有条约或者条约没有约定的，按照平等互惠原则通过协商解决。为进一步的协助打下良好的基础，我国有必要在今后签订双边条约的过程中承认并履行司法协助中补偿合理费用的义务，并在签订双边协助条约时，在请求方与被请求方之间尽可能地就费用问题进行磋商，并确定“合理费用”的范围。

（四）保密要求

从多数国际条约和外国相关立法的规定来看，刑事司法协助中的保密义务产生于某一方具体提出的保密请求和另一方针对该请求所作的承诺。如《联合国反腐败公约》第46条第20款规定保密要求，请求缔约方可以要求被请求缔约方对其提出的请求及内容保密，但为执行请求所必须时除外。我国与外国签署的刑事司法协助条约中规定，当事国双方都可能提出保密要求，“如果请求方中央机关提出保密要求，被请求方除为执行请求的需要外，应当

---

〔1〕《中华人民共和国和美利坚合众国政府关于刑事司法协助的协定》第20条第2款，《中华人民共和国和加拿大关于刑事司法协助的协定》第6条第3款。

〔2〕参见陈雷：《〈联合国反腐败公约〉与资产追回制度》，载《华东刑事司法评论》（第8卷），法律出版社2006年版。

对请求、请求的内容以及执行请求的结果予以保密”。在“对证据材料的保密使用”方面，规定“如经请求，请求方对于被请求方提供的材料和证据，除用于请求中所提及的侦查和诉讼之外，应予以保密”。[1] 对于请求方应对被请求方提供的资料和证据予以保密；未经被请求方中央机关同意，请求方不得为了请求所述案件之外的任何其他目的使用本协议提供的任何资料或证据。如果被请求缔约方不能遵守保密要求，应当立即通知请求方。

我国《国际刑事司法协助法》第16条也明确了关于“保密”的要求，外国对执行其请求有保密要求的，在不违反我国法律的基本原则的情况下，主管机关可以按照其要求安排执行。我国对执行请求有保密要求的，也可以通过对外联系机关向外国提出，在外国接受条件并且作出书面保证后，决定执行。因此，如果我国办案机关认为有必要对案件情况以及协助事项保密，则应在请求书中对需要保密的具体事项、要求保密的理由及保密的期限等作出具体的保密要求。

（五）执行结果的通报

在国际刑事司法协助中，一方向另一方通报在其境内所进行的刑事诉讼结果。根据通报的方式和内容不同又可以分为两类：一类是以备案为目的的通报。参与司法协助的国家将各自境内已经完成的刑事诉讼的裁决或其他结果向另一国进行通报，使双方能够相互了解有关刑事案件的进展并作出相应的记录或备案，通报的途径或频率由双方协商确定。另一类是就某一具体案件进行的以告知犯罪前科为目的的逐案通报。被请求方根据请求，向请求方通报其国民在被请求方境内的犯罪记录以及刑事案件审理结果。通报时，应当将其他国家司法机关、当事人关系的事项作详细的说明，这也是各国建立互信关系的途径。除通报刑事诉讼结果外，各国司法机关还应当加强沟通、交换犯罪情况通报，交换所需要的法律资料等，以便相互促进提高刑事司法水平。

---

[1] 《中国和日本刑事司法协助条约》第5条，《中华人民共和国和印度尼西亚共和国关于刑事司法协助的条约》第16条。

我国《国际刑事司法协助法》第19条规定,对外联系机关收到主管机关的有关通知或者执行结果后,应当及时转交或者转告请求方。对于我国提供刑事司法协助的案件,主管机关可以通过对外联系机关要求外国通报诉讼结果。外国向我国通报诉讼结果的,对外联系机关收到相关材料后,应当及时转交或者转告主管机关,涉及对我国公民提起刑事诉讼的,还应当通知外交部。当然,主管机关在收到相关通知、执行结果后还需要及时转送、转告给有关办案机关。

执行结果应区分不同情况分别处理。请求事项全部履行的,由主管机关决定将执行情况转告请求方;部分履行的,除将已完成部分的情况转告请求方外,应当将为未履行部分的原因予以说明,以便请求方及时采取必要措施应对;凡未能完成请求事项的,应将结果及其理由向请求方说明。对于被请求国应请求方的要求提供的协助,请求方应予以尊重。

第三章　国际刑事司法协助中的文书送达

第一节　文书送达及其法律意义

一、相关概念

(一)送达

不同国家对送达的性质的认识并不相同,在大陆法系的诉讼模式中,以公权力为中心,送达被视为执行职务的职权行为,送达的主体必须为国家机关或专门官员。在这些国家的域外送达方面,更赋予司法主权色彩,为了尊重他国属地优越权,一国家没有获得准许,不得在外国领土上从事行政或管理权行为。[1] 因而一国也不容许另一国在其境内从事送达或公布官方通知等司法行为。而英美法系诉讼模式中以当事人为中心,送达,是指在案件审理中递交一些程序或法律所规定的文件,履行向某人告知某项文书的手续、通知等,不必非要执达员送达。送达也被冠以"私"的性质,法院可以采用在双方当事人协议的方式进行诉讼文书送达。[2] 以美国为例,美国的司法文书送达:一种是强制性文书送达,旨在使受送达人按期到庭作证或进行其他诉讼活动,当事人如果不执行,则会以藐视法庭处罚;另一种是通知性送达,其目的是向受送达人提供诉讼进程的消息,以使受送达人根据这些消息作出

---

〔1〕 参见[英]奥本海:《奥本海国际法》(第1卷　第1分册),[英]詹宁斯·瓦茨修订,王铁崖等译,中国大百科全书出版社1995年版,第231页。

〔2〕 参见何其生:《域外送达制度研究》,北京大学出版社2006年版,第39页。

应诉或答辩的决定。强制性文书域外送达时具有主权性，未经外国许可，不得向外国送达，但通知性文书域外送达则不具有主权性质，可以进行送达。无论送达是否专属于司法职权还是涉及司法主权，纯属于一种观念之争。送达本质上就是法院、诉讼参与人之间在诉讼过程中交流有关实体或程序信息的基本途径之一，送达的基本功能就是通知。

在我国，刑事诉讼中的送达是人民法院、人民检察院和公安机关依法定程序和方式，将诉讼文书送交诉讼参与人、有关机关和单位的诉讼活动。从该定义可知，送达是一种诉讼活动或诉讼行为，属于国家公权力行为，送达主体是参与刑事诉讼的国家机关，它们在诉讼的不同时期承担相应的职责，分别与案件的犯罪嫌疑人（被告人）及家属、受害人、辩护人、代理人等发生联系。“诉讼参与人”包括当事人和其他诉讼参与人，“有关机关和单位”，是指因其职责或因其与案件或当事人存在某种关联而与诉讼有关的机关和单位，如犯罪嫌疑人所在单位、冻结违法所得资金的金融机构等。

送达必须严格依法定程序和方式而进行。司法机关严格按照法律规定的程序和期间有序安排其职权范围内的送达活动，当事人收到司法文书并了解、知晓文书的内容，文书的内容才对受送达人和送达机关产生约束力，文书产生相应的法律效力，相应的诉讼期间开始计算。为了更好地组织诉讼程序、配置司法资源，送达还具有期间、送达回执的要求，这也反映了送达作为一项诉讼活动所具备的严肃性和权威性。

可见，送达是诉讼进程中一项不可或缺的诉讼行为，它就像一根链条，将诉讼的各个阶段串联起来形成一个有序的体系和有机连贯的整体，引领了一系列的诉讼活动，也显示了诉讼程序的过程性。

（二）司法文书与诉讼文书

在刑事诉讼中，需送达的文书内容既有针对当事人的，也有针对诉讼参与人的，如涉及程序问题的通知书，包括传唤有关人员，如证人、鉴定人、诉讼当事人的出庭通知，针对当事人的拘留或逮捕通知，或者涉及实体问题的起诉书、刑事判决书、裁定书等。我国的刑事诉讼法教材中，将送达的内容限定为各种诉讼文件，[1]或者诉讼文书。[2] 我国《诉讼法大辞典》中"诉讼文书"又称"法律文书"，是指司法机关和诉讼参与人在诉讼过程中形成的各种文书材料。[3] 有学者认为，诉讼文件与诉讼文书是两个相互联系又不尽相同的概念，诉讼文书是由公安司法机关和诉讼参与人所制作的具有法律意义的书面文件或者材料的总称；诉讼文件，是指公安司法机关依职权范围，按照法定程序制作的，具有相应的法律效力和一定强制性的书面文件，是诉讼文书的一部分。[4] 无论如何表述，送达的内容反映了专门机关对案件事实和诉讼行为的法律评价，或者诉讼参与人的意见和要求，这些内容在公安司法机关之间或其与诉讼参与人之间相互传递，推动刑事诉讼程序形成一个有序的体系和整体。

送达的内容在各国的国际刑事司法协助法中的表述并不一致，瑞士刑事司法协助法直接指称"文书"，泰国刑事司法协助法则指称"法律文书"，新加坡刑事司法协助法直接用"文件"替代，1990 年《英国刑事司法(国际合作)法》和 2003 年《英国国际刑事合作法》中使用的都是"诉讼文书"。在我国，学者也多采用"司法文书"的送达、"司法文书和非司法文书"的送达，[5]或者"司法文书和司法外文书"的送达，其中非司法文书和司法外文书都是指除上述司法文书以外，与特定的刑事诉讼活动有关联，依法需要予以送达的各种材料，如身份证明、公证文书、信函等。[6] 1986 年，最高人民法院、外交部、司法部曾颁布《关于我国法院和外国法院通过外交途径相互委托送达法律文书若干问题的通知》，使用的是"法律文书"，在内地与香港特别行政区、澳门特别行政区民商事文书送达中，普遍采用"司法文书"；我国与外国签订的刑事司法协助条约中，一般称为"刑事诉讼文书"或者"司法文书"或者简

---

〔1〕 参见陈光中主编：《刑事诉讼法》(第 2 版)，北京大学出版社 2005 年版，第 257 页。

〔2〕 参见陈光中主编：《刑事诉讼法学》(新编)，中国政法大学出版社 1996 年版，第 247 页。

〔3〕 参见柴发邦主编：《诉讼法大辞典》，四川人民出版社 1989 年版，第 403 页。

〔4〕 参见樊崇义主编：《刑事诉讼法学》，中国政法大学出版社 2002 年版，第 197 页。

〔5〕 参见成良文：《刑事司法协助》，法律出版社 2003 年版，第 214 页。

〔6〕 参见许佩琴、段厚省、曹坚：《海峡两岸司法协助问题研究》，台海出版社 2005 年版，第 218 页。

称“文书”,均是指同一概念,“法律文书”在域外送达的情形下也应与“诉讼文书”范围一致。国际公约和国际条约对于此类文书多称呼为“司法文书”,我国应尽量在法律、法规及法律文件中统一称呼,并与国际条约保持一致。在我国《国际刑事司法协助法》统一使用的是“司法文书”这一概念,以力求规范性,本书研究中也统一采用“司法文书”这一术语。

(三)送达的方式

各国诉讼法均对送达方式及其程序作出明确而详细的规定。我国的《民事诉讼法》具体规定了6种送达方式,包括直接送达、留置送达、委托送达、邮寄送达、转交送达、公告送达等。我国《刑事诉讼法》第107条规定,送达程序包括两种方式:直接送达和留置送达。《刑诉法解释》中对委托送达、邮寄送达、转交送达作了补充规定。在我国,邮寄送达一般在直接送达有困难的情况下采用,司法机关将司法文书、送达回证挂号邮寄给受送达人,受送达人签收后即视为已经送达。从世界其他国家的立法例来看,一些国家的刑事诉讼法、民事诉讼法都规定了邮寄送达方式。美国、英国、日本、德国等国也均在其刑事诉讼法中规定了刑事诉讼送达准予适用民事诉讼法中关于送达的规定,但我国对此未明确规定。

当然,除以上送达方式之外,有的国家还有公告送达、电子送达。公告送达,是指有关职权机关通过登报、广播等媒介进行司法文书送达,自公告之日起计算,经过一定的时间司法文书即被视为已经送达成功。公告送达是推定受送达人会看到或者从已看到之人处了解到文书的相关内容,因而属于法律事实上的推定送达,以期产生文书送达上所预期的法律效果。我国刑事诉讼法并未规定公告送达,对于刑事诉讼中能否准用民事诉讼的公告送达在实践中存在争议。多数国家认可公告送达的同时也对其适用作出相应限制,要求在穷尽所有送达努力之后仍无法确定被告人具体下落时,才可以公告送达。如《瑞士刑事诉讼法典》和《德国刑事诉讼法典》均有类似的规定。公告送达虽然一揽子解决了送达不能的问题,可以确保诉讼准时进行,但公告送达存在不能确定该当事人是否已经收到公告通知并对诉讼实际知悉的情况,而导致对正义的质疑。

电子送达，是指通过电子邮件、传真、手机短信等电子通信的方式送达司法文书。我国在涉外民事案件的司法文书送达中确立了这种送达方式。但电子送达，除非受送达人同意，否则难以确认收悉，而造成对诉讼的拖延。如《意大利刑事诉讼法典》第148条规定，“司法机关可以决定采用适当的技术手段执行向辩护人的送达或通知……”第150条第1款规定，当因某些特殊情况而产生此需要时，法官可以采用附理由命令的形式决定使用足以确保知晓文书的技术手段向被告人以外的其他人员实行送达。但是电子送达需要借助于信息的处理、储存和传输技术，要防止司法文件在传输的过程中可能会被拦截、篡改或者被当作垃圾邮件删除的情形。我国对涉外刑事案件中向在我国领域外居住的当事人也允许以电子方式送达，只要受送达人所在地法律允许，则可以采用传真、电子邮件等能够确认受送达人收悉的方式送达。而且，如果当事人是自诉案件的自诉人或者附带民事诉讼原告人的，可以向有权代其接受送达的诉讼代理人送达。

二、送达的理论基础

程序正义是在程序进行的过程中实现的价值，它有着独立的内在要求和意义。刑事程序正义对法官的要求是应保持独立且中立的地位，做到居中裁判、不偏不倚。对被告人则应确认和保障其诉讼主体的地位，参与诉讼过程，充分举证并辩护。公平、参与和对当事人尊严的充分尊重作为程序的内在价值构成了程序正义的全部内容。送达作为诉讼程序中不可缺少的环节，正是以实现程序正义为依托，有着独立的内在价值和基础，表现了对当事人知情权和程序参与权的尊重。

（一）知情权

知情权是现代社会公民的基本人权，其理论的逻辑起点在于公民权利和国家权力的对立统一关系。公民有权了解社会诸活动的权利，而政府作为权利相对人，负有向公民、社会公开自己活动的义务。知情权是信息社会的必然产物。正如英国学者简·斯蒂尔所指出的那样，只有充分知情，公民们才有可能行使他们的权利，完成他们的责任和充分参与民主的过程。在德国，知情的需要可以分主观和客观需要，并且将对公民知情问题的关心分为三种：对程序的关心、对控制的关心和对信息的关心。[1] 从趋势上看，公民的知情权是与政治民主有关的一项重要权利，也有扩大的趋势，保障公民的知情权的措施和技术手段也在不断地增加和完善。

在司法活动中，作为诉讼主体的当事人是否能有充分的机会参与程序，主张自己的权利、提出己方的证据，并反驳对方的主张和证据，从而影响裁判者并尽可能获得对自己有利的裁判结果，是检验一国诉讼程序公正性的重要标准之一。程序参与的前提是知情，即知悉诉讼中与自己利益相关或者与自己有特定关系的人有关的案件实体和诉讼程序方面的信息，在知情的基础上行使权利、履行义务并在司法程序中充分地发挥出来。当事人知情权的实现在很大程度上需要通过开展诉讼活动的机关和人员履行法定的告知义务来实现。诉讼通知在要素上包括诉讼事由的告知、传唤及后果告知、正式的送达程序、就审期间的保障。[2] 一般而言，信息的提供范围的限制主要是与能够在多大程度上公开信息和公开哪些信息的因素有关，而掌握这些信息的司法机关及其人员对于公开自己掌握的信息的重要性的认识和利害权衡也有着密切的关系。后者决定了司法机关及其人员能否忠实地履行自己所承担的提供信息的义务。

刑事诉讼中，犯罪嫌疑人、被告人及其辩护人充分了解指控的内容和根据是其辩护的前提，这与被追诉者的知情权及其保障息息相关。知情的形式则与送达制度相联系，“送达是一项有法律意义的诉讼活动，从形式上看是向收件人交付某种诉讼文件，实质上是司法机关的告知行为”。[3] 主管机关通过送达向当事人传达了案件实体事实方面的信息，告知当事人程序权利，使当事人知悉刑事诉讼的程序及进程，并对诉讼活动进行准备，通过应诉或抗辩等方式主张自己的权利。告知是送达最重要也是最直观的功能，送达告知行为不仅是司法机关司法行为合法性的要求，也是保障法院诉讼程序正当的

---

[1] 参见樊崇义主编：《诉讼原理》，法律出版社 2003 年版，第 492～493 页。

[2] 参见杨剑：《缺席审判的基本法理与制度探索》，厦门大学出版社 2016 年版，第 37～38 页。

[3] 陈光中主编：《刑事诉讼法》，北京大学出版社 2002 年版，第 225 页。

基本要求,同时体现了当事人在司法程序中实体权利及诉讼权利正当有效主张和维护的程序性需要。法国在其刑事诉讼法典中,将“送达”称为“传唤与通知”,独立成编;德国的刑事诉讼法典在第四章“法院裁判、通知裁判”中对送达作出了专门的规定;我国刑事诉讼法中也将“送达”与“期间”列于一章。

(二)程序参与权

参与原则是民主制度的一部分,赋予当事人参与诉讼的权利是现代法治国家的通行做法,也是程序正义的重要体现,其基本的要求在于必须确保与程序的结果有直接利害关系的人都有权参与该程序并提出对自己有利的主张和证据,并针对自己不利的主张和证据进行反驳。程序参与原则要求控辩双方都能参与到刑事诉讼过程中来,通过行使诉讼权利而对判决结果产生实质的影响。这是程序主体的应有权利,是基于作为程序主体的人的主体性理念的必然延伸。

在刑事诉讼中,诉讼参与原则也是为了更好地通过直接言词的审理方式充分保障刑事被告人的辩护权和人格尊严,实现刑事诉讼的程序正义。送达环节体现了对当事人程序参与权的尊重,使程序主体能够在程序中有进行充分对话的空间和机会,形成了双方公平对抗和论争的地位和结构平衡以及信息掌握的对称公平度,在参与的程序中能够影响法院裁判的形成。被告人参与程序可以分为直接参与、参与机会的保障和间接参与三种,保障被告人亲自到庭受审是直接参与的体现,而如果当事人在某个诉讼阶段没有直接参与诉讼,但只要我们事先已经给予其参与的机会,即视为达到了参与的目的,[1]即便是法院的缺席判决也就有了合理的依据,也是裁判结果正当的前提。可见,送达也是司法机关对司法行为的合法性、公开性和民主性的遵守。

三、国际刑事司法协助中送达的特点

国际刑事司法协助中的送达,是指各国司法当局将正在开展刑事司法协

---

〔1〕 参见[日]谷口安平:《程序的正义与诉讼》,王亚新、刘军荣译,中国政法大学出版社 1996 年版,第 13 ~ 17 页。

助的案件的有关司法文件，按一定的程序和方式，相互委托送交给在对方国内的当事人或者其他诉讼参与人的司法活动。[1] 由于涉外送达的对象已经超出了本国司法权管辖的范围，无法适用于在本国可以适用的送达方式。送达在国际司法协助中占有十分重要的地位，几乎所有的司法协助双边条约都涵盖代为送达文书这一项内容。

各国在国际刑事司法协助中对于文书的送达，体现两个理念：一是对于国家司法主权的维护，二是当事人对文书的实际知悉。基于司法主权，一国法律文书仅在本国司法管辖领域内具有法律效力，送达文书是执行本国法律的执法行为，但一国法律文书在他国没有法律效力，一个国家也绝不允许另一个国家在其境内进行送达或公布官方通知等行使司法权的行为，如果向在外国领域内的当事人或诉讼参与人送达文书，则需要通过刑事司法协助途径请求外国司法机关予以协助，并符合其法律规定的方式，否则就是对其主权的侵犯。文书送达作为涉外刑事诉讼的关键环节，已成为被请求方审查原审判决合法性的重要考量因素。此外，送达不同于各国司法当局之间的司法文书和法律文件的移交的"通报"或"文件递送"行为。如在我国与加拿大签订的刑事司法协助条约中，规定了"文件或物品的转递"（第 16 条），以及"刑事诉讼结果的通报"（第 19 条）。[2]

在国际刑事司法协助中，送达协助表现出以下特点：

（一）程序性

送达是传递诉讼信息，连接各诉讼阶段的纽带。送达具有程序性，体现了程序正义。程序绝不是可有可无的形式和手段，程序本身还承载和映现着独立于实体目标的价值内涵。[3] 送达受程序规则约束，要求具备特定的形式要件并履行法定的程序，如送达文书的种类和范围、送达的程序和方式、请求送达的时限、送达回执等。在我国与外国签订的刑事司法协助条约中文书送达的内容，主要包括两个方面：一是明确被请求方应当根据本国法律并依

[1] 参见马进保：《国际犯罪与国际刑事司法协助》，法律出版社 1999 年版，第 145 页。
[2] 张文亮：《外国判决承认与执行语境下"送达抗辩"研究》，载《当代法学》2019 年第 2 期。
[3] 参见樊崇义：《诉讼原理》，法律出版社 2003 年版，第 142 页。

请求，送达请求方递交的文书。请求方应提交书面的请求书，请求书应注明请求和被请求机关的名称，收件人的基本情况，所涉案由的基本犯罪事实及有关法律规定等；二是被请求方送达完成后，应将执行送达的时间和地点通知请求方，并出具送达证明（送达回证），送达回证有固定格式，是司法机关依法送达诉讼文书的证明文件，是计算期间的根据，也是送达程序的必要形式。在有的刑事司法协助条约中，也明确被请求方应请求方明确要求，也可以在其法律允许的情况下，以请求方要求的方式执行送达请求。[1]

（二）中立性

送达文书在刑事司法协助中具有鲜明的中立性，送达行为并不涉及实体的执行部分，也不直接决定案件的是非曲直，[2]送达行为既不对行为的性质作评价，也不意味着承认文书中对该案件所作的决定，它只是一种程序性的接收或转递行为，协助送达文书的行为并不表现出鲜明的强制性和追诉性，而特别强调客观公正与不偏不倚。

在送达国际刑事司法协助中，被请求方负有对文书的送达义务，各国都力图在本国立法中明确协助送达行为的中立性，表明本国协助送达既不代表本国对司法文书法律效力的承认，也不能依据文书的内容、受送达人是否接收及其是否履行文书义务而对受送达人作出任何强制或者处罚。因此，有关协助传唤的通知中不得含有关于不接受传唤将受到相应处罚或者遭受强制措施的表述。如2003年《英国国际刑事合作法》对于国外传票的送达，明确"传票的送达并不导致该地区法律规定的遵守该传票的义务"，而且，"如果受送达人不接受英国法庭发出的传唤通知，在任何情况下均不构成藐视法庭罪，英国法庭也不得以此为理由签发强制出庭令以迫使受送达人出庭"。《瑞士国际刑事司法协助法》规定，带有强制性威胁的传票不予送达，接到外国当局要求出庭的传票的任何人没有遵守的义务。2000年《新加坡刑事司法协助法》规定，在协助送达传票时，要求外国主管机关作出承诺，保证受送达人不会仅因拒绝或未能接受

---

〔1〕《中华人民共和国和阿尔及利亚民主人民共和国关于刑事司法协助的条约》第7条。

〔2〕参见徐宏：《国际民事司法协助》（第2版），武汉大学出版社2006年版，第113页。

或遵守该传票而受到任何处罚,或承担任何责任,或在法律上遭受偏见。在我国与外国签订的刑事司法协助条约中也体现了这一点,对于文书送达均含有“拒收条款”,以明确受送达人享有拒收权,说明协助送达文书的行为不具有任何强制性。在请求送达的是要求某人出庭传票或通知时,如该人未能出庭,即使传票包含了处罚通知,该人也不应当受到任何处罚或者限制措施。[1] 在澳门特别行政区《刑事司法互助法》中,甚至不允许在通知的传票中“含有以处罚作为被通知人不到场后果的内容,或不能确保采取维护其人身安全所需的措施”,对于该类传票,澳门特别行政区政府须拒绝通知。我国《国际刑事司法协助法》第 22 条也坚持了送达协助程序的中立性,明确规定,我国协助送达司法文书,并不代表对外国司法文书法律效力的承认。

(三)服务性

国家之间对于文书的送达协助,体现了委托与被委托的关系,这种委托关系是主权国家的司法当局之间,具有辅助性、服务性的特点,基本不涉及双方利害关系。协助送达文书帮助司法机关完成了有关的通知行为,也有助于受送达人了解请求方的诉讼进展以便及时采取有效对策维护自己的权益,这也是对当事人知情权的保障。

一般而言,传唤被告人出庭有助于请求方刑事案件的调查和审判,但一国要求处于另一国境内的犯罪嫌疑人或被告人前往该国接受刑事追诉和审判应当通过引渡的程序进行运作,即便该人并不是因躲避请求方的刑事追诉或审判而停留在被请求方,或者他愿意前往请求方接受调查和审判,但是,如果采用传唤通知的程序解决处于被请求方的犯罪嫌疑人或被告人前往请求方受审的问题,则有规避引渡程序之嫌。司法文书的送达不体现追诉性,因此,对于传唤本国被告人出庭的传票不负送达义务,有的国家在立法中明确送达的拒绝理由,瑞士的国际刑事司法协助法中明确规定,对带有强制性威胁的传票不予送达。[2] 泰国的刑事司法协助法也有类似的规定。但也有的

---

[1] 《中华人民共和国和大不列颠及北爱尔兰联合王国关于刑事司法协助的条约》第 9 条。

[2] Federal Act on International Mutual Assistance in Criminal Matters (1981 年) Art. 69: Summonses Containing Threats of Compulsion shall not be Served.

国家则网开一面,2003 年《英国国际刑事合作法》第 1 条规定,在联合王国内送达国外传票适用于"外国基于刑事诉讼的目的签发的任何传票",第 2 条补充规定了允许外国司法机关通过司法协助向任何处于英国境内的人送达传唤通知,以要求其前往请求方"作为当事人或证人出庭"。一些国家缔结的刑事司法协助条约中笼统使用"传唤人员出庭"这一措辞,意在保留将犯罪嫌疑人或被告人列为文书送达对象的可能性。

我国《国际刑事司法协助法》规定,对于要求我国公民接受讯问或者作为被告人出庭的传票,我国不负有协助送达的义务。该规定与《引渡法》中本国公民不引渡原则同出一辙,防止外国以接受讯问为由或者以被告人出庭的名义变相引渡我国公民。我国对外缔结的刑事司法协助条约部分也有类似规定:"对于要求某人作为被告人出庭的文书,被请求方不负有执行送达的义务。"或者明确送达文书"不包括要求某人作为被告人出庭的文书"等。[1] 但也有的双边刑事司法协助条约中不作禁止性的排除规定。实践中,被请求方虽然不具有送达义务,但主管机关仍具有一定的裁量权,如果被请求方主管机关觉得送达有利于保证被告人知情权,也可以向被告人送达外国的传唤通知。

综上所述,由于送达司法文书的协助行为在性质上的中立性及服务性,理论上一般将送达协助归入"小司法协助"或"狭义的司法协助"范畴。我国有学者将送达司法文书和交流与社会治安、犯罪动态有关的情报信息资料,收集证据等多种协助方式一起列之为初级刑事司法协助形式。[2]

英美法系的思维,并不热衷于通过司法委托书进行司法协助,而且基本上把民事司法协助方式和程序都适用于刑事司法协助,消极的司法协助这种自由的方法,完全不涉及侵犯主权的问题。[3] 这一观点与联合国对于司法文书的送达协助的倡导相一致。《联合国打击跨国有组织犯罪公约》和《联

---

〔1〕 参见《中华人民共和国和美利坚合众国政府关于刑事司法协助的协定》第 8 条,《中华人民共和国和突尼斯共和国关于刑事司法协助的条约》第 7 条。

〔2〕 参见马进保:《国际犯罪与国际刑事司法协助》,法律出版社 1999 年版,第 142 页。

〔3〕 参见[日]森下忠:《国际刑法入门》,阮齐林译,中国人民公安大学出版社 2004 年版,第 200 页。

合国反腐败公约》都倡导各缔约方在某些事项上可以“无须事先请求”而主动提供的协助。[1] 按此理解,如果送达的文书有助于另一国进行刑事诉讼程序或顺利调查,无须请求而主动提供协助也是公约所倡导的。

第二节 我国国际刑事司法协助中的送达

有关送达的国际公约主要有1965年《海牙送达公约》、1997年《欧盟送达公约》及1348号规则、1975年《美洲国家间关于嘱托书的公约》等,其他诸如《布鲁塞尔公约》《卢加诺公约》等民事诉讼公约也涉及域外送达问题,但涉及刑事司法文书送达的公约则没有。

在我国的国际民商事司法协助中,司法文书送达是人民法院专属职能,也是法院审判工作的重要组成部分。1987年,我国与法国签署第一个含有民事司法文书送达内容的双边民事司法协助条约,1991年我国加入《海牙送达公约》,2013年1月21日最高人民法院通过了《关于依据国际公约和双边司法协助条约办理民商事案件司法文书送达和调查取证司法协助请求的规定》,根据《海牙送达公约》和双边司法协助条约,或者在互惠基础上通过外交途径,我国办理了大量的民事案件司法文书送达,保障了审判工作的顺利进行。在刑事文书送达方面,世界各国对文书送达的性质具有不同的认识,因而在送达制度上也具有完全不同的特点。我国《国际刑事司法协助法》专章规定了送达文书的司法协助。

一、国际刑事司法协助中的送达方式

当事人获得及时、有效的通知是程序公正的基本要求,对当事人通知的目的在于使当事人能够出庭并能够为出庭做必要准备,因此,通知的核心要义在于能够保障当事人及时获得通知。我国《国际刑事司法协助法》中并未明确送达的方式。从各国刑事司法协助立法来看,通过司法协助送达刑事司法文书可以采用两种方式:邮寄送达和直接送达。在我国与外国签订的刑事

---

[1] 《联合国打击跨国有组织犯罪公约》第18条第4款,《联合国反腐败公约》第46条第4款。

司法协助条约中，全部包含文书送达的内容，在有的刑事司法协助条约中，也明确被请求方应请求方明确要求，也可以在其法律允许的情况下，以请求方要求的方式执行送达请求。[1] 我国加入的一些国际公约，如《联合国反腐败公约》第46条第3款第2项也将“送达司法文书”作为“可以请求给予司法协助”的范围，在公约的框架下，我国与其他缔约方之间可以对互相送达司法文书提供最广泛的协助，但具体的送达方式取决于被请求缔约方的法律规定。

（一）直接送达

直接送达是由履行文书送达职责的人员向受送达人交付有关的诉讼文书。直接送达的协助请求应当尽可能准确和详细地注明受送达人的地址，以便被请求方的主管机关能够及时有效地执行该请求。《瑞士国际刑事司法协助法》也允许直接送达的方式，“请求瑞士当局送达的文书可采用面交收件人或邮寄的方式完成”，“联邦委员会可以允许国外向瑞士的收件人直接送达文书”。[2]

（二）邮寄送达

司法机关将司法文书邮寄给受送达人的方式在许多国家的国内诉讼程序中广泛使用，也是一些国家法律许可的司法协助送达方式。邮寄送达方式所花时间短，效率高，即便被告人拒绝签收，也有相关记录证明送达任务的完成，确保送达行为的合法性。但如果被送达人不予理睬、拒收邮件或不将法院所附寄的送达回证签收后寄回，则很难断定对方是否已经收到诉讼文书。一些国际性、区域性公约，对邮寄送达原则上持肯定态度，并不妨碍邮寄司法文件直接送达在国外的当事人。各国对于文书的邮寄送达会体现不同的制度选择，法律对于是否允许邮寄送达的规定不一致。2003年《英国国际刑事合作法》第1条第3款规定：对于海外司法机关请求送达的诉讼文件或通知，

---

〔1〕《中华人民共和国和阿尔及利亚民主人民共和国关于刑事司法协助的条约》第7条。

〔2〕Federal Act on International Mutual Assistance in Criminal Matters：Art. 68：Where a Swiss Authority is Requested to Serve Documents, Service may be Effected by Personal or Postal Delivery to the Recipient . The Federal Council may Permit the Direct Service of Documents from Abroad to the Recipient in Switzerland. It shalldetermine the Conditions for Such Service.

国务大臣可以通过邮局予以送达。《欧盟成员国刑事司法协助公约》也允许欧盟各成员国采用邮寄送达的方式向处于其他成员国领域内的人员送达诉讼文书,在邮寄送达的情况下,收件人在邮件回证上的签收即被视为送达完成。

但德国、瑞士等部分大陆法国家的立法或实践并不认同邮寄送达。我国也将送达视为一种职权行为,不允许以邮寄方式在我国境内送达外国的司法文书。我国在批准《海牙送达公约》的决定中保留声明,反对以邮寄方式在我国境内进行送达,但为了便利本国法院向国外的送达,则灵活地规定,如果受送达人所在地的法律允许邮寄送达的,我国可以向外国以邮寄送达司法文书。《刑诉法解释》对于涉外刑事案件的刑事诉讼文书送达,也作了类似规定,人民法院向在我国领域外居住的当事人送达刑事诉讼文书,受送达人所在地法律允许的,可以邮寄送达;自邮寄之日起满 3 个月,送达回证未退回,但根据各种情况足以认定已经送达的,视为送达。但在实践中如何检验受送达人所在地是否允许邮寄送达,且是否会以对等原则提出异议等问题也会影响邮寄送达的适用性。笔者认为,在国际刑事司法协助领域,对一些不涉及被通知人义务承担的一些通知类文书,如拘留或者逮捕通知书等,应当允许采用邮寄方式送达。

(三)外交途径或领事官员送达

通过外交和领事代表机构在外国直接进行法律允许的司法活动是司法协助的一种基本形式,《海牙送达公约》和《海牙取证公约》对此也持肯定态度,允许缔约国有权直接通过其外交或领事代表机构向身在国外的人完成司法文书的送达。但任何国家均可声明对在其境内进行此种送达的异议,除非该文书须送达给发出国国民。一些国家的国内立法、双边条约也规定了外交、领事代表机构在执行司法协助活动中的职权,如 1963 年联合国大会通过的《维也纳领事关系公约》(Vienna Convention on Consular Relations)第 5 条规定,对于领事职务包括:依现行国际协定之规定或于无此种国际协定时,以符合接受国法律规章之任何其他方式,转送司法书状与司法以外文件或执行嘱托调查书或代派遣国法院调查证据之委托书。其中送达部分就是“外交和领事官员送达”，可见，送达司法文书是各国驻外领事馆领事的一项职责，驻外国领事馆领事可以直接将本国司法机关提交的司法文书及其委托书，转交给所在地的有关部门。外交、领事官员的这种职能不仅体现了国家外交上的关系，也体现了司法协助在某种程度与外交的紧密联系。我国于 1979 年正式加入该公约。这种送达方式，一般适用于当事国双方尚未建立刑事司法协助关系，因不受条约义务的约束，司法机关之间不能直接委托送达，只能通过外交途径进行。通过外交途径送达方式较安全、可靠，能够避免我国法院往往难以得知受送达人答复的不足，但外交途径送达手续烦琐，周转时间较长，容易造成送达拖延，对于未建立正式外交关系的国家之间显然不能适用该种送达方式。

1986 年 8 月 14 日，最高人民法院、外交部、司法部联合发布《关于我国法院和外国法院通过外交途径相互委托送达法律文书若干问题的通知》，肯定了通过外交途径送达司法文书方式的合法性。我国在《刑诉法解释》第二十章也对涉外刑事案件的外交途径以及使、领馆代为送达方式予以肯定。外交途径送达通常由我国法院将诉讼文件送请外交部领事司转交我国驻受送达人所在国当地的大使馆或领事馆，再由我国大使馆、领事馆转请所在国外交部，经其本国的管辖法院送至受送达人。领事官员送达则可以由我国法院经外交部领事司转请受送达人所在国的我国大使馆、领事馆，代为将诉讼文件送达当事人。在实际操作中，虽然驻大使馆、领事馆可以代为送达司法文书，但仍然要委托所在国的外交部门或司法部门协助才能将司法文书送达受送达人手中。在特殊情况下，还可以委托一些民间组织代为送达，如我国侨民在该地区成立的华侨协会、华侨联谊会、旅美华人联合会等社会团体。[1] 由外交和领事官员的上述文书送达在民商事司法协助领域是得到普遍承认的。在我国与外国签订的部分刑事司法协助条约中也有“外交或者领事官员送达文书”的规定，如我国与西班牙、加拿大刑事司法协助条约均明确规定，一方可以通过其派驻在另一方的外交或者领事官员向在该另一方境内的本国国

〔1〕 参见马进保：《国际犯罪与国际刑事司法协助》，法律出版社 1999 年版，第 148 页。

民送达文书和调取证据，但是不得违反该另一方法律，并不得采取任何强制措施。

(四)委托外国司法当局送达

这种方式适用于国家之间存在刑事司法协助关系的情况。双方按照共同参加的国际公约或者双方签订的刑事司法协助条约所规定的程序和方式相互协助送达。1988 年，最高人民法院《关于执行中外司法协助协定的通知》第 1 条规定，外国法院委托我国法院提供司法协助的规定，凡缔约的外国一方通过我国司法部申请我国法院提供司法协助的请求文书和所附文件，我国司法部转递最高人民法院后，由最高人民法院审查送交有关高级人民法院指定有关中级人民法院或专门法院办理。承办法院必须严格按照与该国缔结的司法协助协定的内容认真办理。办理完成后，报经原高级人民法院审核后转报最高人民法院，由最高人民法院审核并译成外文，连同原文书一并送司法部，再由司法部转递提出申请的外国一方。第 2 条是我国法院委托外国法院提供司法协助的法定程序，程序与第 1 条相同。

(五)通过第三国或国际组织送达

在国际刑事司法协助中，国家间不存在外交关系或者未签署国际刑事司法协助条约时，或者国家关系处于不正常状态下，可以通过与司法文书送达国和被送达国保持良好关系的第三国进行转送达，或者通过在国际上具有较大影响力的国际组织送达。

第三国转送达的方式中，第三国一般与请求方和被请求方都保持着良好关系，相当于委托送达活动的中介人，对双方都承担权利和义务的中转送达环节。国际组织转送达的方式，主要是指由国际刑事警察组织、国际民用航空组织，国际麻醉品管理局等国际组织为中介所进行的居间传递送达活动。国际刑警组织总部的通信系统 24 小时不间断工作，接受来自世界各国的请求，采用其内部先进的通信网络直接进行转送来自各会员国的各种文书，无须通过第三方介入，文书送达制度非常完备，不易泄密，受到国际社会的普遍重视。《欧洲刑事司法协助公约》对司法文书和其他有关文书材料的送达，从形式的规范化，请求和被请求以及移交的程序，送达回证的反转等方面都作了比较详细的规定。其中,第 15 条第 5 项规定,在本公约允许直接转递的情况下,可以通过国际刑警组织实行转递。这种转递方式最适宜于外交关系中断的国家之间的委托送达,使双方都能够以接受国际组织委托的名义去履行送达义务,避免政治成见和舆论压力。

二、国际刑事司法协助中的送达程序

(一)送达的内容

根据我国《国际刑事司法协助法》的规定,我国向外国请求送达司法文书,以及外国向我国请求送达司法文书,包括传票、通知书、起诉书、判决书和其他司法文书。其中,传票,是指对犯罪嫌疑人、被告人的传票等,通知书包括告知有关人员在刑事诉讼中的作证、出庭、接受询问等的各种书面通知,如被害人在境外,需要向其送达询问通知书;被告人的亲属居住在国外,在对被告人实行逮捕后需要向其境外亲属送达逮捕通知书,证人、鉴定人在国外,需要向其送达作证或者出庭通知书等;起诉书是人民检察院对刑事案件被告人提起公诉,请求人民法院对其进行审判的法律文书;判决书,是指人民法院根据事实和法律,对被告人判处无罪、有罪并确定刑罚轻重的法律文书;其他司法文书是上述文书之外的其他文书,如人民法院的裁定书、决定书等。在我国与外国签订的刑事司法协助条约中,除有特别规定的外,对协助送达的文书种类均没有限制。

(二)请求书及所附材料

我国向外国请求送达司法文书,由办案机关根据办案需要,制作刑事司法协助请求书并附相关材料。在刑事诉讼过程中,涉及刑事案件的调查、侦查、审查起诉和审判的各级监察委、公安机关、国家安全机关、人民检察院、人民法院等都是刑事诉讼的办案机关,其所属的中央机关对办案机关报请审核的请求书及所附材料进行审核,认为符合我国《国际刑事司法协助法》和有关国际条约要求的,转送对外联系机关向外国提出,认为不符合要求的,可以退回办案机关要求其更正补充材料或者不再提出请求。

我国向外国请求送达司法文书的,请求书均有固定的格式和内容,载明的内容包括受送达人的姓名或名称、送达的地址以及需要告知受送达人相关权利和义务。我国《国际刑事司法协助》草案稿曾规定，送达除了注明受送达人的相关权利和保障措施，还包括未能遵守相关文书义务的法律后果。但在审议和征求意见过程中，考虑文书送达属于对当事人知情权的保障，受送达人是履行文书中的义务主要是受送达人的意愿，不能实施强制或者追究责任，于是在正式立法稿中删去了受送达人的义务及法律后果的规定。[1]

（三）送达期限

送达推动了司法资源的合理配置，一般而言，送达具有期限性，送达的司法文书大多告知和引领的一定诉讼行为都有明确的期限的规定，诉讼正是通过这种期限的时间意义来组织和连接延续诉讼程序。送达行为足以引起和指导被送达人依法和依送达的司法文书在合理的时间内知悉其享有的权利机会，并给予其合理的时间主张其权利，安排和进行一系列相关的诉讼活动，送达也正是司法文书发生法律效力的标志。因此，司法机关必须在法定期限之内将司法文书送达。

在国际刑事司法协助的送达中，要求有关人员出庭的传唤通知应当为送达程序和出庭前的准备工作留出合理的时间。在我国与外国签订的刑事司法协助条约中，对于送达文书的时间也会予以明确。我国与韩国的刑事司法协助条约则对要求某人出庭的文件的送达请求，应在不迟于要求出庭日 60 天递交给被请求方；我国与美国签订的刑事司法协助条约中有的将时间限定在至少 45 天前转交；而在与马耳他关于刑事司法协助的条约中只要求应当在预定出庭日期之前的合理期限内送达；在与澳大利亚的刑事司法协助协定中则规定“在紧急情形下，被请求方可以同意在较短期限内转递”。同样，向我国请求协助送达出庭传票，有关司法协助条约对提出或者递交请求的期限作出规定的，应当按照规定期限提出，对于没有双边刑事司法协助条约或条约未予以规定的，根据我国《国际刑事司法协助法》规定，应当至迟在开庭前 3 个月提出。

---

〔1〕 参见王爱立主编：《中华人民共和国国际刑事司法协助法释义》，法律出版社 2019 年版，第 79 页。

(四)送达回证

在诉讼程序的体系中,送达也起到了对诉讼程序的阶段性划分作用,因此,法律规定"诉讼文书必须有送达回证"。送达回证也叫"送达回执"或"送达证明",是按照法定格式制作的,用以证明完成送达行为的送达证书,也是受送达人接受送达的证明,是公安司法机关与受送达人之间发生诉讼法律关系的凭证。送达回执有固定的格式,包括送达司法文书的机关、收件人的姓名、送达司法文书的名称、送达的时间、地点、方式、送达人、收件人的签名、盖章、签收日期等。

文书送达之后,被请求方应当将送达回执或证明及时送交请求方。如果受送达人拒绝接收,送达回执应注明拒收的情况和被送达拒收的理由。司法文书无法送达时,被请求方应当将无法送达的原因通知请求方,以便请求方为完成送达提供新的信息或取消送达,这些程序性要求应当以各国共同签订的规范性文件或以本国法律为准。

(五)送达反馈

司法文书送达及其协助执行结果告知在诉讼程序中具有重要意义,[1]我国《国际刑事司法协助法》第24条规定,负责执行协助送达文书的人民法院或者其他办案机关,应当及时将执行结果通过所属主管机关告知对外联系机关,由对外联系机关告知请求方。除无法送达的情形外,应当附有受送达人签收的送达回执或者其他证明文件。我国与外国签订的司法协助条约中也对执行结果的告知程序的规定,"被请求方应当以请求中指定的方式或者在不能以此方式的情况下,应当以国内法律规定的方式向请求方提供送达证明。如果不能送达,送达证明应当包括不能送达的原因"。

第三节　缺席审判文书送达中的国际刑事司法协助问题

一、程序正义之下的缺席审判

(一)被告人出庭的权利

刑事审判从审判形式来看,可以分为对席审判和缺席审判。对席审判中

---

〔1〕《中华人民共和国和马耳他关于刑事司法协助的条约》第9条。

由于控辩双方出席,法官居中裁判,控辩双方地位平等,呈对抗姿态,形成了比较理想的控辩审三角形结构,辩方的实体权利和程序性权利均得到完美的实现和维护。而缺席审判是在被告人不参与的情况下提起的刑事诉讼,或者在没有听取被告人陈述的情况下作出有罪判决,但被告人可以通过上诉以获得参与审判的权利。[1] 我国对缺席审判的理解主要是基于前者,即法院在一方当事人缺席时所进行的审判。由于刑事诉讼关系到人的财产、人身自由乃至生命等重大权益,因而诉讼参与权对被告人尤为重要。从审判的基本构造来看,两造具备、对席辩论从一开始就是司法的内在属性和必要过程。[2] 任何人都不会接受一场对其利益攸关但却没有陈述自己理由的机会的审判,任何被告人都希望能够通过自身力量对诉讼程序的结果施加积极的影响,而不是沦为审判活动的客体,被动等待、接受处置。程序正义的基本功能在于促进判决的可接受性,因此,在诉讼中获得被听审的机会是一个被广泛承认的程序正义原则,国际人权文件和各国宪法一般都将它作为公正的刑事审判的基本要求。而对未接受审判者,不得对其作出判决,这是当今刑事诉讼的重要原则,[3] 而刑事缺席审判制度因其剥夺了被告人的基本诉讼权利,包括被告人听审权、举证权和辩护权,违反了程序参与原则,不符合程序正义的要求而被许多国家不接受。

许多引渡法规和引渡条约也把缺席审判列为拒绝引渡的理由之一,联合国《引渡示范条约》第 3 条第 7 项将请求方的判决系缺席判决,被定罪的人未获有审判的充分通知,也没有机会安排辩护,没有机会或将不会有机会在其本人出庭的情况下使该案获得重审列为拒绝引渡的强制性理由。英国 1989 年引渡法规定,对受缺席判决的逃犯,拒绝予以引渡。我国也将请求方根据缺席判决提出引渡请求的作为拒绝外国引渡请求的情形之一,除非请求方承诺在引渡后对被请求引渡人给予在其出庭的情况下进行重新审判机会。在

---

[1] Prof. Dr. Stefano Ruggeri., Right to Personal Participation in Criminal Proceedings and in Absentia Procedures, in the EU Area of Freedom, Security and Justice.

[2] 参见杨剑:《缺席审判的基本法理与制度探索》,厦门大学出版社 2016 年版,第 4 页。

[3] 参见王以真主编:《外国刑事诉讼法学》,北京大学出版社 2004 年版,第 247 页。

国际范围内,缺席审判程序的接受度也在逐渐下降。[1] 因此,通过合法成立的法庭对被告进行审理,才能确定被告是否有罪,才符合正当的法律程序。

(二)被告人对出庭权利的放弃

对被告人在场权的任意剥夺无疑是对其基本诉讼权利的侵害,导致其沦为被动接受处置的客体。因此,诉讼发生之后,到庭参加诉讼、进行辩论是被告人的基本权利,但对席审判往往因被告人无法到庭而导致无法判决,从而造成诉讼拖延,增加诉讼成本。被告人在审判中亲自出庭的权利也不是绝对的,权利本身亦有可处分的性质,在某些情况下,被告人可以基于自由意志,在明知且自愿的情况下,通过明示或默示的方式执意不出席法庭审判,如拒绝在送达回证上签字,或者有意逃避追诉程序,为了保护司法中其他正当利益,进行刑事缺席审判并不为过。联合国人权事务委员会也认为,在对被告人已经给予一切必要的通知,包括告知审判时间和地点等,以及被要求出席法庭审判,但被告人自己却决定不出席审判的情况下,进行缺席审判并不违背联合国《公民权利和政治权利国际公约》所要求的关于出席法庭审判权的规定。[2] 以弃权作为行使权利的一种方式,其正当性来源的法理基础在于,被追诉人在刑事诉讼程序中享有程序主体地位,基于其自由意志,在法律许可的范围内自主决定诉讼命运,并承担相应的法律后果,对此,法庭应当予以尊重。因此,即使当事人实际上并没有参加诉讼,但只要被给予了参加的机会,赋予其充分的程序保障,即可视为达到参加的机会,也达到对席审判原则的目的,允许当事人自主选择缺席恰恰体现了对被告人诉讼主体地位的尊重,而国家公权力机关毫无制约地追诉恰恰使被追诉人及其家属对审判结果的公正性产生不信任,缺乏认同感。在这个过程中,完善的送达程序正是对被告人选择权的保障,在此种情况下缺席审判并不会对程序正义带来侵害。

---

〔1〕 参见施鹏鹏:《缺席审判程序的进步与局限:以境外追逃追赃为视角》,载《法学杂志》2019年第6期。

〔2〕 参见陈光中主编:《21世纪域外刑事诉讼立法最新发展》,中国政法大学出版社2004年版,第77页。

(三)缺席审判下的诉讼价值平衡

如果被告人缺席,刑事审判失去了刑罚的对象,但刑事责任独立于刑罚,失去刑罚对象并不等于不能完全执行刑罚。诉讼资源的稀缺性和有限性决定了诉讼活动不可能无限制地进行下去,如果因被告人缺席而阻碍诉讼进程,无异于司法资源的巨大浪费,古老的法谚"拖延审判即否定正义"已将效率的理念融入正义的价值体系中去。诉讼效益价值要求立法机关在程序安排和程序设计时,应当在程序公正的基础上,合理地选择程序规则,分配程序权利和义务,以利于社会资源配置效益的最大化。[1] 诉讼效益的实现很大程度上依赖效率的提高,以更加合理地分配诉讼资源,以最少的司法资源最大限度地实现诉讼效益。在侧重诉讼效率的现代刑事诉讼制度中,迫切需要解决因犯罪嫌疑人、被告人逃逸等情形的审判情况。为此,在承认现代诉讼价值的多元性的基础上,缺席审判程序获得了存在的正当性基础,一些国家纷纷建立刑事缺席审判制度。

刑事缺席审判在控制犯罪与保障人权、被害人权益与被告人权益、司法效率与司法公正之间确实充斥着一定的矛盾,但在诉讼机理上,缺席审判程序也是以牺牲必要的正当程序为代价来实现迅速审判。虽然缺席审确实存在弱化刑事被告人参与案件程序的问题,确立刑事缺席审判不能突破控辩平等的底线,被告人的诉讼权利和诉讼主体地位不因其缺席而丧失,为此,在立法设计上需要增加对缺席被告人的基本诉讼权利予以多层次的保障制度,使缺席审判在有助于诉讼经济实现的同时不对司法正义产生实质影响。国际人权法也对缺席审判程序中被追诉人的公正审判权在审前、审中及审后三个阶段分别设立了保障措施,即通知义务、律师帮助、重新审理。[2] 可见,知情权保障是程序参与权实现的重要组成部分之一,是保障被追诉人行使其他权利的前提,而知情权需要通过送达程序落实,以防被告人及其家庭对审判结果的公正性与合理性产生怀疑。

---

〔1〕 参见樊崇义主编:《诉讼原理》,法律出版社 2003 年版,第 186 页。

〔2〕 参见赵常成:《国际人权视野下的中国式缺席审判》,载《西部法学评论》2019 年第 1 期。

二、我国缺席审判中的送达

一国究竟应否设立以及如何进行刑事缺席审判制度，在一定程度上反映了该国的诉讼模式和诉讼价值的权衡问题。[1] 各国对缺席审判程序的态度也有所区别，一些国家选择将缺席审判程序适用于轻罪案件中被告人因特殊情况无法到庭的情形，如美国的轻罪案件，法国对轻罪和违警罪的审判程序中也规定了缺席审判。还有国家将缺席审判程序用于被告人为逃避刑事责任而逃匿或者潜逃的情形，如西班牙、意大利和德国。我国2012年《刑事诉讼法》修订时增加了犯罪嫌疑人、被告人逃匿、死亡案件违法所得的没收程序（简称违法所得没收程序），该程序对"物"不对"人"，针对腐败资产及其收益，使法院可以绕开"中止审理"的规定裁定没收贪污受贿的被告人的违法所得财产，也部分地体现了刑事缺席审判的基本精神。由于该程序并未要求审判机关对被告人作出刑罚裁量，使学界对该程序的性质也产生争议。[2] 2018年，我国《刑事诉讼法》再次修正，在第五编增加"缺席审判程序"一章，以解决外逃贪官境外抓捕的漏洞与缺陷，实现对被告人定罪量刑与赃款赃物没收、追缴的双重功效，弥补了"特别没收程序"以裁定而非判决为依托从而在对外刑事司法协助中容易被诟病"追赃"法律依据不充足的缺陷，由此完成了我国境外追逃追赃基本国内刑事程序的建构。[3] 我国借助刑事缺席审判程序的刑罚裁量和特别没收程序的违法所得没收裁定的生效裁判文书，可以根据《联合国反腐败公约》向犯罪人所在地的缔约方申请引渡和违法资产返还的国际刑事司法协助。本书着重讨论缺席审判第一类案件，即贪污贿赂犯罪案件，以及需要及时进行审判，经最高人民检察院核准的严重危害国家

---

〔1〕 参见刘根菊、李秀娟：《构建我国对外逃贪官缺席审判制度的研讨》，载陈光中主编：《〈联合国反腐败公约〉与我国刑事诉讼法再修改》，中国人民公安大学出版社2006年版，第147页。

〔2〕 参见万毅：《独立没收程序的证据法难题及其破解》，载《法学》2012年第4期；孙煜华：《涉案财产没收程序如何才能经受宪法拷问》，载《法学》2012年第6期；张建升等：《违法所得特别没收程序的司法适用与制度完善》，载《人民检察》2014年第9期。

〔3〕 参见李海滢：《监察体制改革背景下境外追逃追赃面临的发展与挑战》，载《河南社会科学》2019年第6期。

安全犯罪、恐怖活动犯罪案件,向处于境外的犯罪嫌疑人和被告人送达司法文书的司法协助问题。

为了保障刑事缺席审判下被告人的诉讼权利,我国《刑事诉讼法》对增设的缺席审判程序中确立了被告人的知情权(第 292 条)、强制辩护权(第 293 条)、被告人及其近亲属独立上诉权(第 294 条)、抗诉权(第 294 条)以及罪犯对生效裁判的异议权(第 295 条)的规定,均体现了缺席审判程序参与及人权保障的理念,坚持了公开开庭审理的基本原则,维护了基本的控辩平等的诉讼构造。缺席审判虽然存在弱化刑事被告人参与案件程序的问题,但是并不实质性阻碍诉讼参与原则的实现。[1]

法院一旦确定对某一案件进行审判,就应当发出通知,就诉状或其他诉讼文件交付给当事人和其他诉讼关系人,向其提供参与诉讼的机会,告知目的的实现依赖向当事人进行的正式送达程序,这种保障被告人知悉权的措施也为缺席判决生效后引渡被告人、处理涉案财物奠定了基础。我国《刑事诉讼法》对缺席审判的送达规定在第 292 条和第 294 条,其中第 292 条要求人民法院应当通过有关国际条约规定的或者外交途径提出的司法协助方式,或者被告人所在地法律允许的其他方式将传票和起诉书副本送达境外被告人。传票和起诉书副本送达后,被告人未按要求到案的,人民法院应当开庭审理。第 294 条则要求将判决书送达被告人及其近亲属、辩护人,从而给缺席审判的被告人一个充分的程序保障。显然,对于在境外的被告人进行缺席审判,法律明确规定的送达方式包括两种,即司法协助方式,或被告人所在地法律允许的其他方式。送达的主体是人民法院,对于传票和起诉书副本的送达将被告人单独作为受送达人范围,而判决书除送达被告人之外,还要求送达被告人的近亲属、辩护人,以保证近亲属的上诉权、生效裁决的异议权等。有学者认为,送达主体和受送达主体单一,将导致所有送达压力全部传递给法院,

---

〔1〕 参见梅腾:《〈中华人民共和国刑事诉讼法〉缺席审判程序之审视——基于刑事一体化原理之考量》,载《湖北社会科学》2019 年第 2 期。

影响送达效率。[1] 虽然从域外立法来看，在不能亲自送达至被告人本人时，一些国家允许向被告人住所地、工作场所，或者与被告人共同生活的人，甚至向被告人房屋管理人和邻居进行补充送达，可见，立法者杜绝一切可能错失通知的机会，但我国未作出类似的规定。

三、缺席审判中关于送达的问题

（一）对于公告送达的争议

缺席审判中虽然明确了送达方式，但该条规定还存在以下问题：(1)如果知晓被告人明确地址，但穷尽所有的手段仍无法完成送达，该如何处理？(2)在被告人下落不明或者海外国家也难以确认被告人藏匿的准确地址的情况下，如何送达？在国际刑事司法协助中，确实存在因客观条件所限而无法有效送达的情形，我国有学者主张，在缺席审判中，或许可以考虑采用公告送达的方式。[2] 为进一步保障被告人知情权，应当借鉴违法所得没收程序的庭前公告制度，设置6个月的公告期，公告期内被告人归案的，人民法院应当适用相应的程序审理案件。[3] 但也有人对公告送达持否定态度，认为除被告人所在地承认或者主动提出采取公告送达的，可予以认可外，其他情形均不可采取公告送达的方式。[4]

公告，是指"国家机关或社会团体把决定、情况公开告诉群众的文件"，表现出的是一种上对下、公对私的不对等法律关系。在我国，公告制度多用于行政管理，既是政府信息公开的重要途径，又是社会公众参与监督的有效保障。[5] 公告送达，是指将需要送达的文书用张贴公告、登报、上网或广播

---

〔1〕 参见武晓艺：《刑事缺席审判制度的知情权保障机制——以送达程序为视角的分析》，载《燕山大学学报（哲学社会科学版）》2020年第1期。

〔2〕 参见黄风：《对外逃人员缺席审判需注意的法律问题》，载《法治研究》2018年第4期。

〔3〕 参见梅腾：《〈中华人民共和国刑事诉讼法〉缺席审判程序之审视——基于刑事一体化原理之考量》，载《湖北社会科学》2019年第2期。

〔4〕 参见张澎、姜金良：《论刑事缺席审判制度的具体构建——以〈刑事诉讼法（修正案）〉为基础》，载《中国社会科学院研究生院学报》2018年第6期。

〔5〕 参见钱文杰：《我国刑事司法中的缺席审判：基于刑事诉讼特别没收程序的观察与思考》，载《河北法学》2018年第4期。

等通过大众传播媒介的方式加以公布,以便告知受送达人的一种制度。[1] 民事和行政诉讼中常用到以公告方式传递信息或推进诉讼进程,公告送达成为送达的一种补充或兜底方式。公告送达的价值在于提升司法效率,同时也保障了当事人的诉权,实现司法程序上的公平正义。

对于刑事缺席审判程序是否可以采取公告送达的方式,国外立法中有的明确规定,对于下落不明或者潜逃的被告人,可以通过报刊公示或者在最后居住地张贴等方式进行公告送达;意大利法中对下落不明的缺席审判被告人可以向辩护人送达。[2] 但《法国刑事诉讼法典》2004 年废除了第 628 条类似公告程序的规定,《德国刑事诉讼法典》第 232 条第 2 款更是明文规定,公示传唤的,不得进行被告人缺席审理。从而否认对刑事诉讼中适用公示进行通知的可能性。[3] 我国刑事诉讼法及其司法解释对普通刑事案件诉讼程序并未规定公告送达。而且,送达具有严格的属地性,各国立法例中承认公告送达的效力,也均以本国领土为限,局限于对国内公告送达,采取公告送达方式对潜逃境外的被告人能否产生法律上推定知晓的效力呢?如果在境外发布公告,对外国的司法主权无疑是一种侵犯。缺席对被告人的权利保障相对于对席审判已有所克减,再以公告的方式送达,是否会对被告人知情权造成压制和剥夺,或者使社会公众对司法制度的信心大打折扣呢?在刑事诉讼中,由于被告人缺席或下落不明并不能成为保障其合法权益的有利条件,相反却成为被告人拖延诉讼的利器。

(二)公告送达中送达标准的讨论

公告送达实际上是一种拟制送达,该制度设立的目的在于解决“送达不能”问题。建议适用公告送达的理由主要在于,公告之后拟制“送达”,推定

---

〔1〕 参见徐宏:《国际民事司法协助》(第 2 版),武汉大学出版社 2006 年版,第 131 页。

〔2〕《意大利刑事诉讼法》第 159 条规定,在查无下落的情况下向被告人送达:如果不可能依照第 157 条规定的方式实行送达,司法机关决定对被告人进一步加以寻找,尤其是在其出生地、最后的户口登记地、最后的居住地、经常开展工作的地点和中央监狱管理机关进行寻找。如果进一步地寻找未取得积极的结果,司法机关发布查无下落令,在为无辩护人的被告人指定一名辩护人后,采用向辩护人交付副本的方式实行送达。

〔3〕 参见赵常成:《国际人权视野下的中国式缺席审判》,载《西部法学评论》2019 年第 1 期。

受送达人知晓了相关诉讼程序的存在,能够参与诉讼程序并为抗辩做准备,其形式上是适当的。但反对公告送达的却认为,这种拟制送达在程序和形式上是适当,但实质上并没有送达质量。

对公告送达的形式与质量之争引发关于"送达标准"的讨论,送达制度的适用条件是必须能够确认送达文书最终为受送达人收悉。我国也有学者认为,缺席审判的通知义务应当作严格解释,其履行程度应以被追诉人"实际知悉"为标准,[1]但是,立法对于如何证明受送达人收悉送达并未作出规定,对受送达人是否"实际知悉"的判断本身较主观,无法通过受送达人本人直接获知。在我国的《国际刑事司法协助法》以及我国与外国签订的刑事司法协助条约中涉及送达标准的问题基本体现在送达回证或其他证明材料方面。送达应以送达回执加以证明,有的条约还规定了送达回执的内容,以此明确完成了文书送达程序,且间接判断受送达人对送达的文书达到了"实际知悉"的标准。

我国2018年在《刑事诉讼法》修正过程中,在第一次审议稿中曾规定"人民法院应当通过有关国际条约中规定的司法协助方式或者受送达人所在地法律允许的其他方式,将传票和人民检察院的起诉书副本送达被告人。被告人收到传票和起诉书副本后未按要求归案的,人民法院应当开庭审理"。草案稿中该条规定更强调送达的实质意义,即对于送达质量的要求,意味着送达必须有被告人"收到",才是完成了送达程序。学界对此争议颇大,鉴于此,二次审议稿和最终通过的《刑事诉讼法》将此处修改为"传票和起诉书副本送达后,被告人未按要求到案的,人民法院应当开庭审理"这一笼统表述,并未明确传票或起诉书副本是否要求被告人已经接收。显然,最终立法修订稿中"送达"是更强调送交的程序,而不是受送达人的"实际知悉"的"收到",将"收到"改为"送达",更多的是考虑到境外送达难的现实困境,"送达"这个标准更能实现审判制度的目的,尽管不能保证被告人能真正收到传票和起诉书副本,这一立法难免造成缺席审判的正当性存疑,甚至在后续的国际刑事

[1] 参见赵常成:《国际人权视野下的中国式缺席审判》,载《西部法学评论》2019年第1期。

司法协助中同样面临正当性的质疑。

笔者认为,缺席审判是一种对被告人不利的制度安排,国家必须充分履行对被告人的通知义务,对被告人送达传票和起诉书副本使其知晓相关诉讼程序的存在,以便能够参与诉讼程序并为抗辩做准备,被告人仍然自由选择放弃出庭权利的,才具备开启缺席审判的基础。缺席审判的正当性基础在于国家充分履行对被告人的通知义务,因此,缺席审判中的送达程序要求应当更严格。送达不仅要具备形式上的适当性,而且需要有着实质上的质量。[1]送达回执就是意味着受送达人对通知的"实际知悉"。一审稿中"收到"的标准更适宜缺席审判,在对被告人经合法传唤仍拒不到庭的情况下,依法缺席审判,才是对被告人自由意志选择的尊重,法院作出的缺席判决才有正当性,才能真正做到程序正义的不缺位。这也是法院在审判前必须最大限度地保障缺席一方当事人的诉讼权利的原因。

四、加强缺席审判文书送达的国际刑事司法协助

(一)国际刑事司法协助中文书送达的条件

我国的缺席审判程序在性质上属于刑事特别程序,对于潜逃国外的被告人适用缺席审判程序的条件包括:(1)起诉书中有明确的指控犯罪事实,(2)符合缺席审判程序适用条件的,应当决定开庭审判。显然,缺席审判开庭审理条件较普通刑事案件增加"符合缺席审判程序适用条件"的要求,对于出逃境外的被告人适用缺席审判的条件包括:一是被告人确实潜逃境外;二是被告人不到庭参加审判。对于第一项条件须有足够的证据证明犯罪嫌疑人、被告人确实不在境内,而是在境外,这往往需要进行相应的调查,如有被告人出入国境记录、境外相关国家或地区主管机关的通报等证据材料等;第二项则强调被告人蓄意或恶意不出庭受审。被告人蓄意或恶意的情况,包括被告人藏匿在境外,人民法院也根本无从知晓其具体位置;或者被告人身

[1] 参见张文亮:《外国判决承认与执行语境下"送达抗辩"研究》,载《当代法学》2019年第2期。

在境外,人民法院应将法院开庭传票和检察机关的起诉书副本送达被告人,履行送达程序,被告人收到开庭传票以及起诉书副本但不到庭。

至于在未知被告人准确地址的情况下,欧洲人权法院的立场是要求各缔约方采取一切合理措施(reasonable measures),尽到勤勉的搜查义务,将确定受送达人的准确地址作为送达的前置条件。[1] 我国有学者认为,把知晓相关刑事诉讼情况确定为基本条件,并把这种知晓确定为启动缺席审判程序的前提条件,在潜逃的犯罪嫌疑人、被告人查无下落或者完全不可能向其发出诉讼通知的情况下,检察机关不应当向人民法院提起公诉。[2] 笔者对此表示赞同,在未知被告人准确地址的情况下,难以百分百确定其亲属或辩护人是否能将相关公告的内容告知被告人,因而在客观上难以推定受送达人真正知悉所进行的相关程序,也就不能保障其合法诉讼权利,这与刑事诉讼中权利保障的要求相距甚远。基于此考虑,检察机关应当充分发挥缺席审判中的职能作用,严格将文书送达的可能性作为提起缺席审判的重要因素加以考量,在对缺席审判程序案件提起公诉前应当查明犯罪嫌疑人明确而具体的地址,否则,案件起诉至人民法院,下落不明的人也可能生死未明,审判机关不能确保被告人能否实际知悉其将面临的指控,更无法确定其是否会基于自身的自由意志而对诉讼权利进行处分,在这种情况下,案件也会最终因传票和起诉书副本无法送达,无法开启缺席审判。退而言之,如果降低了缺席审判的开启门槛,通过公告推定送达,作出缺席判决,也可能导致判决无法执行,或者在判决的承认和执行协助上遇到更多的障碍。因此,在未知被告人准确地址的情况下不适用缺席审判,也无须通过国际刑事司法协助的方式送达。

从我国《国际刑事司法协助法》以及我国与外国签订的条约来看,对于传唤被告人出庭的文书送达请求,被请求方没有执行的义务,显然将向被告人送达出庭的诉讼文书的请求排除在司法协助范围之外,这在实践中就会造

〔1〕 参见刘铃悦:《刑事缺席审判中的送达义务在欧洲人权法院的实践与启示》,载《西安石油大学学报(社会科学版)》2019 年第 5 期。

〔2〕 参见樊崇义:《2018 年〈刑事诉讼法〉最新修改解读》,载华辩网 2018 年 12 月 13 日,http://www.148hb.com/newsview/7350.html。

成一种两难的困境。如果被送达人所在地(被请求方)按照对等原则不愿接受该协助请求,司法文书又该如何送达?刑事缺席审判程序能否如期展开?笔者认为,在通过国际司法协助或条约方式在境外送达法律文书时,特别是送达传票的,可能遭遇拒绝协助的情况下,可以先行送达通知书、告知书类型的中性文书,使在境外的被告人了解审判的具体情况和自己所享有的诉讼权利。如果被告人在知情的情况下依然拒绝回国出庭接受审判或因客观情况确实无法回国,有关部门可再行送达传票和起诉书副本。

(二)国际刑事司法协助中的公告送达

对缺席审判送达程序的严格限制目的在于平衡控辩双方悬殊的力量,防止因力量失衡带来严重程序瑕疵,确保被告人不至于面对国家公权力机关毫无制约的追诉,更要致力于实现基于境外反腐、打击腐败犯罪的实际需求,提高追逃追赃的实际成效。如果缺席判决达成,再通过国际刑事司法协助渠道将逃匿境外的犯罪人引渡回国,实现"以审促返"的目的,[1]促进国际刑事司法协助顺利进行,才是缺席审判制度的最终目的。因此,直接沿用公告拟制送达或者全盘否定缺席审判中的公告送达都具有一定的片面性。

1."公告+电子送达"

虽然我国《刑事诉讼法》并未明确规定公告送达,但在没收违法所得程序中曾允许使用公示程序,但该公示程序也体现了强调受送达人"实际知悉"的要求。《违法所得没收程序规定》第12条第2款对境外的犯罪嫌疑人、被告人、利害关系人送达作出明确规定,分为掌握联系方式和未掌握联系方式两种情况。在人民法院已经掌握境外犯罪嫌疑人、被告人、利害关系人联系方式的情况下,且受送达人"同意接收"的条件下,允许人民法院发布公告,再通过传真、邮件、微信等方式告知其公告内容,记录在案,视为送达。如李某波没收违法所得案件中,最高人民检察院向新加坡检方发出请代为向李某波及其利害关系人告知并送达没收公告的司法协助请求书。新加坡采用的就是对李某波居住地张贴公告的方式送达的。这种情况的前提是要被告

[1] 参见杨雄:《对外逃贪官的缺席审判研究》,载《中国刑事法杂志》2019年第1期。

人所在地国家承认公告送达的效力。显然,这种送达方式是在受送达人地址明确且自愿的情况下的“公告+电子送达”相结合的方式。如果受送达人未作出同意意思表示,或者人民法院未掌握境外犯罪嫌疑人、被告人、利害关系人联系方式,其所在地国(区)主管机关明确提出应当向受送达人送达含有公告内容的通知的,受理没收违法所得申请案件的人民法院可以决定是否送达。本条意味着在人民法院未掌握境外犯罪嫌疑人、被告人、利害关系人联系方式的情况下,受理没收违法所得申请案件的人民法院也可以决定不送达,以防止即便公告,受送达人也未必“实际知悉”的情形。可见,除公告的拟制送达之外,还必须有进一步的包括传真、邮件、微信等方式的告知才能确保受送达人的“实际知悉”,并进而产生程序法上的法律效果,保障被追诉人在此种状态下的选择权。

缺席审判与违法所得没收程序存在一定的竞合关系,在缺席审判中,应当坚持刑事诉讼的最低保障标准,不因为缺席审判制度的存在,而放松对案件的侦查力度,追诉机关应全方位提升境外追逃能力,锁定被追诉人具体位置,如果知道被告人准确地址,但穷尽所有的方式和手段仍无法送达的情况下,才可以考虑公告送达方式,告知被告人涉嫌罪名、享有的诉讼权利、开庭的时间等事项。

如果明确知悉被告人在国外的确切地址,并且掌握了被告人的电话或邮箱等的情况下,受送达人作出同意电子送达的意思表示,可以采用“公告+电子送达”的方式向被告人送达传票,实现送达。

2. 扩大受送达人的范围

送达的核心要义在于符合正当程序原则的要求,并有助于实现相应的通知功能,因此,笔者认为,缺席审判的送达中要尽可能地扩大受送达人的范围,可能要考虑在缺席审判情况下尽早要求犯罪嫌疑人、被告人为自己聘请律师,或者是考虑尽早为其指定辩护律师,甚至将为被告人指定法律援助律师的诉讼阶段适当前移,提升至侦查或监察调查阶段和审查起诉阶段,在监察机关调查终结移送审查起诉之后,检察机关应重点审查犯罪嫌疑人、被告人有无委托辩护律师,或者为没有委托辩护人的犯罪嫌疑人、被告人指派法律援助律师,在被告人与律师已经有实质的联系的情况下,由辩护律师承担起负责对境外被告人的文书补充送达任务,也是一个解决送达问题的办法。因此,法院决定向被告人送达诉讼通知的同时,应当将传票和起诉书副本送达至辩护人或其亲属,既实现了被告人的律师帮助权,又促进被告人对诉讼通知的充分知悉。同时,借助公告实现有效送达。一是“公告+亲属送达”。对于不能通知到其本人,或者其本人拒绝电子送达的,但能够通知到其家属的,应将公告通知送达给其家属,要求亲属转送或者转告,间接通知到被追诉人本人,使被追诉人对诉讼情况的“实际知悉”,从而提升送达效率。二是“公告+律师送达”。各国在缺席审判程序中的文书送达是通过律师实现的,法院一般要求被告人聘请辩护律师,或者是法院为其指定一名辩护律师,向律师送达诉讼文书,由律师负责和被告人进行联系,在实践中是较普遍的做法。

第四章　国际刑事司法协助中的调查取证

调查取证是处理刑事案件的基础性工作,也是开展刑事追诉活动的中心环节。调查取证不仅在于发现案件的客观事实,更在于促使法官形成心证并作出裁判。各国(地区)的证据制度在证据类别、取证方式、程序、证明责任以及证据的可采性标准等方面存在较大差异。在涉外案件中,一国为了获取分布在其他国家境内的证据材料,就需要根据司法协助条约、多边国际条约、互惠原则或者通过相关国际组织开展刑事司法协助的方式,向其他国家提出获取相关证据协助请求,因而涉及证据收集方面的国际合作问题。证据收集方面的国际合作也可以通过警务合作、行政合作、执法合作方式进行。

我国《国际刑事司法协助法》中调查取证制度分两章共 14 条予以规范,其中第四章“调查取证”共 6 条,对我国向外国请求调查取证,以及外国向我国请求调查取证作了规定。第五章“安排证人作证或者协助调查”共 8 条,每章分为两节,规定了我国向外国和外国向我国请求安排证人作证或协助调查取证时可以通过视频和音频的形式。本书也分两章对以上国际刑事司法协助中调查取证的相关内容予以阐述。

第一节　调查取证与国际刑事司法协助

我国对于国际刑事司法协助调查取证的国内法方面的规定较零散。最高人民检察院和公安部的司法解释和部门规章分别对公安机关、人民检察院进行刑事司法协助的程序和有关事项作出一些规定,其中包括调查取证、安排证人作证或者协助调查的内容。我国与外国签订的刑事司法协助条约中基本都包含调查取证的内容，只是调查取证的范围不尽相同，多为请求对方在其领域侦查、收集证据，包括查找、辨认有关人员；讯问有关人员；安排有关人员作证或协助调查；勘验、检查；冻结、扣押、没收犯罪所得和工具等。在一些国际公约或区域性公约中的侦查手段，如联合侦查、控制下支付、秘密侦查、查询/控制银行账户等协助方式有待完善。

一、调查取证与国际刑事司法协助

一般而言，证据收集的国际合作主要有两种方式：刑事司法协助下的调查取证以及国际侦查协助。前者最能体现一国主权的排他性特征，反映各国在跨国诉讼程序中的合作关系。

（一）调查取证属于狭义的刑事司法协助

1. 狭义的刑事司法协助

国际刑事司法协助中的调查取证，是指通过司法协助条约、多边或双边国际条约、在互惠原则基础上或通过相关国际组织进行的相互代为调查和收集有关涉外刑事案件的证据方面的司法协助。这种协助方式起源于公元前一二世纪的古希腊，表现为向其他城邦的证人收集证词。1846 年 4 月 16 日，法国与巴登之间签订的第一个国际司法协助条约，其内容涉及互相送达司法文件和收集证据。最初的国际刑事调查合作并没有突破国家主权理论，其范围也只限于交换情报和委托调查，主要通过外交渠道办理。国际刑警组织成立后成为国际刑事调查合作的重要渠道，这种合作多为间接的、多边的、委托式的，各国调查机关仍限于本国领域内，只进行一种“画地为牢”式的合作。[1] 第二次世界大战之后，犯罪呈现国际化趋势，调查活动也从一国延伸到另一国，使两国或多国调查机关通过合作彼此获得域外调查办案的权力，国际刑事调查合作开始由间接合作向直接合作发展。

---

[1] 参见赵秉志、杨诚主编：《〈联合国打击跨国有组织犯罪公约〉与中国的贯彻研究》，北京师范大学出版社 2009 年版，第 184 页。

在国际刑事司法协助中,调查取证不同于引渡和外国刑事判决的执行等最广义的刑事司法协助形式,被学者称为“小司法协助”。[1] 国际刑事司法协助的立法中大多明确规定“调查取证”,作为刑事司法协助中最重要也是最基础的组成部分,列为狭义的刑事司法协助的范畴,如1959年《欧洲刑事司法协助公约》就收集证据、传唤证人和鉴定人等请求程序和拒绝接受请求的理由作出了详细的规定。日本1980年制定了《日本国际侦查共助法》,规定日本对外国刑事案件的侦查提供必要的证据协助等内容。2003年《英国国际刑事合作法》第一编“刑事司法协助”的第二章专门规定“相互提供证据”,包括“获取国外证据的协助”以及“协助国外机关在联合王国内获取证据”;第三章“通过视频连线或者电话听证”,分别规定通过视频连线听取国外证人作证以及让联合王国内的人通过视频连线或电话给国外作证。我国的《国际刑事司法协助法》用两章的篇幅规定国际刑事司法协助中的调查取证活动,为开展调查取证的司法协助提供法律依据。

2. 中立性

调查取证的国际刑事司法协助对于控方诉讼职能的履行以及辩方诉讼权利的保护都有着积极意义。理论上,根据侦查措施的强制性可以将侦查分为任意侦查和强制侦查,强制侦查因对犯罪嫌疑人权益具有较大强制力,而给相对人权益造成影响,因而贯彻令状主义与司法审查原则,并在准许的范围内以法定的方式实施。大部分的协助调查取证的协助行为不具有强制性,如查找、辨认有关人员、询问证人、鉴定人的证言或者陈述,获取并提供有关文件、记录、电子数据和物品,获取并提供鉴定意见等;查询、核实涉案财物、金融账户信息等。但勘验或者检查场所、物品、人身、尸体,搜查人身、物品、住所和其他有关场所则体现出明显的强制性,可能构成对财产权或人身权的限制。通过调查取证获得证据既可以证明有关人员有罪、罪重,也可以证明其无罪、罪轻的证据,以澄清事实,避免陷入请求方的追诉,实现公正司法。可见,调查取证的协助行为体现为一定的中立性和服务性,不应当受控方或

---

[1] 参见王铮:《国际刑事司法协助中的调查取证》,载《政法论坛》1998年第1期。

辩方成见或者倾向性意见的影响，而应做到客观公正、不偏不倚。[1] 正因如此，国际条约或者一些国家的国内立法在有关调查取证司法协助的拒绝条款中的理由大多规定为任择性，从而使本国主管机关有较宽的自由裁量权以决定是否提供协助。如2003年《英国国际刑事合作法》第14条第2款规定，对于调查取证的国际刑事合作，英国并不严格奉行双重犯罪原则，只要请求方能够证明协助请求所列举的犯罪依据请求方的法律，犯罪已经发生或者有合理的依据怀疑犯罪已经发生，并且该国对于该犯罪的诉讼已经提起或者对于该犯罪正在进行调查，除非协助请求所针对的是财税犯罪。这说明在调查取证领域，这些例外性原则已不是绝对的刚性拒绝理由，有逐渐淡化的趋势。

（二）国际侦查合作

在刑事诉讼中，侦查是为起诉服务，为最终实现国家刑罚权的司法活动奠定基础和条件，也是一种广义上的诉讼行为。在我国，"侦查"实际上是指"侦查行为"，在具体形式上包括侦查主体进行的收集证据、查明案情的工作和采取的有关强制性措施。通说认为，强制性措施包括拘传、取保候审、监视居住、拘留、逮捕，还包括对犯罪嫌疑人的强制人身检查，对于案件相关物品的扣押、资金的冻结等。[2] 国际侦查合作，从词义看是指在刑事侦查阶段开展相应的国际合作。世界各国警察机关（在某些情形中是检察机关或其他国家机关）就特定刑事案件的侦查事项相互提供支持、便利、援助的一切活动都可以划归这一范畴。[3] 也有学者提出"国际侦查协助""国际协查"的概念，[4] 这些概念均强调各国为查明犯罪事实或获取犯罪证据，拥有刑事管辖权的机关在犯罪侦查领域互相给予支持、便利、援助。

国际侦查合作与狭义刑事司法协助的调查取证有很大的重合。我国缔结或参加的大量打击和预防专门犯罪的多边条约，其中都包含部分涉及国际侦查合作内容的相关条款，包括适用范围、基本原则、联系途径、合作程序、证

---

〔1〕 参见黄风：《国际刑事司法合作的规则与实践》，北京大学出版社2008年版，第110页。
〔2〕 参见肖军：《境外追逃追赃国际合作研究》，法律出版社2016年版，第36页。
〔3〕 参见吴瑞：《论国际侦查合作的概念》，载《北京人民警察学院学报》2012年第5期。
〔4〕 参见赵永琛：《跨国犯罪对策》，吉林人民出版社2000年版，第268页。

据规则、侦查手段、费用承担、争议解决等，作为特定案件国际侦查合作的依据。《联合国打击跨国有组织犯罪公约》规定了具体条款：就刑事侦查事宜建立联合调查机构（第 19 条）；使用控制下交付或诸如电子或其他形式的监视和特工行动等其他特殊侦查手段（第 20 条）。《联合国反腐败公约》则进一步将"联合调查"的表述更改为"联合侦查"（joint investigation 第 49 条），将联合侦查和控制下支付作为国际侦查高级合作形式之一，并且扩大了其适用范围（第 50 条第 4 款）。显然，国际侦查合作措施不同于传统的由管辖地国家代替请求方进行刑事侦查，而是允许被请求方直接进入管辖地国家境内进行侦查，管辖地国配合请求方共同侦查，其中跨境追缉、域外调查取证和控制下支付等侦查协作手段已成为是国际警务合作的重要方式，被国际社会接受，特别是在打击毒品、走私、恐怖主义和黑社会犯罪等跨国犯罪领域中。2000 年的《欧盟成员国刑事司法协助公约》也将联合调查组确立为新的合作形式，并在《欧洲刑事司法协助公约第二附加议定书》中作出详细规定。2002 年 6 月 13 日，欧盟理事会依据《欧盟条约》第 34（2）（b）条通过了《关于联合侦查小组的框架决定》，成立了由不同国家的警察官员组成的固定的联合侦查小组（Joint Investigation Teams），作为欧盟的刑事事务国际执法机构合作新模式。发生在侦查阶段与收集证据、查明案情有关的国际合作就构成了国际侦查合作的主体部分。

也有的国家专门就国际侦查合作或联合侦查进行国内立法，如爱尔兰制定了《刑事司法（联合侦查组）法案》，详细规定侦查取证合作的国内程序。虽然我国国内法中鲜有联合侦查的条款，但我国与其他国家签订的一些条约和文件中有相关规定，如 2001 年《中华人民共和国和塔吉克斯坦共和国关于打击恐怖主义、分裂主义和极端主义的合作协定》中规定了针对特定案件进行"共同侦查或协助侦查"。2006 年《中国公安部国际合作局和美国国土安全部移民与海关执法局谅解备忘录》第六章"联合执法侦查合作"第 2 条也规定，"双方建立和使用联合行动组，作为方便联合侦查和交换证据材料的交流机制"。有学者认为，国际侦查合作属于一国涉外刑事诉讼活动的特殊程序，也是国际刑事司法协助的重要组成部分，它和文书送达、物证扣押、移送物证、引渡罪犯、移送被判刑人同属于国际司法协助的范畴。[1] 但也有学者认为,联合侦查不宜包含在国际刑事司法协助范围内,因为联合侦查的行为方式不能为国际刑事司法协助全部涵盖,联合侦查的实施过程是联合各方互相配合、互通信息、共同采取行动的过程。[2] 国际侦查合作除调查取证之外,还包括发现乃至控制犯罪嫌疑人的核心任务,广义的国际刑事司法协助中的引渡、诉讼移管等内容也会涉及侦查程序的国际合作。国际刑事司法协助一般需要通过中央机关等渠道开展,而国际侦查合作则以追求合作高效、便捷为目标,遵循合作惯例,积极尝试以直接联系的合作机制开展工作。可见,国际侦查合作与国际刑事司法协助两个概念之间具有一定的交叉或者重合。基于此,有学者认为,将国际侦查合作中适应侦查活动特点的特殊规则提炼出来,将国内刑事诉讼进程与国际合作两者有机地结合起来,构建出与之平行的国际刑事审判合作乃至国际刑事执行合作的纵向结构,填充涉外刑事诉讼程序中的空白。[3]

笔者认为,国际侦查合作的观点确实更加凸显了程序本质,是诉讼进程视角下国际刑事司法协助的一个阶段或部分,包括调查取证,以及抓捕和控制犯罪嫌疑人,从而将刑事诉讼侦查程序中的事项集中起来,将刑事司法协助的视角转移到更好地服务于各国的刑事诉讼程序。因此,根据刑事诉讼程序,对刑事司法协助进行纵向分类,划分为国际侦查合作、国际审判合作、国际执行合作,这种分类突破了之前国际刑事司法协助范围的分类标准,也为国际刑事司法协助的系统化提供了一种新的思路,有利于提升跨国犯罪或国际犯罪开展侦查合作的专业性。

国际侦查合作多以双边或多边合作的模式开展。多边合作模式常体现为区域合作特征,如国际上的国际刑警组织模式,我国湄公河流域联合执法或者上海合作组织等都是区域合作的典型。国际侦查合作与国际警务合作之间也存在一种交叉关系,各国侦查主体大多是警察机关,警务合作体现的

---

〔1〕 参见赵永琛:《国际刑法与司法协助》,法律出版社1994年版,第256页。
〔2〕 参见刘仁文、崔家惠:《论跨国犯罪的联合侦查》,载《江西警察学院学报》2012年第1期。
〔3〕 参见吴瑞:《论国际侦查合作的概念》,载《北京人民警察学院学报》2012年第5期。

是警察机关在警察事务领域内为完成特定的警务活动而相互提供支持、协助、配合,国际侦查合作是其最核心部分,但国际警务合作除此之外,还包括行政执法、犯罪预防、科教交流等多方面的警务合作事项。加之世界各国刑事司法体制不同,国际侦查合作除警察机关之外,检察机关、海关等行使侦查权的其他国家机关、外交领事机关以及可能予以配合的审判、司法行政机关都有可能参与到国际侦查合作的具体程序之中,使国际侦查更多地体现司法性与行政性的融合,可见国际侦查合作与国际警务合作之间也存在一种交叉关系。

二、国际刑事司法协助中调查取证的模式

跨国刑事调查取证面临两个问题:一是在如何确保请求方从被请求方迅速、有效地获取刑事证据,即取证模式的选择;二是如何确保在被请求方所获取的证据具有证据的可采性或证据能力,可以在本国使用,即证据的可采性判断。这两个方面相互依存、相互制约,共同构成了协助调查取证的核心问题。为了有效地打击犯罪,在尊重他国主权的前提下,一国对刑事案件的调查取证权在他国领域内行使,已成为各国共同对付犯罪的现实需要,构成其正当性的前提,也正是这种共同的需要,国际刑事司法协助中调查取证机制得以建立和发展,并在实践中形成了多种模式,每一种取证模式都体现了独立国家在平衡维护司法主权与打击犯罪之间的关系。

(一)外交领事取证

外交和领事人员取证,是指通过本国驻外国的外交官员或领事人员在驻在国所在地直接进行调查取证的行为,为国际社会广泛认可和普遍承认。《维也纳外交关系公约》(Vienna Convention on Diplomatic Relations)、《维也纳领事关系公约》、《海牙取证公约》等国际公约都对外交领事取证方式作出明确规定。领事取证一般适用于向其派遣国的国民取证,如果向所在国的第三国的国民取证则须得到驻在国的主管机关的特别许可,并遵循指定的取证程序。在我国与外国签订的部分刑事司法协助条约中也有"外交或者领事官员调查取证"的规定,"一方可以通过其派驻在另一方的外交或者领事官员

向在该另一方境内的本国国民送达文书和调取证据,但是不得违反该另一方法律,并且不得采取任何强制措施”。领事取证一般要求国家间必须存在条约或互惠关系,并且不得违反国内法。

(二)委托取证

委托取证,是指请求方委托证据所在地(被请求方)执法机关代为取证,再将证据材料移交给请求方的取证方式。委托取证方式不需请求方派员前往证据所在地,而是由被请求方在自己的领域内协助对方完成某一案件的调查工作,再按照协助程序将证据移交给请求方,这种调查取证的方式完全由被请求方司法人员调取证据,经济成本较低,为世界各主权国家所普遍接受并频繁使用,也是司法协助取证制度发展的起点。在我国与外国签订的刑事司法协助条约中,对于调查取证,一般均会规定委托取证的方式。

在委托取证的情况下,由于证据、取证行为和取证人员都在被请求方,被请求方在执行过程中,无论是获得证据、移交证据等,都依照本国法律所允许的方式进行。如果请求方对于证据形式或取证程序有特殊要求的,可以向被请求方明确提出,在不违背被请求方法律规定的情况下,被请求方应当尽可能满足其要求。如果请求方的要求不符合被请求方国内法的规定但并不违背被请求方的基本法治原则的,基于内外政策的考量,被请求方也可以认可请求方的要求。如请求国如果希望证人或鉴定人在宣誓后提供证言,被请求方法律虽不明确要求证人必须进行宣誓,但也不禁止此类取证方式的,可以按照请求方的要求进行。

委托调查取证具有节约诉讼成本、提高诉讼效率、避免侵犯他国司法主权等优点,但由于委托调查取证是依据当事人所在地法律由被请求方司法人员单独调查取证,在实践中也存在一定的缺陷。因为调查取证的被委托方没有对案件事实、犯罪嫌疑人的个人情况等问题进行细致的了解,即便请求方司法人员列明了所有有关案件的信息,也可能导致调查取证工作较笼统,询问方式呈现“机械式回答”,甚至受到法律制度差异、翻译等因素的影响,代为取得的证据仍不能达到请求方的要求。特别是在被请求方技术落后、取证程序不规范、对人权保障程度较低的情况下,委托取证所获得的证据材料可能会在请求方丧失证据资格或者没有证明力。

（三）派员取证

1. 派员取证的内涵

随着国际刑事司法协助的方式日益多样化，一国逐渐允许请求方派员直接到被请求方境内参与调查取证的协助活动，即国际刑事司法协助中的派员取证，也称为“跨国取证”、“域外取证”或“境外取证”，是国际社会创制的一种直接调查取证方式。[1] 派员取证对于发现案件事实与人权的保障都是有利的。历史上，日本的“拉斯托波罗夫案”采取了类似此种的取证方式，是日本检察官通过刑事司法协助直接前往美国对拉斯托波罗夫根据日本法律进行询问取证，并将制作的询问笔录带回日本，最终被法院肯定了证据能力。在我国的司法实践中，也曾有在征得外国同意之后，派侦查人员赴国外，并在外国警方的协助下到外国的案发现场，取得了现场勘查记录和现场照片。[2]

在派员取证模式中，被请求方执法机关需要在请求方办案人员在场的情况下，根据请求方的请求内容实施调查取证行为，或者只是在场为请求方司法人员提供配合协助，由请求方司法人员主导调查取证活动的进行，本身并不独立承担调查取证的任务。这种派员取证方式更有利于收集、固定证据，可以更好地进行说明、解释和沟通工作。上合组织《反恐怖主义公约》第 18 条规定：如果确定犯罪嫌疑人已进入被请求方境内，请求方可以派员进入被请求方境内参与立案审查和侦查，但是应该遵守被请求方的法律或者双方共同加入的国际条约的规定。从请求方与被请求方在取证中的关系来看，双方体现得是同意、不制造障碍等消极协助关系，这种取证模式有助于被请求方比较详细和深入地了解案情，从而提高取证活动的针对性、有效性。同时，由于请求方的主管机关在一定程度上介入了调查活动，使有关的调查结果会尽可能地符合请求方的刑事诉讼的需要和程序性要求，在一定程度上解决因两

---

〔1〕 参见王青、李建民：《国际侦查合作背景下的境外取证与证据的可采性》，载《江苏社会科学》2017 年第 4 期。

〔2〕 参见张瑞峰：《涉外刑事诉讼中境外证据的审查认证问题研究》，载内蒙古自治区高级人民法院网，http://nmgfy. chinacourt. gov. cn/article/detail/2018/03/id/3223678. shtml。

国之间法律制度的差异而造成的证据能力判断问题，有效增加了司法协助取证制度的实效性。

可见，委托取证和派员直接取证的区分主要在于本国人员对于域外刑事取证的程序参与、程序控制有所不同，派员调查取证的效果远远强于委托取证。但派员取证是以委托调查取证为基础的，请求方代表必须在被请求方人员的陪同下就特定事项进行调查取证。派员取证在一定程度上体现了主权国家之间司法权限的承认和让渡，使取证行为获得了法律程序上的正当性和合法性，既有利于维护被请求方的司法主权，又有利于请求方司法人员按照本国法律把控取证程序，方便日后对证据能力进行判断。1994 年我国在与加拿大的刑事司法协助条约中首次打破了传统的委托调查取证形式，设定了委派侦查人员直接到对方境内调查取证的形式，之后的刑事司法协助条约几乎都包含了派员取证的条款。我国《国际刑事司法协助法》第 25 条和第 29 条也对这一派员取证模式予以认可，即我国向外国请求调查取证，以及外国向我国请求调查取证时，均可以同时请求对方在执行请求时派员到场。自 2008 年起，我国公安部派出各种调查取证团与近 100 个国家的警方合作，打击贩毒、电信诈骗、网络犯罪等跨国犯罪活动，在查获犯罪嫌疑人的同时，收集了大量重要的证据材料，在 2014 年开展的“猎狐”行动中也多次采用，取得了较理想的效果。

2. 派员取证模式的要求

其一，派员取证之“员”范围。派员调查取证之派“员”一般是指派出请求方司法机关或执法机关的人员参加到被请求方的取证活动中的人员。从我国与外国签订的刑事司法协助条约来看，不同条约对派员取证的人员范围规定不同，包括：一是请求方的当事人或其诉讼代理人，而不包括请求方主管机关的工作人员及其他司法人员；二是请求方司法人员；三是请求书中载明的人员到场，对人员身份不作区分。[1] 换言之，派员取证的“员”，包括与调查取证或诉讼有关的司法人员或其他人员，如有关刑事案件的被告人、需要

---

〔1〕《中华人民共和国和阿拉伯埃及共和国关于民事、商事和刑事司法协助的协定》第 17 条，《中华人民共和国和大韩民国关于刑事司法协助的条约》第 11 条，《中华人民共和国政府和美利坚合众国政府关于刑事司法协助的协定》第 9 条。

参加对质的其他证人、案件的其他当事人等,也包括这些人员的辩护人或代理人等。在注重对抗式诉讼模式的国家,往往会要求有关案件的控辩双方均赴被请求方参加调查和询问活动。

其二,请求方在协助请求中明确派员相关要求。我国与外国缔结的刑事司法协助条约一般要求请求方在请求中指明参加取证的司法人员,或者在请求中列举希望在执行时到场的“请求方中央机关指定人员,主管机关代表和与案件有关的人员”,以便被请求方审查批准。被请求方应在不违背本国法律的范围内考虑接受派员取证的请求。一些国家的相关立法还将有关的批准权授予司法机关。如《澳大利亚刑事司法协助法》第 13 条规定,由主持该取证活动的法官决定是否允许请求方有关机关的代表参加在澳大利亚境内进行的取证活动。《牙买加刑事司法协助法》第 20 条规定,由最高法院法官或者住所地法官负责批准有关外国在取证程序中获得法定代理。我国立法并没有对派员取证授权进行额外明确,但从立法的规定来看,该批准权包含在对外联系机关和主管机关对刑事司法协助请求进行审核的范围之内。

其三,被请求方的通知义务。为保障请求方能够及时派遣人员参加有关的取证活动,被请求方应当及时将实施执行请求的时间和地点通知请求方。

其四,参加取证的请求方人员遵守相关规定。出于对被请求方司法主权的尊重,请求方所派之人在取证过程中应当遵守被请求方的法律,在该国主管机关安排或准许下进行活动,不应超过被请求方同意的限度和范围。取证的限度和范围需要两国通过条约或协商来决定。在我国与外国签订的刑事司法协助条约中,规定请求方人员通常可以采取经被请求方同意的方式直接提问和进行逐字记录;或者通过被请求方询问人员间接提问的方式;或者在不允许直接提问的情况,可以提交问题清单,通过被请求方向被调查取证的人员提出问题。[1] 笔者认为,被请求方允许请求方指明的人员在调取证据的现场进行直接询问,实际上也可以理解为一种直接参与被请求方的调查取

---

〔1〕《中华人民共和国政府和美利坚合众国政府关于刑事司法协助的协定》第 9 条,《中华人民共和国政府和法兰西共和国政府关于刑事司法协助的协定》第 8 条,《中华人民共和国和大韩民国关于刑事司法协助的条约》第 11 条。

证活动。

派员取证的方式必须是不涉及强制性的调查取证行为,即请求方派遣人员未经被请求方主管机关许可或授权不得实施或者参与实施任何具有强制性的行为,如涉及搜索、扣押等强制措施的调查取证行为,以防止造成对被请求方司法主权的侵犯,引发双方的外交纷争,使取证行为得不偿失。

(四)联合取证

联合取证,即请求方与被请求方组建联合调查机构共同开展调查取证活动的国际刑事司法协助形式。这是一种高效的取证方式,突破了传统协助形式的单一性限制,具有综合性的特点。参与国均享有独立的调查取证权利,符合双方各自的刑事诉讼程序要求,也可以充分利用双方的司法资源和力量,加强信息共享与沟通,联合开展调查活动,通过联合取证所获得的证据只要不违背各自的证据法规则,均是合法有效的,更易于在本国法院使用。

联合取证有效克服了犯罪嫌疑人利用不同的司法管辖区的地域局限性逃避法律追究,成为对付跨国、跨地区犯罪最有效的合作形式,因而受到国际社会的重视。《联合国打击跨国有组织犯罪公约》第 19 条和《联合国反腐败公约》第 49 条将这种取证模式规定为"联合调查"或"联合侦查"(joint investigations)。一般而言,派员调查取证的规则也适用于联合调查取证。联合调查突破了调查形式的单向性,体现了合作双方在调查中的互动性,联合调查的方式也比较灵活,既可以由各当事国的部门根据事先协商确定的计划或分工各自在本国领域内分别进行,也可以由各当事国派遣办案人员组成联合调查机构并确定计划和分工,开展调查取证活动。《德国刑事事务国际司法协助法》第五编"其他司法协助"第 61 条 b 规定了"共同侦查组",允许在国际协定有安排时,成立共同侦查组。共同侦查组可以在具有管辖权的德国成员的领导下执行侦查措施,也可以由外国派遣的成员负责。[1]

刑事管辖权是国家司法主权的内容之一,任何一个国家都不会轻易让渡给他国,任何一国的执法人员也会被禁止进入他国境内行使管辖权,联合调

[1] 《德国刑事事务国际司法协助法》第 61b(1)条。

查对国家主权观念形成了挑战，这种方式似乎让国家失去“独立打击犯罪的权力”，是国家司法主权的某种削弱。[1] 联合调查实际上是维持国家司法主权和提高打击犯罪力度上的博弈，能够有效提高打击犯罪的成效。欧盟地区为打击区域内共同犯罪组建的联合调查组，我国与东南亚国家为打击跨国贩毒组建的联合专案组等都属于这种形式。2006 年，我国与菲律宾联合破获“邵某天特大跨国制贩冰毒案”，是中菲两国在情报共享、联合侦查、协调行动等方面合作取得的新突破。2007 年，中美联合开展“夏至”行动，破获两起特大跨国盗版犯罪案件。[2] 2011 年震惊中外的“10·5 湄公河案”是我国与老挝、缅甸、泰国开展联合调查最为成功的典型案例。当年 10 月，我国派出联合工作组赴泰国，在泰方专案组陪同下，与泰国警方合作勘查事发水域，实地察看了案发现场和有关物证，联合调查在四国刑事司法协助中发挥了重要作用。2016 年 6 月，我国警方派出警员与阿根廷警方联合侦查，捣毁了阿根廷最大的黑帮组织“貔貅”，并逮捕 40 人，有效打击了当地涉华人犯罪的违法行为。[3] 在联合调查的实践中，各国恪守主权平等和领土完整原则，一国执法人员进入对方境内联合调查取证，这些执法人员必须遵守对方的法律，并受到对方执法人员的指导和监督。

综上所述，无论是哪一种取证方式，取证活动涉及不同国家、不同法域、不同法律体系，国家之间调查取证的程序和规则不同，可能会导致境外收集的证据因不符合本国程序法规定而不被采纳，这也成为国际刑事司法协助中调查取证所面临的最大障碍。根据我国法律的规定，犯罪嫌疑人或被告人一方有权向司法机关提交任何与案件审理有关的证据材料或证据线索，在对外沟通交流日益方便的情况下，私人赴境外调查取证的现象也逐渐增多。但目前刑事诉讼法并没有辩护人境外取证的授权性规定，但也没有禁止性规定，

---

〔1〕 参见肖军：《博弈与妥协——欧盟联合侦查小组：理论、法律与实践问题探究》，载《犯罪研究》2012 年第 4 期。

〔2〕 参见《中美联合开展“夏至”行动破获两起特大跨国盗版犯罪案件》，载中华人民共和国中央人民政府网 2007 年 7 月 24 日，http://www.gov.cn/wszb/zhibo109/content_694651.htm。

〔3〕 参见《阿根廷警方联手中国特警捣毁当地最大华人黑帮》，载中新网 2016 年 6 月 14 日，http://www.chinanews.com/gj/2016/06-14/7904115.shtml。

犯罪嫌疑人亲友或者辩护律师，是否可以通过委托或直接调查的方式收集境外证据并提交司法机关？由于刑事司法及刑事司法协助权均属于公权力，个人难以在刑事司法协助层面与国家对话，因此，排除个人在刑事司法协助请求事项方面的参与，符合司法协助的客观现实。在我国与秘鲁签订的刑事司法协助条约中，第 1 条明确“不给予任何私人当事方以取得或者排除任何证据或者妨碍执行请求的权利”。但从司法实践来看，我国司法实践中对被追诉方境外取证的做法是认同的。[1]

三、通过刑事司法协助调查取证的可采性分析

（一）调查取证中证据的可采性问题

运用证据对案件进行裁判需经历两个步骤：一是解决哪些证据具有资格在法庭上出现，英美法称为证据的可采性规范，或称为证据排除规则，大陆法系称为证据能力，是法律对某种证据进入审判程序，以供事实裁判者评判的法律资格和条件，也是证据法为证据所确立的法庭“准入资格”；二是这些可采的证据在多大程度上能够证明案件事实，即证明力的问题，一般由法官、陪审员根据经验、良心或理性判断。可采性规则类似于一个过滤器，防止不正当证据误导裁判者。在我国，客观性、关联性、合法性是证据的三个基本属性，证据的客观性与合法性构成证据能力，是证据材料进入诉讼程序，作为定案根据的条件和资格，特别是法律所规定的形式条件和程序条件。[2] 证据的关联性表明了证据相关性大小和强弱问题，即证据的证明力。证据的证明力一般由裁判者进行自由判断，法律上不作任何限制性规定。[3] 评价证据能力的目的与原则，均在于符合法治国家正当法律程序之要求，以达到发现真实、保护个人权利、维护公平审判等目的。

通过国际刑事司法协助调查取证的目的首先是获取证据，其次还要确保获取的证据具备证据的资格能够有效地进入到请求方的庭审中，并用以证明

[1] 参见温克志：《涉外刑事证据规则研究》，中国政法大学出版社 2016 年版，第 193 页。

[2] 参见樊崇义主编：《证据法学》，法律出版社 2012 年版，第 3 页。

[3] 参见陈瑞华：《关于证据法基本概念的一些思考》，载《中国刑事法杂志》2013 年第 3 期。

相关案件事实。在刑事审判的实践中,对证据的接受和采纳或者拒绝是一个复杂的问题,证据采纳是法官依法或自由裁量来决定是否允许控辩双方提出的证据在庭审中出示或作为定案的根据。所有的证据材料都必须经过庭审质证、法庭才可以确定作为定案的根据。现代证据法的核心内容,就是可采性规则,其内容主要包括关联性规则、品格证据规则、证人作证规则、特免权规则、意见证据规则、传闻法则、验真规则、最佳证据规则等。〔1〕 在现代刑事诉讼中,取证规则的意义在于尽可能收集取得证据作为查明案件事实提供制度性规范的依据,并合理地限制侦查机关的权力以保障被取证人的人身自由和财产权利不受侵犯。

通过司法协助所获取的境外证据来源的审查也必然成为涉外刑事诉讼中境外证据审查认证的首要问题。对司法协助所获证据可采性的审查,实质是本国裁判者如何评价其他国家、法域执法人员在域外的取证活动及其“结果”(指证据)的问题。〔2〕 由于证据可采的标准不同,依据外国法定程序收集的证据,用该国的法律进行解释和审查判断,被认为是可采的。如果必须将证据从一国转移到另一国,那么,须确保这些证据在法院也是可采的,但在一国通过正常手段收集的证据可能因该项证据收集的程序达不到另一国的可接受标准,这项证据的可采性就会受到质疑。《俄罗斯刑事诉讼法典》第 455 条、《加拿大刑事司法协助法》第 2 部分中也有类似规定。从立法上看,域外刑事证据与国内刑事证据在可采性要求上相同。

但是,域外证据形成于该国领域外,在调查取证的国际刑事司法协助中,由于当事国双方在证据取得的主体、方式、程序、证据种类及其表现形式以及权利保障方面相关法律规则的差异,会使证据取得、证据能力和证据使用方面出现困难。而且,由于法律传统的不同,各国的证据规则也不完全一样,如证人证言中关于证人拒证权、传闻证据、品格证据等特定的各类证据的对象上存在差异,搜查、扣押的批准程序以及对特殊职业人员的拒绝扣押权利的

---

〔1〕 参见易延友:《证据法学:原则　规则　案例》,法律出版社 2017 年版,第 19 页。

〔2〕 参见冯俊伟:《刑事司法协助所获证据的可采性审查:原则与方法》,载《中国刑事法杂志》2017 年第 6 期。

要求不同等,都有可能导致证据能力被否定,无法在法庭上使用。如在某案中,辩护人在一审和二审中对境外所获取的证据均质疑,认为“涉及法国别墅的书证均来源于境外,但未经公证、认证程序,亦非通过司法协助途径调取,真实性无法确认,不能作为证据使用”。其辩护理由虽指向证据的真实性问题,但同时也涉及了境外证据的合法性问题。[1] “10·5 湄公河案”中,糯某当庭翻供,否认全部犯罪事实,也不认可域外证人提供的书面证言。显然,在证据可采性原则之下,域外取得证据由于取证行为发生在被请求方内,原则上依据被请求方的法律规定进行,但证据是否采纳需要根据请求方的具体法律规定为准,使取证行为与可采性参考的法律出现了一定的分歧。这一问题的解决与取证合法性密切相关,因其不合法性而导致所取得之证据不具可采性,法庭上的双方都能够对对方证据的合法性提出异议,并尽量将其排除在法庭之外,从而对对方的证据进行最大化的限制。

(二)证据可采性判断的准据法模式

对于通过司法协助所获得的证据的审查,经历了从不审查到审查,审查方式从整体评价到个案评价的转变,审查重点从证据真实性到证据合法性的转变,[2] 当然,对审查的准据法的模式也在不断发生变化。

1. 以被请求方法律为准据法

在传统国际法上,条约协议中的权利义务被限定在“请求方与被请求方”之间,“鉴于各主权国家一律平等,请求方对于被请求方协助取证的行为无权复查,通过司法协助取得的域外刑事证据当然具有可采性”。[3] 因此,相关的国际公约和国家间签订的条约协议一般只对证据可采性作出原则性规定,而对调查取证的程序适用,在实践中主要采取“场所支配行为”原则,即以证据所在地法律作为准据法的模式。该原则由意大利法学家巴特鲁斯创立,即法律行为方式应由行为地来决定,只要某一行为符合行为地法的规

---

〔1〕 山东省济南市中级人民法院(2013)济刑二初字第 8 号刑事判决书,山东省高级人民法院(2013)鲁刑二终字第 110 号刑事裁定书。

〔2〕 参见冯俊伟:《刑事司法协助所获证据的可采性审查:原则与方法》,载《中国刑事法杂志》2017 年第 6 期。

〔3〕 何家弘:《证据的审查认定规则:示例与释义》,人民法院出版社 2009 年版,第 295、328 页。

定,那么世界各国都应承认它的合法性。"只要一国根据国际法对这一事项具有管辖权,即使根据另一国国内法这一行为不适当,另一国也必须认可这一主权行为。"因此,一个国家在另一个国家的调查取证行为,无论是委托其取证、派员取证还是与该国联合取证,只要是在该另一国境内取证,就必须根据该取证所在地的法律规定进行,遵守该取证所在地的程序规则,即"不违反己方法律原则"。严格遵守被请求方的法律制度,在国际刑事司法协助中也体现了对他国司法主权的尊重。1959 年《欧洲刑事司法协助公约》规定,刑事取证的执行必须依据被请求方的法律。1996 年《南非国际刑事合作法》第 5 条第 1 款规定,通过请求函获取的证据若是由证人依据被请求方的法律规定正当提示后告知的真相事实,则应视为誓言证据。[1] 这个原则反映了对证据所在地国司法主权的尊重,促进了刑事司法协助的顺利进行。

我国与许多国家缔结的双边条约或协议中,对证据的可采性问题基本上都采用这一原则,在被请求方取得的证据只要其具备了完整的证据属性,即客观性、关联性和合法性,即可对该证据进行认定。但是,这一原则也存在一定不足,如果依被请求方的取证程序进行调查取证,取得的证据最终要移交给请求方的司法机关,根据请求方的法律作为准据法来证明被告人有罪,可能会出现因不符合请求方调查取证的程序而不能被认定适用的情况。2006 年,我国与柬埔寨联合破获的"12 · 14"系列绑架案件中就曾出现过柬埔寨警方向我方提供的现场勘查记录因与我国刑事诉讼法的要求相去甚远,而导致证据效力不被认定的情况。最后只能由公安部派专案组赴柬埔寨重新取证。[2]

以被请求方法律为准据法可能造成请求方与被请求方之间准据法的适用争议。换言之,该原则实际上将取证的合法性与证据的可采性相混淆,以域外取证的合法性默认域外刑事证据的可采性判断,如果证据所在地国调查

---

[1] International Co-operation in Criminal Matters Act, 1996:5. (1) Evidence Obtained by a Letter of Request shall be Deemed to be Evidence under Oath if it Appears that the Witness was in Terms of the Law of the Requested State Properly Warned to Tell the Truth.

[2] 参见刘仁文、崔家国:《论跨国犯罪的联合侦查》,载《江西警察学院学报》2012 年第 1 期。

取证程序以及程序的执行对犯罪嫌疑人人权保障的水平低于请求方,则对犯罪嫌疑人将有失公平公正。因此,一律以证据所在地法律为依据审查判断从境外取得的证据的可采性,并且推定为合法,实际上是将取证过程的合法性与适用认定过程的合法性两个阶段合二为一,回避了对该类证据可采性问题审查判断的困难,虽然简单便捷,但司法的公正性可能难以保证。

2. 以请求方法律为准据法

为防止司法协助调查所得的证据出现证据能力被质疑的情形,有效打击跨国犯罪,欧盟在刑事司法合作中推出了请求方法律准据法模式,即在域外取证中,如果以请求方法律作为域外取证的准据法,域外刑事证据的可采性问题则可以得到解决。2000 年《欧盟成员国间刑事司法协助公约》要求被请求成员国应当尽可能地按照请求中明确表明的请求方所要求的手续与程序进行。在被请求方取证却按照请求方的法律为准据法,这是一种过于理想化的模式,无疑将对被请求方的刑事司法主权产生直接影响,即便在欧盟这样经济文化领域和刑事司法协助领域一体化程度非常高的区域组织内部,也要充分尊重各国司法主权,这种模式的可行性不强。因此,欧盟立法规定,在不损害被请求方法律的基本原则、基本保障的前提下应当依请求方法律执行,但从欧盟的实践看,这一模式下的域外取证并不乐观。[1]

我国的刑事司法协助条约中或者在请求协助书中明确规定"原则上依被请求方法律取证,在不违背被请求方法律原则的前提下,应当最大限度地以请求方要求的方式取证"。"被请求方在不违反本国法律的前提下,可以按照请求方的要求取证,但是如果请求方的取证规范违反被请求方的公序良俗时,被请求方可以拒绝适用。"反映了对以请求方法律为准据法的模式的支持,该种思路最大优势在于既尊重被请求方的司法主权,也有助于维护请求方刑事诉讼的整体价值。

3. 统一立法的证据可采性模式

在欧盟刑事取证立法史上,立法者还曾试图以统一的立法规定来赋予刑

〔1〕 参见冯俊伟:《域外取得的刑事证据之可采性》,载《中国法学》2015 年第 4 期。

事证据在成员国的可采性。1997年,欧盟推出了《保护欧盟财政利益刑事规定之(法典)草案》,2000年又推出草案的修订版,该立法提出建立欧洲检察署制度(European Public Prosecutor),负责对欧盟财产利益案件的侦查和起诉,欧洲检察署在各国政府之外独立从事调查取证,其所取得证据在成员国具有可采性。其中还引入了“欧洲听证笔录”和“欧洲讯问笔录”两种新的证据形式,并对获取这两种证据的程序要求作出详细规定。而对于非法证据排除则采用传统的“场所支配行为模式”,证据收集如果依证据所在地国家的法律为合法,即便取证程序不符合证据使用地国家的法律规定,证据使用地国的法院原则上也应当承认这一证据。该法是一部由刑事实体法、刑事程序法和刑事证据法组成的综合立法,这种统一规则的模式虽然可以规避不同国家间法律制度的差异和冲突,也是解决各国证据可采性冲突的最佳方案,但由于超国家的立法有侵犯各国司法主权之嫌,存在极大风险,该立法除技术上的难题外,在缺乏欧盟基础条约明确授权的情形下,统一规则模式在政治上更饱含争议,[1]在实践中难以获得各国的普遍支持,因而该立法尝试最终受到各国的抵制以失败告终。

4. 相互承认原则

为推进刑事一体化进程,1999年10月,欧洲理事会在坦佩雷会议上将相互承认原则正式确认为欧盟民事、刑事司法合作领域的基石。2001年,欧盟颁布《欧盟财政利益的刑事法保护和设立欧洲检察署的绿皮书》,对相互承认在证据领域的适用作出正式确认。根据这一原则,2008年以及2014年,欧盟先后颁布了《欧洲证据令》框架协议以及《刑事程序中的欧盟调查令指令》(以下简称《欧盟调查令》),以此取代原有相互协助基础上的刑事取证立法,这就使成员国中有资格从另一成员国获得在特定程序中使用的物品、文件及数据,全体成员国内的证据可以被所有成员国采纳。处理跨境案件方面,只要在一国被认定的合法证据,可以自动地适用于全体成员国,《欧洲证据令》中不再使用“请求方/国”和“被请求方/国”的表述,取而代之的是“签发国”

[1] 参见冯俊伟:《欧盟跨境刑事取证的立法模式》,载《证据科学》2016年第1期。

(issuing State)和“执行国”(executing State)。实现了欧盟在刑事取证程序上从委托书向单一证据令的转变,意在使证据令在欧盟成员国内部的执行机构中无条件执行和实施。被请求方对欧洲证据令只可为形式审查,不得实质审查,并对拒绝执行的理由予以严格限制,仅在一事不再理、双重可罚、依据执行国法律,并无任何措施可执行、豁免或特权案件、涉及管辖权争议、涉及执行国国家安全利益以及令状程序不完备的特殊情况下才可拒绝。

相较统一立法模式,相互承认原则更具有灵活和现实操作性,体现了双方在协助中并不谋求建立一个凌驾于各国司法体系之上的立法举措,而是承认彼此的差异,回避争议,通过合作求同,既尊重主权,又推动欧洲不同国家在不同法系渊源上的司法互信。

5. 境外取证中的最低权利保障标准

证据的可采性问题更涉及当事人在法律程序中的权利保障,刑事司法程序中侦查权的运行与嫌疑人权利保障之间的冲突和平衡是一个重要的方面。国际刑事司法协助中犯罪嫌疑人、被告人具有主体地位,应重视对域外取证刑事司法协助中犯罪嫌疑人、被告人根据有关国际人权公约、本国宪法、刑事诉讼法上规定的权利保障,包括生命权、自由权在内的实体权利,也包括基本诉讼权利保障,如无罪推定、获得律师帮助、律师在场权、沉默权等,取证行为关乎公民的基本权利,据此研判所取得的证据是否因侵犯公民宪法权利而予以排除。刑事诉讼的程序性权利是保证各国在刑事司法协助中相互信任的重要因素,有利于各国之间建立基本的信任并在此基础上开展国际刑事司法协助。《国际刑事法院罗马规约》第 69 条第 7 项规定,以违反该规约或者国际公认人权的方式获得的证据应不予采纳。英美法系也是将程序非法、有碍于人权保障的证据予以排除。德国法证据禁止理论明确禁止使用侵害私主体利益而非国家利益后形成的证据。我国《刑事诉讼法》第 55 条也规定了非法证据的排除规则。可见,对于司法协助中通过违反人权保障原则而获得的证据,各国原则上排除其在本国法院使用。

基于此,欧盟一直致力于对刑事诉讼中的程序性权利制定共同的最低标准,在统一境外证据可采性规范的努力中,曾试图通过设定调查取证程序中犯罪嫌疑人权利保障为大家认可的共同规范作为证据可采性的最低标准，包括以《欧洲人权公约》及其相关判决作为最低权利保障标准，或者以欧洲人权法院相关判决为基础出台最低权利保障标准，刑事取证只要符合权利保障标准，则所获证据在欧盟成员国就具有可采性。[1] 2009 年 11 月 30 日，欧盟理事会通过《关于加强刑事犯罪嫌疑人或被告人权利路线图的决议》(第 2009/C 295/01 号)，欧洲议会和欧盟理事会制定了保障刑事诉讼和欧洲逮捕令程序中犯罪嫌疑人和被告人权利的《有权获得口译和翻译权利的指令》(第 2010/64/EU 号)、《关于刑事诉讼中被告知权的指令》(第 2012/13/EU 号)，欧盟还积极准备《刑事诉讼中无罪推定和出庭接受审判的权利(草案)》，以此来统一保障犯罪嫌疑人和被告人程序性权利的最低标准，不失为一个较实际的解决问题的思路。在《欧洲证据令》和《欧盟调查令》中也尝试以保护公民权利的程序机制来缓解证据的可采性争论。在欧盟这样一体化程度较高的区域组织内部进行探索具有一定的可行性，但在世界范围内实行还存在一定难度。跨境取证中对被追诉人和其他诉讼参与人的权利保障问题得到进一步重视，坚持人权保障原则成为境外证据可采性判断的重要依据。

(三)我国对境外证据可采性的规定

1. 通过司法协助所获得的证据能力的判断

我国《刑事诉讼法》对境外证据材料的证据能力问题并未作出明确的规定，对于来自境外的证据，只要能够证明案件的真实情况且符合证据法定要求的，就应当作为证据使用。2005 年 12 月 22 日，海关总署、最高人民检察院侦查监督厅、最高人民检察院公诉厅、最高人民法院刑二庭联合发布的《关于走私刑事案件中境外证据的评定与使用有关问题的联席会议纪要》(缉私〔2005〕349 号)规定，海关缉私部门所获取的境外证据，只是反映形式客观、取得途径合法、与案情相关联并能与其他境内证据相互印证，就应当作为有效证据予以认定。根据最高人民法院刑二庭《关于对海关总署缉私局缉私函

〔1〕 参见冯俊伟：《域外取得的刑事证据之可采性》，载《中国法学》2015 年第 4 期。

字〔2006〕875 号函的复函》的规定，海关缉私部门开展境外取证，可以通过海关行政互助渠道进行，对于获取的境外证据，只要反映形式客观、取得途径合法、与案情相关联并能与其他境内证据相互印证，应当作为有效证据予以认定。

我国《刑诉法解释》第 77 条第 1 款和第 2 款对境外证据材料的审查进行了规定，其中，第 1 款对来自境外的证据材料的总体审查认定规则进行了规定："对来自境外的证据材料，人民检察院应当随案移送有关材料来源、提供人、提取人、提取时间等情况的说明。经人民法院审查，相关证据材料能够证明案件事实且符合刑事诉讼法规定的，可以作为证据使用，但提供人或者我国与有关国家签订的双边条约对材料的使用范围有明确限制的除外；材料来源不明或者真实性无法确认的，不得作为定案的根据。"第 2 款对当事人及其辩护人、诉讼代理人提供的来自境外的证据材料须履行的程序进行了规定："当事人及其辩护人、诉讼代理人提供来自境外的证据材料的，该证据材料应当经所在国公证机关证明，所在国中央外交主管机关或者其授权机关认证，并经中华人民共和国驻该国使领馆认证，或者履行中华人民共和国与该所在国订立的有关条约中规定的证明手续，但我国与该国之间有互免认证协定的除外。"该条款对来自境外的证据材料总体审查认定规则进行规定，也对当事人及其辩护人、诉讼代理人提供的来自境外的证据材料须履行的程序进行规定。

从以上司法解释的规定可知，在我国根据提供证据主体的不同，对境外取得证据的审查方式也有所不同。对于来自境外的证据，主要是从材料来源或者材料的真实性方面进行审查，包括材料来源、提供人、提供时间及提取人、提取时间。显然，立法规定严格审查的义务及对提供人进行严格提供的要求，这主要是一种程序性审查，如果有关证据材料是公安、司法机关通过司法协助等途径收集，审查重点在于公安、司法机关在请求国际刑事司法协助工作中是否遵守相关程序规定，即只要审查司法协助、警务合作过程的合法性即可。如果外国的取证主体是国外的司法机关，具备国家公权力的权威性，其调查所取得的证据的合法性、真实性等已具备相应效力，即可作为证据使用,可作为案件事实认定的依据,以减轻司法权的地域局限给审判机关带来的审判障碍及对结果不利影响。这种审查默认了通过刑事司法协助等手段获取的域外证据具有天然的合法性,可以在诉讼过程中使用。

上述联席会议纪要和最高人民法院刑二庭的复函与司法解释的观点是一致的。上述司法解释实际是将域外取得的证据的证明力与证据能力进行共同要求,对证据能力要求即是证据收集主体的合法性、证据取得手段合法性、证据表现形式合法性,而对证明力的要求即是证据载体真实、可靠及与案件事实的联系。对于通过刑事司法协助获得的境外证据的合法性审查时,往往以刑事司法协助过程的合法性替代证据的合法性,造成了对于取证的合法性判断与证据合法性审查混为一谈。由于各个国家和地区刑事诉讼法律规定不一致,因此,在事实上可能导致不同的证据准入标准,从而导致对当事人事实上的不平等对待。

2. 境外取证中的控辩平等问题

涉外刑事证据认证取证方式是国际民事取证创制的一种新型取证方式。如果有关来自境外的证据材料是由当事人及其辩护人、诉讼代理人提供,则须经过所在国公证机关证明、所在国外交部或其授权机关认证,并经我国驻该国使领馆认证,如未经证明、认证,不得在国内刑事诉讼程序中使用并采纳。《维也纳领事关系公约》对领事在民事公证及部分行政性质的事务方面的权限和职责作了规定。但笔者认为,境外取得的证据的合法性在于符合证据所在地的法律以及境内法律的双重考量,而不在于是否由大使馆对所取得的证据的事后认证,由驻外大使馆对证据的认证行为也难以保障证据的客观性和合法性。

司法实践中,对境外证据的强制公证并非国际惯例。例如,在国际商事仲裁中,当事人在仲裁程序中提交的境外形成的证据,由仲裁庭自行判断是否需要经过公证和认证。强制要求境外形成的证据履行公证证明手续也有违公证证明规律与目的。公证强调的是公证人的直接参与审查以确认申请公证事项的合法真实性。但是,强行要求公证人员对过去发生的事实行为或公证员根本就无法全程亲历的行为予以公证有违公证的原则,会因公证的程度不高而导致公信力下降。更何况，并非所有的行为、物品或文书等都可以进行公证，不仅专业难度大，而且中立性也难以保证，过于强调公证对于证据认定的重要性而忽视通过庭审中的举证、质证和法院对证据的审查恰恰体现了司法中的责任缺失，长此以往，司法审判机关的公信力也大打折扣。

近年来，最高人民法院就民商事审判也制定了一些涉及一定情形、一定类型案件中豁免公证认证手续的文件，如对诉讼主体资格外的证据，可选择办理公证、认证或其他证明手续但除法院认为确需办理的除外。对境外形成的公开出版物的真实性提出有效质疑而举证方又不能反驳的。[1] 根据《关于进一步做好边境地区涉外民商事审判工作的指导意见》(2010 年 12 月)第 5 条规定，当事人可自行决定是否办理公证、认证手续，无论是否办理此手续，人民法院均应当进行质证并决定是否采信。但类似规定并未在刑事案件中适用。

当事人及其辩护人、诉讼代理人提供的域外证据设定了必须经公证、认证程序的要求，步骤严苛而复杂，既需要经所在国公证机关公证，以及所在国中央外交主管机关或授权机关认证，还需要经我国驻该国使领馆认证，通过"三重"保险。实际上，对于辩方提供域外证据附设了多于控方的程序条件，加大了被告的举证负担及不利后果，实质地损害了当事人有权获得有利于己方证据的权利，导致了控辩双方的不平等，而且实践中难免会存在由于各国公证制度的不同，而导致某些证据事项根本无法公证的情形。

笔者认为，国际刑事司法协助中，应保障辩方能够通过有效途径获得有利于被告人的证据，而这种证据应该与控方所获得的证据一样要进行审查，并且适用同样的标准进行评价，以真正体现诉讼中的控辩平等原则。甚至有学者还提出，赋予被告人申请域外刑事证据的权利，特别是在对证据有伪造、隐匿的疑问，或使用该证据有所障碍时，有权向法院申请搜查、

---

[1] 《第二次全国涉外商事海事审判工作会议纪要》(2005 年 12 月)第 39 条规定，对诉讼主体资格外的其他证据，可选择办理公证、认证或其他证明手续，但除法院认为确需办理的除外。最高人民法院《关于全面加强知识产权审判工作为建设创新型国家提供司法保障的意见》(2007 年 1 月)第 15 条规定，境外形成的公开出版物可以直接初步确认其真实性的证据材料，除非对方对其真实性提出有效质疑而举证方又不能反驳的。

扣押、鉴定等保全处分的权利，以弥补在域外刑事案件取证中的控辩双方的不平等。[1]

对于刑事案件境外证据提取效力风险的负担不应通过烦琐的程序及认证转嫁于在司法审判中处于弱势地位的当事人及其辩护人，我国应当放弃对“国家机关”和“当事人及其辩护人、诉讼代理人”提供域外刑事证据的不同程序要求。当事人提供的境外证据的认定应完全通过质证程序等由法院综合考虑证据材料的各项内容予以判定，以此减轻当事人境外搜集取得证据的难度与各项成本，废除公证、外交、使领馆的三重认证程序，排除无此程序便直接认定无效的不合理情况，确有必要时，可以只保留公证一项作为对境外证据的主要外部审查的认定。

2016年12月19日，最高人民法院、最高人民检察院、公安部联合发布的《关于办理电信网络诈骗等刑事案件适用法律若干问题的意见》，既是对此前司法实践中收集境外证据相关经验的总结，也是对相关生效案件证据采纳的认可。该意见第六部分关于证据的收集和审查判断的第三项第1款明确规定：“依照国际条约、刑事司法协助、互助协议或平等互助原则，请求证据材料所在地司法机关收集，或通过国际警务合作机制、国际刑警组织启动合作取证程序收集的境外证据材料，经查证属实，可以作为定案的依据。公安机关应对其来源、提取人、提取时间或者提供人、提供时间以及保管移交的过程等作出说明。”第2款规定：“对其他来自境外的证据材料，应当对其来源、提供人、提供时间以及提取人、提取时间进行审查。能够证明案件事实且符合刑事诉讼法规定的，可以作为证据使用。”该司法解释来自境外证据材料的确认，摒弃了境外证据提供者的外在条件，更注重证据本身的关联性与合法性，特别增加了对于“保管移交的过程”进行审查，体现了对境外收集证据从委托到协助执行到保管移交的闭环式过程的延续性的重视，以加强对证据的真实性的要求。对来自境外的证据材料，不区分提取时间、地点与人员，与境内

---

[1] 参见邓志伟、陆文斌：《论跨境刑事案件中域外证据的司法认定——以若干典型案例为样本》，载《尊重司法规律与刑事法律适用研究（下）——全国法院第27届学术讨论会获奖论文集》2016年版，第1293页。

证据材料平等对待，完全通过质证程序等由法院综合考虑证据材料的各项内容予以判定，以此减轻当事人境外搜集取证的难度与各项成本，通过完善证据审查，最大限度方便当事人，符合案件事实与刑事诉讼法基本精神，也符合司法实践客观规律。但是，2021 年《刑诉法解释》修订时，并没有采纳该司法解释的内容，而是仍然保持了三重认证程序。

总之，由于境外证据的形成与调取均不在我国司法机关直接的管辖领域，在确认证据的有效性方面对境外提供证据施加了诸多程序上的限制，以增强证据的真实性和合法性，使境外证据能够顺利地在诉讼中予以使用，提高了刑事司法协助的实际效果。其立法的本意较严谨，在一定程度上也解决了来自境外的刑事证据的可采性问题。

（四）我国通过司法协助获得境外证据的可采性建构思路

通过司法协助所获得证据进行可采性评价，应该建立在相互尊重国家主权的基础上，在请求方或被请求方之间建立相互信任的可采性规则。我国现行法律规范对境外获得证据的可采性规定明显不足，通过司法协助所获证据可采性不予审查、完全以被请求方法律为审查依据、完全以本国法为审查依据等做法都存在一定的局限性。关于证据能力的问题，有学者建议采用类型化审查的方法，在三层次审查方法的基础上，将刑事司法协助获得的证据区分为不同的类型，根据不同类型证据的来源、制作过程等不同特点，辅以不同的审查方法。[1] 还有学者认为，应将境外证据分为完全由外国执法机关独立调查取证取得和我国侦查机关参与境外调查取证取得两类，分别判断协助获得证据的可采性。[2] 笔者对此表示赞同，对于境外取证包括三个重要环节：委托、取证、保管移交。其中委托环节主要审查其委托手续的合法性；取证环节，则根据取证模式的不同，将通过司法协助取得的刑事证据予以区别对待，不同的取证模式都将从取证程序以及请求方和被请求方国内法的关系

---

〔1〕 参见冯俊伟：《刑事司法协助所获证据的可采性审查：原则与方法》，载《中国刑事法杂志》2017 年第 6 期。

〔2〕 参见王青、李建明：《国际侦查合作背景下的境外取证与证据的可采性》，载《江苏社会科学》2017 年第 4 期。

去判断不同取证主体取得证据的证据能力；保管移交环节主要审查保管移交过程的合法性。至于境外取证能否作为定案依据，最终依据的还是我国的刑事诉讼法。具体思路如下：

1. 委托程序的合法性审查

司法协助委托程序的合法性，主要是指司法协助的请求和程序必须符合请求方法律和两国缔结的刑事司法协助条约或互惠保证，未获得境外国家或地区同意擅自到其司法管辖区内取得的证据属于侵犯他国主权获得的证据，属违法取证，应予排除。

2. 针对不同的取证模式建构具体的可采性思路

我国应对通过委托取证、派员取证以及联合取证中所获取的证据分别建构可采性判断思路：

（1）对于我国公安司法机关委托境外国家机关在域外取得的刑事证据，由于证据、取证行为和取证人员都在被请求方，因此，取证程序须符合被请求方法律的规定。如果法院发现境外取证行为存在违反证据所在地国法律的基本原则和立法精神的情形，该证据因不具备取证地的合法性因而也不具备我国的证据可采性。如果辩护人对境外刑事证据的合法性质疑，法院应根据我国刑事诉讼法的价值、原则或规则进行最后审查。

（2）针对在我国派员取证或（以及）我国与外国联合取证的情况下，取证主体包括我国司法人员，在这种情况下的证据可采性判断，应以我国刑事诉讼法为依据，符合我国法律规定的取证程序并且不存在证据排除事由，就可以作为证据使用。当然，取证程序不能超出被请求方同意的限度，违反被请求方宪法和刑事诉讼法的基本原则和立法精神。如《中国公安部国际合作局和美国国土安全部移民与海关执法局谅解备忘录》第六章“联合执法侦查合作”第2条规定：“双方建立和使用联合行动组，作为方便联合侦查和交换证据材料的交流机制。根据备忘录交换的所有执法信息、情报和证据材料均受中华人民共和国和美国各自适用国内法律的保护。”可见，我国与美国的侦查合作中，派员赴美调查取证和与美联合调查取证活动所获取的证据，在我国可以使用，具有可采性。

3. 移交过程的审查

移交过程中应注意审查过程是否连续、手续是否齐全、交接物品是否完整、双方的交接清单记载的物品信息是否一致、交接清单与交接物品是否一一对应等。通过国际刑事司法协助所取得的证据,先由取证地国进行保管,再移交给请求方。移交过程涉及证据的固定、保管与移交。对于不同的证据种类,证据保管移交的要求不同,证据保管的目的在于保证适用的证据能力问题。对于物证和书证等实物类证据往往不因取证主体和程序的不同而改变其与案件事实的客观关联性,言词证据在询问或讯问过程中合法,实物证据只要被请求方依法收集,依法保管和依法移交,各个程序环节都不违背法定的诉讼程序,就能保障该类证据的真实性,确保其证据能力。

4. 加强证人出庭以及远程视频作证的刑事司法协助

对于言词类的证据适用的证据能力问题,最切实有效的解决方式是积极探索构建刑事司法协助中移交证人出庭作证制度,要求证人依法出庭作证,接受双方的质询,贯彻直接、言词原则,避免受传闻证据规则的影响。我国公安司法机关应当积极争取域外关键证人到我国法院出庭,因为在刑事案件中,共同被告、警察、证人、鉴定人、翻译人等出庭作证对于确保庭审实质化和公正审判有着重要的意义。在"10·5 湄公河案"中,为直接、客观地证实犯罪事实,对外方移交证据作出充分说明,检察机关拟定了 13 名境外证人出庭作证的名单,根据我国与泰国、老挝的司法协助条约,提出了证人出庭申请。最终来自老挝、泰国的 13 名境外证人在我国法院出庭作证。[1] 这些证人中部分在第一时间赶到案发现场,或者对遇害中国船员进行过尸检,或者参与抓获犯罪嫌疑人,他们的出庭开创了境外执法人员在我国法庭出庭作证的先河。

由于不同国家的法律对证人作证资格、证人的权利、义务、证人的豁免承诺、保护措施等所作的规定不同,跨国作证也一直是实践中的难点。确实存

---

[1] 资料来源:《公正审判糯康　彰显法律威严和正义》,载环球网,http://star.news.sohu.com/20130302/n367591847.shtml。

在因不可抗力等客观原因，或有正当理由无法出庭作证时，对于司法协助取得的传闻证据，应当采取措施补强其证据能力。司法实践中，法院也在逐步认可、推广证人视频作证的形式。网络传输技术使证人无须亲临法庭现场，免除后顾之忧，简易、快速地完成庭审调查和质证。互联网时代的信息化建设完全可以让法院追求正义的方式更加高效。因此，远程视频取证是国际刑事司法协助调查取证中的方式，可以避免无法移交证人作证的问题，也能够保障被告人的诉讼权利，更有利于查清域外刑事证据的真实性，提高国际刑事司法协助调查取证的效率，该方式取得的证据的证据能力得到国际社会普遍认可。

5. 加强对被追诉人的权利的保障

在国际公约和本国法中都规定了犯罪嫌疑人、被告人的基本诉讼权利，在个案中，请求方有义务保障这些基本诉讼权利，对于司法协助中以严重违反国际人权法律文件中规定的基本诉讼权利获得的证据，请求方应考虑予以排除。

虽然各国刑事诉讼法上的诉讼权利的法律内涵并不相同。笔者认为，立法机关或者中央司法机关应在刑事诉讼法中明确对于侦查机关取自境外证据的可采性作出较明确具体又有较强可操作性的规范，以保证法律适用的统一性，使获取境外证据有法可依。

四、国际刑事司法协助调查取证的特定性原则

在传统的刑事司法协助中，特定性原则的目的主要是避免请求方为规避被请求方拒绝合作的事由而提出虚假的合作请求。该原则最初是作为犯罪引渡领域的特定原则，为了保障双重犯罪原则的贯彻，防止个别国家假借引渡之罪，对被引渡人的其他行为进行审判或政治迫害，[1]之后被类推适用于司法协助领域，该原则是国际信义精神的体现。[2]

调查取证协助中的特定原则，是请求方通过被请求方的司法协助获得案

〔1〕 参见张智辉：《引渡问题研究》，载高铭暄、赵秉志主编：《刑法论丛》第2卷，法律出版社1999年版，第450页。

〔2〕 参见黄风：《中国引渡制度研究》，中国政法大学出版社1997年版，第310页。

件相关的刑事证据,只能在该协助允诺的有关程序限度内使用,如所提供的刑事证据仅能用于特定案件、用于证明特定事项或者特定的证明目的,请求方应该严格遵守被请求方对所提供证据的使用特定性说明,不应违反相关条款,将证据运用到与司法协助取证请求中明确列举的诉讼目的无关的其他案件当中。这一原则体现了通过国际刑事司法协助所获得证据必须符合目的使用的要求,证据突破该限制用于其他案件或其他证明事项、证明目的时均不具有可采性,体现了诚信原则。

被请求方在决定是否对请求方的请求进行协助时,该原则是一个非常重要的考量因素,如果请求方确实需要在此限度范围之外披露和使用全部或部分资料或证据时,则应当另行向被请求方提出请求并由其裁量确定是否同意全部或部分披露使用。充分保障了被请求方在接受请求以及限制使用方面的自由裁量权,这也是尊重被请求方主权的基本立场。《联合国打击跨国有组织犯罪公约》第 18 条第 19 款以及《联合国反腐败公约》第 46 条第 19 款均有类似的规定,但也对特定性原则作了例外规定,对于请求缔约方在其诉讼中披露可证明被告人无罪或罪轻的资料和证据则不受证据的特定性原则限制。

在我国与外国签订的刑事司法协助条约中也体现了这一要求,如“移交提出请求的缔约一方的文件或物品只有用于该司法协助请求所限定的目的”,“请求方不得将根据本条约提供的证据用于除请求所述的侦查、起诉或者其他诉讼程序以外的目的”。或者“未经被请求方事先同意,请求方不得将所获得的材料或证据,以及任何派生材料用于请求以外的目的”。[1] 违反证据的特定性要求也即违反了相互尊重主权的原则,损害了国际刑事司法协助的正当性。我国《国际刑事司法协助法》第 18 条明确规定,外国请求将通过刑事司法协助取得的证据材料用于请求针对的案件以外的其他目的的,对外联系机关应当转交主管机关,由主管机关作出是否同意的决定。该限制使

---

〔1〕《中国和希腊民刑事司法协助条约》第 35 条,《中国和日本刑事司法协助条约》第 7 条,《中国与印度尼西亚共和国刑事司法协助条约》第 16 条第 3 款。

用规定给我国司法机关使用和采纳证据的权力造成一定的限制，会因为外国主管机关对证据的使用限制而不可采。

五、国际刑事司法协助中证据转换

通过国际刑事司法协助取得的境外证据，一般情况下可以直接用于法庭审理程序，但境外机构如果要求其所提供的材料“不得作为证据使用”或仅可以用于特定目的、特定事项时，这些证据必须经过相应的程序和手段，转换要符合进行司法裁判的国家刑事诉讼对证据的实体和程序要求，才具有其证据能力和证明力，实现案件证据的正当化。

（一）对境外取得证据的转换

证据的转换，是指通过司法协助获得的境外证据，由于受到境外主管机构与附加的相应的限制使用条件，因此，一国的司法机关通过证据转换的方式，变更其证据形式等形式要件，从而使该境外证据达到作为诉讼证据使用的标准和条件并据以认定案件事实的模式。[1] 证据转换为国内法律认可和采信的机制，在刑事司法协助的过程中尤为重要。国际刑事司法协助中的调查取证模式不同，转换要求也不同：联合调查模式下，双方执法机关都参与到案件的调查取证过程中，调查取证程序符合各自的刑事诉讼程序要求，取得的证据只要不违背各自的证据法规则，就是合法有效的；派员调查是由请求方派员到被请求方收集证据，按照请求方的证据要求、取证技术和手段进行取证，证据的取得本来具有合法性，也无须后续复杂的证据转换程序；在委托取证的情况下，请求方委托被请求方的刑事司法机关代为取证，所取得的证据按照约定方式转交给请求方，这些证据是被请求方执法机关所取得，需要通过一定的程序予以认定和转换。此外，通过非正式国际司法协助获得的、用于刑事调查和公诉的情报资料，均需要通过正式的国际刑事司法协助渠道进行证据转换，以便满足我国刑事诉讼法对从境外获取的证据材料来源和有

---

〔1〕 参见温克志：《涉外刑事证据规则研究》，中国政法大学出版社 2016 年版，第 99 页。

效性的程序性要求。[1] 从时间节点和介入方式上看，证据转换又可分为侦查阶段的转换和诉讼阶段的转换。[2]

我国目前并没有涉外证据的转换及认定标准，国内法律规范和涉外条约大多仅规定转换证据的途径。以“10·5 湄公河案”为例，案件发生后，犯罪发生地泰国、老挝警方收集、提取了大量证据，这些证据证明糯某犯罪集团勾结泰国不法军人实施劫持我国船只、杀害我国船员、用毒品嫁祸被害船员、绑架我国船员收取巨额赎金等犯罪事实。根据我国和泰国、老挝签署的刑事司法协助条约的约定，双方之间交换了从不同渠道收集的大量证据，泰国检察总长及其指定人员对于泰国警方提取的我国船员被害现场的大量证据材料和关键视听资料，进行审定并移交我国，我国公安机关接收后进行翻译并核对，转化为符合我国法律规定的合法证据。老挝警方收集的证据亦进行同样操作。庭审中，参与了案发现场勘验和抓获犯罪嫌疑人的警务人员、痕迹物证的鉴定人等亲自出庭作证和协助调查，参与庭审质证，负责审理该案的昆明市中级人民法院在庭审中对通过司法协助获取的证据和外国证人出庭的证言进行审查，着重审查了证据是否符合刑事司法协助条约规定，是否符合我国刑事诉讼法的规定，证据是否具有证据能力和证明力，有无非法证据排除的情形，能否证明所要证实的案件事实，所有证据都经过庭审公开举证、质证、认证，才作为定案依据予以采信。[3] 可见，从该案来看，外国审定的证据移交我国，我国接收证据之后进行翻译、核对，便完成了证据的转换，而成为我国的证据材料，可以进入庭审，并在法庭上由控辩双方进行质证，并由法官进行审查认证，最终用于证明案件事实。对于转换过程的要求，关键在于翻译与核对的准确性，严防证据失真的风险。

（二）证据被限制使用时的转换

证据转换使用模式还广泛适用于证据被限制使用的情形。我国在境外

---

〔1〕 参见戴长林主编：《刑事案件涉案财物处理程序》，法律出版社 2014 年版，第 225 页。

〔2〕 参见包涵：《中国与东盟刑事司法协助中的证据转换问题研究——以湄公河“10·5”案件为样本》，载《江西警察学院学报》2014 年第 5 期。

〔3〕 参见云南省昆明市中级人民法院课题组：《涉外刑事案件证据调查探析——以湄公河“10·5”中国船员遇害案的审判为基础展开》，载《人民司法》2013 年第 7 期。

取得的证据材料，如果注明“不得作为呈堂证供”或者“只作情报用途，不得向第三者透露或作法庭证供”等，我国侦查机关就会对原始证据资料进行形式转换后使用。我国司法实践中，走私案件中境外证据问题十分突出，通常需要收集走私集团在境外海关等部门留存和备案的出境报关申请资料，将这些出境资料与其向我国海关所提交的入境报关申请资料相比对，以确定其走私犯罪的基本事实。这些报关资料一经提交审核通过并留存海关备案，实质上就成了公共信息资料，其真实性具有一定的保障，由于该资料并不涉及国家利益及公共利益，因此我国提出调查收集此类文件资料时，被请求方通常都会同意并提供。但为免除自身出庭作证的程序性负担以及其他不可预知的法律风险，这些资料的提供者通常会事先对该类文件资料提出使用限制并将要求明确标注于文件资料上，我国办案机关无法将此类文件资料直接作为证据用于认定案件事实，不得不采取变通的做法使用该文件资料所提供的真实信息，并根据该信息以我国刑事诉讼法或刑事诉讼实践认可的形式制作成“证据”，最终用以认定案件事实。

《关于走私刑事案件中境外证据的评定与使用有关问题的联席会议纪要》（缉私〔2005〕349 号）中规定，海关缉私部门所获取的境外证据，如果境外提供者对所提供的证据的使用形式有所限定，如不得公开、不得作为庭审证据使用等的，应由侦查机关将境外原始证据的取证过程和具体内容转换为工作说明，在加盖侦查机关公章后供庭审使用。《广东省高级人民法院　广东省人民检察院　海关总署广东分署加强查办走私犯罪案件工作第八次联席会议纪要》（粤检会字〔2009〕12 号）也明确依法取得的此类境外证据通过法定程序转换后可作证据使用。由于此类证据转换方法极其方便，又有最高司法机关业务部门的司法意见确认，已经成为司法常态。除走私犯罪案件外，其他类型的犯罪案件的诉讼程序中也经常使用。有学者分析，这种涉外证据的转换使用，体现了我国在维护国家刑事司法主权的指导思想之下，对于涉外刑事证据收集过程中强烈的客观真实导向性，因被请求协助方诉讼法律规则的完备性，因而其提供的境外证据的客观真实性就毋庸置疑，即便提供证据一方限制或禁止使用，该类证据仍得以运用于认定案件事实。[1] 特别是对于当前迫切需要打击跨境犯罪以维护国家司法主权和保障社会重大公共利益的根本价值考量下，转换使用，也具有符合特定历史时期国家和社会发展需求的现实正当性。[2] 但也有学者认为，对境外刑事证据转化使用的做法直接违反了证据特定性原则，并不利于我国与其他国家刑事司法协助的有效开展。[3]

这种“工作说明”实际是对境外证据资料的一种陈述、概括与归纳的书面文件，显然不属于我国《刑事诉讼法》规定的 8 种证据形式之一，对于被告人来说也无法进行严格意义上的“质证”，被告人或辩护人无从对该“工作说明”进行辩护。实务部门针对走私案件通过司法意见并以司法文件的方式对此进行确认和指导，甚至在其他类型案件中直接参照适用，在法律依据方面明显存在不足。境外证据虽然被转换为侦查机关制作的“工作说明”，有“二手证据”之嫌，存在证据失真的风险。笔者认为，国家的刑事司法主权是有限度的，被告人的正当诉讼权利也是刑事诉讼法的基本原则，法治化的刑事司法需要设定一定的程序规则和证据规则以保障其最低限度的公正，既不可过于扩张涉外刑事证据的采证空间，也绝不可以有损于当事人正当诉讼权益。实践中，我国对于域外获得证据在使用范围有明确限制的转化后使用的做法显然有违证据提供方或者司法协助条约中规定的限定条件，会影响我国的司法形象，不利于我国与外国开展调查取证的刑事司法协助。因此，对于境外证据资料转换使用要进一步将其法定化，将其转换使用的有关规定上升为刑事诉讼的法律规范，为此类证据的使用提供制度性保障。特别是要保障被告人及辩护人适度的知情权，应当将此类材料于庭前向被告人及其辩护人出示，但其不得获取任何复制件，如果被告人或辩护人对所包含的信息质疑，应该对质疑进行当庭解答，以确保刑事诉讼程序的公正性。

---

〔1〕 参见温克志：《涉外刑事证据规则研究》，中国政法大学出版社 2016 年版，第 114 页。

〔2〕 参见温克志：《涉外刑事证据规则研究》，中国政法大学出版社 2016 年版，第 198 页。

〔3〕 参见冯俊伟：《域外取得的刑事证据之可采性》，载《中国法学》2015 年第 4 期。

第二节　我国国际刑事司法协助中的调查取证

调查取证是联合国《刑事事件互助示范条约》的主要内容，其中第1条第2款规定了7项适用范围：向有关人员收集证词或供述，协助提供关押者或其他人作证或协助调查工作，递送司法文件，执行搜查和查封，检查物件和场地，提供资料和证据，提供有关文件和记录的原件或经核证的副本，包括银行、财务、公司或商务记录，基本上都是有关调查取证的内容。《联合国禁毒公约》首次确认了控制下支付（controlled delivery）是在有关侦查当局的严密监视下，容许药物运输途径他国，从而使发生在不同境内的侦查活动形成一个连贯的过程，在各国办理涉外刑事案件和打击跨国犯罪中成为一种有效的侦破案件的方法，也是协助查获赃证及查明犯罪成员的有力措施。有学者将控制下支付也作为调查取证的内容。[1] 也有学者将包括控制下交付在内的电子监听、特工侦查、跨境追踪的特殊侦查手段也纳入国际刑事司法协助的调查取证中。[2]

在我国与其他国家签订的刑事司法协助条约中，调查取证是一项主要内容，调查取证的范围大同小异，本节以我国《国际刑事司法协助法》为基础，结合我国与外国签订的有关刑事司法协助条约，对各类调查取证行为的特点进行分析。

一、查找、辨认有关人员

（一）"有关人员"的界定

查找、辨认有关人员，主要是指根据请求方的请求，采取必要的调查和监测手段，确定请求方所列举人员的行踪和停留处所，或者甄别请求方所列举人员的身份。这是近年来国际刑事司法协助中新的协助形式，如国际刑警组织可以应一成员的请求发布蓝色通缉令，旨在取得与涉嫌人员相关的信息，

---

〔1〕 参见成良文：《刑事司法协助》，法律出版社2003年版，第102～117页；王铮：《国际刑事司法协助中的调查取证》，载《政法论坛》1998年第1期。

〔2〕 参见叶良芳：《国际刑法基本理论研究》，浙江大学出版社2018年版，第230页。

如位置锁定、身份识别等。我国与美国的刑事司法协助条约第 1 条将“查找或辨认人员”列为刑事司法协助的内容之一。在海峡两岸《南京协议》中使用的是“确定关系人所在或确认其身份”的表述，两者的意思一致，即确定有关人员的“行踪”和“身份”，对于“身份”则可以作广义的理解，包括确定一个人的身份所必需的特征或者其他有关信息。

这里“有关人员”包括犯罪嫌疑人、被告人、证人、刑事附带民事诉讼的当事人、证人或其他与刑事案件相关的人员。在有的刑事司法协助条约中，查找和辨认的对象不仅可以是人，还可以是物品，如我国与韩国的刑事司法协助条约第 13 条也将有关的协助查找和辨认的对象包括“人员或物品”。我国与外国的警务合作协议中，查找的对象还包括“下落不明的人、无名尸体、不明身份的人”。

（二）查找、辨认的目的

查找或辨认有关人员是境外追捕和引渡的前期侦查行为，它为追踪犯罪嫌疑人的下落，锁定其行踪提供协助，这是一种独立的司法协助形式，其目的是调查有关人员的行踪和真实身份，即便双方不可能对有关案件开展引渡合作，被请求方仍然可以为上述目的向请求方提供关于查找或辨认有关人员的协助。

这种协助形式不同于与引渡为目的通缉，境外通缉作为引渡合作的附属措施，被请求方在考虑是否为请求方的境外通缉请求提供合作时，须首先考虑两国之间是否有开展引渡合作的可能，如果不存在引渡可能，被请求方则不会执行请求方的境外通缉和拘捕逃犯的请求。如果存在引渡可能，被请求方发现逃犯时会立即采取临时羁押措施，防止其继续躲避追捕。为此，境外通缉的请求必须附有请求方主管机关对被通缉人员签发的逮捕令。

（三）查找、辨认的手段

请求方向外国请求查找、辨认人员的，请求方应当向被请求方提供有关人员的基本情况，包括需要查找、辨认人员的姓名、性别、住址、身份信息、联系方式、外表和行为特征、旅行证件信息以及有助于查找、辨认的其他资料等，以方便被请求方尽快地提供协助。被请求方在查找或辨认有关人员时，如果被请求方发现有关逃犯，也只能采取秘密调查等非强制性手段，而不能采取扣留、羁押等限制人身自由的强制性手段，也不能使用技术侦查措施，不能强迫有关人员接受辨认或甄别等。

经查找、辨认之后，被请求方可以将其查找到的有关信息提供给请求方，包括提供上述人员在被请求方出入境记录、住宿记录、居留处所记录，就业或其他活动信息，特别是辨别隐匿或者变换原有身份或个人特征的上述人员。

二、查询、核实涉案财物、金融账户信息

涉案财物，是指刑事案件涉及的，用于计算涉案数额、对定罪量刑有重要影响的现金、物品，金融账户股票、基金、有价证券等账户。基于社会管理的需要，与公民的财产信息相关，工商、税务、房管、银行、证券等行业建立的门类齐全的各类数据库信息经查询后均可以获得。

请求方向外国请求查询、核实涉案财物、金融账户信息的，请求方应当向被请求方提供需要查询、核实的涉案财物的权属、地点、特性、外形和数量等具体信息，需要查询、核实的金融账户相关信息，以有助于被请求方进行查询与核实。

三、获取并提供有关人员的证言或者陈述

（一）"有关人员"的范围

获取并提供有关人员的证言或者陈述，属于言词证据，是对过去事实的恢复性陈述，也有的学者表述为"代为询问证人"，或委托询问证人。[1] 我国国际刑事司法协助法中使用的"有关人员"的证言或者陈述，是了解案情的人就自己了解的案情所作的陈述，不仅包括证人，还包括被害人、鉴定人、犯罪嫌疑人以及附带民事诉讼的当事人等。有关人员可以是请求方公民、被请求方公民，也可以是第三国公民。虽然我国刑事诉讼立法中对于犯罪嫌疑人使用的是"供述"，但其意思与"陈述"相同。在我国签订的刑事司法协助条

---

〔1〕 参见黄风：《国际刑事司法合作的规则与实践》，北京大学出版社 2008 年版，第 143 页。

约中也允许针对犯罪嫌疑人或被告人进行委托询问，如我国与古巴的民刑事司法协助条约第27条规定，根据缔约一方的请求，缔约另一方应在刑事方面“听取被告人或嫌疑犯的陈述”。实践中，一些了解案情的人员不便出国参加诉讼，那么请求方可以请求其所在地的司法机关在当地录取有关证言或陈述，再将书面证词移交给请求方，既简化了请求方境外取证的手续，也减轻了有关人员的讼累。

（二）代为询问的要求

在委托询问获取有关人员的证言或陈述的情况下，通常请求方向被请求方提交书面的询问提纲，由被请求方按照请求方的要求代为询问，并制作好询问笔录，因此，请求方应当在请求书中详细载明，被询问人的个人情况，以及拟询问的内容和要求。询问提纲应当尽量详细，防止被请求方在询问时对请求方需要调查的问题不得要领，也防止被询问人在回答时过于简单笼统。被请求方的执行机关对请求方的案件的了解可能仅以请求书中介绍的情况为限。

对于收集言词证据过程中需要注意的法律问题，如不得采取强制、欺骗等非法手段，也应一并在委托请求书中作出提示。《芬兰国际刑事司法协助法》第15条规定，如果需要对请求方刑事诉讼中的犯罪嫌疑人或被告人在芬兰进行询问，不得对其实行拘捕、羁押或者限制其旅行自由。

在我国与他国签订的刑事司法协助条约中通常还允许在询问时请求方方面的参与。如在讯问犯罪嫌疑人、被告人或询问证人、被害人、鉴定人时，允许请求方中央主管机关或外交、领事代表在场，并直接或通过被请求方人员向犯罪嫌疑人、被告人、证人、被害人、鉴定人提问。[1] 或者“被请求方在不违背本国法律的范围内，可以同意请求中指明的人员在执行请求时到场”，或者“同意请求方主管机关的人员以观察员的身份在执行请求时到场”，并

---

〔1〕《中华人民共和国和土库曼斯坦关于打击恐怖主义、分裂主义和极端主义的合作协定》第13条第2项。

允许这些人员通过被请求方主管机关的官员向被取证人员提问。[1] 在此情况下,被请求方应该将执行请求的时间、地点等具体信息及时通知给请求方,被询问人的法律代表以及请求方的代表可遵照被请求方的法律程序到场。询问证人、被害人、嫌疑人、当事人等,应要求他们交出有关证据材料。在"10·5湄公河案"的调查取证环节,由于案件发生在湄公河泰国河段,专案组根据我国与泰国的刑事司法协助条约,创造性地提出在询问犯罪嫌疑人和证人时,以中方为主、泰国警方派员旁听的方式进行。这种侦查取证方式在国际警务合作中尚属首次,既尊重了中泰两国的司法主权,又维护了我国的司法尊严和独立。[2]

询问的对象因其国别不同而在适用程序上也有所区别。如果询问的对象是被请求方公民,应依照被请求方的法律规定询问。如果询问对象是请求方公民,除委托被请求方代为询问外,请求方还可按照条约的规定,通过其派驻在被请求方的外交或领事官员向在该国境内的本国公民进行询问,但不得违反所在国法律,并不得采取任何强制措施。必要时,应由被请求方依照本国法律决定是否应当采取强制措施。如果询问的是第三国公民,则可能需要与有关第三国取得联系,通过该公民所在国驻当地的外交官员到场,由被请求方司法人员按照本国法律程序对其进行询问,必要时请求方代表也可以到场一同询问。

四、获取并提供有关文件、记录、电子数据和物品

(一)获取并提供文件、记录、电子数据和物品

文件、记录、物品属于书证和物证的范畴,属于实物证据,电子数据包括电子邮件、聊天记录、电子签名、访问记录等。我国《刑事诉讼法》和《民事诉讼法》均将电子数据列为单独的一类证据,赋予其法律上的独立地位。对于

---

〔1〕《中华人民共和国和巴西联邦共和国关于刑事司法协助的条约》第10条第4款,《中华人民共和国和墨西哥合众国关于刑事司法协助的条约》第8条第4款。

〔2〕参见丁兆刚、赵一平:《"一带一路"背景下的侦查取证合作》,载《济宁学院学报》2018年第4期。

物证、书证以及电子数据的取证适用最广泛的侦查措施是搜查、扣押。在我国《国际刑事司法协助法(草案)》(以下简称草案稿)第四章对于物证与书证的调查取证统一表述为“获取并提供有关文件、记录、电子数据和物品”,而第六章对于涉案财物的处理使用了“查封、冻结、扣押”。虽然获得物证、书证的传统方式也包括搜查、扣押等,但立法本意在于将证据保全与财产保全相区分。将“查封、扣押”改为“获取”在语义上更准确,因为从请求方的角度而言是“获取”,而对于被请求方来说,为请求方提供协助,可能采用查封、扣押等方式。

在国际刑事司法协助中,被请求方向请求方提供作为物质实体或者痕迹形态的物证,以及本国政府机构、司法机关、金融机关、其他团体或者个人保管的文件或者材料,为有关案件的调查和审判服务。我国与外国互相提供犯罪证据方面的协助较常见。在实践中,我国曾应美方请求,首次向美方移交涉嫌恐怖犯罪潜逃到中国,又在我国因制贩毒品罪被定罪判刑的美籍人员的犯罪工具和有关物品,作为证据用于美国国内的刑事调查、检控。随后,又应美方请求,在该罪犯服刑完毕驱逐出境的同时,将其移交美方。[1]

一般而言,请求方对于调取存在境外的与犯罪有关的物证、书证的协助请求需要具体说明有关物品或文件的基本特性、存放地点、保管人员等信息,且调取物证和书证的范围是特定而明确的,不允许被无限地扩大。被请求方接受委托后,只需依照其本国法的规定,交由具有管辖权的执法机关依职权采取提取、搜查、扣押等措施保全和固定或提取,并依照法定程序移交给请求方。这些实物类证据,基本不会因为取证主体和程序的不同而改变其与案件事实的客观关联性,只要接受被请求方依法收集、提供的该类证据,就能保障该类证据的真实性和关联性。有学者因此对物证、书证的委托取证规则概括为“委托后不管”。[2]

---

〔1〕 参见《中外司法协助生效条约增多 首次向美移交美籍罪犯》,载中新网 2012 年 2 月 13 日,http://www.chinanews.com/fz/2012/02-13/3663479.shtml。

〔2〕 参见温克志:《涉外刑事证据规则研究》,中国政法大学出版社 2016 年版,第 184 页。

（二）相关规则

其一，移交证据要求：被请求方通过调查获取的物证、书证和其他作为证据的物品和资料，应当移交请求方。被请求方向请求方提供由本国政府机构、司法机关、金融机构保管的有关文件、记录等，除非请求方明确要求出示原件的，并不需要移交原件，被请求方可以提供调取的材料是经证明无误的副本或影印件即可。物证一般要求移送原物。物品和资料的移交不得侵犯被请求方或第三方对这些物品的合法权利，包括善意第三人的权利。如果代为获取的有关证据材料对被请求方境内其他未决刑事诉讼案件的审理是不可缺少的，被请求方可暂缓提供。但被请求方应及时向请求方通报暂缓提供的原因。

其二，归还要求：请求方应尽快归还被请求方向其移交的任何物品或文件的原件，但被请求方放弃归还要求的除外。在我国与外国签订的刑事司法协助条约中，大部分都有移交赃款赃物的内容，其中包括作为证据的赃款赃物的移交，属于委托调查取证的范畴，请求方在境内诉讼程序结束后应及时归还赃款赃物。虽然我国《国际刑事司法协助法》并未使用赃款赃物的用语，但对于请求方移交证据的内容是一致的，我国向外国请求调查取证，被请求方要求归还其提供的证据材料或者物品的，我国办案机关应当尽快通过对外联系机关归还。同样，外国向我国请求调查取证，如果我国办案机关要求请求方保证归还其提供的证据材料或者物品，请求方作出保证的，可以提供。

（三）特定文件的提供

对于一些特定文件的获取与提供，可能会侵犯到被取证人的人身和财产权利，如被取证人对物证、书证的丧失占有，犯罪记录可能对被取证人有不利影响，还有一些文件属于有关机关掌握的尚未公开的秘密或情报等。一些关于政府记录、文件或资料的副本是否向请求方提供。《联合国反腐败公约》明确，如果这些资料是向公众公开的，被请求方应当提供；否则，被请求方可斟酌决定是否提供。

对于金融机构交易记录和资料的调取，表现为对商业银行等金融机构保护客户资产安全的限制，体现了协助调查取证的一定强制性，但由于协助查询账户记录行为尚不构成对财产权的实际限制或剥夺，其强制性也是低程度的。[1] 由于银行等金融机构奉行为客户资料保密的业内准则，且有可能涉及对当事人财产权利和个人秘密的保护。《联合国禁毒公约》明确缔约方不得以保守银行秘密为由拒绝提供公约所规定的协助，促使各国对传统的国内银行保密法进行改革，以适应控制洗钱犯罪的要求。2003 年，《英国国际刑事合作法》则在“相互提供证据”章之外采用专章“第四章　银行交易信息”的方式规定了调取金融机构记录这一协助形式，明确要求执行此类请求必须具备双重犯罪原则，并且请求所针对之人在缔约方因严重犯罪行为受到调查。同时，还规定金融机构如果没有合理辩解而不遵守客户信息查询令的强制性要求，则构成犯罪。[2] 体现了这一协助方式因对有关人员财产权利的重视而更慎重，以及对这一协助方式的强制性要求。

五、获取并提供鉴定意见

鉴定意见，是指有专门知识的鉴定人对案件中的专门性问题进行鉴定后提出的书面意见。如法医鉴定报告、血迹鉴定报告、指纹鉴定报告等。鉴定意见仍然要经过司法机关结合全案情况和其他证据进行审查判断，查证属实之后，才能作为定案的根据。如果需要外国协助鉴定，办案机关需要在请求书及所附材料中提供需要鉴定的对象的具体信息，如鉴定的目的、对象、对鉴定机构的资质要求等。

在我国，刑事案件中鉴定意见只能由公安司法机关指派或聘请的鉴定机构出具，当事人无权委托鉴定。但在有的国家，控辩双方均有权委托专家证人，如果要求外国获取并提供鉴定意见，不同诉讼模式下，对于鉴定意见的可采性问题值得我们探讨。

---

〔1〕 参见黄风：《中华人民共和国国际刑事司法协助法立法建议稿及论证》，北京大学出版社 2012 年版，第 77 页。

〔2〕 2003 年《英国国际刑事合作法》第 32 条第 1 款和第 33 条第 1 款。

六、勘验或者检查场所、物品、人身、尸体

勘验或者检查,是指侦查人员对与犯罪有关的场所、物品、人身、尸体等进行现场勘验、检查,并形成记录的一种侦查行为。这些活动可能带有强制性的,甚至涉及有关人员的人身权利或财产权利,各国一般均持审慎的态度。

勘验、检查是侦查中常用的侦查方法,可以发现和搜集犯罪活动所遗留下来的各种痕迹和物品,是发现和取得第一手证据的重要途径,如对于与案件事实可能有关联的血迹、指纹、足迹、毛发、体液、人体组织等痕迹和物品的鉴别、提取和检查。请求外国协助进行勘验、检查活动而形成的笔录可以作为证据使用,对于及时发现和固定犯罪证据具有重要意义。请求方向外国请求勘验或者检查的,请求方应当向被请求方提供需要勘验或者检查的场所、物品等的具体信息。

七、搜查人身、物品、住所和其他有关场所

搜查是刑事侦查活动中最常见的侦查行为之一,也有学者称为"搜索",即"侦查犯罪过程中,侦查人员为发现隐匿之犯罪嫌疑人及搜查证据所为之强制处分"。搜查行为本身是对隐藏之人或物的搜索与查看,且一般都是为扣押或追缴、没收做准备。我国《刑事诉讼法》也规定了对犯罪嫌疑人以及可能隐藏罪犯或者犯罪证据的人的身体、物品、住处和其他有关的地方进行搜查。搜查直接关系到被搜查对象的人身、财产、住宅、隐私等宪法基本权利,因此,在许多国家的刑事诉讼立法中对搜查都有明确的程序规范,包括搜查的对象、搜查的理由、搜查的权限和搜查的程序等。在我国,搜查可由侦查机关负责人批准决定,由侦查人员具体负责执行。而一些国家搜查的决定权在于法官,只有在紧急情况或有迟疑危险时,检察机关或者其辅助机关可以决定。

请求外国协助搜查时,应当同时出具确认该财产处于被请求方境内的证据,尽可能向被请求方提供搜查对象的具体信息,包括财产的具体位置和实际控制人的详细资料,方便被请求方实施协助行为。

在移交证据之前,为避免损害与该财产有关系的案外第三人的权利,被请求方应当查明涉案财产所有权的确切归属。如果被请求方发现财产的所有权并非归属于请求方或请求书中指明的当事人,可以拒绝移交;如果财产涉及其他司法程序需要作为证据使用,可以暂缓移交,必须及时将拒绝和暂缓移交的理由通知请求方。

第五章　国际刑事司法协助调查取证的发展

第一节　安排证人跨国作证或者协助调查

在刑事诉讼中,证人证言和鉴定意见具有至关重要的作用。证人、鉴定人作证主要有三种途径:出庭作证、协助调查、通过视频音频作证。证人、鉴定人亲自出庭参与法庭审判,是直接言词原则的要求,尤其在英美法系国家中,受到传闻证据规则的约束,证人必须出庭,否则其证言不被庭审采纳。在我国,证人作证是一种法定义务,证人、鉴定人在法定情形下应当出庭接受庭审质证。但我国法律规定对外国没有法律效力,境外证人、鉴定人是否同意来我国作证或通过视频、音频作证或者协助调查均出于其自愿,不属于其必须履行的法律义务。为了查明案情进行刑事诉讼活动,涉及境外证人或者鉴定人时,就需要他国协助安排证人、鉴定人来我国作证,这是国际刑事司法协助中一项重要工作。

一、安排证人跨国作证或者协助调查的条件

在我国与外国签订的刑事司法协助条约中,也有移交证人、鉴定人到请求方作证或者协助调查的条款,如我国与大不列颠及北爱尔兰联合王国刑事司法协助条约第13条规定,被请求方应当根据请求方的请求,邀请有关人员前往请求方境内的有关机关作证或者协助调查。协助调查包括协助辨认或提供其他协助。对于出国作证人员的范围,有的条约规定为“证人、被害人和

鉴定人”,有的则表述为“证人、鉴定人”,对于出庭作证是否包括被害人,规定不一。本书以安排证人、鉴定人跨国作证为例探讨在国际刑事司法协助中的相关规定。

在司法实践中,2012 年 11 月 8 日,在新加坡李某波案庭审现场,来自江西鄱阳县检察院的证人许某峰作为检方证人首次境外刑庭作证。我国依据韩国法务部请求,成功安排两位中国籍证人赴韩就一起跨国诈骗案件出庭作证,协助法庭作出对我国受害人有利的判决。[1] “10·5 湄公河案”庭审中,我国检察机关也向泰国和老挝提出证人出庭的请求,老挝、泰国警务人员在我国的法庭上出庭作证,3 名老挝证人证实了抓获犯罪集团首要分子糯某的整个过程,10 名泰国证人的证言证实了案件涉及的毒品方面、尸检方面、武器方面和事发现场的目击过程,外国证人出庭作证对于证明糯某犯罪集团的犯罪事实起到了至关重要的作用,这也是外国警务人员在我国的刑事审判中首次出庭作证。

(一)证人、鉴定人的同意

证人、鉴定人等出国作证必须征得本人同意,请求方或被请求方均不得强迫或威胁证人、鉴定人出庭作证。请求方不得对拒绝前往其境内作证或鉴定的人予以处罚,或以采取强制措施相威胁,或采取任何强制措施。

请求方认为证人或鉴定人有必要就有关刑事案件来到其主管机关,则应在其要求送达出庭通知的请求中予以提及,被请求方应向有关的证人或鉴定人转达上述请求。请求书及所附材料应当根据需要载明有关事项,包括:(1)证人、鉴定人基本信息,如姓名、性别、住址、身份信息、联系方式和有助于确认证人、鉴定人的其他资料,包括照片或有关活动信息等,以便被请求方司法机关能够根据有效信息找到证人、鉴定人,并征询他们的意见和要求。(2)作证或协助调查的目的、必要性、时间和地点。

请求方须对请求协助事项具体说明,对请求作证、协助调查活动具体安

---

[1] 参见《移管被判刑人国际合作呈双增长态势》,载新浪新闻中心网,http://news.sina.com.cn/o/2017-05-05/doc-ifyeycte8818414.shtml。

排，以便被请求方及有关证人或鉴定人了解有关情况，判断是否予以协助。送达出庭通知的请求应在要求证人或鉴定人到请求方的主管机关之日的至少 2 个月以前递交给被请求方。被请求方应将证人或鉴定人的答复及时通知请求方。

（二）证人拒绝作证的规定

出于对保护亲情、职业伦理和公务伦理的需要，无论是大陆法系国家还是英美法系国家均赋予公民一定的拒证特权，使证人摆脱作证困境的权利规则。如夫妻之间的通信内容有权不向司法当局透露；牧师、医生、律师等职业人员从业时对当事人向其所陈述的情况，有义务为当事人保密。该规则是法律在诉讼利益和社会关系稳定之间进行权衡的结果，但各国诉讼法或证据法中对享有证据特权的主体范围和内容不尽相同。我国《刑事诉讼法》第 193 条是对被告人的配偶、父母、子女强制出庭作证豁免的例外性规定，该条规定将拒证理由基于证人的身份，拒证权的主体范围也只限定于"配偶、父母、子女"，拒证权只限于审判阶段，凸显立法的有限性。此外，根据我国《外交特权与豁免条例》以及我国参加和签订的有关领事关系的条约，中国公民或者获得在中国永久居留资格的外国人担任的外国外交代表；非中国公民或者不是在中国永久居留的外国使领馆服务人员；外国驻中国的使领馆人员就其执行职务所涉事项，没有作证义务。

联合国《刑事事件互助示范条约》第 12 条规定，证人既可依照被请求方法律规定，也可依照请求方法律规定，拒绝举证。如某人声称他按照对方的法律拒绝举证，该人所在的国家应将对方主管当局出示的证明作为拒证的凭证。在我国与外国签订的刑事司法协助条约中，也有拒证权的规定，如我国与墨西哥刑事司法协助条约第 9 条规定，如果被请求方法律允许被要求作证的人员在被请求方提起的诉讼中的情形下不作证，可以拒绝作证。如果被要求作证的人员主张依据请求方法律有拒绝作证的权利或者特权，被请求方应当要求请求方提供是否存在该项权利或者特权的证明书。请求方的证明书应当被视为是否存在该项权利或者特权的充分证据。也有的双边条约中规定，如果"被要求作证的人员主张根据请求方本国法律无行为能力、享有豁免权或者享有特权，该取证仍然应当进行，同时该主张应该被告知请求方中央机关，由请求方机关处理”。[1] 以上规定中与上述联合国示范条约的规定是一致的，基于被请求方法律享有拒证权是不难理解的，因为取证适用的是被请求方法律。而基于请求方或第三国法律拒绝作证的情况则比较复杂，被请求方应当要求请求方或者第三国提交相关的法律证明。当然，也有国际条约不允许证人援引请求方的法律拒绝作证，在意大利和美国刑事司法协助条约中规定请求方法律为证人规定的权利不得在执行有关请求时援引，但它们在请求方将仍予保留。

二、对证人、鉴定人的保护

（一）相关规定

证人被传唤出庭作证，鉴定人依法参与诉讼，要特别考虑证人、鉴定人的安全问题以及出国参与诉讼的费用问题。证人安全不能有效保障，或者因作证而付出极大的经济代价，都会影响证人作证的主动性与积极性以及证言的客观性与真实性，国家对证人在履行公民作证义务的同时还要赋予证人人身及财产方面的法律保障。《联合国反腐败公约》第 32 条、第 33 条对保护证人、鉴定人、被害人作了专门规定，为证人、鉴定人并酌情为其亲属及其他与其关系密切者提供有效保护。要求缔约方在不影响被告人正当程序权的情况下，制定为证人、鉴定人提供人身保护的程序，如在必要和可行的情况下将其转移，并在适当情况下允许不披露或者限制披露有关其身份和下落的资料。同时，规定允许以确保证人和鉴定人安全的方式作证的取证规则等。联合国制定了国际毒品控制计划和《模范证人保护法》，欧盟警察局长联合会启动了跨国联合保证证人计划，这些为各国确立跨国作证的安全保护制度提供了较好的范例。有的国家在刑事诉讼法典中专章规定证人的权利和义务，并在刑法典中规定对妨害证人作证的行为或者打击报复证人的行为进行刑事制裁。也有的国家通过专门的证人保护法，规定对证人的保护机构与职

[1] 《中华人民共和国和巴西联邦共和国关于刑事司法协助的条约》第 11 条。

责、明确对证人的保护措施、程序、费用和责任等，如英国的《证人保护项目法》（1892年）、菲律宾的《证人保护、安全和利益法》（1991年）、澳大利亚《证人保护法》（1993年）、加拿大《证人保护项目法》（1996年）、南非《证人保护法》（1998年）等。我国《刑事诉讼法》也明确规定证人、鉴定人的出庭制度和多项保护措施，以及有意作伪证或者隐匿罪证，或者作虚假鉴定所负的法律责任。

各国对于证人、鉴定人保护规范也不同。在"10·5湄公河案"中，我国司法机关经过协调，以"司法协助请求书"的形式分别向老挝、缅甸、泰国发出请求，协调商请各国派员赴我国参与庭审并出庭作证，其中，来自泰国的10名证人和来自老挝的2名证人均向我国法院申请了保护，从证人入境起，我国公安人员就提供全程保护。针对国内首次境外证人出庭作证的情况，我国司法机关还专门制定了《境外证人出庭作证规则》。[1] 对外国证人采取了一系列的保护措施：一是对证人的身份情况严加保密，法庭以不公开的方式对证人的身份进行审查核实；二是隐去证人姓名，对证人进行编号，为"一号证人""二号证人"等；三是专门设置证人室进行视频作证，并用屏风遮挡，通过视频信号将其证言和模糊影像传输到法庭的多媒体系统上进行质证，接受控辩双方询问；四是在对庭审进行电视直播时对证人采用磨砂玻璃遮挡，不出现证人面部相貌电视画面。[2] 通过这些措施，使外国证人消除后顾之忧，在法庭上坦然如实作证。

对证人保护期限的长短一般由当事国商定，我国与外国的刑事司法协助条约中对证人、鉴定人离境的期限一般都有规定，是在正式通知其无须继续停留后的45天或者15天内必须离境。[3] 对于条约有明确规定的，按照条约确定的期限作为保护期限，条约没有规定的，或者与我国尚未签署刑事司法

---

〔1〕 参见《法制日报：从糯康受审看中国刑事司法全球化》，载公安部网2012年9月25日，https://www.mps.gov.cn/n2255079/n2256143/n2256144/c3771318/content.html。

〔2〕 参见云南省昆明市中级人民法院课题组：《涉外刑事案件证据调查探析——以湄公河"10·5"中国船员遇害案的审判为基础展开》，载《人民司法》2013年第7期。

〔3〕 《中华人民共和国和葡萄牙共和国关于刑事司法协助的条约》第11条，《中华人民共和国和巴西联邦共和国关于刑事司法协助的条约》第14条。

协助条约的,根据我国《国际刑事司法协助法》第33条第2款的规定,对证人的保护期限按照通知离境后的15日,但是由于不可抗力或者其他特殊原因未能离境的除外。对于未按规定期限离境的,将不再受到不追诉犯罪和人身自由的保护,证人或鉴定人在离开后又自愿返回,也不适用关于保护的规定。外国证人在作证结束后,请求方应当将其及时送归被请求方,不得任意允许其滞留或脱离被请求方的法律管束。

(二)证人司法责任豁免权

对证人的司法保护,除证人的作证豁免权之外,还包括证人的刑事责任豁免问题。有的国家的条约中规定的证人刑事豁免的范围,甚至包括进入请求方境内之前所犯的罪行,对于证人出庭作证所提供的证词、物证、书证或其他证明所需的物品,均享有刑事豁免权,不得以此为依据或线索对之采取刑事措施。在我国与外国签订双边条约中,大多包括证人或鉴定人不得因其证词或鉴定意见而追究其刑事责任的规定。但在措辞上不一,有的条约规定"不得追究刑事责任",或"以任何形式剥夺自由",有的则规定为"不得逮捕"。这些规定要求请求方对证人或鉴定人的安全和自由的保护的事项一般包括:不因其入境前的罪行而追究其刑事责任;不因其证词、鉴定或其他涉及诉讼内容的行为而追究其刑事责任。赋予证人刑事豁免权,有利于鼓励证人出庭作证,免除其后顾之忧,也保障了被请求方的国家主权,避免请求方利用通知证人出庭作证的方式来实现对证人的刑事强制措施,或者实现变相引渡的目的。

当然,在证人或鉴定人入境后实施的与诉讼内容无关的犯罪行为,则不受证人保护的约束,请求方可以对其行为予以刑事追究。我国《国际刑事司法协助法》第33条也作了类似规定,来我国作证或者协助调查的证人、鉴定人在入境前实施的犯罪不受追诉,但入境后实施违法犯罪的除外。

对于作伪证或其他藐视法庭行为的豁免问题,《联合国打击跨国有组织犯罪公约》《联合国反腐败公约》并不豁免证人、鉴定人作伪证的犯罪行为。在我国与加拿大刑事司法协助条约中,规定要求请求方"应保证向证人充分说明其对法庭所负责任和义务,以保证该证人避免因藐视法庭或类似行为而被诉”。可见,证人在本国司法机关面前作伪证的犯罪行为,须受到法律追究,同样,如果给予来自外国的证人和鉴定人以刑事豁免权则有违宪法的平等原则,特别是对有意陷害他人或包庇罪犯的伪证或者其他严重扰乱法庭的行为,不能适用刑事豁免。

三、证人、鉴定人的补偿制度

许多国家和地区规定证人有获得合理补偿的权利,补偿证人因作证而减少的正常收入。我国《刑事诉讼法》也有明确规定。我国与美国的刑事司法协助条约中规定,当请求方要求某人到其境内作证或协助调查时,还应说明所付费用的范围。我国《国际刑事司法协助法》第 34 条规定,对于来我国作证或者协助调查的证人、鉴定人,办案机关应当依法给予补助。笔者认为,为了让补助更加明确,请求方应在请求书或出庭通知中说明可支付的大约补偿数以及可偿付的旅费与食宿费。应证人或鉴定人的要求,请求方应向其全部或部分预付上述费用。有关费用的计算应按请求方有关法律规定的标准办理。

四、对押送在押人员协助调查取证的特别规定

(一)内涵

押送在押人员出国作证或者协助调查,是指为了在请求方的刑事诉讼中提供证词或协助调查,根据请求将在被请求方受到羁押的人员移送到请求方境内,并按约定的条件,完成承诺的司法协助行为后再将该人送回被请求方。根据公约和我国立法的规定,在押人员包括在一国羁押或服刑的人,如在押的该案或其他案件刑事被告人或已决犯,因行政处罚或其他原因而受羁押的人员,这些人通常是与请求方正在追诉的犯罪分子共同参与犯罪过程的人。在英美法系国家,对于污点证人指控犯罪的证言在法庭上较一般证人证言证明力更高;而大陆法系国家,同案犯的供述和指证也具有重要意义,因此,解送在押人员出国作证协助调查案件对于请求方查明犯罪事实具有重要意义。在司法实践中,一些犯罪分子犯罪后逃到国外,又因触犯当地移民法或由于

洗钱等犯罪行为受到该地方当局指控，而这些犯罪行为通常与其在潜逃前在所在国家内实施的犯罪行为有着关联，犯罪事实和证人也大多存在于原所在国家。如果原所在国家不能亲自追诉该犯罪分子，而通过提供同案犯作证等方式来支持、协助另一国家对犯罪分子的诉讼活动，则能借助被请求方的司法力量达到惩罚犯罪的目的，也可以在一定程度上节省本国的司法资源。

解送在押人员出国作证的司法协助方式已得到国际社会的广泛认可，《联合国反腐败公约》第 46 条第 10 款对安排在押人员协助调查取证有明确规定。我国与外国签订的刑事司法协助条约中，也规定了“临时押送在押人员出庭作证”或者“移送在押人员以便作证或协助调查”。我国《国际刑事司法协助法》第 35 条和第 38 条，分别对我国向外国请求在押人员来我国作证或协助调查，以及外国请求我国移送在押人员出国作证或协助调查进行明确规范。

在押人员作证或者协助调查不同于引渡和被判刑人移管，前者的目的不是对该人进行追诉和执行刑罚，而是出于听取其作为证人的证言、指认或有关陈述等举证或者调查的目的。解送在押人员出国作证与传唤证人或者鉴定人出庭性质一样，只不过传唤的对象是在被请求方依法被限制了人身自由的人，并且他在请求方的出庭是采取强制措施予以保障的。

(二)相关规则

解送在押人员出国作证或提供协助，既要达到司法协助的效果，又必须确保在押人员受到法律监控。从提出解送在押人员出国作证或提供协助的请求，到审查请求并达成协助合意，到被请求方解送在押人员出国，再到作证结束后请求方将在押人员交还等工作，需要当事国双方的密切配合。根据我国与外国缔结的刑事司法协助条约规定，对在押人员出国作证必须遵循以下规定：

1. 主管机关和在押人员的同意

在押人员到另一国作证或提供其他协助需符合两个条件：一是双方国家主管机关同意。二是本人同意，即被要求出庭或协助作证的在押人员在了解移送出国的目的后同意接受移送出国作证或提供协助。对于解送在押的人员出庭作证或者协助调查涉及的对象是因刑事诉讼受到羁押或者正在服刑的人员,因此,须考虑此请求的执行对于被请求方相关法律程序的影响,对于该种请求应听取主管机关的意见,即未决案的办案机关或者监禁刑执行机关的意见,并征得主管机关的同意。一般而言,要求解送在押人员出国作证对当事国都具有重要意义,因此,《美洲国家刑事司法协助公约》规定,当本国内在押人员所掌握的信息可能有助于另一国当局的刑事调查和追诉时,所在国可以主动提供协助。也就是说,在押人员所在国以及希望接受在押人员作证的国家都可以启动移送在押人员出国作证的协助程序。在我国与外国签订的刑事司法协助条约中,“移送在押人员”的条款中也有类似规定,如我国与巴西的刑事司法协助条约第13条规定,如果需要在被请求方的在押人员到请求方提供协助的,应当将该人从被请求方移送到请求方提供协助;如果需要在请求方的在押人员到被请求方提供协助的,则可以将该人从请求方移送到被请求方提供协助。因此,对于请求方和被请求方来说,可以互为移送方和接收方。这种开放性启动方式也体现了促进国家间开展司法协助、公正司法的理念。

大多数国家的国际刑事司法协助立法中都对被解送作证的在押人员同意原则作出明确要求,《韩国国际刑事司法协助法》和《日本国际侦查共助法》均要求同意应当以书面形式表示,德国则要求同意须记录在案。我国也有学者提出被请求解送人应当以书面形式表达自己的同意,或者主管机关的询问笔录上的同意表示。[1] 有的国家立法,如英国、德国,还明确规定同意的不可撤销性,以维护同意的严肃性和有效性。我国的《国际刑事司法协助法》要求在押人员的同意,但对同意是否撤回这一问题并未明确。笔者认为,同意是在押人员知道移送其出国作证或协助调查行为的后果时的自由意志,同意或者撤回同意均为其意思表示,应予以尊重。

---

〔1〕 参见黄风:《中华人民共和国国际刑事司法协助法立法建议稿及论证》,北京大学出版社2012年版,第127页。

2. 当事国之间达成协议并作出保证

在主管机关和在押人员均同意出国作证或者协助调查的，根据《联合国打击跨国有组织犯罪公约》第 18 条第 11 款的规定，在缔约方之间，一国将已经在其国内羁押或服刑的人按另一国的请求送到该国作证时，后者有义务按双方事先达成的协议交换此人，毫不迟延地履行义务。我国《国际刑事司法协助法》第 35 条和第 38 条要求对外联系机关会同主管机关与请求方就移交在押人员的相关事项事先达成协议。协议的内容主要包括三个方面：一是继续羁押，我国向外国提出请求移送在押人员来我国作证或协助调查的，应依法对被移交的人员予以羁押；二是及时送回，在作证或者协助调查结束后及时将在押人员及时送回；三是折抵刑期的规定，即如果外国向我国提出移交在押人员出国作证或协助调查，在押人员在外国被羁押的期限，应当折抵其在我国被判处的刑期。

此外，《联合国打击跨国有组织犯罪公约》还规定了被移送前往的缔约方不得要求移送缔约方为该人的交还启动引渡程序。在我国与外国的双边刑事司法协助条约中，有的也有类似的规定，在移送在押人员作证的协助中，接收方不得为交还被移送方，要求移送方提出引渡程序。[1] 这样规定是考虑在押人员在请求方作证和协助调查期间仍处于被羁押状态，防止在押人员借在国外作证的机会外逃或寻求政治避难。在中美以往的刑事司法协助实践中曾有过类似案例，中方按照美方的请求将已经被中方羁押的犯人送到美国作证，而此人在美国却成功获准避难。[2]

《联合国反腐败公约》规定，在一缔约方境内羁押或服刑的人，如果被要求到另一缔约方进行辨认，作证或提供其他协助，无论该人国籍为何，均不得因其在离开移送国国境前的作为、不作为或定罪而在被移送前往的国家境内使其受到起诉、羁押、处罚或对其人身自由实行任何其他限制。笔者认为，我国有必要在立法中明确请求方不得对被移送的在押人员进行追诉、审判和处

---

〔1〕《中华人民共和国和巴西联邦共和国关于刑事司法协助的条约》第 13 条。

〔2〕参见赵秉志、杨诚主编：《〈联合国打击跨国有组织犯罪公约〉与中国的贯彻研究》，北京师范大学出版社 2009 年版，第 38 页。

罚,以更好地开展此类司法协助。

第二节　跨国视频、音频取证的刑事司法协助

一、跨国视频、音频取证的内涵

跨国视频、音频取证,是指在国际刑事司法协助中,依据双边条约或多边公约,经被请求方同意,请求方执法机关在本国境内通过通信卫星等电子传送和视像播放系统,连线处于被请求方境内的证人、鉴定人或其他有关人员,请他们在法庭正在审理的案件中就案情或专门问题并接受交叉询问质证的调查取证方式。[1]《联合国打击跨国有组织犯罪公约》《联合国反腐败公约》称为"hearing by vide conference",2003年《英国国际刑事合作法》称为"television links and telephone links"。我国学者称其视频取证、视像取证、视像听证等。随着通信领域技术的发展以及互联网的普及,"视频会议""视频庭审""远程鉴定"等技术得到使用,这种跨国视频音频取证的司法协助方式体现了双向性、跨国性、经济性与真实性的特点,[2]并以其直观性、可还原性越来越受到司法部门的青睐。

在英美法传统中,证人在法庭之外的陈述均属于传闻证据,通过委托询问证人这种传统方式在获取证人证言方面不具有直接性,获取的书面证言容易受到请求方传闻证据规则的挑战。在国际刑事司法协助中,请求方司法机关可以在本国境内连线,通过即时传输音频视频方式,请求方司法工作人员使用本国语言询问处于被请求方境内的证人、鉴定人或者其他有关人员,进行直接的法庭审理活动,与案件相关人员沟通交流。法庭可以更直观地审视被询问人员对所提问题的实时反应,如表情、语气等,因而更准确地判断、了解其真实意思,使出庭的证人以及调取证据的参与人员,同样达到身临现场的效果,体现了庭审对于直接言词原则的贯彻,不仅可以克服证人国际长途旅行出庭作证的高成本、低效率等弊端,更利于对证人权益的维护和对证人

---

〔1〕参见黄风:《国际刑事司法合作的规则与实践》,北京大学出版社2008年版,第72页。

〔2〕参见张晓鸣、鲍艳:《跨国视频音频取证问题初探》,载黄风、赵林娜主编:《国际刑事司法合作:研究与文献》,中国政法大学出版社2009年版,第73~74页。

保护,为国际合作开展提供了更广阔的空间。

二、跨国视频、音频取证的立法例

(一)有关立法例

跨国远程视频、音频取证的证据具有证据能力得到世界各国和地区的普遍认可。英国1988年《刑事司法法》和1989年《(北爱尔兰)警察和刑事证据法》规定,通过电视电话进行远程取证手段不仅可以适用于调查证据,而且还可以适用于对刑事诉讼程序的描述甚至所有刑事诉讼程序中。[1] 1996年英国《刑事诉讼与侦查法》也改变了以前证人必须亲自出庭的做法,规定证人可以通过电视网络或者录像提供证据。英国的刑事审判法也规定,在特定刑事诉讼中,法院有权发布指示,允许(被告人以外的)证人通过视频音频系统作证。[2] 德国1998年的《证人保护法》明确规定可对不出席法庭程序的证人进行录像询问,免除证人亲自到庭的义务。可见,随着人权观念的普及和对证人权利的保护意识的增强,司法实践逐渐采用这种新技术调取证据。

跨国远程视频、音频取证也被国际刑事司法协助公约普遍规定,联合国《刑事事项的相互协助和国际合作》规定,只要可能并符合国内法的基本原则,各当事方应该允许通过电视联系或其他现代通信手段提供证词、陈述或其他形式的协助。《联合国打击跨国有组织犯罪公约》和《联合国反腐败公约》均努力倡导采用这一直接取证方式。当某一缔约方领域内的某人需作为证人或者鉴定人接受另一缔约方司法机关询问,而且该人不可能或者不宜到请求方领域出庭时,被请求方可以依该另一缔约方的请求,在可能而且符合本国法律基本原则的情况下,允许以电视会议方式进行询问,缔约方可以商定由请求缔约方司法机关进行询问,询问时应当有被请求缔约方司法机关人

---

〔1〕 参见张晓鸣、鲍艳:《跨国视频音频取证问题初探》,载黄风、赵林娜主编:《国际刑事司法合作:研究与文献》,中国政法大学出版社2009年版,第77页。

〔2〕 参见孙长永等译:《英国2003年〈刑事审判法〉及其释义》,法律出版社2005年版,第61页。

员在场。[1] 该条中的“电视会议”方式即跨国视频、音频取证，公约规定为推动跨国视频、音频调查取证的运行提供了广泛的法律基础。《国际刑事法院罗马规约》对借助视频音频设备提供证人的口头或录音证言也作了相关规定，在不损害或违反被告人权利的前提下，准许借助音像技术提供证人的口头或录音证言，以及提供文件或笔录。[2] 同时还规定法庭运用这些措施的具体规则。2001 年，《欧洲刑事司法协助公约第二附加议定书》也对跨国视频会议、电话会议提供证据的采用作出具体的规定，促进了欧洲刑事取证的立法发展。2003 年，《英国国际刑事合作法》第一编第三章包括 3 个条款，分别规定了英联邦与外国之间通过视频或者电话相互协助调取证据的操作规范，包括“通过视频连线听取国外证人作证”（第 29 条）、“让联合王国内的人通过视频连线给国外作证”（第 30 条）以及“让联合王国内的人通过电话给国外作证”（第 31 条）。总之，视频会议或电话会议等电子技术手段取证在各国的司法实践中积累了比较成熟的经验。

（二）我国的立法与实践

在我国，视听资料是《刑事诉讼法》规定的证据形式之一，我国与外国之间进行跨国视频、音频取证协助，与我国现行立法精神、法律制度和保障人权的理念是相契合的。2005 年，我国与西班牙签订的刑事司法协助条约第 10 条规定了双方可以根据具体情况约定通过视频会议获取证词，这也是我国首次在双边司法协助条约中规定视频方式获取证人证言，此后，跨国视频、音频取证成为我国刑事司法协助条约中的重要内容之一。我国《国际刑事司法协助法》第五章第 31 条、第 36 条、第 37 条第 2 款对“通过视频、音频作证”的司法协助方式予以肯定，我国向外国和外国向我国请求安排证人作证或协助调查取证时可以通过视频和音频的形式。同时要求在我国同意外国安排视频、音频作证后，主管机关和办案机关应派员到场监督并及时制止损害我国主权、国家安全、公共秩序和违反我国法律原则的提问和行为。借助科技的进

---

〔1〕《联合国反腐败公约》第 46 条第 18 款，《联合国打击跨国有组织犯罪公约》第 18 条第 18 款。

〔2〕《国际刑事法院罗马规约》第 69 条第 2 款。

步使司法协助取证的方式更加灵活多样，节省了大量经费和司法资源。

在司法实践中，我国已具备远程视频听证的相关经验和技术条件，多次使用该视频音频取证方式，且取得了良好效果。例如，在“开平案”中，中方为美方法庭提供视像听证合作，历时3年，先后有6位证人做视频取证共达14周，这是我国第一次通过远程视频技术让证人向外国法庭作证。[1] 其中，余某东作为污点证人，接受询问20小时，控辩双方共发问1000多次，通过一系列证人的作证，美国检方向法庭提供了充分确凿的证据证明许某凡、许某俊夫妇触犯美国移民法，有力地支持了美国政府的检控，实现了有效追究犯罪的目的。本次视频取证也是我国首次在条约框架下向外国提供相关司法协助的成功实践。[2] 在我国与加拿大合作的“NG跨国贩运人口案”，我国广西警方安排了两位证人在广西贵港向设在温哥华的联邦法庭进行跨国远程视频作证，有效地协助了外国法庭查清犯罪事实，作出公正裁判。我国与澳大利亚合作的“DAO逃税案”等案件中，我国也都通过上述方式协助外国法庭获取证人证言，这类实践不仅有效地协助了请求方法庭查清犯罪事实，作出公正裁判，又加强了两国之间的执法合作关系。我国目前正加快推进电子诉讼和电子法院方面的改革，在国内司法实践中也开始视频开庭、视频提审、视频作证等尝试，这为我国在国际刑事司法协助中使用远程视频听证提供了更加便利的条件，也积累了丰富的经验。

三、跨国视频、音频作证或者协助调查的有关规则

我国《国际刑事司法协助法》虽然规定了可以采用跨国视频或音频的方式取证的司法协助，但并未规定跨国视频、音频作证或者协助调查的具体规则。为避免在实践中无法可依的情形，我国应进一步完善跨国视频、音频作证或协助调查的规定，使该项协助行为在实践中有法可依。远期视频听证具

---

〔1〕 参见贾志强、闵春雷：《中日韩刑事司法协助调查取证中的困境与出路》，载《东疆学刊》2018年第3期。

〔2〕 参见张晓鸣、鲍艳：《跨国视频音频取证问题初探》，载黄风、赵林娜主编：《国际刑事司法合作：研究与文献》，中国政法大学出版社2009年版，第81页。

有同期且跨国的特点,2001 年《欧洲刑事司法协助公约第二附加议定书》对远程视频听证方式的采用作出较具体的规定,有关规则值得我们参考:

第一,采用视频听证的理由。希望进行远程视频听证的一方应当说明采用远程视频听证的理由。如有关证人和鉴定人不愿意或者不能够前往请求方接受询问或出庭的原因。[1]《联合国打击跨国有组织犯罪公约》第 18 条第 18 款也有类似规定:当在某一缔约方境内的某人需要作为证人或鉴定人接受另一缔约方司法当局询问,且该人不可能或不宜到请求方出庭,则前一个缔约方可应另一缔约方的请求,在可能且符合本国法律基本原则的情况下,允许以电视会议方式进行询问,缔约方可商定由请求缔约方司法当局进行询问且询问时应有被请求缔约方司法当局在场。

第二,远程视频听证的方式:一是与请求方司法机关举行的案件庭审活动进行连线听证;二是委托调查取证或者派员调查取证过程中以临时视频连线的方式实施。《澳大利亚刑事司法协助法》第 13 条规定,当澳大利亚治安法官根据外国请求向有关人员调查取证时,若请求方提出请求,治安法官可以通过本地视频连线的方式在诉讼进程中向对请求方提供证据、提交文件或物品的人进行询问或交叉询问。无论采用哪种方式,远程视频听证请求的执行时间和地点应当经过被请求方批准或者由请求方与被请求方协商确定,听证中询问的议题或者提纲应当得到被请求方的批准,并且在听证过程中接受被请求方的监管,以表示对被请求方司法主权的尊重。

第三,在跨国视频、音频调查取证或协助调查中,询问行为发生在请求方境内,回答行为发生在被请求方境内。询问行为可以不采用被请求方法律规定的程序,而按照请求方法律规定的程序主持和进行。[2] 远程视频听证的执行应当符合被请求方法律的基本原则。被请求方有权审查有关的听证请求是否符合条约规定和具备实施条件,被请求方的司法人员或其他主管官员有权在听证时在场,有权在认为本国法律的基本原则受到侵犯或者可能受到

[1]《欧洲刑事司法协助公约第二附加议定书》第 9 条第 3 款。

[2]《欧洲刑事司法协助公约第二附加议定书》第 9 条第 5 款 e 项。

侵犯时,直接采取必要措施加以干预和要求纠正。[1]

第四,被请求方主管机关应当为远程视频听证活动提供必要的协助。如传唤和帮助相关人员参加听证活动,审查被询问人的身份,根据被询问人的需要或请求为其提供翻译等。在听证结束后,被请求方应当制作一份记录,记载听证的时间、地点、被询问人的身份、其他参加听证活动人员的身份、听证时的有关技术条件以及其他需要说明的问题,该记录应当提交给被请求方主管机关。[2] 此外,跨国视频、音频取证需要获得一定的技术支持,被请求方应当设法提供远程视频听证活动的技术支持,如果被请求方不能提供该技术支持,可以商定由请求方提供。因使用相关技术手段产生的费用,以及被询问人在被请求方接受询问期间的误工费和交通费,原则上应当由请求方承担。[3]

第五,在跨国视频、音频取证的过程中,请求方和被请求方均有义务依据双边条约和本国法律对证人予以保护。2000 年《欧盟成员国间刑事司法协助公约》第 10 条、第 11 条以及 2014 年《欧盟调查令》指令第 24 条、第 25 条均有证人权利保障的概括规定。接受询问的证人或鉴定人故意作伪证,请求方有权依据请求方的法律追究其刑事责任。在请求方不打算或不可能对伪证进行追究的情形下,被请求方司法机关有权依据己方法律对伪证行为予以惩处。

第三节 跨境电子数据取证的刑事司法协助

随着电子技术的广泛应用,以计算机和网络为依托的电子数据在证明案件事实的过程中发挥着越来越重要的作用。电子数据存储在网络虚拟空间,与物证、书证等传统实物证据不同,电子数据更容易被删除、更改或者销毁,电子数据的电子性,使其具有可以与原始存储介质相分离的特点,使复制后

[1] 《欧洲刑事司法协助公约第二附加议定书》第 9 条第 2 款和第 9 条第 5 款 a 项。

[2] 《欧洲刑事司法协助公约第二附加议定书》第 9 条第 4 款、第 9 条第 5 款 a 项和 d 项、第 9 条第 6 款。

[3] 《欧洲刑事司法协助公约第二附加议定书》第 5 条和第 9 条第 2 款。

的电子数据与原始数据并无差异，取证人员不仅需要具有一定的专业知识和技术水平，且取证设备和过程也要符合一定的技术规范和操作流程。跨境电子数据取证与国内电子数据取证的最大差别在于"跨境"，这也是传统域外刑事取证制度的一个具体领域。跨境从另一国家取得电子数据面临三大难题：国家主权问题、取证中的权利保障问题和高效、便捷的取证程序问题。

一、电子数据及其取证

（一）作为证据的电子数据

我国2012年《刑事诉讼法》中，正式将电子数据类证据列为一种新的证据种类，并在同年修订的《民事诉讼法》以及2014年修订的《行政诉讼法》中，均将电子数据列入立法中。2016年9月，最高人民法院、最高人民检察院、公安部联合发布的《电子数据规定》第1条对电子数据用"概括＋例举＋排除"的方式进行了明确界定，电子数据是案件发生过程中形成的，以数字化形式存储、处理、传输的，能够证明案件事实的数据。电子数据包括但不限于下列信息、电子文件：（1）网页、博客、微博客、朋友圈、贴吧、网盘等网络平台发布的信息；（2）手机短信、电子邮件、即时通信、通信群组等网络应用服务的通信信息；（3）用户注册信息、身份认证信息、电子交易记录、通信记录、登录日志等信息；（4）文档、图片、音视频、数字证书、计算机程序等电子文件。电子数据不同于传统证据，电子数据是以"数据"形态存在于一定的电子设备上，如计算机、网络、手机、存储卡等电子设备所构成的虚拟空间中，电子数据具有存储内容的海量性、形态的易变性、变动的可察觉性以及内容的难以直接感知性的特征。[1]

我国刑事诉讼两个证据规定均使用"电子证据"一词，但《刑事诉讼法》以及《国际刑事司法协助法》却使用电子数据这一名称，虽然也有学者认为"电子数据"也可以称之为"电子证据"，[2]但相比而言，"电子数据"是一个

---

〔1〕 参见陈永生：《电子数据搜查、扣押的法律规制》，载《现代法学》2014年第5期。

〔2〕 参见陈光中主编：《〈中华人民共和国刑事诉讼法〉修改条文释义与点评》，人民法院出版社2012年版，第530页。

概念相对统一的源自计算机行业内部的高科技移植术语,其内涵与外延都比较明确,而“电子证据”则显得模糊和局限。[1] 基于规范需要,本书与立法保持一致,统一使用“电子数据”术语。

(二)电子数据的取证方式

电子数据取证,是依法利用科学技术将一切用电子或者数字化方式存在的、能反映案件真实情况的信息进行获取、保存、分析、出示,形成具备法律效力的电子数据的过程。[2] 人类对于数据的把握和识别必须借助信息技术和设备,并通过一定的程序实现从虚拟空间向现实空间的转化,才能把数据后面所蕴含的案件事实信息让人类感知,成为证据,否则就只是人类感官无法识别的模拟信号或数字信号。由于电子数据赖以存在的基础是不稳定的磁性介质,对存储设备具有高度依赖性,硬件损坏、误操作、数据加密、隐藏、病毒以及黑客袭扰等原因都可能导致电子数据被删除、更改或者销毁,因而电子数据的收集越来越依赖电子设备和各项技术保障,电子取证的技术水平也直接制约了对电子数据的获取和感知。

《电子数据规定》明确要求侦查机关应当遵守法定程序,遵循有关技术标准,全面、客观、及时地收集、提取电子数据。其中,第二节规定了“电子数据收集与提取”的方法,并从技术上进行了规范。虽然“收集与提取”并不是刑事诉讼法法定的侦查行为,在技术领域实际上等同于“计算机取证”或者“电子取证”。收集、提取电子数据的普通技术方法包括提取原始存储介质、提取电子数据、打印拍照或录像、冻结电子数据、调取电子数据 5 种。根据法律和有关司法解释的规定,这五种技术方式对应的刑事诉讼侦查措施是搜查、扣押、勘验、检查、冻结,对应的技术侦查措施没有明确规定。对电子数据的搜查、扣押行为是电子数据的常规取证手段,部分国家直接将电子数据本身纳入搜查扣押对象之中,如英国的《警察与刑事证据法》第 19 条、《法国刑事诉讼法典》第 56 条、《日本刑事诉讼法》第 102 条也规定对电子数据的搜

---

〔1〕 参见刘文斌:《“电子证据”与“电子数据”考辨——以 2012 版刑事诉讼法对证据制度的调整为背景》,载《天津法学》2015 年第 1 期。

〔2〕 参见胡坤:《网络犯罪与电子数据的收集与运用》,中国戏剧出版社 2013 年版,第 55 页。

查、扣押。我国多个关于电子数据收集、运用的法律文件,将电子数据明确规定为侦查机关提取、查封、扣押的对象。[1] 对于电子数据的勘验可以是现实空间,也可以是虚拟空间的,都适用对现场勘验的规定,在电子数据的勘验中,可以采用的技术手段如提取原始存储介质、提取电子数据、打印拍照或录像。通过搜查、扣押或者勘验获取到的电子数据载体,可以像对现实空间的犯罪工具一样进行检查,包括"恢复、破解、统计、关联、比对等方式进行检查,必要时可以进行侦查实验"。对于犯罪嫌疑人存放于第三方的数据,不便提取或无须提取的,如数据量大,无法或者不便提取的,提取时间长,可能造成电子数据被篡改或者灭失的,或者通过网络应用可以更直观地展示电子数据等情形,可以对电子数据进行冻结,冻结电子数据的网络应用账号等信息。调取电子数据则是向电子数据的持有人、网络服务提供者或者有关部门或个人收集调取电子数据。

此外,电子数据的收集与提取,除普通的侦查措施外,还包括技术侦查措施。如通过隐蔽身份的秘密侦查;通过技术措施实施的监听、监控,如电子窃听、通信拦截等。[2] 我国《刑事诉讼法》侦查章第八节"技术侦查措施"还把控制下支付也列入技术侦查措施中。涉及电子数据的技术侦查措施主要包括通信截收,即对各种通信方式所包含的内容在传递过程中进行监控或获取,如邮件的截收、声音的窃听、秘密录像等;以及监听、监控,即利用各种手段对网络声音、文字、图片、影像、电子邮件、微信等网络资讯的监视和截取。[3] 无论是线下提取电子数据还是网络提取电子数据,均可能采取监听、监控的技术侦查措施。

(三)电子数据的取证与权利保护

搜查和扣押是一种强制性侦查措施,其目标直指当事人的住宅、电脑、个

---

〔1〕 这些文件包括2020年修正的《公安机关办理刑事案件程序规定》、2012年修订的人民检察院《刑事诉讼规则(试行)》(已失效);最高人民法院《关于适用〈中华人民共和国刑事诉讼法〉的解释》还对电子证据的审查判断作出了具体规定。

〔2〕 参见[英]麦高伟、杰弗里·威尔逊:《英国刑事司法程序》,姚永吉等译,法律出版社2003年版,第548页。

〔3〕 参见赵长江:《刑事电子数据证据规则研究》,法律出版社2018年版,第167页。

人隐私等基本权利。在对电子数据的搜查、扣押中,有时侦查机关需要对搜索目标进行全盘检索或复制,或者需要获取的犯罪证据只占电子设备存储信息中微乎其微的一小部分,但存储在计算机里的个人信息、显示个人活动的业务数据包括个人的关键账户和密码会受到侵犯或构成监控威胁,对当事人通信自由、通信秘密以及隐私权造成侵犯,因此,法治国家一般都设置了严格的规制程序。

另外,对电子数据进行搜查和扣押过程中往往会对网络虚拟空间进行搜索,网络运营商有义务协助侦查人员开展相关工作,甚至对运营商的网络系统、数据库进行扣押,为电子数据的搜查扣押提供便利和技术支持。也有可能影响到运营商的正常经营,或者对运营商用户资料等商业秘密造成威胁。

刑事诉讼将犯罪控制和保障人权作为刑事程序的双重目的,确立非法证据排除规则以保障人权并抑制侦查人员的违法行为,我国《刑事诉讼法》规定了非法证据排除规则,虽然未明确指出电子数据是否包含在内,但有学者认为,电子数据具有言词证据和实物证据的双重属性,应当适用于非法证据排除规则。[1] 笔者深以为然。《电子数据规定》第 22 ~ 28 条对电子数据的真实性与合法性审查进行了规定。我国《刑诉法解释》第 110 ~ 114 条规定了电子数据的真实性、完整性和合法性的审查规则和适用规则,其中第 113 条的规定,对电子数据适用非法证据排除规则进行检验。

二、跨境电子数据取证的主权问题

(一) 关于数据主权的争议

计算机科学中,网络是虚拟空间的载体,具有瞬时性与无界性的特点,网络空间的虚拟性使传统意义上的依据领土、领海、领空进行明确划分的国境、边境失去了意义,信息瞬息间流动,一个行为通过互联网而在另一国出现行为的结果,信息变得难以监控,国家管理的边界越来越模糊,国家主权的外延是否从物理空间扩展到虚拟空间? 对于网络空间是否存在主权,存在不同主

[1] 参见赵长江:《刑事电子数据证据规则研究》,法律出版社 2018 年版,第 170 页。

张。我国国家互联网信息办公室在 2016 年发布的《国家网络空间安全战略》明确指出"国家主权拓展延伸到网络空间,网络空间主权成为国家主权的重要组成部分"。我国《网络安全法》和《国家安全法》也对网络空间主权予以确认。2020 年 6 月 1 日生效的《网络安全审查办法》进一步明确了电子数据主权的重要性。显然,关键信息基础设施中的数据与国家安全息息相关,出于维护国家安全的考虑,必须坚持数据主权。美国坚持网络空间无主权,主张数据的自由流动。但也有学者认为,从美国在网络领域、电子数据领域的相关立法和实践来看,其主张的"网络无主权"与其实际做法相悖。美国采取了多重措施维护其网络主权、数据主权,并严格限制他国对于储存在美国的电子数据的共享和取得。[1]

网络主权与数据主权具有一致性,"网络空间只有数据存在,对网络空间主张主权,其必然包括数据主权"。数据主权应当被理解为国家"独立自主占有、处理和管理本国数据并排除他国和其他组织干预的国家最高权力"。[2] 在这一背景下,一国对本国内的电子数据具有排他性支配权。对于在本国司法管辖区外的电子证据,除非双方有共同参加的国际公约、多边条约或双边条约,或互惠原则,任何其他国家不得私自在刑事电子数据的存放地的国家执行获取电子数据的取证活动。由于数据涉及国家关键基础资源的争夺,占有数据本身即是占有利益。为了限制数据流动,欧盟国家根据隐私保护的原则和标准对跨境数据流动进行限制,一些主权国家或地区之间签订数据流动协议,只允许企业内部在生效国家的范围内进行数据传输。如欧盟的《通用数据保护条例》(General Data Protection Regulation,GDPR),在特定情况下允许数据传输的渠道,其中包括美国与欧盟的《隐私盾协议》(EU-US Privacy Shield)、亚太经合组织(APEC)框架下的跨境隐私规则体系(CBPR)协议。前者为欧美数据流动提供了积极机制,包括 Google、Facebook、微软在内的上千家美国公司的跨境数据传输和流通均通过该机制

〔1〕 参见冯俊伟:《跨境电子取证制度的发展与反思》,载《法学杂志》2019 年第 6 期。

〔2〕 齐爱民、祝高峰:《论国家数据主权制度的确立与完善》,载《苏州大学学报(哲学社会科学版)》2016 年第 1 期。

实现;后者通过认证企业隐私保护的方式,允许企业在 APEC 区域内实现自由的跨境数据传输。

还有一些国家,如俄罗斯、加拿大、印度等国基于国家主权原则,为促进和维护本国数据主权,强化数据本地化,对数据跨境转移实施绝对的限制,或者要求建立或使用本地的基础设施或服务器。我国《网络安全法》规定了关键信息基础设施数据的本地化存储及出境安全评估原则。[1] 国家互联网信息办公室于 2017 年 4 月发布《个人信息和重要数据出境安全评估办法(征求意见稿)》,要求网络运营者在我国境内运营中收集和产生的个人信息和重要数据,应当在境内存储。因业务需要,确需向境外提供的,应当进行安全评估。[2] 苹果公司为遵从我国《网络安全法》关于数据出境安全评估的规制,将中国用户的 icloud 密钥转由中国分公司的服务器储存,并迁至贵州的数据中心(云上贵州)运营,在真正意义上实现了数据主权,迈出了境外公司收集我国境内公民数据本地化留存的第一步,也避免了之前的由于密钥存储于美国。我国执法机关即使要调取 icloud 中国用户存储于中国境内的数据资料,也必须通过刑事司法协助程序向美方提出申请。当然,过分强调“数据本地化”,不断扩大本地化存储对象的范围也可能导致电子数据的“孤岛化”现象,不能有效解决刑事诉讼中电子数据的跨境流动问题,不仅会对数字经济发展产生不利影响,犯罪分子往往利用各国电子数据取证司法合作不畅而逃避法律惩罚,这与及时、高效地取得境外电子数据、有效打击犯罪的目标背道而驰。

(二)数据主权与管辖权冲突

刑事管辖权是一国司法主权的内容之一,任何一国的执法或司法人员也被禁止进入他国境内行使管辖权。电子数据的实际存储位置便成为管辖权实际

---

〔1〕《网络安全法》第 37 条规定:“关键信息基础设施的运营者在中华人民共和国境内运营中收集和产生的个人信息和重要数据应当在境内存储。因业务需要,确需向境外提供的,应当按照国家网信部门会同国务院有关部门制定的办法进行安全评估……”

〔2〕参见《国家互联网信息办公室关于〈个人信息和重要数据出境安全评估办法(征求意见稿)〉公开征求意见的通知》,载中共中央网络安全和信息化委员会办公室网 2017 年 4 月 11 日,http://www.cac.gov.cn/2017-04/11/c_1120785691.htm。截至 2023 年 7 月,该评估办法一直未能形成最终稿。

施展的基础性考量因素，以传统的属地原则确定电子数据的刑事取证管辖边界，管辖效力范围实际上等同于国家在刑事实体法上的属地管辖。2001 年 11 月，26 个欧盟成员国以及美国、加拿大、日本和南非等 30 个国家的政府官员在布达佩斯共同签署的第一部针对网络犯罪行为制定《网络犯罪公约》(Cybercrime Convention)，其中，各缔约方认同电子数据存储介质的属地管辖。

对于存储于本国司法管辖区的电子数据，一国司法部门可以直接向电子数据提供商请求和获得必要的证据进行调查，但数据的全球化存储和流动也意味着刑事案件的电子数据的全球化分布，虽然网络服务提供者与运营者掌握着大量的电子数据，并有非常便利的渠道，但是进行电子数据的调查取证在一国发生的犯罪行为，其在线服务提供商存储的电子数据却可能在不同的国家，有着不同的管辖权，根据数据存储地模式，电子数据的跨境搜集必须通过刑事司法协助程序来实施。但一国的司法调查权延伸至另一国，司法主权以及公民个人信息保护之间都可能出现冲突，而成为取证中的焦点或难点。传统刑事管辖权理论的核心属地管辖理论也受到强烈的冲击，网络空间的“属地”的科学界定和划分成为实践中的理论难题。而且电子证据的跨境取得还涉及匿名软件、高级加密、辨识提取等技术问题，也对隐私等基本权利带来更大的威胁，相比一般的域外刑事取证活动更复杂。

三、跨境电子数据取证的方式

(一)跨境电子数据取证的国际刑事司法协助模式

我国坚持数据主权原则，跨境电子数据取证应在相互尊重主权的前提下开展。我国的《国际刑事司法协助法》第 25 条将“电子数据”与“有关文件、记录和物品”并列，均规定为办案机关需要外国进行协助调查取证的内容。在“向外国请求调查取证”以及“向中华人民共和国请求调查取证”中所遵循的刑事司法协助请求原则，这也是我国法律所认可的以跨境电子取证的模式，与我国《网络安全法》和《国家安全法》的规定一致。在我国与外国签订的双边刑事司法协助条约中规定的协助调查取证的请求事项均适用于对电子数据的跨境收集。通过刑事司法协助传统机制，如委托取证、派员取证与联合取证,使各国在双边和多边框架下获得位于境外的刑事证据,这种取证方式具有强烈的地域性。但国际刑事司法协助程序呈现"倒 U 形"构造,程序复杂,效率低下,且增加了证据灭失的风险,显然难以有效应对刑事侦查中数据高速的流动与分散性,导致司法机关在发现犯罪之后,难以迅速判断数据的所在地及适用的法律,甚至可能在收集时相关数据可能早已被更改或销毁,妨碍了犯罪的有效控制和侦查。

(二)"长臂管辖"对国际刑事司法协助的挑战

网络服务提供者、运营者等因其掌握、控制或占有大量数据,已成为非常关键的执法参与者,在协助侦查人员对搜查扣押提供便利和技术支持时,也有可能影响到运营商的正常经营,或者对运营商用户资料等商业秘密造成威胁。对于网络服务提供者、运营者来说,既要面对协助司法机关查明案件事实披露数据资料,又要面对客户的信息保密要求,企业处于两难之中。在电子数据的收集与取证中是否应强制第三方,特别是网络服务提供者的强制协助义务?是否会对主权和个人隐私造成影响?这些问题一直存在较大的争议。一些国家极力主张弱化主权国家对其境内数据的掌握,绕过刑事司法协助,提高跨境提取电子数据的效率,在国际范围内建立由一国的执法机关与其他法域网络服务提供商直接合作调取电子数据。美国一直尝试通过服务提供者的数据披露方式而获取境外数据,《网络犯罪公约》也规定了一种名为电子数据提交令的证据调查措施。第 18 条规定,缔约方应通过立法或者其他必要措施,授权主管当局命令:(1)其本国领域内提交本人拥有或控制,并存储在计算机系统或者计算机数据存储介质中的特定计算机数据;(2)在本国领域内提供服务一方提交与其拥有或控制的服务相关的用户信息。显然,该条规定是电子数据调查中第三方协助的问题,侦查机关依法向本国领域内存储或控制犯罪有关的电子数据的个人或单位出示数据提交令,有关单位和个人接到命令后应当按照该提交令指示的范围、类别和内容提交相关电子数据。这样充分发挥网络服务提供商的优势,可以有效避免对海量数据进行搜查、扣押的盲目性,不仅可以调取到与犯罪有关的电子数据,也不会影响到第三方的正常经营活动。2018 年 3 月 23 日,美国为进一步拓展调取域外数据权力出台了《澄清域外合法使用数据法案》（Clarifying Lawful Overseas Use of Data Act，以下简称 Cloud 法案），该案的缘起是"微软公司诉合众国案"，也是美国近年来出现的首例企业反对执法部门搜查存储于境外的电子数据而提起诉讼的案件。[1] 该法案允许主权国家突破传统的地域主权限制，美国执法机构可以要求境内云服务提供者提供位于境外服务器上的数据，调取相关证据，无论服务提供者的通信、记录或其他信息是否存储在美国境内，只要相关通信内容、记录或其他信息为该服务提供者拥有、控制或者监管，均应当按照法令要求，保存、备份、披露，该法案允许电子证据调取的双向性，但仅有适格的外国政府（Qualifying Foreign Government）可依据该法案调取位于美国境内的数据，这也使我国在对相关国家存储的电子数据进行调取时存在阻碍。该法案实际上突破了国际社会通行管辖属地原则，将电子数据的刑事取证管辖从数据存储地模式转变为数据控制者模式。实践中，可能因取证管辖范围的重叠而引发冲突。

2018 年 4 月，受 Cloud 法案影响，欧盟也提出了《欧洲议会和欧洲理事会关于刑事犯罪电子证据的调取令和保全令的规定的提案》，以期为欧盟国家之间刑事领域跨境数据取证搭建起法律规制的框架。"欧洲数据提交令"和"欧洲数据保存令"是两项全新的制度，前者要求成员国的执法当局可直接指令欧盟境内的服务提供者提供电子数据，而无论相应数据到底是否存储于欧盟境内。而后者则要求成员国的执法当局可强制要求欧盟境内的服务提供者对特定数据予以保存，以便相关部门能够获取数据。这两项制度不仅允许成员国在司法协助条约系统之外保存和收集云端电子数据，而且使欧盟成员国的跨境数据披露制度转向明显的强制性。如果这两项制度在欧盟开始实施，可能产生等同于或者甚于美国 Cloud 法案的"长臂"效果。

但我国坚决维护司法主权，《网络安全法》也明确规定关键信息传往境外就需要网信部门进行评估，不能绕过本国司法机关直接向网络服务商请求

---

〔1〕 参见梁坤：《美国〈澄清合法使用境外数据法〉背景阐释》，载《国家检察官学院学报》2018 年第 5 期。

提取电子数据。我国《国际刑事司法协助法》明确规定,除非请求我国进行司法协助,外国政府、组织与个人不得在我国“领域内”开展调查取证,包括调取存储于我国境内的电子数据,也应当包括“网络空间”的调查取证活动。显然,我国《国际刑事司法协助法》坚持数据主权原则,坚持数据取证的传统司法协助模式,境外执法机构调取我国境内的电子数据跟其他协助调查取证满足同样的条件和程序。如果一国执法机关与其他法域的网络服务提供商直接合作采取这种单边方案对我国境内的数据加以收集,有利用所谓“长臂管辖”弱化主权国家对其境内数据的现实控制之嫌,我国通过立法禁止在我国境内运营的服务提供者向外国政府在办理刑事案件等情况下提供存储于我国的用户数据。当然,这也意味着我国也否定了自身采取同样措施收集境外数据的可能性。虽然这种做法与主张网络空间无主权的英美等国家的互联网战略截然对立,跨境运营商不得不在不同国家承担不同的法律义务,在数据披露与不披露之间处于法律义务的两难冲突中,影响其正常运营。但是,这是维护数据安全以及国家安全的重要保障,也是维护我国境内用户数据隐私、通信秘密等重要权利的应有之义。

(三)实践中对国际刑事司法协助取证模式的突破

由于电子数据的隐蔽性,常常因难以确定电子数据的存储地而不能及时开展司法协助活动,因此,国际刑事司法协助中的域外取证在实践中常常以越境访问计算机存储数据的单边机制所取代。《网络犯罪公约》就规定了一种突破属地管辖的例外模式,即取证国可以访问公开获得的储存的计算机数据,而不论数据位于何处。这种取证方式是在没有被请求方人员陪同下进行的,实际上绕开刑事司法协助程序而跨境取证,很可能引发他国网络安全、网络主权问题。他国境内的计算机数据也可能受到特殊的法律保护或技术保护,越境访问一般不能成功。[1] 当然,有的国家也会根据电子数据的不同类别规定适用不同的取证规则,如阿根廷、尼日利亚等国认为,“用户数据”较

---

〔1〕 参见郭旨龙、丁琪、高严:《网络犯罪公约的修正思路》,中国法制出版社2016年版,第205页。

少涉及个人隐私等核心权益，对其可采取比“内容数据”等更快捷的取证机制。尼日利亚甚至认为，并非所有直接跨国调取电子数据的行为都会侵犯国家主权，如直接调取“用户数据”即不存在该问题。[1] 也有的国家对跨境远程单边取证在本国法律中予以明确，如2000年《比利时刑事诉讼法》规定，侦查法官可以在特定情形下授权搜查计算机系统，而且这种搜查行为在符合法定情形时还可以延伸到与令状所注明的系统相连接的其他系统当中。如果搜查中发现相应的数据并不位于比利时境内，那么只能采取“复制”（copy）措施。[2]

从司法实务中仍然可以看到，虽然我国立法明确以司法协助方式获取境外电子数据，但在司法实践中对于电子数据仍然存在通过单边远程勘验进行取证的做法。《电子数据规定》第9条明确规定对电子数据跨境取证的网络在线提取、网络远程勘验以及采取技术侦查措施等。[3] 《公安机关办理刑事案件电子数据取证规则》对这三种方式的适用条件及方式作了进一步规范。其中第23条将“网络在线提取”的数据限定为“公开发布的电子数据、境内远程计算机信息系统上的电子数据”。“网络在线提取”一般是指通过网络公共空间对网页、网上视频、网盘文件上的电子数据进行提取，可以理解为从网上下载文件，类似于普通网民浏览境外网站并下载图片、音视频。“公开发布的电子数据”包括境外的公开数据，这些数据一般属于表面、浅层的信息，是普通网民可以接触、使用的信息，换言之，对于境外非公开发布的数据不得网络在线提取。这种适用对象的有限性也可能导致实践中无法高效地收集某些存在于境外的电子数据。而对于现场提取的情形，删除了《电子数据规定》中“原始存储介质位于境外的”的情形，显然，对于存储介质位于境外的

---

〔1〕 参见翟晓飞、赵倩：《从国际视角看中国网络犯罪取证规则发展》，载《中国信息安全》2019年第5期。

〔2〕 参见梁坤：《欧盟跨境快捷电子取证制度的发展动向及其启示》，载《中国人民公安大学学报（社会科学版）》2019年第1期。

〔3〕 《电子数据规定》第9条规定：“……对于原始存储介质位于境外或者远程计算机信息系统上的电子数据，可以通过网络在线提取。为进一步查明有关情况，必要时，可以对远程计算机信息系统进行网络远程勘验。进行网络远程勘验，需要采取技术侦查措施的，应当依法经过严格的批准手续。”

电子数据,公安机关既不能在线单独提取、现场单独提取,更不能扣押、封存进行一并提取。这一规定更谨慎,体现了对他国数据主权和安全的尊重,这种适用范围的变化在某种程度上确实可以化解一些取证过程中的争端,但也意味着对境外和境内电子数据侦查取证的差别化待遇,从而导致数据收集中权利保障不平等和制度运行部分失灵,有悖于平等保护原则。[1] 在“网络在线提取”基础上为了进一步查明有关情况且在必要时,如需要分析、判断提取的电子数据范围的;需要展示或者描述电子数据内容或者状态的;需要在远程计算机信息系统中安装新的应用程序的;需要通过勘验行为让远程计算机信息系统生成新的除正常运行数据外电子数据的;需要收集远程计算机信息系统状态信息、系统架构、内部系统关系、文件目录结构、系统工作方式等电子数据相关信息的,[2] 侦查机关可以采用“网络远程勘验”措施,即使用电子数据持有人、网络服务提供者提供的用户名、密码等远程计算机信息系统访问权限。[3] 网络远程勘验的最终目的也是在线提取电子数据,但它有一个勘验的过程,通过网络对远程计算机信息系统实施勘验,发现、提取与犯罪有关的电子数据,记录计算机信息系统状态,判断案件性质,分析犯罪过程等。[4] 网络远程勘验需要采取“技术侦查”措施的,由专业技术人员以技术侦查措施进行网络远程勘验,获取境外服务器内存储的电子数据。网络远程勘验如涉及技术侦查措施的适用,必须按照有关规定依法经过严格的批准手续。电子数据在线提取和网络远程勘验可能对公民在虚拟空间的隐私权等各项权利造成极大影响。这种梯级设计也可能导致实践中取证人员不仅对网络技术侦查的条件及程序控制进行规避,本该用网络技术侦查而多用远程勘验,而且对远程勘验的条件及程序控制也会进行规避,直接用普通在线提取。[5]

---

〔1〕 参见谢登科:《电子数据网络在线提取规则反思与重构》,载《东方法学》2020 年第 3 期。

〔2〕 《公安机关办理刑事案件电子数据取证规则》第 27 条。

〔3〕 《公安机关办理刑事案件电子数据取证规则》第 33 条规定:“网络在线提取或者网络远程勘验时,应当使用电子数据持有人、网络服务提供者提供的用户名、密码等远程计算机信息系统访问权限。”

〔4〕 最高人民法院、最高人民检察院、公安部《关于办理刑事案件收集提取和审查判断电子数据若干问题的规定》第 29 条。

〔5〕 参见朱桐辉、王玉晴:《电子数据取证的正当程序规制〈公安电子数据取证规则〉评析》,载《苏州大学学报(法学版)》2020 年第 1 期。

这两部司法解释基本上属于我国对于电子数据的单边取证模式，也基本勾勒出我国当前跨境电子证据取证的实践状况。侦查机关通过技术手段远程开展的鉴定、检查、搜查、辨认等方式实际上都可以轻易地跨越国境，对境外的电脑、服务器等电子设备进行检索和提取电子数据，如"冻结"涉嫌赌博网账户的境外电子数据的案例。有研究者以"境外服务器"案件为切入点对跨境电子证据取证进行考察实证分析，公安机关在收集境外电子证据时绝大多数案件采取就是以上3种方式进行电子取证，如通过浏览境外公开网页信息进行截图、录像，或者通过获取嫌疑人账户密码后输入用户信息调取系统数据的远程勘验。少数案件采用技术侦查手段。对于一些涉及人员广泛、嫌疑人数众多，证人证言和书证、物证能够相互印证形成证据链的案件，不必然需要进行跨境取证。这些取证方式在法庭审判过程中基本都得到了法院认可。[1] 在国内法这种对跨境远程搜查、勘验进行授权甚至使用包括技术侦查在内的强制侦查措施，都是单边主义的表现。这种模式的开展并未向数据存储国取得授权，甚至不需要告知数据的存储国，虽然它更具可操作性，可以提升取证效率，但显然与我国在数据主权理念下的司法协助框架相冲突。说明我国数据主权或者网络空间的刑事管辖在一定程度上已经向境外延伸，这种缺乏协调与合作的单边机制属于刑事司法的跨境适用，对存储于另一国家、地区或云空间电子数据主权以及国家主权的侵犯，极有可能引发相应的法律风险和外交风险，可能面临着证据合法性的争论，对他国的数据主权与安全形成威胁，也可能引发国际质疑。如英国法官在签发远程搜查令状时，需要判断警方的侦查行为是否会跨越国境。如果违法从境外收集数据，法院在后续程序中可能会将该证据予以排除。[2]

而且，通过跨境开展的单边远程取证一般是在非经同意且不为权利人所知晓的情况下秘密开展的，这类取证措施的跨境远程开展对隐私权、知情权等基本权利带来更大的威胁。一些国家对这种单边远程方案特别警惕，只允

---

〔1〕 参见叶媛博：《我国跨境电子取证制度的现实考察与完善路径》，载《河北法学》2019年第11期。

〔2〕 参见梁坤：《基于数据主权的国家刑事取证管辖模式》，载《法学研究》2019年第2期。

许其提取侵犯性较弱的“复制”措施，而且还要求一经发现侦查行为跨境，就必须立即由中央主管机关对他国进行告知。

总之，数据主权、数据安全、个人信息保护、企业责任等多个事项凸显了目前全球跨境电子取证的法律冲突：一方是倡导数据自由流动的国家单方面积极行使“长臂管辖权”；另一方是倡导数据主权的国家对此予以明令禁止。而我国也面临着越来越多的案件涉及跨境电子数据取证，在漫长的刑事司法协助程序之后无果。基于此，2019 年联合国网络犯罪政府专家组第五次会议通过的研究报告草案中，跨境电子数据取证与司法协助被列为网络犯罪治理的重要议题。[1]

四、加强我国跨境电子数据取证的国际刑事司法协助

（一）坚持数据主权原则

在跨境数据取证方面，各国都存在大量的需求，但基于各国对于数据主权的不同认识，可能产生分歧，各国网络与个人信息保护方面的立法革新为跨境执法造成国家利益、公共利益和人权保障方面的法律规定不同，也为跨境执法带来高度的不确定性。主权国家必须在彼此尊重的基础上，强化合作意识、协助精神。各国国际刑事司法协助的立法以及一些刑事公约中大多明确规定“调查取证”，《网络犯罪公约》也鼓励缔约方积极开展国际合作，在国际合作的一般原则中包含了引渡和司法协助等相关问题（第 23 ~ 25 条），规定了跨境电子取证相互协助的原则、程序以及相互协助的机制，还包括有关电脑证据取得的问题以及缔约方之间的联络合作机制等特殊规则，推动缔约方之间在最广泛的程度上提供合作，使信息和证据在缔约方之间得到迅速的流通。总体而言，公约在司法协助方面也是“自给自足”的。[2] 我国并没有参加《网络犯罪公约》，其原因之一在于该公约第 32 条 b 款所规定了直接跨境取证措施。这涉及国家司法主权之间的关系。我国《国际刑事司法协助

〔1〕 参见赵菁：《跨境电子数据取证中的冲突与对策》，载《政法学刊》2020 年第 1 期。

〔2〕 参见［加］唐纳德 · K. 皮雷格夫、卢建平、王君祥、杨易龙：《打击网络犯罪和网络恐怖主义中的国际合作》，载《法学家》2003 年第 5 期。

法》规定，我国与外国可以开展“获取并提供有关文件、记录、电子数据和物品”的刑事司法协助，对于电子数据的取证仍然坚持传统的调查取证的协助模式。我国与外国签订的刑事司法协助条约中，调查取证是一项主要内容，调查取证的范围大同小异，但对于电子数据取证也没有作额外的规定。跨境电子数据取证的司法协助模式是双方在相互尊重主权的前提下共同缔造的法律机制，体现国家之间的双互性，一国既可作为请求方向他国请求司法协助，也可以作为被请求方接受他国请求为他国提供司法协助。两国通过充分协商签订刑事司法协助条约或协定，规定双方互为请求方与被请求方的权利与义务，该制度的有效运行取决于双方之间的相互合作。一方提出国际司法协助请求时必须从本国国家利益出发，同时也会考量被请求方的国家利益，涉及双方对自己国内法律制度的变通，甚至让步与妥协，在不损害他国利益的前提下，根据各国的国内法对是否提供协助以及如何协助进行判断和取舍，尽最大努力实现各国利益的最大化，既表现一国对外国的友好，也实现互利与双赢，这是符合现行国际法框架的制度安排。因此，对于跨境电子数据取证，我国应坚持数据主权原则，坚守我国网络主权与管辖权的不可侵犯，加强与外国在电子数据取证方面的司法协助、执法合作的程序和方式。

通过国际刑事司法协助能否成功获得刑事案件所需要的电子数据最终取决于被请求方的审查、配合。司法协助活动的背后就是国际政治关系，隐藏着政治力量的对比和较量，从条约的制定到协助内容的具体执行都不可避免地受到外交、政治等因素的影响，必须与国家的整体利益和外交政策保持一致，这是国家之间达成司法协助的前提，也是推动主权国家间司法协助深入发展的动力。虽然不同国家对于数据主权还存在争议，在外交层面需要各国深入交往和努力，签订双边刑事司法协助条约时，确定一定的电子数据取证规则，为两国开展刑事司法协助提供基本保障。在具体的刑事司法协助中，客观地考虑各方的利益和需要，对外国申请调取我国境内的电子数据进行严格审查，也要进一步规范我国相关侦查机关的跨境电子取证行为，同时允许数据跨境合理流动，要尽量平衡维护国家主权、提升调查犯罪效率、保障企业和个人权利等多方面因素，综合分析以数据存储地为原则的管辖权和数据控制者为原则的管辖权之间的优缺点,实现惩罚犯罪、保障人权、维护人类命运共同体的目标。这种互利互惠的国际礼让行为,使国家之间互信程度也随之加深,国家之间在司法协助方面的良性循环必然会巩固两国的外交关系,更有利于国际交往中法律关系的稳定和良好秩序的维护。由于不同国家的社会和科技水平发展存在差异,我国与外国协商签订双边刑事司法协助条约时,确立一定的电子数据取证协助规则也是必要的。考虑双边司法协助条约的谈判过程冗长,也可以通过区域合作的方式,按照平等互惠原则签订数据跨境取证的双边或多边条约,尽量实现在国际层面司法操作模式的统一。

(二)改造优化跨境电子数据取证的刑事司法协助流程

在坚持数据主权原则的基础上,通过国际刑事司法协助取得电子数据就必须对司法协助"倒U形"的构造程序从效率和质量上进一步结构优化和流程简化,以应对数据的高流动性及弱地域性特点,才能够有效适应追求快捷理念的电子取证的需要。随着国际刑事司法协助的发展,《联合国打击跨国有组织犯罪公约》和《联合国反腐败公约》均确立了不经请求而主动协助的行为,《网络犯罪公约》也有类似的主动提供信息的规定,缔约一国甚至可以将其在本国调查系统内取得的电子数据信息主动提供给另一国,以便另一国更有效的打击犯罪行为,当然,提供信息的一方可以要求该信息得到保密或仅是有条件地使用。在紧急情况下,可以采用快速通信方式包括传真或电子邮件进行协助行动。每一签约方可以通过快速信息手段,包括传真或电子邮件,促进了电子数据在签约国之间的自由流动。因此,我国也可以探讨与外国通过签订多边协议或共同加入的国际条约,在缔约方之间建立各地联络机关,进行直接联系。同时,在跨境电子数据取证的刑事司法协助程序中也可以探讨建立"电子化"的流程。将请求书及所附材料的相关翻译文本都采用电子形式,并可以直接发送给对方,进行电子审核。这种快捷通信请求进行协助以及主动协助的方式相比传统的协助方式更有效,这些新颖、灵活、非经申请而主动提供协助的方式,正体现了国际刑事司法协助程序简便化的发展趋势。

(三)有效衔接单边机制以及域外执法机构调取数据的指令

在本国法律中有必要对跨境取证的单边机制以及执法机构调取数据的指令进行有效衔接。一方面,要在相互尊重主权的框架下探索制度化的解决方案,减少单边跨境取证的适用,以协调各国的跨境数据取证活动,避免不必要的外交争端。另一方面,对于针对恐怖主义等危及国家安全或紧急的犯罪,可以探讨建立国家相关部门更快速灵敏的司法协助制度,并探索向网络服务提供商直接取证的规则和国内立法的完善,对此类证据的合法性问题作出明确的解释,提升跨境电子数据取证的总体能力。《网络犯罪公约》规定了对于有关调查措施的相互协助,包括有关计算机存储数据访问的相互协助和在获得同意或可公开访问的情况下越境访问计算机存储数据、实时收集流量数据的相互协助、拦截内容数据的相互协助等(《网络犯罪公约》第 31 条至第 34 条)。笔者认为,我国《电子数据规定》规制思路可以考虑及时获得和保全关键的犯罪证据,探索向网络服务提供者等数据占有者或控制者的直接取证模式。为避免对存储在计算机里的个人信息、显示个人活动的业务数据,包括个人的关键账户和密码受到侵犯或构成监控威胁,各国法律对证据搜查权限都有相关的规定,如英美国家宪法对搜查的“正当理由”条款,德国搜查实践中“比例原则”标准,以及对搜查司法审查的“令状主义”“法院许可”等,都体现了在搜查过程中权力行使的限制,并确立非法证据排除规则。美国的 Cloud 法案也对境外电子数据取证从令状主义、比例原则、异议程序等方面进行完善的规定。我国现阶段的跨境单边取证的决定主体由公安机关内部自行决定,为避免该类侦查措施的滥用,技术侦查手段的采取应从程序的启动方面监督,如检察机关提前介入,或者法院的令状审查等,以防止刑事诉讼控制犯罪与保障人权两项价值目标都受损。

(四)跨境电子数据取证的刑事司法协助中数据保全与提取相对分离

通过司法协助的方式获得电子数据最大的问题是时间的延误,无形中增加了证据灭失的风险,证据灭失可能因犯罪嫌疑人故意抹除数据或者因网络服务商不知情而造成。为了应对当前数据全球高速流动和碎片存储现状、及时获取和保全关键犯罪证据,《网络犯罪公约》规定了一种通过司法协助来保护数据的临时措施,值得我国借鉴。在“国际合作”分则中规定了“有关临时措施的多边协助”机制,其中包括“已存计算机数据的快速保存”和“已保存业务数据的快速披露”的临时性措施(《网络犯罪公约》第 29 ~ 30 条),这些临时性措施执行速度极快,可以有效地保护与犯罪相关的数据。前者是指一缔约方可以要求另一缔约方通过命令或其他方式加速保存储存的计算机数据,以待签约国能够提交有关获取数据的公开的相互协助的请求。后者则是指缔约方在快速保存计算机数据时,如果发现另一国家内的服务提供商参与通信传输,而向请求方披露足够的识别上述服务提供商和通信传输途径的业务数据。笔者认为,对数据保全和数据提供两个阶段采用不同的响应机制是必要的,对于电子数据的保全可以直接向网络服务提供商发出请求,甚至可以在调查的早期阶段,避免取证申请协助过程耗时而导致取证延迟,而对电子数据的采集则需通过司法协助的框架下进行,可以更有效地获取涉及案件的电子数据。该临时措施比传统的协助程序更快捷,而且,这种保全措施与数据调查措施相比,可以尽可能地保存数据的原始与真实性,也更加有利于保护隐私。《网络犯罪公约》第 31 条至第 34 条对于调查权力进行了基本规定,如存储电子数据的访问、越境访问电子数据、实时收集流量数据和内容数据的拦截等。

总之,我国在数据保护立法以及电子数据取证司法协助方面应探索加强国际对话,通过双边或多边协作机制,在坚持我国的数据主权立场的基础上,提高司法协助效率,减轻企业压力,实现数据的安全和合理流动。

第六章　查封、扣押、冻结涉案财物

基于“任何人不得因自身的不法获得利益”的正义理念，对违法或犯罪所得采取没收等追缴措施，是各国法律的通常做法，也是一种保持公平与正义的手段。国际社会也充分认识到腐败、恐怖主义等犯罪的危害，切断犯罪组织的经济命脉至关重要。为此，必须确立一种机制以防止犯罪人利用国境壁垒和法律制度的差异来保存和流转非法收益，国际社会将切断犯罪资金链条以及没收违法所得作为国际司法协助的重要议程，追缴经济犯罪收益已经成为世界刑事法治发展的大趋势。犯罪收益没收的法律制度包括犯罪收益的识别、扣押、冻结、没收、分享和返还等方面的内容。[1] 但是，单靠一国之力来控制犯罪资产的跨国流动显然是不够的，犯罪资产的保全或没收均需要各国之间开展更有效的沟通与协助。

党的十八届三中全会《中共中央关于全面深化改革若干重大问题的决定》明确“国家尊重和保障人权。进一步规范查封、扣押、冻结、处理涉案财物的司法程序”。强调在刑事诉讼程序中规范化处理涉案财物的重要性。我国《国际刑事司法协助法》分两章规范了作为没收保全的查扣冻措施和没收制度的刑事司法协助内容。其中，第六章“查封、扣押、冻结涉案财物”以及第七章“没收、返还违法所得及其他涉案财物”，规定了我国向外国提出查扣冻涉案财物请求和没收、返还违法所得请求的程序和要件，以及外国向我国

---

〔1〕 参见邵沙平：《跨国洗钱的法律控制》，武汉大学出版社 1999 年版，第 260 页。

提出此类请求的审查、执行程序,以破解国际追赃合作中的法律难题。两章共 16 条,占全部条文的 23%,足见其重要性。第六章分为两节,共计 7 个条文。第一节是“向外国请求查封、扣押、冻结涉案财物”,有 3 个条文;第二节为“向中华人民共和国请求查封、扣押、冻结涉案财物”,有 5 个条文。从章节的逻辑结构来看,第六章调整的是对涉案财物查扣冻,属于诉讼过程中对财产的强制性措施,以资产追缴为目的,为第七章“没收、返还违法所得及其他涉案财物”作保障。第七章为没收协助措施,可以认为是对涉案财物的处理结果。本章针对立法的相关规定,对作为没收措施的查扣冻的协助行为的几个问题进行探讨。

第一节　没收保全之查封、扣押、冻结

一、立法中的查封、扣押、冻结

(一)概念

为了实现诉讼目的,国家公权力得以限制乃至剥夺被追诉人的基本权利,其中包括财产权。搜查、扣押等强制处分措施的运用,就是以干预和限制被追诉人的财产权为对象,对于案件事实的认定、刑罚的执行、损失的赔偿起着决定性作用,并保障追诉犯罪的顺利进行,因而也具有正当性。

扣押就是强制性地取得对物品的占有,[1]传统的刑事扣押在性质上为对物之强制处分,[2]或者为对其暂时占有之强制处分。[3] 扣押有广义和狭义之分,与之相关的概念还有查封和冻结,法律上一般将这三种手段并列表述,分别指向不同的对象。一般而言,查封,从字面上理解是检查之后就地封存、禁用的意思,是指将有关财物封存,以维持其现状的一种保全方式,主要适用于不动产、车辆、船舶、航空器等大宗的、不便提取的财物;扣押,主要是指扣留,一般适用于便于提取与保管的动产;冻结主要适用于存款、汇款、债

---

〔1〕 参见[日]松尾浩也:《日本刑事诉讼法》(上卷),丁相顺译,中国人民大学出版社 2005 年版,第 74 页。

〔2〕 参见李杰清:《没收犯罪所得程序法制与实务》,中国检察出版社 2016 年版,第 56 页。

〔3〕 参见林钰雄:《刑事诉讼法》(上册　总论编),中国人民大学出版社 2005 年版,第 313 页。

券、股票、基金份额等财产。

在国际公约中，为了保证没收裁判的可执行性，也有对涉案财物采取保全措施的规定，统称为"冻结和扣押"，或称"扣押"。《联合国禁毒公约》将冻结和扣押定义为"暂时禁止财产的转让、变换、处置或转移，或对财产实行暂时性扣留或控制"。扣押可能剥夺公民财产权的全部权能，或只限制公民财产权的部分权能，这种限制并不对涉案物进行最终处置，因而体现出一定的临时性。在某些情况下，对财产的扣押，权利人的权利虽然受限，但并不影响其应收取的孳息；但如果扣押的是危禁品则将直接导致被扣押的标的物的消灭，则该财产权也不复存在。《联合国打击跨国有组织犯罪公约》和《联合国反腐败公约》中基本沿袭上述对于冻结和扣押的定义。强调各缔约方应采取必要的措施，辨认、追查、冻结或者扣押有关物品，以便最终予以没收。[1] 换言之，在强制取得扣押物之后置于官方的控制之下，扣押仅仅是禁止或剥夺财产持有人控制、使用、处分财产的权利，未涉及财产的所有权，不是最终的决定，可以理解为扣押具有"强制性"、"暂时性"和"阶段性"，而没收则是"对财产的永久剥夺"，没收具有"终局性"。

财物被扣押、冻结并不必然引起没收的后果，考虑资产可以在短期内被隐蔽或者被转移到找不到的地方以及调查和没收可能耗时数年，尽快采取措施保护可能被判决没收的资产是至关重要的。[2] 不同国家或地区建立不同的机制对没收目标的财产实施限制性措施予以控制或保存，属于一种具有程序意义的预防性保全措施。2014 年，欧洲议会与理事会《关于欧盟犯罪工具与犯罪收益冻结与没收的指令》第 7 条规定，各成员国应当为了随后可能作出的没收令，采取各种措施冻结有关财物。一些国家还制定了专门的犯罪所得追缴法，《英国 2002 年犯罪收益追缴法》中的财产保全措施包括刑事没收中的限制令和民事追缴中的财产保全，如财产冻结令和临时接管令、财产禁

---

〔1〕《联合国禁毒公约》第 5 条，《联合国打击跨国有组织犯罪公约》第 12 条，《联合国反腐败公约》第 31 条。

〔2〕参见让－皮埃尔·布鲁恩、拉里萨·格雷、克莱夫·斯科特、凯文·M. 史蒂芬森：《追缴腐败犯罪资产——从业者指南》，王晓鑫译，中国政法大学出版社 2015 年版，第 83 页。

止令等，其效果均为禁止任何人对保全之财产进行处置。《澳大利亚2002年犯罪收益追缴法》则设置限制令的保全措施，只要法庭有理由相信该财产可能是赃物，即可签发限制令，无须以定罪为前提，其目的也是要求任何人不得处置财产。在《澳大利亚刑事司法协助法》中限制令包括限制特定人处分财产，或冻结、指令扣押，或将财产置于官方保管或控制之下。[1] 其中第16～20条规定，如果需要对某些犯罪行为签发没收令，就可针对该犯罪所涉财产签发一种限制令，命令任何人不得处分或处理该财产，或者非经命令指定方式或条件，不得处分或处理该财产。

(二)扣押之目的：财产保全与证据保全之辨析

刑事扣押的客体，一般认为是得为证据之物或得为没收之物。“得为证据之物”，是在侦查过程中对可作为证据之物的保全，通过扣押查获犯罪证据，为之后的追诉奠定基础；“得没收之物”，是为了确保将来财产判决能够顺利执行，限制义务人处分财产，以防止隐匿、出卖或毁损财产，即暂时占有某物以确保将来诉讼进行的裁判顺利进行的物。由于与犯罪有关的财物同时也是可为证据之物，两者可能竞合。德国、法国、日本的刑事诉讼法根据扣押的目的，区分为旨在获取和保全证据的扣押，以及出于追缴或没收目的的扣押。

《德国刑事诉讼法》为保全证据的扣押(第94条以下条款)，以及依《刑事诉讼法》第111b～111p条，为确保刑罚执行所实施的扣押，主要是有关通过扣押或假扣押以保全如追征及没收执行的规定。在实践中还会有一些保全性质的扣押，有些物品本身具有危险性，如国家严格控制的枪支、弹药、毒品等，《意大利刑事诉讼法》规定的对与犯罪有关的物品的自由支配有可能加重犯罪的结果或延续犯罪的结果或者可能便利其他犯罪的实施时，法官可以根据公诉人的要求，以附理由的命令形式对上述物品实行扣押，有学者称之为“社会扣押”。[2] 《德国刑事诉讼法》规定扣押驾驶执照，即有重要根据

〔1〕《澳大利亚刑事司法协助法》第3条。

〔2〕参见袁坦中：《刑事扣押研究》，湖南大学出版社2012年版，第12页。

将要依刑法规定剥夺驾驶权时，法院可以作出裁定扣押驾驶执照，以防止其继续危害社会，也属此类。

一般而言，财物保全旨在维持财物的价值，只要价值不减，即便财物的属性或种类发生变化，其保全目的仍可实现。对于有丧失毁损之虞或不便保管的扣押物，扣押机关可以予以拍卖，并保管其价金。如美国允许变卖扣押、冻结财物的保全方式，即诉讼中间出售，德国称为紧急变卖措施。这些措施都是通过限制部分财产权限或更有利于保全财物价值的措施而达到保全的效果。还有的国家采取行为保全的方法保障法院没收裁判的可执行性，大陆法系国家称为“假处分”，英美法系国家称为“中间禁令”，[1]如美国的《毒品滥用综合防治与控制法》包括了限制令和未决诉讼提示，前者不剥夺占有但禁止转让、消耗，后者不禁止使用或转让，但有义务将可能被没收的事项告知他人。德国的刑事诉讼法中还包括限制处分、提供担保等扣押方法，实际上也归属为不禁止使用但限制处分，以及不禁止处分的保全方法，与美国的规定相类似。在我国的司法解释中也有类似规定，如对易腐烂、霉变和不易保管的物品的诉讼变卖措施、诉讼出售措施、不禁止使用的但扣押不动产权利证书、提供担保措施等。这些措施都可以认为是一种变通的执行方式，面临缺乏法律依据的质疑，且可能带来随意性，因此，必须在立法层面上予以完善。

从保全的制度理念和目的来看，证据保全只能适用于具有证据作用的涉案财物。尽量不使用强制方法，而用任意侦查的方法取得，如通过拍照、录像的方式加以固定仍可实现保全，其目的在于保持证据的客观性，保全物的证据属性，重点关注证据能力、证明力以及收集、固定、保管等证据载体和证据信息，该物能发挥证据的功能，确保刑事裁判认定的事实符合案件真相即可；而财产保全目的在于维持财物的价值，保全物的价值属性，确保有关财产刑事、附带民事诉讼以及涉案财物的裁判得以执行，具有一定的惩罚性，这足以说明证据保全与财产保全的区别。在刑事司法协助中，为调查取证目的保全只是暂时提交给请求方，请求方有义务在证据使用完毕后返还被请求方，财

---

〔1〕 参见范跃如：《试论我国行为保全制度及其构建与完善》，载《法学家》2004 年第 5 期。

物的所有权不因协助移交行为而发生转移。而为追缴目的的保全则不会遵循该移交规则，该保全措施的协助执行是对剥夺财物所有权程序的保障，是为所有权转移所做的必要准备，至于物的最终所有权归属，等法院裁判之后再作决定。如果有充分证据证明该物是违禁物或者犯罪所得，则可采取措施扣押或没收，而如果是违法所得，则应扣押后及时发还给财产所有权人。可见，以追缴为目的保全具有制裁倾向，更具有相对严厉性，能导致财产权被剥夺或变更，应当相对严格地掌握审查标准，提高拒绝协助理由的强制性，司法协助中任择性的拒绝理由也应变更为"应当"拒绝。[1] 基于此，完全以证据保全来代替财产保全，对不具有证据作用的涉案财物就可能因无法保全而导致裁判的不可执行。

（三）我国刑事诉讼法中的查扣冻

我国《刑事诉讼法》从获取证据的角度，将查扣冻放在第二编第二章"侦查"第六节的"扣押物证、书证"一节之中，作为侦查过程中的一种手段，与强制措施一起作为"收集证据、查明案情的工作"称为侦查行为，虽然立法并未对查扣冻的内涵予以明确，但可以理解成一种完全排除所有人或占有人使用权限的证据保全或财产保全。我国《刑事诉讼法》有关扣押对象的规定在立法技术上采用了列举的方式，包括"财物""文件""存款""汇款""债券"等。我国《刑事诉讼法》第 141 条、第 144 条的规定，"在侦查活动中发现的可用以证明犯罪嫌疑人有罪或者无罪的各种财物、文件，应当查封、扣押"。"人民检察院、公安机关根据侦查犯罪的需要，可以依照规定查询、冻结犯罪嫌疑人的存款、汇款、债券、股票、基金份额等财产。"这里查询、冻结也属于广义的查封，可见，扣押是侦查机关在侦查活动中，强制扣押、留置或提取某人或单位占有或管理的与案件有关的可以用作证据的物品、文件进行保全和固定的诉讼行为，属于证据保全性质。我国刑事诉讼法中对于财产保全措施的规定实际上只在附带民事诉讼案件与违法所得没收程序中，法院在必要的时候可以

---

[1] 参见黄风：《中华人民共和国国际刑事司法协助法立法建议稿及论证》，北京大学出版社 2012 年版，第 159 ~ 162 页。

查扣冻被告人的财产或申请没收的财产。如《刑事诉讼法》第102条和第298条分别规定了为附带民事诉讼之执行而进行的财产保全性扣押以及违法所得的没收程序中的财产保全。从这两条的规定来看,查扣冻的主体都是人民法院。但在我国司法解释或其他规范性文件中,对财产保全的范围有所扩大,如《刑诉法解释》第342条对单位犯罪案件也规定了财产保全,“为保证判决的执行,人民法院可先行查封、扣押、冻结被告单位的财产,或者由被告单位提出担保”。最高人民法院《关于适用财产刑若干问题的规定》第9条和最高人民法院《关于刑事裁判涉财产部分执行的若干规定》第4条则对可能判处财产刑的案件也规定了财产保全,人民法院对依法应当判处被告人财产刑或者责令退赔的,可以在案件审理过程中,采取查扣冻等措施。显然,该措施的规定都是为了保障刑事判决或附带民事判决有关财产部分的执行,属于一种财产保全措施,也有学者将其纳入物权强制措施范畴。[1]

从立法规定来看,只有法院才有权采取财产保全措施,其目的是保障财产刑的执行,而侦查和审查起诉机关在审前阶段只能对证据进行保全性扣押。但是,违禁品、犯罪工具、违法所得等涉案财物往往也是证明案件事实的重要证据。在实践中,侦查机关、检察院出于证据保全的目的对这些财物进行扣押、冻结,对于一些可作为证据的财产的保全,也可以起到防止和制止被告人等隐匿或转移财产。在判决生效后,还可以及时返还被害人的合法财产,不至于危及法院最终作出的追缴判决的执行,在效果上达到保证涉案财物裁判的可执行性的目的,使证据保全和财产保全的程序功能合二为一。实务部门的做法相当于变通地将查扣冻的对象予以扩大,甚至使一些证据性不强但对裁判执行有必要的财物全部纳入保全范畴,造成对与案件无关的财物予以强制。因而有学者批评刑事诉讼中任意扩大查封、扣押范围的现象。[2]而且,由于法律缺乏对于程序的规制,查扣冻等行为由侦查机关自行决定,实践中存在侦查中滥用侦查措施解决经济纠纷,或者将扣押或查封之物随意返

〔1〕 参见胡志风:《我国刑事物权强制措施的诉讼化改造》,载《东方法学》2010年第3期。
〔2〕 参见张栋:《刑事诉讼法中对物的强制措施之构建》,载《政治与法律》2012年第1期。

还所谓的"被害人"的情形,使监督流于形式,恣意侵犯公民权利的情形成为可能。

为保障涉案财物裁判的可执行性而对违法财物采取保全措施正是对物的强制措施制度所应规范的重要内容,是我国刑事诉讼法律制度所缺乏的。因此,建立对物的刑事强制措施制度,是我们必须承担、履行的国际义务。《刑事诉讼法》应明确并扩大涉案财物的财产保全的范围,在特定条件下将犯罪嫌疑人、被告人的合法财产纳入财产保全范围,同时规定公、检、法机关在侦查、起诉、审判阶段均可按规定程序对涉案财物采取财产保全措施。

二、涉案财物与违法所得

(一)涉案财物

刑事涉案财物并非一个具有明确法律地位和法律含义的术语。[1] 在我国的立法和司法中,"公私财物""涉案物品""涉案财产""涉案款物""在案财物""扣押冻结之物""赃款赃物"等混同使用,而且,"财物"、"财产"和"款物"在意思上相近,但也并非完全等同。涉案财物的处置涉及不同的诉讼领域、不同的执法司法环节,我国先后颁布了一系列与刑事涉案财物处理有关的法律、法规、规章以及司法解释和其他重要的规范性文件等。直接涉及刑事涉案财物处理的法律包括《刑法》《刑事诉讼法》。在我国,涉案财物早期又称为"涉案的赃款赃物",[2] 这是我国国内法的概念,根据《现代汉语词典》的解释:"赃款赃物是犯罪分子通过犯罪行为获取的钱或物",我国与外国缔结的刑事司法协助条约中也习惯于笼统表述为"赃款赃物"。《联合国打击跨国有组织犯罪公约》第 2 条(e)项与《联合国反腐败公约》第 2 条(e)项等都称"赃"为"proceeds of crime",国内将其翻译为"犯罪所得"或"犯罪收益",是指由犯罪所产生之财物或收益。

---

〔1〕 参见福建省厦门市第二中级人民法院刑二庭课题组、吴成杰:《刑事涉案财物处理程序问题研究》,载《法律适用》2014 年第 9 期。

〔2〕 2006 年 4 月最高人民法院《关于严格执行有关走私案件涉案财物处理规定的通知》明确指出,涉案财物就是涉案的赃款赃物。

我国《刑法》第64条规定了刑事涉案财物以及刑事涉案财物的处理措施。在刑事诉讼法中使用"涉案财产"的表述,2012年《刑事诉讼法》修正,规定违法所得的没收程序,这是我国法律首次使用"涉案财产"这个名词。但在相关的司法解释中,对财产的解释往往又指向"财物"。在《法学大辞典》中,"财产"解释为:(1)有货币价值的物权客体,即有体物;(2)对物的所有权,某物归属某人所有即被视为某财产;(3)具有货币价值的有体物和对财物的权利的总和,这些权利包括所有权、他物权、知识产权等。[1] 从《刑事诉讼法》的规定来看,财物、财产等概念反复出现,其内涵和外延在法律意义上难以严格厘清,在使用规律上,《刑事诉讼法》总则都是使用"财产",而针对特定的对象,则分别使用"财物"或"财产"。在查封、扣押和冻结中,"财物"和"财产"均有使用,[2] 也有的在一个条款中分别使用,如《刑事诉讼法》第145条中,对财物、文件、邮件、电报用查封、扣押,而对于存款、汇款、债券、股票、基金份额等财产则使用冻结,表现出"财物"和"财产"使用上的区别,查封、扣押"财物"表现为有形性,而冻结"财产"则表现为无形性。有学者认为,"财产"作为一个规范性用语,因而使用"涉案财产"这一术语比使用"涉案财(款)物"更合适。[3],但也有学者认为,在概括谈及与案件有关的一切财产和物品时,唯有"涉案财物"一词最能完整表达此意,也更符合现实情况。[4] 笔者认为,"财产"在我国《宪法》《刑法》和民事法律中也已广泛使用,财产的范畴不仅包括财物,也包括具有财产价值的财产性权利,这些权利在刑事诉讼中与有形的财物一样,可以成为限制或剥夺的对象。《刑事诉讼法》的相关法条在提及"财物"时,除了理解为金钱和物资,也包含了其他违法所得的财产性权利或利益。

---

〔1〕 参见邹瑜、顾明主编:《法学大辞典》,中国政法大学出版社1991年版,第763页。

〔2〕 《刑事诉讼法》第117条、第177条、第245条规定了查封、扣押、冻结的"财物"。第280条规定:人民法院在必要的时候,可以查封、扣押、冻结申请没收的财产。同样,《刑法》第64条,也同时使用到"财产"和"财物"。

〔3〕 参见闫永黎:《刑事诉讼中涉案财产的基本范畴》,载《中国人民公安大学学报(社会科学版)》2013年第3期。

〔4〕 参见胡宝珍、林蕾:《刑事涉案财物处理的立法缺陷与完善》,载《福建警察学院学报》2013年第4期。

在外国的国际刑事司法协助法中，对“财产”的解释一般系指货币或任何其他动产、不动产、有体物或无体物及其孳息和收益。1990 年，欧盟《关于清洗、搜查、扣押和没收犯罪收益公约》（Council of Europe convention on laundering, Search, Seizure and Confiscation of the Proceeds from Crime）中“财产”包括任何形式的财产，无论是有形资产或是无形资产，动产或不动产，以及证明对这些财产享有所有权的法律文书或文件，以及这些财产的孳息。[1] 该表述与《联合国打击跨国有组织犯罪公约》和《联合国反腐败公约》的表述基本一致。[2] 《英国 2002 年犯罪收益追缴法》与《澳大利亚 2002 年犯罪收益追缴法》也是使用的同样的概念。在我国的《国际刑事司法协助法》中除了第 64 条“不得将剥夺自由的刑罚转换为财产刑”提及“财产刑”这个专业术语中用到“财产”之外，通篇使用的都是“财物”。

我国一些司法解释，如《人民检察院刑事诉讼涉案财物管理规定》和《最高检刑诉规则》，“涉案财物”与“涉案财产”均有使用。笔者认为，司法实践中习惯用“涉案财物”一词统称与案件有关的财产和物品，因此，“涉案财物”或“涉案财产”在实体上和程序上都可能使用，只要与某种犯罪行为存在一定的关联性。被执法机关采取查封、扣押等强制性措施进入刑事诉讼程序，按法定的方式所获取的与案件有关的财物、财产性利益或者孳息，用“涉案财物”表述，也方便与我国现有解释中的相关表述一致，而立法上针对具体的司法行为，表述为财产或者财物，都是可以的。

（二）违法所得

在国际刑事公约中违法所得“proceeds of crime”，国内翻译为“犯罪所得”或“犯罪收益”，并将“收益”或者“犯罪所得”解释为直接或间接地通过

---

[1] 如《南非国际刑事合作法》第 1 条规定：“property” means money or any other movable, immovable, corporeal or incorporeal thing and includes any interest therein and all proceeds thereof；欧盟《关于清洗、搜查、扣押和没收犯罪收益公约》第 1 条术语释义。

[2] 《联合国打击跨国有组织犯罪公约》第 2 条，《联合国反腐败公约》第 2 条。

犯罪而获得或取得的任何财产。[1]《联合国禁毒公约》最早对没收的对象进行界定，主要包括非法贩运麻醉药品和精神药物相关的犯罪中得来的收益和价值相当于此种收益的财产；以及已经或意图以任何方式用于非法贩运麻醉药品和精神药物相关的犯罪的麻醉药品、材料和设备或其他工具，该公约最早规定了对替代资产、混合资产和利益收益的没收。《联合国打击跨国有组织犯罪公约》和《联合国反腐败公约》继承了上述公约对没收对象的规定，强调剥夺跨国有组织犯罪、腐败犯罪的一切收益，包括来自公约确定的犯罪所得或价值，与这种所得相当的财产，用于或者拟用于根据公约确定的犯罪的财产、设备或者其他财产。上述犯罪所得已经与从合法来源获得的财产相混合，犯罪所得所占的估计价值，前述所得的收益或其他收益。

根据《刑法》第64条的规定，涉案财物包括违法所得、供犯罪所用财物和违禁品。对于"违法所得"，在理论上并没有形成一致的观点，实践中也有不同的理解，民法、行政法和刑法中都涉及这一术语，《中华人民共和国刑法释义》认为，"违法所得的一切财物"，是指犯罪分子因实施犯罪行为，而取得的全部财物，包括金钱或者物品。违法所得与犯罪所得字面上的意义是一致的，虽然也有学者认为，如果将追缴、责令退赔指称是刑事诉讼意义上的处置措施，则将违法所得明确为犯罪所得会更妥当。[2] 但笔者认为，违法所得的概念应包括犯罪所得，进入刑事诉讼程序的涉案财物未必都是犯罪所得，只有被司法机关认定为犯罪所得的涉案财物，才属于犯罪所得，但使用违法所得这个概念，只是对犯罪行为产生收益的一种概括和事实性评价而已，因此，本文仍使用违法所得这一概念。

（三）两者的关系

《公安机关涉案财物管理若干规定》（公通字〔2015〕21号）所称涉案财物，是指公安机关在办理刑事案件和行政案件过程中，依法采取查封、扣押、

---

〔1〕《联合国禁毒公约》将"收益"解释为"直接或间接地通过犯罪而获得或取得的任何财产"；《联合国反腐败公约》第2条第5款强调，"犯罪所得，系指通过实施犯罪而直接或间接产生或者获得的任何财产"。

〔2〕参见乔宇：《刑事涉案财物处置程序》，中国法制出版社2018年版，第29页。

冻结、扣留、调取、先行登记保存、抽样取证、追缴、收缴等措施提取或者固定，以及从其他单位和个人接收的与案件有关的物品、文件和款项，包括：(1)违法犯罪所得及其孳息；(2)用于实施违法犯罪行为的工具；(3)非法持有的淫秽物品、毒品等违禁品；(4)其他可以证明违法犯罪行为发生、违法犯罪行为情节轻重的物品和文件。该范围与2015年的《人民检察院刑事诉讼涉案财物管理规定》中涉案财物的范围基本一致，但前者不仅针对刑事诉讼涉案财物还包括了行政案件，对涉案财物的范围都有兜底性规定，在公安部将其他涉案财物归属于"其他……的物品和文件"，无法涵盖以股票、债券、知识产权等为表现形式的涉案财物，而检察院则将"……其他与案件有关的财物及其孳息"归属于其他涉案财物，这一兜底性的概念界限较模糊，也有随意扩大之嫌。可见，刑事涉案财物的范围主要包括：违法所得之物及其孳息及收益，供犯罪所用之物，违禁物或其他对社会具有危险性之物，组成犯罪行为之物等。司法实践中，有些涉案财物同时具有多重属性，违禁品与供犯罪所用的财物也有交叉重叠之处。而《刑事诉讼法》对违法所得没收程序中，没收的对象规定为"违法所得及其他涉案财产"，"违法所得"，是指因实施犯罪活动，而取得的全部财物，包括金钱或者物品等。"其他涉案财产"，一般是指除违法所得以外的与犯罪有关的款物、作案工具和非法持有的违禁品等。《刑诉法解释》与《最高检刑诉规则》中对"违法所得及其他涉案财产"的认定相同。

我国有学者曾经在《国际刑事司法协助法》(立法建议稿)中将扣押、冻结和没收的对象统一界定为"财物"，即被司法机关怀疑或认定属于犯罪所得、犯罪收益或者供犯罪使用的财产，不包括作为证据使用的调取或扣押的物品，[1]显然，"财物"的范畴比"涉案财物"要大得多，"涉案财物"的范围也要比"违法所得"大，由于其权属仍处于不确定状态，并非所有的涉案财物都必然成为违法所得。如公安机关对涉案财物采取措施后，应当及时进行审

---

〔1〕 参见黄风：《中华人民共和国国际刑事司法协助法立法建议稿及论证》，北京大学出版社2012年版，第154页。

查。经查明确实与案件无关的，应当在 3 日之内予以解除、退还。查扣冻等强制措施只是审判之前的环节之一，适用该类强制措施所要求的标准是与犯罪相关，且对查明案件事实有所帮助，其范围必然会包括被害人的合法财产、第三人有请求权的财产以及本属于被告人的合法财产等，保全措施并不必然会引起没收的后果。再者，根据无罪推定原则，在人民法院定罪之前，侦查部门暂时扣留或控制财物的行为，与没收违法所得绝非等同。

一般而言，可没收的涉案财物范围不同，采取保全的对象也有所不同。但从公约及世界各国的没收发展来看，替代物、价值等同物、混合财产都逐渐纳入没收的范畴，2014 年《欧盟指令》第 7 条第 2 款，对于第三人持有的可没收财物，也可采取冻结措施。[1] 以此来类推的话，在违法所得、犯罪工具因损毁、挥霍或转让而导致不能没收时，可否对涉案财物等值的合法财产纳入保全范围之中？笔者认为，作为一种暂时性措施，涉案财物总是以一定的形式和犯罪行为相联系，其中违法所得包括行为人通过犯罪行为直接取得，也包括通过犯罪所得所产生的收益（主要是孳息），但在定罪之前，扣押是对涉案财物的控制而非处分，更注重对诉讼程序的维护，有效实现程序的效率和公正，程序保障价值更大，财物的处理必然影响到财产权的行使，因而需要更慎重，涉案财物应该按照《刑法》《刑事诉讼法》规定的范围界定，由司法机关在其职权范围内通过一定的法律程序予以确认，不能任意扩大将替代物、价值等同物、混合财产都纳入保全的范围。

正因如此，我国《国际刑事司法协助法》第六章查扣冻使用的对象是"涉案财物"，而第七章没收的对象则是"违法所得及其他涉案财物"，显然，违法所得的范围应窄于刑事涉案财物，其包含于刑事涉案财物当中，相当于《刑法》第 64 条所规定的"违法所得的一切财物"，这样规定更符合逻辑，也体现了扣押与没收的价值各不相同。

三、犯罪资产追回成为刑事司法协助的重要内容

将逃犯逮捕归案并将其绳之以法一直是作为国际合作中的重点，早期司

---

〔1〕 参见吴光升：《刑事涉案财物处理程序研究》，法律出版社 2018 年版，第 116 页。

法协助的范围仅限于引渡以及围绕引渡而展开的相关调查取证和文书送达,但犯罪的主要动机之一,是获得非法益处。国内刑法历来谋求确保罪犯无法受益于犯罪收益,犯罪分子在犯罪过程中,逐步将赃款转移到国外并通过洗钱伪装赃款,还利用离岸金融中心和保密天堂逃避监管,特别是"9·11"事件之后,没收犯罪收益、斩断犯罪资金链条的国际呼声越来越大,犯罪资产追回也成为惩治犯罪的重要环节。涉案财物被转移到境外之后,涉案财物流出国不能通过司法程序直接处理涉案财物,将外逃涉案财物追回需要解决涉案财物流出国的司法机关如何将被转移到境外的涉案财物转回国内,以便司法机关进行没收上缴或者返还被害人。国家通过司法协助的方式强制性地将涉案财物剥离于犯罪行为人或其他人,然后再将其转回国内。但是,为了暂时阻止对该财产或证据的破坏、改造、转移或处置,一国的司法机关要在本国的刑事诉讼框架内签发或批准财产的保全令或证据的保全令,并请求财产所在地的国家协助执行,才能达到保全的目的。

国际社会对于认定、跟踪和冻结或扣押犯罪收益以便最终没收的规定,始于1988年的《联合国禁毒公约》。《联合国禁毒公约》要求缔约方将洗钱行为定罪,而且在不违反适用法律体系的宪法和其他基本概念的情况下,将产生于根据公约确定的犯罪财产的知情获得、占有或使用定罪。该公约还要求缔约方建立国内机制,以跟踪、限制和没收毒品相关犯罪的收益,各缔约方还被要求能够响应其他国家有关跟踪、限制和没收毒品犯罪收益所提出的请求,就没收犯罪收益事宜而请求其他国家采取措施和提供协助的国际合作形式,被视为特殊形式的相互法律协助。1990年,欧盟《关于清洗、搜查、扣押和没收犯罪收益公约》,扩大了对《联合国禁毒公约》中只对毒品犯罪收益的关注,而是针对来自一般刑事犯罪的非法收益的洗钱的规定,并且提供了部分综合方法处理刑事事项方面的国际合作,将它纳入相互法律协助计划、临时措施和资产的没收。1998年2月,联合国大会通过了第53/112(1998号)决议《刑事事项的相互协助和国际合作》,对联合国《刑事事件互助示范条约》的相关条款予以修订,其中,将该示范条约任择条款中与"犯罪收益"相关并论述协助执行核准跟踪、扣押和没收犯罪收益的命令的问题,作为刑事事件互助的事项的新条款一并归入《刑事事项的相互协助和国际合作》中。1999 年的《联合国与犯罪收益有关的洗钱、没收、国际合作示范法》和 2003 年的《联合国关于洗钱、犯罪收益和恐怖融资的示范法》也有相关规定。此后,一些全球性国际合作层面逐渐将犯罪收益纳入没收范围,提出关于犯罪收益及没收的概念、措施及国际合作机制,并提出资产分享,逐渐构建了一个针对毒品、洗钱、跨国有组织、腐败、恐怖主义等各类犯罪的多层次没收措施体系,为资产追回的国际合作提供了法律支撑和技术指导,更全面彻底地打击犯罪和消除犯罪活动的利益刺激因素起到了巨大遏制作用。此外,其他国际性法律规范和建议也对没收措施及相关程序作了比较详细的规定。欧盟《关于清洗、搜查、扣押和没收犯罪收益公约》,要求各缔约方为针对没收手段和收益的调查和诉讼方面的目的彼此开展最广泛的合作,包括协助调查、临时措施和没收等,同时还规定了合作的基本原则、程序性事项以及合作的拒绝和延迟履行。

《联合国反腐败公约》更是将"资产的追回"与"司法协助"挂钩,将辨认、冻结和追查犯罪所得以及返还被非法转移的资产作为司法协助的适用范围,确立了直接追回财产的措施和通过没收事宜的国际合作追回资产机制,甚至引入"独立没收"制度,使公约成为各国开展追赃协作的平台,资产追回与返还等方面新的国际法律规则逐渐出现和形成。有学者认为,资产的追回在本质上属于国际刑事司法协助的范畴。[1] 将资产追回作为司法协助的重点,一些传统的调查取证等协助形式都可以围绕这一内容开展协助,国际刑事司法协助从对人的追诉为主发展为对人的追诉和对资产的追回并重,[2] 由此形成了为追缴犯罪所得或收益而开展调查取证、资产冻结或扣押、没收和返还等方面国际合作的体系,是对国际刑事司法协助形式的重大发展和创新。[3]

虽然《联合国禁毒公约》和《联合国打击跨国有组织犯罪公约》具有一定

---

〔1〕 参见陈雷:《惩治与预防国际腐败犯罪理论与实务》,中国检察出版社 2005 年版,第 204 页。

〔2〕 参见汤磊:《国际刑事司法协助的发展及其对我国的启示:以广东开平案为例》,载《湖北社会科学》2010 年第 1 期。

〔3〕 参见黄风:《国际刑事司法合作的规则与实践》,北京大学出版社 2008 年版,第 109 页。

的影响力,但有关没收的国内制度中对于没收的对象具有不确定性,财产没收与价值没收的争议不断,没收的犯罪种类、规定的证据标准(刑事标准或较低的民事标准)和能够实施犯罪收益没收的过程的性质(民事、行政或刑事)也不尽相同,而且,没收的实施需要确保银行和金融部门的合作。银行和金融部门的复杂性和现代技术进步,对于便利金融交易和有效的银行体系的需求,加上最低限度的管制,以及对保护账户持有人身份的需求,与没收相关的调查需要之间存在矛盾。加之,各国对于没收这种形式的国际合作的熟悉程度,也导致了实践中的各种问题。

第二节　我国国际刑事司法协助中的查封、扣押、冻结措施

我国《国际刑事司法协助法》第六章对于涉案财物使用了“查封、冻结、扣押”。在我国与外国缔结的双边刑事司法协助条约中一般都将针对证据或针对赃款赃物的查询、搜查、查封、冻结、扣押等作为协助范围,[1]只是在条约中的表述不同,如“采取措施查找、冻结、扣押和没收犯罪所得”“对赃款赃物予以冻结、扣押和没收”“追查、限制、追缴和没收犯罪活动收益和工具,包括限制处分与冻结被指称与刑事事项有关的财产等”,[2]虽然在双边条约中所使用的术语、条件和程序不尽相同,但其目的却是一致的,旨在禁止或剥夺财产持有人控制、使用与处分财产,可以视为一种程序上的没收之保全措施,为没收作保障。我国也有学者认为,在开展引渡、遣返等追逃国际合作时,附随请求移交赃款赃物,是追回外逃涉案财物的一条重要途径。[3]

一、我国国际刑事司法协助中查封、扣押、冻结协助形式

《联合国反腐败公约》也以两分法规定了此类扣押协助,为保障涉案财

[1] 如《中华人民共和国政府和美利坚合众国政府关于刑事司法协助的协定》第1条,《中华人民共和国和爱沙尼亚共和国关于刑事司法协助的条约》第13条。除1987年我国与波兰缔结的第一个刑事司法协助协定中没有明确“赃款赃物移交”条款外,其余的所有刑事司法协助类条约和所有引渡条约中均设有专门条款规范外逃犯罪资产的移交或返还问题。

[2] 《中华人民共和国和泰王国关于刑事司法协助的条约》第1条、第15条,《中华人民共和国和菲律宾共和国关于刑事司法协助的条约》第1条、第15条。

[3] 参见陈雷:《国际反贪与“海外追逃”》,中国检察出版社2016年版,第110页。

物裁判的可执行性而对违法财物采取保全措施，发挥了诉讼保全的功能，以确保将来诉讼和裁判的顺利进行。国际刑事司法协助中请求进行财产保全措施包括两种：一种是请求外国对位于其境内的财产按照其本国法的规定采取保全措施；另一种是直接执行外国的保全裁决，即由请求方作出具有域外效力的没收保全裁决，如冻结令或扣押令，请求资产所在地的主管当局根据该保全裁决对有关财产实行查封、扣押或冻结。这种方式涉及保全令的承认与执行问题，即被请求方赋予请求方的保全裁决可在本国境内执行的法律效力，体现了一国对他国主管机关作出强制措施令在某种程度上的承认。

我国在《国际刑事司法协助法》草案稿中对这两种形式均作出规定，包括针对保全决定的协助执行以及没有保全决定情况下的协助执行（草案稿第42条、第45条），并规定了不同的协助条件和程序。但从立法稿第六章规定的内容来看，将这两种措施笼统表述为“办案机关需要外国协助查封、扣押、冻结涉案财物的”（第39条）以及“外国向中华人民共和国协助查封、扣押、冻结在中华人民共和国境内的涉案财物”（第42条）。显然，立法稿回避了针对该类保全令的承认与执行问题。但是，如此规定并不意味着在我国国际刑事司法协助中不开展没收保全裁决的协助程序，因为从立法稿第40条和第42条的规定的请求书所附材料来看，其中包括“相关法律文书的副本”。该法律文书副本就是我国的查扣冻决定书，或者外国的没收保全裁决，可以认为，外国如果签发了针对财产的保全裁决，并请求我国执行其保全裁决，那么我国并不采取承认执行没收裁决的方式直接执行，而是将保全裁决作为请求书所附的材料之一，我国在协助执行时仍然要依据国内程序对有关财产协助进行查封、扣押或冻结。

笔者认为，立法稿以这种方式规定保全协助有一定的道理，因为在国际刑事司法协助中对刑事判决的承认与执行关系刑事司法管辖权，都会相当审慎。冻结令和扣押令虽然不完全等同于实体性的刑事制裁，但其实施也会对公民的财产权利造成一定的限制或剥夺，对财产强制处分的决定权本质上也是一种司法裁决权，具有裁判的性质。在一些国家，涉及财产的冻结令和扣押令往往由法官作出，属于广义的法院裁判范畴。而到目前为止，我国在司法实践中并无承认和执行外国没收裁决的案例,也未开展过没收保全裁决的承认与执行。也正因如此,立法稿中取消了原草案稿中的罚金刑、没收财产刑罚的承认与执行的规定,其立法思路是一样的,立法者的理由主要是考虑到我国已经签订的刑事司法协助条约一般不含有相互承认和执行财产刑的内容,有关部门也未开展过相关工作,以暂不规定为宜。[1]

对裁决的承认与执行体现了国家主权之间的礼让,是各国相互配合、互利互惠的国际合作应有之义。联合国曾经建议各国可以简化承认程序,欧盟于2001年和2003年商定的一套框架决定确立了相关规则,使成员国能够在本国领土上承认并执行由另一成员国司法机关在刑事诉讼期间签发的冻结令,2005年5月欧洲委员会《关于犯罪所得洗钱、搜查、扣押和没收以及资助恐怖主义的公约》通过了就这些事项开展国际合作的区域综合框架。[2] 但从《国际刑事司法协助法》的规定来看,对于外国提供的没收裁决,如果符合法律规定的条件,我国仍然可能对此开展协助,相当于对外国没收裁决的协助执行。因此,从长远来看,我国应尽快完善甄别、控制、没收和处置违法所得的措施。我国国内有关冻结、扣押令方面的立法的完善对促进没收领域的国际合作具有非常积极的意义。

二、查封、扣押、冻结涉案财物协助的条件

我国《国际刑事司法协助法》对外国向我国请求开展扣押协助的条件予以明确,其中,第二章的第10条、第13条是向外国提出刑事司法协助书及请求书载明事项的一般性规定,第六章对我国向外国请求以及外国向我国请求查扣冻涉案财物需要附上的请求书及“相关材料”作出特别规定。外国向我国申请冻结和扣押的情况下,提交有关的证据材料须符合我国《国际刑事司法协助法》规定的各项条件,即第六章第二节第43条规定的5项条件。

---

〔1〕 全国人民代表大会宪法和法律委员会关于《中华人民共和国国际刑事司法协助法(草案)》审议结果的报告,载中国人大网,http://www.npc.gov.cn/npc/xinwen/2018-10/26/content_2064519.htm。

〔2〕 参见蒋秀兰、王梅:《论没收国际合作中的保全》,载《政法学刊》2015年第2期。

(一)符合中华人民共和国法律规定的条件

第43条第1项为"符合中华人民共和国法律规定的条件","条件"的内容在立法中并没有明确。但在草案中该条件为"符合立案条件"。我国《刑事诉讼法》和《监察法》都明确包括查封在内的扣押措施需要立案之后采取,立案是采取扣押措施的前提条件之一。而刑事或监察立案的标准是"有犯罪事实,需要追究刑事责任"或"涉嫌职务违法犯罪,需要追究法律责任"。由于立案是诉讼或监察活动的开始,在这一阶段发现的常常是一些犯罪线索或者嫌疑,对于是否确有犯罪事实、需要追究刑事责任,还需要通过侦查、起诉甚至审判程序才能最终确定。可见,立案阶段的证明标准最低,只要证明有罪怀疑即可,而且不必形成确信。但是立案是请求方主管机关的事情,要求发生在外国的刑事案件来我国立案,或者由我国立案机关立案在实践中也是不现实的。因此,在正式的立法中,取消了原草案中"立案条件"这一表述,其立法意图是值得肯定的,但立法最终采用了以"法律规定的条件"这一模糊用语,对"法律规定的条件"没有明确。至少可以肯定的是,我国《国际刑事司法协助法》实际上明确了在协助外国查扣冻时不需要立案这一条件。

"法律规定的条件"从其本意来理解应该是根据我国法律规定外国请求查扣冻的财物是应予追缴的涉案财物。对于判断某一财物是否为涉案财物,我国《刑事诉讼法》也未明确,这里涉及"判断标准"或者"合理根据"。我国刑事诉讼中,关于扣押标准的表述主要是"侦查人员认为需要扣押犯罪嫌疑人的邮件、电报的时候,经公安机关或者人民检察院批准,即可通知邮电机关将有关的邮件、电报交由扣押""是否与案件有关""不能立即查明的",也可以扣押"可疑的文件、资料或其他物品","可能属于违法所得的款项,应当扣押";"不能立即查明是否与案件有关的可疑款物,可以先行扣押"。[1] 从表述来看,"与案件有关""侦查人员认为需要""可疑"都可以认为是扣押的条件,或者说证明要求。这些含糊的规定容易造成主观臆断,并不能提供冻结或扣押的"合理根据",实务中往往只是一份简单的冻结通知书和扣押物品

〔1〕《最高检刑诉规则》第210条,《人民检察院扣押、冻结涉案款物的工作规定》第14条。

清单，具体适用时是侦查机关自行决定，实行的是内部审批机制，办案人员还可根据情况自行决定。[1]

（二）相关性要求

相关性要求，即第43条第（2）项要求查扣冻涉案财物与请求方正在进行的刑事案件的调查、侦查、起诉和审判活动相关。外国向我国提出采取保全协助，应当是正在对案件进行调查或已经进入司法程序，对于外国办案机关并未正式立案，或者已经作出生效判决、终止刑事诉讼程序或者犯罪已过追诉时效期限的，我国可以拒绝提供协助。

（三）涉案财物可以被查封、扣押、冻结

该项是关于执行查扣冻可行性的要求。在国际刑事司法协助中，对涉案财物采取保全措施时涉案财物的状况是涉案财物可以被查扣冻的前提条件。为此，外国向我国提出请求查扣冻时，须在刑事司法协助请求材料中载明需要查扣冻的涉案财物的权属证明、名称、特性、外形和数量，需要查扣冻的涉案财物的地点；资金或者其他金融资产存放在金融机构中的，应当载明金融机构的名称、地址和账户信息。如我国《刑事诉讼法》规定，对于犯罪嫌疑人的存款、汇款、债券、股票、基金份额等财产已被冻结的，不得重复冻结。

（四）执行请求不影响利害关系人的合法权益

涉案财物的保全本质上是一种财物的强制性、暂时性限制措施，必然对财物的所有人或占有人的财产权的行使造成不利的影响。笔者认为，我国应将财产保全措施纳入司法审查，并设置财产保全后的通知、公告、听证程序，为被告人和潜在的利害关系人参与诉讼、提出异议提供充分的机会，以保证违法所得资产保全措施的准确适用。本书会对该问题进行专门阐述。

（五）执行请求不影响我国境内的法律程序

我国有关机关正在进行的调查、侦查、起诉、审判和执行活动，也包括民

---

[1] 如《刑事诉讼法》第141条规定："在侦查活动中发现的可用以证明犯罪嫌疑人有罪或无罪的各种物品、文件，应当查封、扣押……"《公安部刑事程序规定》第228条规定："……在现场勘查或搜查中需要扣押财物、文件的，由现场指挥人员决定……"《最高检刑诉规则》第210条第2款规定："不能立即查明是否与案件有关的可疑的财物和文件，也可以查封或者扣押，但应当及时审查。"

事和行政领域的司法或执法行为。根据这一规定，如果外国请求协助查扣冻的涉案财物由于其他刑事诉讼、民事诉讼或者行政执法的原因已被中国司法机关或者执法机关采取了财产保全措施，或者中国司法机关已根据第三国率先提出的司法协助请求对相关财物采取了查扣冻措施，则会出现执行不能的情形。

三、查封、扣押、冻结协助程序的审查

（一）司法审查与令状主义

1. 司法令状主义

从控制犯罪、维护安全的角度，对物的扣押存在刑事司法是必要的。但对物的扣押也直接体现了犯罪控制与人权保障的冲突，为了实现二者之间的平衡，各国对扣押的种类、适用对象、理由、权限和程序加以规范。德国的法学思想一直认为，允许以强制侵犯公民权利时，关键的是一方面必须对国家权力的强制性明确地予以划分和限制，另一方面必须由法院对强制性措施进行审查，使公民由此享受到有效的法律保障。[1] 扣押权属于国家最为重要的也是最具有侵犯性的权力，无论是随后的扣押还是单独的扣押，也无论是对物品还是文件的扣押，都将损害公民的财产、隐私权益，因此应当受到法律的特殊规制。[2]

扣押措施的适用决定权，本质上属于司法裁判权，如果由承担侦查、控诉职能的机关享有上述侦查措施的决定权，就违背了“任何人不能审理自己或与自己有利害关系的案件”的正当程序的最低标准。基于保护公民基本权利的需要，侦查程序的正当化必然要求司法审查对侦查程序的介入，司法审查的核心理念是由法院来对国家和社会的强制权的合法性进行审查，其所体现的理念是审判中心主义，由法官控制侦查、起诉程序，因此，司法令状原则的确立是其必然。

---

〔1〕 参见[德]约阿希母·赫尔曼:《〈德国刑事诉讼法典〉序言》，载《德国刑事诉讼法典》，李昌珂译，中国政法大学出版社 1995 年版，第 6 页。

〔2〕 参见胡杰:《刑事诉讼对物强制措施研究》，武汉大学出版社 2018 年版，第 168 页。

司法令状原则,也称司法令状主义,要求强制侦查,如逮捕、搜查、扣押、强制检查等,须经司法审批通过,不得由侦查机关直接发动,而且对这些侦查措施规定严格的条件和程序,以防止侦查机关滥用职权以及保障权利人的救济权,法官在签发令状时必须根据法律规定的理由,而侦查机关在执行时,应当出示法官签发的令状,并告知相关行为人事后救济的途径。建立令状主义决定程序是分权理论。在该原则的指导下,在侦查阶段引入第三方对强制措施适用的理由进行审查,判断其是否必要与合法,通过司法审查,刑事诉讼程序结构中的控、辩、审三方处于良性而稳固的正三角的权力制约结构,符合法治与人权保护的理念。《美国联邦宪法》第四修正案为政府的强制搜查、扣押行为设定了令状条款。《日本宪法》中规定,没有法官签发的令状,不得侵入、搜查以及扣押任何人的住所、文件以及所有物品。这些宪法条款的明确为强制措施的适用提供了程序保障和人权保护的功能。日本学界对令状主义解释为:对带有强制处分的侦查活动,除逮捕现行犯等若干例外规定以外,都要由法官加以控制。[1] 当然,令状主义也有例外,如日本的无令状扣押适用于为查明犯罪事实以及将来审判之需要而扣押、保全拘留现场的证据物品、应当没收的其他物品。在发现与犯罪有关的物品的情况下,预见到该物品的所有者或者保管者难以自行提交该物品时,要立即申请签发对该物品的扣押令状,同时要采取措施防止证据被隐匿和散失。

2. 审查主体

英美等国对扣押行为及其附随的搜查行为采用令状主义的司法审查权主体的选择上,几乎无一例外地赋予法官,如美国对扣押进行司法审查的主体是联邦治安法官或联邦辖区内的州记录法院。《英国2002年犯罪收益追缴法》规定财产保全性扣押的令状主义决定程序,则由皇家法院签发保全令。[2] 令状制度在大陆法系的德国称为"法官保留原则"。根据德国刑事诉讼法的规定,搜查应当有令状授权,通常由法官签发,情况紧急时才可由检察

---

〔1〕 参见[日]松尾浩也:《日本刑事诉讼法》,丁相顺译,中国人民大学出版社2005年版,第40页。

〔2〕 参见袁坦中:《刑事扣押研究》,湖南大学出版社2012年版,第61页。

官及其辅助机关发布搜查令状。大陆法系有时也允许在确保人权的前提下提高侦查效率,由检察或警察机关作出初步的扣押决定,但它处于效力未定的状态时,应由法官在扣押实施后审查是否合法,作出最终决定,否则,扣押无效。检察院作出扣押决定后,应当不迟延地提请法官确认。在3日内未得到法官确认的,决定失去效力。这些规定均意味刑事对物的强制措施中司法审查程序的介入,体现了司法审查分权制衡机制,使执行机关不至于为控制犯罪而牺牲公民的财产权,体现了法治原则和程序正义原则的必然要求。

(二)我国的规定

在我国,查扣冻的主体多元化,公、检、法以及监察机关都有权使用该类对物的强制措施的权力,而且查扣冻的决定环节与执行环节并没有分离,决定权与执行权基本同属一个法律执行主体,人民法院在庭审过程中,为调查核实证据,也有权决定扣押。这样规定的便利性在于提高案件查办的效率,但也存在"裁判员参赛"的诟病。刑事涉案财物的执行基本游离于司法审查之外,执行程序很难受到司法审查的控制。[1]

我国也有学者曾经建议,将"令状主义"引入对物的强制措施,[2]在单独实施扣押的情况下,侦查人员应申请法官签发扣押令;对于银行或其他金融机构的查封、扣押及冻结,须经人民法院批准,侦查机关才可以实施。[3] 甚至有学者提出两步走方案,先取消公安机关的刑事扣押决定权,将刑事扣押决定权交给人民检察院和人民法院行使;待条件成熟时取消人民检察院的刑事扣押决定权,仅由人民法院行使。[4] 笔者认为,检察院在刑事诉讼中有对侦查活动是否合法进行监督的职责,同时,检察院还是一个追诉机关,具有审查起诉和提起公诉的职能。后者与公安机关的侦查活动同属追诉职能,将刑事扣押决定权从公安机关转移到人民检察院,属于追诉机关之间的权力转

---

〔1〕 参见乔宇:《刑事涉案财物处置程序》,中国法制出版社2018年版,第69页。

〔2〕 参见樊崇义等:《刑事诉讼法修改专题研究报告》,中国人民公安大学出版社2004年版,第422页。

〔3〕 参见陈卫东主编:《模范刑事诉讼法典》(第2版),中国人民大学出版社2011年版,第252~254页。

〔4〕 参见袁坦中:《刑事扣押研究》,湖南大学出版社2012年版,第80页。

移，并非由追诉机关向司法机关转移，因此，笔者认为，刑事扣押决定权还应移交给具中立裁判权的人民法院行使。

根据我国《国际刑事司法协助法》第 39 条、第 42 条的规定，我国向外国申请查扣冻时，由办案机关提出，经所属主管机关审核同意。外国向我国申请查扣冻时，由主管机关审查同意。我国的保全决定往往发生在不同刑事诉讼阶段，由行使侦查、起诉和审判权利的主体决定和实施的。显然，我国的国家监察委、最高人民法院、最高人民检察院、公安部、国家安全部等部门负有审核向外国提出以及外国向我国提出的刑事司法协助请求的职责。在由司法令状或者非司法令状作出的保全决定的问题上存在分歧，必然导致实践中因主体不符合被请求方法律要求而被拒绝执行，特别是难以得到采用司法令状主义国家的认同。在国际刑事司法协助中有必要引入保全协助的令状主义，坚持司法决定原则，即由警察或者检察官向法官提出申请，经法院审查后签发财产保全的令状，依据该令状对涉案财物采取限制和控制措施。其他机关或个人如果认为保全措施不合法，也可向法院机关提出申请，法院认为申请理由成立的可解除扣押，并采取一定的补救措施。

正是基于此，《违法所得没收程序规定》第 22 条，“被请求国(区)的主管机关提出，查封、扣押、冻结法律文书的制发主体必须是法院的，负责立案侦查的公安机关、人民检察院等侦查机关可以向同级人民法院提出查封、扣押、冻结的申请，人民法院经审查同意后制作查封、扣押、冻结令以及协助执行查封、扣押、冻结令……”因此，我国向外国申请扣押协助，外国要求扣押须由司法机关作出决定的，由办案机关向同级法院申请签发查封、扣押、冻结令，交由办案机关，再由办案机关报主管机关审核之后，通过对外联系机关向外国提出协助请求。我国《国际刑事司法协助法》第 39 条第 2 款再次确认了这一做法，“外国对于协助执行中华人民共和国查封、扣押、冻结涉案财物的请求有特殊要求的，在不违反中华人民共和国法律的基本原则的情况下，可以同意。需要由司法机关作决定的，由人民法院作出”。该款是同意外国特殊要求的规定，从立法本意来看，该款所示特殊要求包括对所涉案件的办理程序、法律文书、证据材料、措施期限等，或者包括扣押令、冻结令必须由司法机关作出，这些要求只要不违反我国法律的基本原则，我国就可以同意，体现了对外国司法主权的尊重。也意味着，如果外国明确要求保全措施必须由法院作出决定的，即便在我国该案件不由人民法院办理，我国的办案机关也可将案件转请人民法院进行司法审查并作出保全决定。可见，我国在国际刑事司法协助立法中，对物的强制性措施的司法审查程序所持有的一种开放的态度，有助于在刑事诉讼中加强侦查权力进行有效制约，以及对监察权的外部制约，对于公民权利的保障也是有利的，更有利于与国际的接轨。

但是，在立法稿中并未明确法院如何进行审查，或者由哪一级法院来审查决定。笔者认为，对于法院审查程序的完善可以借鉴违法所得没收程序的相关规定，即由提出协助请求的执法机关的同级人民法院审查。

（三）审查标准

在刑事程序中，财产保全属于就有关行为是否构成犯罪作出裁决而暂时剥夺或限制公民的财产权，体现了对个人或法人财产权的一种限制，必然影响到财产权人的占有、使用、收益、处置等权能的行使。基于利益平衡原则，各国往往要求扣押令状须有一定的适用条件，且须有合理的理由以证明适用的合理性，并将其作为提供司法协助的基础。国外立法将财产保全条件分为可能性条件、必要性条件及证据条件。可能性条件，是指法院是否可能判决追缴、没收涉案财物；必要性条件，是指是否存在可能妨碍涉案财物追缴、没收的行为；证据条件，是指是否有相应证据证明存在前两种条件。[1] 虽然各国对于财产保全条件的要求并不完全一样，有的国家比较严格，但也有的国家相对宽松，但各国均较重视证据条件，要求有相应的证据证明存在保全财产的可能性或必要性。

在美国的司法实践中，合理根据渊源于《美国宪法》第四修正案，只有存在合理根据时，法官才有权签发司法令状。无论是申请司法令状还是事后证明搜查、扣押行为合宪，合理根据都是重要的因素，是地方法官签发令状的一个具体要件或重要的标准。“合理根据”是对财产进行搜查、扣押的默认设

---

〔1〕 参见吴光升：《刑事涉案财物处理程序研究》，法律出版社 2018 年版，第 130 页。

置,搜查、扣押必须具有合理根据。日本要求具有“正当理由”,扣押的要件为“对侦查犯罪有必要”,所以必须要存在具体的嫌疑事实、意欲搜查、扣押的对象必须是特定的,可以叫作扣押和搜查的“理由”。[1] 该“合理根据”或“正当理由”实际上就是设置一定的证据门槛,即保全案件中的证明问题,其目的在于防范权力的滥用。在德国,只有在检察机关有“重要根据”认为命令追缴、没收涉案财物的前提条件成立时,方可对涉案财物进行扣押,有重要根据认为命令追缴、没收价值补偿时,方可采取扣押措施。《英国 2002 年犯罪收益追缴法》第 40 条对刑事没收限制令的适用条件进行明确规定:一是刑事程序已经开始,但未结束;二是存在“合理原因”使法院认为犯罪嫌疑人、被告人通过犯罪行为获得不当利益。第 246 条和第 294 条规定民事没收限制令的适用条件。对于一般民事没收,必须有表面证据证明特定财物属于可追缴财产或包含了可追缴财产,或属于关联财产,且经采取合理措施,仍然无法确认财产持有人身份;对于现金追缴,必须有合理理由怀疑现金属于可追缴财产或被意图用于犯罪行为,且不低于规定的最低数额。该“重要根据”“合理原因”与美国的“合理根据”的证明标准同出一辙。

在国际刑事公约中,也以“提供合理的根据”作为对财产采取必要措施的刑事司法协助的条件。《联合国反腐败公约》规定,资产来源方请求资产所在方冻结和扣押位于其境内的腐败犯罪所得必须满足 3 个条件:一是请求执行的冻结令或扣押令必须是由具有刑事管辖权的机关发出的;二是必须提供合理根据以使被请求方相信有充足理由采取这种行动;三是必须明确冻结或扣押的资产的最终目的是对该财产进行没收。因此,各国在审查和执行相关保全措施时都会要求请求方应当提供足以支持其请求的材料和信息,并将其作为提供协助的基础,但具体的实现可能性和执行程序则主要取决于各国国内立法和相关的司法实践。

我国有学者提出,我国有必要强调对物的强制侦查措施应具备的“合理

---

[1] 参见[日]松尾浩也:《日本刑事诉讼法》,丁相顺译,中国人民大学出版社 2005 年版,第 75 页。

根据”，该证明标准无须确实、充分到将犯罪嫌疑人定罪的程序，但必须充分证明目标款物与犯罪相关，有助于发现犯罪事实真相，或者有被犯罪嫌疑人转移的危险。[1] 笔者对此表示赞同，我国《国际刑事司法协助法》中对有关涉案财物采取保全措施时，应增加国际刑事公约所要求的“合理证据”标准，该标准包括两个方面：一是其与犯罪之间的关联性须有证据证明；二是该关联性的证据须已查证属实。关联性在《国际刑事司法协助法》第 43 条第 2 项规定中有所体现，但对关联性的证据要求则需要进一步确定。在保全程序中强调相关性可以加强对有关财产采取限制性措施的制约，在我国向外国请求扣押协助时可以更好地确保外国能够有效执行我国的请求；在外国向我国请求扣押协助时也是保障公民财产权益的现实需要。基于此，在我国向外国请求和外国向我国请求查扣冻涉案财物时，在申请书或条件审查中应对拟查扣冻的涉案财物提出一定的“合理根据”要求。《国际刑事司法协助法》第 39 条应修改为“办案机关有合理根据需要外国协助查封、扣押、冻结涉案财物的，应当……”第 43 条第 1 款第 1 项应修改为“查封、扣押、冻结符合中华人民共和国法律规定的条件，并有合理根据的”。

四、查封、扣押、冻结协助的期限

从国外的立法例来看，一些国家会在其本国的刑事司法协助法中明确规定相关财产性保全措施的有效期，如澳大利亚限制令的有效期在命令签发之日起的 30 日，但期间可以延长。《新西兰 2009 年犯罪收益追缴法》针对外国的临时限制令期限是 28 日，对于外国限制令的有效期则为 2 年，申请延长时间不得超过 1 年。也有的国家通过法律授权的方式由被请求方主管机关酌情决定保全期限，如瑞典就明确规定由法庭决定查封或扣押的持续时间。

我国立法要求请求协助的请求书所附材料中须载明“希望请求得以执行的期限”。该期限可以理解为，是我国根据请求方的请求对涉案财产作出保全决定的期限，而且涉案财产的保全是一个延续性的行为，至于保全期限的

---

〔1〕 参见何帆：《刑事没收研究——国际法与比较法的视角》，法律出版社 2007 年版，第 192 页。

长短立法并没有明确,只是规定了期限届满时延长的程序(立法稿第41条、第44条)。一般认为,我国执行机关应当按照我国法律或司法解释的相关规定,确定财产保全的起止期限,在期限内不能办结的案件,应当在期限届满前作好继续查扣冻的请求协助工作。我国《刑事诉讼法》并没有明确扣押和冻结的期限,但为刑事司法机关的侦查、审查起诉和审判活动规定了办案期限,法定的办案期限直接影响到财产扣押、冻结措施的执行。《公安部刑事程序规定》中冻结存款、汇款、股权、保单权益或者投资权益和冻结债券、股票、基金份额等证券的期限分别为6个月和2年,期满可以办理继续冻结手续,每次续冻期限最长分别不得超过6个月或2年,但没有次数限制。

黄风教授主张我国立法时,应根据外国请求扣押或者冻结财物规定的期限以不超过6个月为宜。[1] 笔者认为,在刑事程序中,对财物的保全措施意味着对个人或法人的财产权带来一定的限制,该措施既要基于公共利益需要确保有关涉案财物被保存至没收案件结束,也要确保个人所享有的行使其财产所有和使用的权利。在个人私人财产利益与追诉犯罪利益之间进行价值权衡,而不是为了追诉犯罪一味地忽视、牺牲个人的财产权益。[2] 违法或者无期限的扣押,无异于对公民财产权益的侵犯。而且,对保全期限作出限制,也是为督促申请方能够加快相关的诉讼进程并及时向另一方通报和说明继续执行的必要性及其理由。因此,基于对当事人的财产权法律保护的目的,我国有必要将有关的财产保全措施的适用,限制在必要和合理的期限之内。笔者建议,外国请求扣押或者冻结财物的期限一般不超过6个月,期限届满的,请求方可以提出延长期限,每次不超过6个月。

五、协助查封、扣押、冻结财物的保管

由于违法所得资产的保全措施持续时间有限,国外一些国家专门规定了

---

〔1〕 参见黄风:《中华人民共和国国际刑事司法协助法立法建议稿及论证》,北京大学出版社2012年版,第171页。

〔2〕 参见吴宏耀:《刑事搜查、扣押与私有财产权利保障——美国博伊德案的启示》,载《东方法学》2010年第3期。

犯罪收益资产的委托、管理和处置制度。《法国刑事诉讼法》规定，扣押一经宣告，必须履行特定手续，以保证这些物品的真实有效性，并使之得到妥善保管，不履行法定手续的扣押无效。扣押的物品应当依法登记，如扣押的为货币、有价证券等物品也须依法登记。德国法也明确了对扣押物的保管义务，即使扣押物尚未交至官方也受到公法的保护；国家对当事人产生公法上的保管关系的义务，应当恪尽职守。在侦查程序中，扣押物由警方或检察机关保管，提起公诉后，由法官处理。

国际社会十分重视对于犯罪收益追缴后的管理与处置。《国际刑事法院罗马规约》设立了专门的信托基金制度；美国司法部设立了“资产没收基金”；英国也成立了“扣押资产基金”；《澳大利亚2002年犯罪收益追缴法》第四章专章规定“资产管理”；《新加坡刑事司法协助法》中规定凡高等法院作出的限制令，那么法庭可在任何时候指定公共受托人或任何接管人取得对法令指明的财产的管有权；[1]《澳大利亚刑事司法协助法》针对“被扣押物品的保存”，规定司法部部长可以通过书面形式对警察作出如何处置物品的指示，体现了对限制财产的管理。我国可以借鉴国外的先进经验，设置专门制度和机构，管理和处置涉案财物，提高其利用效率。

我国《刑事诉讼法》对物采取强制措施的期限或对物采取强制措施后的保管、移送无明确规定。涉案财物的管理除变卖、拍卖外仅限于保持原状，要求保管场所和保管措施应当适合被保管财物的特性。对涉案财物进行分类或分案保管，建立扣押清单等，以防止涉案财产的流失或侦查机关的以权谋私。因此，我国《国际刑事司法协助法》规定“办案机关可以对查封、扣押、冻结的相关涉案财物采取措施进行处理”，该“处理”的规定只是体现了“保管”的内容。应当设立专门人员对被冻结、扣押或尚未确定没收的财产进行管理，确保被控制财产的保值增值，并在需要的情况下对该财产进行变卖和交易，避免司法实践中侵犯公民财产权益违法行为的发生，促进司法机关与被

---

[1] 《澳大利亚刑事司法协助法》第七章第38ZA条，《新加坡刑事司法协助法》第17条(7)。参见司法部司法协助与外事司编译：《国际刑事司法协助立法资料汇编(一)》，法律出版社2011年版。

控制财产的分离,保持司法机关的廉洁。

我国涉案财物的查扣冻程序的法律规定本身,与相关国际公约和国外立法之间也有一些差异。需要进一步完善国内没收国际刑事司法协助及其配套立法,特别是在证明标准、司法审查、保全期限与涉案财物的保管等方面要尽快完善。确保涉案财物保全程序的执行效果,也使我国更好地参与和履行没收国际刑事司法协助方面的国际条约。

第七章　没收、返还违法所得及其他涉案财物

我国《国际刑事司法协助法》第七章"没收、返还违法所得及其他涉案财物"规定了我国向外国请求没收、返还违法所得及其他涉案财物的程序和要件,以及外国向我国提出此类请求的审查、执行程序,以破解国际追赃合作中的法律难题。该章分为两节,共计 7 个条文。第一节是"向外国请求没收、返还违法所得及其他涉案财物",有 3 个条文;第二节为"向中华人民共和国请求没收、返还违法所得及其他涉案财物",有 5 个条文。对请求没收程序的启动、请求书载明的事项等作出规定,为没收、返还违法所得及其他涉案财物方面的国际刑事司法协助提供了国内法律依据。本节针对立法的相关规定,对国际刑事司法协助中的没收协助行为的几个问题进行探讨。

第一节　没收与返还

一、没收与返还的概念

(一)没收

没收是现代国家常用的行政制裁、刑事处罚及保安处分措施。在部门法语境中,刑法上没收财产的附加刑,诉讼法上对物的强制措施,行政处罚上的处罚方法都可称之为没收。行政执法机关对行政相对人的违法所得和非法财物予以收缴上交,是为行政没收,我国《行政处罚法》第二章第 8 条明确将"没收违法所得、没收非法财物"作为行政处罚的法定方式之一。各国均会在其国内的刑事立法中详细规定犯罪所得或收益的没收制度。没收是国家

对财产的永久剥夺，通过没收实现对犯罪工具的收取以及对犯罪收益的剥夺，从而震慑犯罪者，惩罚犯罪。本书主要讨论刑法和刑事诉讼法语境中的没收。

各国对没收术语的使用存在很大差异，如充公、追缴、追征、抵偿、责令退赔等。大陆法系国家或地区，除违禁物外，对涉案物品的没收，往往与被告人的定罪量刑同步推进，一般要经过刑事审判才能对被告人的财产进行实体处分，刑事没收一般作为从刑存在，将其规定为刑罚的一种。法国将其视为监禁刑的替代刑罚，我国视没收为从属性质，决定了它原则上应与主刑合并适用，而对被害人财产的返还或赔偿损失则以附带民事诉讼的形式进行。如日本有“没收”和“追征”之分，是针对没收标的而言的。原物存在时，直接针对原物没收，原物在事实上或法律无法强制没收时，法院裁定被告人缴纳一定金额的财产以代替没收之处分的一种替代措施，即为追征，是没收的补充形态。追征的金额应当与所应没收的原物价值相等，是出于对被害人和行为人财产权利的保护。意大利则将没收财产视为对财产的保安处分，〔1〕德国刑法典也区分为“没收”和“追缴”。德国的刑事诉讼程序又可分为主观的诉讼程序和客观的诉讼程序。〔2〕 前者在判处有罪的同时判处追缴或没收；后者是在无法执行某一特定人有罪判决时，在保安处分条件下，不经刑事诉讼程序即对特定人作出判决。1992 年德国公布的《防治非法毒品交易和其他形式的有组织犯罪法》（又称《有组织犯罪法》），规定从有组织犯罪中剥夺所获得的所有财产价值，增加了“扩大追缴”的规定。

在英美法系，美国的没收是一个横跨刑事和民事法律的概念，刑事没收包括：一是在审判之前以限制令的方式或扣押令的方式作为拟没收财产的保全令；二是审判程序中的没收，在确定被告人构成犯罪的同时，针对犯罪人的资产的没收，作为刑事判决的一部分。美国的刑事没收以财产为基础，没收的对象仅限于被告人用于犯罪的财产或工具，并且必须对被告人进行刑事定

---

〔1〕 参见［意］杜里奥·帕多瓦尼：《意大利刑法学原理》，陈忠林译评，中国人民大学出版社 2004 年版，第 337 页。

〔2〕 参见［德］克劳思·罗科信：《刑事诉讼法》，吴丽琪译，法律出版社 2003 年版，第 600 ~ 601 页。

罪,是一种典型的以刑事定罪为基础的没收制度。美国的民事没收则不考虑其是否对该行为有管辖权,也不考虑该行为人是否可以在美国被追诉和刑事定罪,只强调财产在美国控制之下,且该财产与犯罪有关联的强制处分的“对物的没收”。美国“对物的没收”来自“将物拟制为人”的法律拟制理论,为此确立了民事没收制度。在犯罪嫌疑人、被告人未被定罪的情况下,对其财产实施没收,这种对物诉讼程序与对人的“刑事制度审判”并无关联,冠以“民事”,是因为它适用了民事上的证据标准,并不意味着该措施是一种民事程序。[1]

英国法上则使用充公与没收。早期英国的没收一般仅能在定罪之后实施,随着没收制度不断发展,《英国2002年犯罪收益追缴法》预示着英国在剥夺犯罪收益、追索犯罪资产方面的政策的开始调整,创立了一个“资产追索”的立体机制,成立了一个独立的资产追索局,负责对超过1万英镑的非法所得进行追缴。如果追缴对象未受刑事起诉,则可以利用民事渠道剥夺其资产,自此,英国开始实施刑事和民事并进的没收制度。

澳大利亚的没收制度集中在《澳大利亚2002年犯罪收益追缴法》,其中规定了一般没收和基于严重犯罪的定罪没收。一般没收制度独立于刑事定罪,可在未定罪的情况下实施,或纵然定罪被撤销,没收令仍具有法律效力。该制度有三种具体程序,即签发没收令、名声收益追缴令、罚金令,三者有各自的适用范围、程序和条件。而基于严重犯罪的没收,是指法院签发了一份限制令,并且被告人被确认构成严重的犯罪时,所有被限制的财产都将在判决宣告后6个月内被没收,而无须出具没收令。若嫌犯定罪被撤销,且检察官未在2周内申请确认没收,则没收令失效。但对犯罪收益或恐怖犯罪工具之没收令,纵然定罪被撤销,该法令依然有效。

从比较法的视角来看,虽然当前两大法系国家的没收在名称上并不相同,但其性质实质差别并不大,都属于对违法性质的财产的没收。英美法系国家大多为没收制定独立的单行法规,为剥夺公民财提供足够完善的法律依

---

〔1〕 参见何帆:《刑事没收研究——国际法与比较法的视角》,法律出版社2007年版,第209页。

据。而且没收程序的启动都需要由法律所明确规定的执法机构进行，没收从启动到进行保全措施，再到最后实行没收的整个过程都在法院的控制之下，财产占有人及利益相关人已具有相应的救济途径。

（二）对没收财物的返还

1. 有关争议

返还，是指对物采取扣押等强制处分后，根据案件的实际情况和收集证据的情况，将物返还给所有权人或者先前的物品持有人、占有人。财物的来源尤为重要，如果是对被害人财产进行抢夺、侵占、骗取或盗窃，能够查明财物的来源，则依照法律及时返还给被害人，无法查明财物来源，则参照无主物的继承而将财产依法收归国家。所以，没收既具有强制剥夺因犯罪分子犯罪所获得利益，实现对犯罪的惩罚，也具有保护被害人合法财产、恢复犯罪行为所破坏的社会秩序的作用。

资产返还是整个资产追回制度中的最后一环也是非常重要的一环，有助于促进恢复性正义的实现，并进而对预防和治理犯罪发挥重要作用。

对犯罪受害者进行保护和恢复性司法是联合国确立的刑事司法准则之一。1985 年联合国通过《为罪行和滥用权力行为受害者取得公理的基本原则宣言》规定，罪犯或应对其行为负责的第三方应视情况向受害者、他们的家属或受扶养人作出公平的赔偿。这种赔偿应包括归还财产、赔偿伤害或损失、偿还因受害情况产生的费用、提供服务和恢复权利。也有学者认为，从法律效果看，没收一旦完成，就意味着财产的所有权转移给国家，国家取得该财产的所有权，属于原始取得。[1] 没收程序产生了新的所有权，没收国成为被没收物的新主人。[2] 也就是说，在被请求方境内没收的财产，即便是根据请求方的没收裁决没收的，在法律上可以被视为是转归被请求方所有的财产，返还并不是没收的必然结果。[3] 一些国家立法也持该观点，如《意大利刑事

---

〔1〕 参见万志鹏：《论犯罪所得之没收》，载《法商研究》2018 年第 3 期。

〔2〕 参见高秀东：《国际刑事司法合作框架下的资产分享研究》，载《刑法论丛》2014 年第 1 卷。

〔3〕 参见黄风：《中华人民共和国刑事司法协助法立法建议稿及论证》，北京大学出版社 2012 年版，第 193 页。

诉讼法》第740条规定，被没收的物品归于国家，只有在互惠条件下，可以在将上述被没收的物品移交给资产追回国。《新西兰2009年犯罪受益追缴法》第144条规定，根据刑事司法协助法在新西兰获得登记的外国没收令所涉及的财物"归属于王室所有"。但有的国家立法也支持对没收资产的返还，在一些大陆法系国家和地区刑事诉讼法中，对于扣押的犯罪资产，在最终没收之前有可能根据相关权利人的申请予以发还，如日本刑事诉讼法中规定，对于扣押的赃物，可不待被告案件终结，就裁定返还被害人。按照我国有关法律与司法解释的规定，公安机关、检察机关都有权在审判之前决定发还被害人的合法财产，无须受其他机关审批和制约。而在英美法系国家，没收后的财产还可能被用于赔偿或补偿被害人或相关执法机构的经费。美国的无辜所有者抗辩制度也体现了对被害人财产返还的目的，如果犯罪财产所有人声称其他人在使用该财产实施犯罪活动时，财产所有人并不知晓或未经财产所有人同意采取了足够的预防措施，则此财产所有者可作为无辜所有者对财产没收进行抗辩。[1]

2. 国际公约的态度

没收国因没收获得资产的所有权还是资产本身就属于受害国理应返还？一些国际公约的态度对此予以明确，要求缔约方归还没收财产用于赔偿被害人或返还给原合法所有人，并确立没收财产的处置原则。《联合国禁毒公约》确立的原则是依照没收令执行方的国内法处理，即由该缔约方按照其国内法和行政程序加以处理，并规定了可借没收执行方选择适用的替代处置方式，如"将这类收益和财产一部或全部捐给专门从事打击非法贩运及滥用麻醉药品和精神药物的政府间机构"，或者"定期地或逐案地与他们缔约方分享这类收益或财产"。

1999年联合国发布的《制止向恐怖主义提供资助的国际公约》(International Convention for the Suppression of the Financing of Terrorism)第8条第4款敦促各国设立恐怖主义行为受害人赔偿基金等机制，利用从没收

---

[1] 参见刘文峰：《犯罪收益独立没收程序研究》，中国政法大学出版社2016年版，第233页。

所得的款项,赔偿恐怖主义罪行的被害人或其家属。为此,法国设立了一个恐怖主义行为受害人赔偿基金。《联合国打击跨国有组织犯罪公约》也在此基础上增加了"优先返还原则",主张"缔约方应在本国法律许可的范围内,根据请求优先考虑将没收的犯罪所得或财产交还请求方,以便其对犯罪的被害人进行赔偿,或者将这类犯罪所得或财产归还合法所有人""各缔约方建立适当的程序,以赔偿和补偿公约所涵盖的犯罪的被害人"。《联合国反腐败公约》再次强调了"资产返还"是一项基本原则,在对没收财产的处置问题上,要求各缔约方首先应考虑本公约的规定,其次才是本国法律,并且确立了一项新的"物归原主原则",即应当向腐败犯罪的财产受害人返还财产。公约将没收资产的返还定义为"强制性措施",要求缔约方必须在必要时进行立法或对本国法律加以修订以实现将没收资产返还给原合法所有人。缔约方应当采取必要的措施以确保因腐败行为受到损害的被害人有权对该损害的责任者提起相关的法律程序,从而获得赔偿。[1] 这是大多数国家的共同愿望,也是发展中国家共同努力的结果。[2] 联合国安理会通过第 1483 号决议(2003 年),针对伊拉克前总统萨达姆转移至国外的不法资产实施冻结并将其作为伊拉克的发展基金返还给该国,第 1566 号决议(2004 年)中也提议:针对受害者及其家人专门建立一个用以补偿其损害的国际基金,该基金的资金相当部分是来自对恐怖主义组织及其成员和支持者的资产的没收。

3. 如何返还的问题

一般而言,在资产如何返还、返还给谁的问题上,被害人可以作为原告通过国内法确定的诉讼程序向有管辖权的境内外法院提起有关被转移财产的确认之诉或侵权之诉,向财产占有人提出返还请求的私法解决路径,或者可使刑事法庭以刑事附带民事进行刑事损害赔偿。民事诉讼的方式以民事权利中的财产权为出发点,通过承担纯粹的民事举证责任,利用私人性质的民

---

〔1〕《联合国禁毒公约》第 5 条第 5 款,《联合国打击跨国有组织犯罪公约》第 14 条第 2 款、第 25 条,《联合国反腐败公约》第 35 条,第 57 条第 1 款、第 3 款。

〔2〕参见陈雷:《〈联合国反腐败公约〉与资产追回制度》,载《华东刑事司法评论》第 8 卷,法律出版社 2006 年版,第 138 ~ 159 页。

事程序追回资产。相较于刑事手段,其证明标准更低,更便捷、有效,并且诉讼程序不会因为犯罪分子的死亡或逃跑而受到影响。

《联合国反腐败公约》则根据犯罪侵害的客体不同确立了三种不同的措施:其一,如果没收的资产为贪污公共资金所得或贪污后洗钱所得,只有资产流出国提供相应判决,资产流入国才有义务将没收资产进行返还(第 57 条第 3 款第 1 项)。其二,如果没收的资产是除贪污和洗钱所得之外的其他犯罪所得,资产流出国不仅要提供相应判决,还应当提供对没收资产的所有权证明,但如果资产流入国承认资产流出国受到的损害与该被没收资产有因果关系则不需要该证明(第 57 条第 3 款第 2 项)。可见,资产追回国应当证明其是为受害国以及是否能够对这类财产的所有权提出权利主张。这两种情况下的返还,均要求请求方提供生效判决,如因罪犯死亡,潜逃或者缺席无法起诉罪犯以至于无法获得生效判决或者在其他适当情形下,被请求缔约方应当考虑放弃对生效判决的要求。其三,除上述两种情况以外,在其他情况下,被请求缔约方应优先考虑将没收的腐败犯罪所得返还请求缔约方、返还其原合法所有人或者赔偿犯罪被害人(第 57 条第 3 款第 3 项)。在"许某凡案"中,美国内华达州法院判处被告人将 4.82 亿美元归还中国银行。同时,下令没收其在逮捕时所查封的现金、手表和珠宝。2009 年 6 月,中国银行向美国法院请求确认对没收资产的所有权,法庭最终将部分罚没资产归还中国银行。

总之,公约将资产返还作为一项基本原则,要求各缔约方在这方面提供最广泛的合作和协助,缔约方依照本公约经过没收或其他途径保留的外国腐败资产都应当进行返还。对没收的资产的返还就意味着没收行为不同于资产流入国的征收行为,没收只是暂时由资产流入国代替资产流出国取得所有权,最终通过一定途径返还给资产流出国。虽然国际公约中关于"没收"以及"没收合作"的要求并不都是强制性的义务条款,使用的是一些保护性或选择性的弹性条款,如"根据本国法律规定""在本国法律制度许可的范围内""在不违反本国法律原则的情况下""应考虑""应努力"等措辞,即便如此,这些公约中的弹性条款仍然会产生强烈的政策导向意义。如瑞士《联邦返还政治人物非法所得法案》自 2011 年开始实施,规定在资产来源国国内政治体系动荡且没有与瑞士之间签订双边刑事司法协助协定的情况下，瑞士政府将直接罚没犯罪所得并将其返还给资产来源国。

二、违法所得及其形态

没收的对象可能影响到被执行人基本的财产权利，立法第六章查封、扣押、冻结使用的对象是“涉案财物”，而第七章没收、返还的对象则是“违法所得及其他涉案财物”，显然，违法所得的范围应窄于刑事涉案财物，其包含于刑事涉案财物当中。我国与外国签订的刑事司法协助条约，在司法协助的范围中规定了没收措施，但对于没收对象的表述不一，有的称为赃款赃物，有的称为犯罪所得，有的称为犯罪活动的得益和工具。[1]

在国内法层面，有的国家的没收以财产为基础，对认定为犯罪所得或犯罪手段的财产予以没收，其中犯罪财产指用于实施犯罪的财产。这种没收侧重于“追赃”，澳大利亚的刑事没收也是以财产为基础的没收，没收对象主要是犯罪直接所得和用于及拟用于犯罪的工具。最初《日本刑法》规定可作为违法所得没收的物品，只限于“物”。《日本刑法》第 19 条规定，可被没收之物限于：犯罪的构成物品；供用物品；生成物品；取得物品；报酬物品；代价物品。上述物品，均限于“物”（包含动产、不动产的有形物），非有形物之利益并不被包括在内。日本为了遵从《联合国禁毒公约》的规定而完善了国内法，于 1991 年制定了《关于国际协力下旨在规制药物不正助长行为的麻醉药品及影响精神药物取缔法等特例之法律》，规定了作为没收对象的财产不受限制，不仅是有体物，其他诸如存款债权、专利权等可成为经济交易对象之利益，均可成为没收对象。[2]

实践中，随着洗钱手段的不断发展，违法所得的形态不断发生改变，转移、转化、变卖或者混合。只有将资产转化物纳入考量范围，才能实现对与犯

---

〔1〕《中华人民共和国和加拿大关于刑事司法协助的条约》第 2 条、第 17 条，《中华人民共和国和泰王国关于刑事司法协助的条约》第 1 条，《中华人民共和国和菲律宾共和国关于刑事司法协助的条约》第 1 条、第 15 条。

〔2〕参见［日］金光旭、钱叶六：《日本刑法中的不法收益之剥夺以没收、追缴制度为中心》，载《中外法学》2009 年第 5 期。

罪行为有真实联系的资产进行追缴。因此,绝大多数国家将违法所得扩大到所有财产利益,《英国2002年犯罪收益追缴法》第76条规定,其违法所得包括了通过犯罪行为获得的财产和金钱性利益。在加拿大,违法所得是指任何直接或间接来源于国内或国外的特定犯罪行为的财产、利益或收益。其中,财产,是指财产上的利益,并不限于具有完全所有权的利益。国际刑事公约规定了"违法所得"的各种形态:一种是一般形态,即与犯罪所得或与其价值相当的财产,以及拟用于犯罪的财产、设备或其他工具,"犯罪价值没收",是指没收价值相当于此种收益的财产,即在犯罪所得已被犯罪人使用、销毁或隐匿的情况下,没收价值相当于非法收益的财产,"财产"包括各种资产,无论是物质的还是非物质的、动产还是不动产、有形的还是无形的,以及证明对这种资产的产权或者权益的法律文件或文书。另一种是违法所得包括的另外三种转化形态:(1)替代收益,是指犯罪所得已经部分或全部转变或者转化为其他财产;(2)混合收益,与从违法来源获得的财产相混后的收益;(3)利益收益,对来自犯罪所得转变或者转化而成的财产或者来自已经与这类犯罪所得相混合的财产的收入或其他利益。我国《违法所得没收程序规定》中对于违法所得概念的界定,体现了这一立场。德国刑法规定,只要是基于违法行为产生的财产性利益,均可没收。德国的没收制度以价值为基础,没收的对象不仅包括犯罪的直接所得,而且包括犯罪所得的转化形态,必要时还需要对犯罪所得的重置价值进行核定。

此外,各国对于违法所得或者违法收益也有一些不同的表述,如《新西兰刑事司法协助法》以及《牙买加刑事司法协助法》中的"污点财产"、《英国2002年犯罪收益追缴法》中的"污点赠与"、《新西兰2009年犯罪收益追缴法》的"从重大犯罪中非法受益"和《澳大利亚2002年犯罪收益追缴法》中的"名声收益",即犯罪行为人采取商业手段宣传自己或者他人犯罪事迹而直接或间接获取的收益。我国也有学者主张建立对经济犯罪的名声收益追缴制度,以从经济上打击利用犯罪名声获取好处的行为。[1] 2007年,联合国

---

〔1〕 参见张磊:《论我国经济犯罪收益追缴制度的构建》,载《政法与法律》2009年第5期。

《刑事司法协助示范法》还采纳了一个“恐怖主义财产”的概念，我国《禁毒法》也提出了“供毒品犯罪使用的财物”这个概念。可见，从发展而言，没收违法所得的形式将日趋丰富多样，违法所得将逐步呈现出不同的形态。从形势政策一般预防和特殊预防的角度看，对违法所得及其形态以较广义的理解是必要的，我国开展国际刑事司法协助时，对于没收的对象也要尽量宽泛认定之。

没收在国际刑事司法协助牵涉到国内、国际多个部门，需要适用本国、外国以及国际公约等不同层次的法律法规，术语的规范，才能与国际接轨，以免在实践中产生歧义。因此，我国不仅应尽快将查扣冻纳入《刑事诉讼法》的强制措施体系，明确该类强制措施的法律地位，还应尽可能增加财物保全的措施，有效实现保全目的。

对于没收违法所得还有一个需要考虑的问题，就是比例原则，即要求国家公权力的行使的手段与其所追求的目的之间必须符合一定的比例，要兼顾目标的实现和对权利人的权利保护。比例原则反映的是国家权力的限度，这一原则在《宪法》和《刑事诉讼法》中被称为比例原则或禁止过度原则，刑事追究措施的种类与犯罪行为的社会危害性相适应，并且具备合理性与节制性，被视为是限制公权力、保障个人私权的“黄金法则”之一。[1] 很多国家将此作为一项行政法上的原则，体现法益均衡。

我国违法所得没收程序中，要求办案机关权力的行使必须符合刑事诉讼的目的。具体实施中，执行对于涉案财产的扣押、冻结等强制措施时，所涉及的财产范围、财产种类以及对财产实施强制措施的力度应与犯罪的危害性相适应，执法行为要注意合理的比例和协调，证据必要且充分，既达到追诉犯罪的目的，又保证对被告人的侵害降至最小，否则，办案机关应及时停止执行，对已被扣押、冻结的财产及时解除强制措施。另外，鉴于立法并未明确可没收财物的具体范围，实践中可能致使办案机关对于涉案财物范围进行恣意扩大，甚至将公民合法私有财产囊括进来，有违比例原则要义的。

---

〔1〕 参见万毅：《刑事诉讼中被追诉人财产权保障问题研究?》，载《政法论坛》2007 年第 4 期。

三、没收的方式：定罪没收与未定罪没收

虽然各国没收制度的运行基础不同，没收方式也不同，但比较而言，域外涉罪财物的处理，手段更加丰富、种类更加多样、方式更加灵活。[1] 根据没收程序与刑事诉讼程序的关系是否密切为标准，分为刑事没收程序和民事没收程序。刑事没收程序，是指以刑事诉讼程序的启动为前提，一般是在对被告人定罪之后才能对犯罪资产进行没收，没收在对被告人的刑事审判定罪中一同作出，且多体现在同一裁判文书中；民事没收程序则不以刑事诉讼程序的启动为条件，可以在不问犯罪人是谁或是否受到刑事追诉的情况下，独立启动和运作的没收程序。但这种分类由于其以"刑事"与"民事"作区分，容易造成误读，认为刑事没程序是一种刑事诉讼性质的程序，而民事没收程序则是一种民事诉讼性质的程序，成为大陆法系国家正确认识独立没收程序的直接障碍。[2] 还有一种分类以没收程序与"定罪程序"的关系为判断标准，将必须以定罪作为没收前提条件的称为定罪没收程序，反之，不以定罪为没收前提条件的，则称为未定罪没收程序。对于未定罪没收程序还可以细分为不以刑事诉讼程序为前提的未定罪没收程序和启动刑事诉讼但不以定罪为前提的没收程序。笔者认为后一种分类更精确，可以厘清没收程序与定罪程序在适用上的顺序，也是国际公约的分类标准，本书以第二种分类进行分析（见图1）。

- 第一种分类
  - 刑事没收程序
  - 民事没收程序
- 第二种分类
  - 定罪没收
  - 未定罪没收
    - 不启动刑事诉讼的未定罪没收
    - 启动刑事诉讼的未定罪没收

图1　没收程序分类

---

〔1〕 参见张明楷：《外国刑法纲要》，清华大学出版社2007年版，第401～402页。

〔2〕 参见刘文峰：《犯罪收益独立没收程序研究》，中国政法大学出版社2016年版，第48～49页。

（一）定罪没收[1]

定罪没收，又称为刑事没收程序或对人程序，是指以作出定罪判决为基础的对涉案财物进行没收时所适用的程序，这是一种比较传统的涉案财物没收方式。几乎所有的国家都建立了刑事定罪并没收其犯罪所得的刑事没收体系，定罪虽然是刑事没收的基础，但刑事没收程序是否与刑事责任追究程序同时进行，各国规定则不尽相同。

虽然各国为了保障定罪没收裁决具有可执行性，均会在判决作出之前针对涉案财物采取一些财产保全措施，但这些财产保全只能是定罪没收的准备程序。在美国，刑事没收是一种针对被告人的刑罚措施，美国联邦的刑事没收程序主要规定在美国《联邦刑事诉讼规则》第32.2条，刑事没收令的作出经过以下程序：一是刑事没收申请的通知，检察机关的刑事起诉书中必须包含刑事没收要求的内容；二是作出刑事没收预备令，在达成辩诉交易或作出有罪裁决之后，法庭应在量刑前作出何种财产可没收或应当没收何种数额金钱的初步决定。[2] 可见，刑事没收裁决是刑事量刑的一部分，刑事没收裁决与刑事责任追究程序同时进行。这一点，德国的规定与之类似，德国刑法规定，如果有特定人员被起诉，没收就应当在该刑事程序中解决。《德国刑事诉讼法典》第430～439条，定罪没收程序应当与刑事责任追究程序结合在一起进行。

澳大利亚也是明确规定刑事没收的国家，《澳大利亚2002年犯罪收益追缴法》完善了对涉案财物没收制度，其中包括以被告人定罪为基础的定罪没收，没收范围包括犯罪收益与犯罪工具。定罪没收针对严重犯罪的定罪没收以及非严重可诉罪定罪没收。如果法院根据该法签发一份限制令，并且被告人被确认构成严重犯罪，所有被限制财产都将在判决宣告后6个月内被没收。为确保没收的合理，法院可对这6个月进行延长，以保证关于该财产的合法主张能够被听证。被告人在确定构成可招致起诉的犯罪的6个月内，联

---

[1] See Criminal Law Section Legal and Constitutional Affairs Division Commonwealth Secretariat, Report of the Commonwealth Working Group on Asset Repartition, August 2005, paragraph 69－75.

[2] 参见吴光升：《刑事涉案财物处理程序研究》，法律出版社2018年版，第178页。

邦总检察长可以向法院申请签发一份以刑事定罪为基础的没收判决，没收源于该犯罪的所得，或者签发一份没收犯罪工具的判决。可见，对于严重犯罪定罪没收可不经检察官申请直接没收；而非严重可诉罪定罪没收则需要检察官提出没收申请，法院作出没收令，才可没收被告人的财物。而且，与美国不同的是，澳大利亚的刑事没收并不是必须与对被告人的刑事追究程序同时进行，检察官可在量刑申请中同时提出没收令申请，也可延期提出没收令申请。这一点与《英国2002年犯罪收益追缴法》的规定一致，其第14条规定，法院既可在对被告人判处刑罚之前作出刑事没收决定，也可将刑事没收程序延期进行，最长延期期限是定罪之日起2年内。澳大利亚对“定罪”的概念作出比较宽泛的解释。如果犯罪嫌疑人或被告人在立案或者签发拘捕令后潜逃，会被视为判决犯有可诉罪，案件已提交审判，且法庭认为，根据已经提交的证据，一个理性的陪审团会作出有罪裁决时，法庭可以签发定罪没收令，实际上可以理解为这种情况是被法律推定为“已定罪”。

（二）未定罪没收

联合国国际公约中的未定罪没收机制最早确立于1988年的《联合国禁毒公约》，针对与毒品相关的洗钱犯罪而设立，并明确将没收犯罪收益作为一种制裁措施。之后，未定罪没收机制在1999年联合国《制止向恐怖主义提供资助的国际公约》《联合国打击跨国有组织犯罪公约》《联合国反腐败公约》均有规定。未定罪没收制度也是联合国制定的相关司法协助示范法的重要内容，如1995年的《联合国禁止洗钱法律范本》，以及1999年和2003年的《联合国与犯罪收益有关的洗钱、没收、国际合作示范法》、联合国《关于洗钱、犯罪收益和恐怖融资的示范法》等。

在传统的刑事理论和立法中，以刑事定罪为基础的没收必须对某人进行刑事定罪，但鉴于追究犯罪活动的复杂性，并非所有的犯罪嫌疑人都能顺利抓获归案并将其定罪。当犯罪嫌疑人或被告人由于潜逃、死亡的情况无法进入审判程序进行刑事定罪，而对其犯罪获利进行剥夺。有的国家规定了缺席判决，并以此为基础进行没收。但大多数国家对使用缺席判决规定了严格的条件和标准，导致法院无法作出有罪判决。为了实现对犯罪所得的剥夺，将犯罪处理程序分为两个相对独立的部分:一部分用普通刑事诉讼程序来处理定罪量刑问题,其中包括适用财产刑;另一部分用来处理犯罪所带来的犯罪收益问题,其核心是对相关财产或财产权益性质进行判断,进而将财产与持有人的合法关系进行切割,而返还其合法所有人或被收归国有。因此,有的国家就规定了未定罪的没收,未定罪没收诉讼的对象是物,不要求对任何人进行刑事定罪。在英美法系国家一般称为民事没收,也有国家称为民事财产没收,财产没收、民事追缴。

1. 英美法系的未定罪没收

现代民事没收制度主要产生于美国打击毒品犯罪之中,强调剥夺一切经济收益是打击毒品犯罪最好的策略。[1] 由于民事没收不需要对犯罪人进行刑事定罪,即使有关犯罪嫌疑人或被告人在逃、失踪、死亡或者被监禁在其他国家,也可以对“物”进行直接没收。美国的民事没收制度集中在《美国法典》第 18 篇和《犯罪与刑事程序》第 1 部分“犯罪”的第四十六章“没收”第 981 节。美国的民事没收不考虑其是否对该行为有管辖权,也不考虑该行为人是否可以在美国被追诉和刑事定罪,只强调资产在美国控制之下,且该财产与犯罪有关。其民事没收范围包括两部分:一是任何违反《反洗钱法》的交易、试图交易的动产、不动产或任何源自该上述动产和不动产的财产;二是在直接或间接构成、产生或源自对外国的侵犯或者被用来实施这种侵犯的工具的美国管辖下的任何动产,以及在外国将会受到死刑或 1 年以上监禁的处罚,且如果该行为发生在美国,依美国法也将判处 1 年以上的监禁的犯罪所得或工具。[2] 美国的民事没收制度针对贩毒、欺诈、腐败等严重犯罪的特点,特别是嫌疑人潜逃以及难以认定的有组织犯罪意图等问题,从剥夺犯罪所得、斩断犯罪的经济条件入手,发展成为打击犯罪的另类途径,美国的民事没收程序是从立案到执行涵盖各诉讼环节的完整程序。

---

〔1〕 参见张士金:《资产追回国际法律合作问题研究》,中国人民公安大学出版社 2010 年版,第 108 页。

〔2〕 参见张士金:《资产追回国际法律合作问题研究》,中国人民公安大学出版社 2010 年版,第 113 页。

《英国2002年犯罪收益追缴法》也规定了以民事没收犯罪行为获得的财产。立法者之所以用“民事”为措施冠名，是为了回避《欧洲人权公约》中关于刑事被告人权利保障的规定，实际上是挂“民事”之名，行“刑事”之实，追求刑事政策上的目的。其民事的意义，更多地集中于对民事证明标准的适用上。[1] 之后，意大利、爱尔兰等国也建立了自己的民事没收制度。

英国、美国的民事没收是具有完全独立性的犯罪收益没收程序，一般不将该程序规定在刑事诉讼法中，而是单独的专门的没收立法；在程序设置上相对独立，与刑事诉讼程序并不相互隶属，没收程序是完整的，不借助刑事诉讼程序而独立地推进。但也有国家考虑到对刑事程序中当事人的人权保障则对该程序予以一定的限制使用。民事没收并不是完整意义上的刑事处罚措施，不受禁止双重损害的限制，可以与刑事没收同时适用。但是，民事没收程序一般由政府或其他执法机构启动，没收的事实依据仍是刑事犯罪，实质上是一种以追缴犯罪所得为目的的公权力实施措施，是一种只针对物，不针对人的追缴制度，因而是一种糅合了部分刑事因素的民事措施。[2]

对于未定罪的没收，还包括一种针对潜逃者的没收政策。以新加坡为例，鉴于贪污犯罪的嫌疑人携款潜逃之后，长期无法追捕，涉案款物也不能得到处理，《新加坡贪污所得没收法》规定了在审理贪污犯罪案件过程中，对涉嫌贪污行为而逃亡或在贪污行为调查业已开始、在诉讼程序开始前或者判决宣告前死亡的情况下，法院发布没收命令的条件、程序以及没收财产的范围，没收执行程序等内容，具有很强的可操作性。[3] 2003年，新加坡新修改后的《恐怖主义(制止提供资助)法》也规定了对恐怖分子财产的没收程序由检察长向法官申请发布没收令，并不考虑定罪与否。

2. 大陆法系的未定罪没收

大陆法系一些国家也认可未定罪没收，《德国刑法典》规定，在不能对特

---

〔1〕 参见何帆：《刑事没收研究——国际法与比较法的视角》，法律出版社2007年版，第219页。

〔2〕 参见张士金：《资产追回国际法律合作问题研究》，中国人民公安大学出版社2010年版，第111页。

〔3〕 新加坡《贪污所得没收法》第21条至第24条，参见陈新民：《反腐镜鉴的新加坡法治主义：一个东方版本的法治国家》，法律出版社2009年版，第267～269页。

定的人进行追诉或裁判的情况下，如具备处分的条件时，法院应当或可以单独宣告对犯罪所得或其折价款进行没收或单独宣告查封。《德国刑事诉讼法典》第440条规定，根据侦察的结果可能命令没收时，检察院、自诉人可以提出自主没收的申请。[1] 这种未定罪没收程序称为涉案财物没收的客观程序，是一种不以对涉案财物相关行为作出定罪裁决为基础的涉案财物没收程序。即以物为对象的没收，允许司法机关在有证据证明其项下财产是犯罪所得或工具的基础上，在法院启动对该财产的诉讼活动，予以没收。《法国刑法典》规定，如果检察机关在被告人生前已向法院提起诉讼，即使因被告人死亡的公诉已经停止，仍然可以决定没收。[2] 《意大利刑法典》第240条规定，法官可以决定没收为犯罪服务或者被用于实施犯罪的物品以及作为犯罪产物或收益的物品。对于犯罪人制造、使用、携带、持有和转让构成犯罪的物品，即使在没有宣告处罚判决的情况下，也一律决定予以没收。[3]

在我国，刑事缺席审判的未定罪没收以及犯罪嫌疑人、被告人逃匿、死亡的违法所得没收都属于未定罪没收。显然，未定罪没收在刑事没收无法奏效的情况下成功追回犯罪所得，避免了由于豁免、死亡、潜逃等多种原因无法对犯罪行为人进行起诉和刑事定罪的尴尬，而成为定罪没收的一种有效的补救。

未定罪没收程序与定罪量刑甚至整个刑事诉讼在程序上是分离的，在被告人未到案，无从启动刑事程序对其定罪的情况下，未定罪没收无须依附于刑事程序就可以自行启动和运作，但仍然设置了完善的犯罪资产追踪、调查、保全措施，采用更民事化的程序规则和“优势证据标准”，使法院或主管机关一旦发现犯罪所得时即迅速进行冻结、查封和没收，以避免资产的转移、转化、变卖和灭失。因此，无罪推定原则对该程序的约束性相对减弱，人权保障和正当程序要求也相对于定罪程序较低，甚至在立法上也是单独的。但是，

---

〔1〕 参见［德］克劳斯·罗科信：《刑事诉讼法》，吴丽琪译，法律出版社2003年版，第600～601页。

〔2〕 参见［法］卡斯东·斯特法尼等：《法国刑法总论精义》，罗结珍译，中国政法大学出版社1998年版，第496页。

〔3〕 参见［意］杜里奥·帕多瓦尼：《意大利刑法学原理》，陈忠林译，中国人民大学出版社2004年版，第337页。

未定罪没收与刑事责任追究的最终目的是一致的，都是对犯罪行为的控制与预防。对获取非法暴利的行为定罪并适用刑罚，有时也并不足以惩治或威慑犯罪，其中一些罪犯仍然能够将其非法所得用于个人或其他目的，而未定罪没收则让犯罪行为人不能从犯罪中获得任何好处，使行为人的财产状况恢复原状，或者没收犯罪工具。实现“犯罪无收益”的一个最重要的方法就是确保各国具有强有力的没收机制，从而督促财产所有人谨慎行使财产权，达到预防犯罪的目的。

四、我国的规定

（一）《刑法》第 64 条

我国对于没收的规定在《刑法》第 59 条和第 64 条中，理论上将第 59 条规定的没收财产刑称为一般没收，而将第 64 条规定的没收称为特别没收。[1] 或者将第 59 条称为刑罚性质的没收，第 64 条称为非刑罚性质的没收。[2] 没收财产刑是一种独立的刑罚方法，在程序上是在审判程序结束后立即执行。这种没收与犯罪本身有直接或间接的关系，大多数国家立法均要求没收令所针对的财产必须与犯罪有关，对于被告人所有的合法财产不应没收，否则就构成对被告人财产权利的剥夺。因此，大多数国家已取消没收财产刑，出现在各国刑法和国际公约中的都是有关特别没收制度的规定。[3]

我国《刑法》第 64 条的特别没收，规定在刑法第四章“刑罚的具体运用”第一节“量刑”中，是一种非刑罚处罚方法，虽然该条款对于违法所得并未直接使用“没收”这一用语，而是使用了“追缴”“责令退赔”“返还”这三种表述。对“犯罪分子违法所得的一切财物”予以追缴和责令退赔，对“被害人的合法财产”应当及时返还，以及对“违禁品”和“供犯罪所用的本人财物”予以没收。我国有的司法解释中只规定了“赃款赃物”的处理，并未明确区分没

---

〔1〕 参见马登民、徐安住：《财产刑研究》，中国检察出版社 2004 年版，第 14 页。

〔2〕 参见乔书兰：《刑事违法所得没收程序的司法应对——以法律解释学为视角》，载《辽宁公安司法管理干部学院学报》2013 年第 2 期。

〔3〕 参见陈卫东：《论新〈刑事诉讼法〉中的判决前财产没收程序》，载《法学论坛》2012 年第 3 期。

收、追缴和责令退赔的对象。[1] 学界对几种处置方式的理解在理论和实务中均存在争议，从字面含义理解，追缴和没收是对涉案财物强制处理的两种手段，追缴的对象为违法所得，没收的对象为犯罪所用之物和违禁品。但在我国很多司法解释、规范性文件以及刑事判决中“追缴”一词经常使用。追缴，是指公安司法部门通过将涉案财物予以查扣冻，并加以追回的措施行为；责令退赔，是指公安司法部门对涉案财物进行处理，返还被害人或上缴国库的处分行为，将违法所得上缴国库即为没收违法所得，如果违法所得属于被害人合法所有的财产，则应将其返还被害人或者退赔被害人。“退赔被害人”，是指在被害人合法所有的财物存在的情况下，应当退还原物给被害人；而“赔”则可以理解为折价赔偿，适用于原物不存在的情形。其立法目的在于保护公私财产，不让犯罪分子在经济上“占便宜”。[2] 因此，对“违法所得”的责令退赔也包含了对被害人所有的合法财产的“返还”。我国《刑法》第36条的规定“被判处没收财产的，应当先承担对被害人的民事赔偿责任”，与之相呼应，有学者认为“责令退赔”与追征具有类似的功能，主张以“追征”取代“责令退赔”。[3] 司法实践中，被“追缴”和“责令退赔”的情况，人民法院可以作为量刑情节考虑，在追缴、责令退赔、返还被害人财产之后，剩余的财产应当判令没收，上缴国库。可见，虽然《刑法》第64条并未明确对违法所得的没收，但从“追缴”的理解来看，对违法所得的一切财物予以没收是《刑法》第64条应有之义。

但对第64条的“财物”是否包括财产性利益，存在不同的理解，有学者认为，这里的财物，必须是财物、物品，但并不限于有体物，还包括财产性利益；[4] 有学者认为，违法所得只能是具有货币等价性的利益，不能包括非物

---

〔1〕 2012年12月最高人民法院、最高人民检察院、公安部、国家安全部、司法部、全国人大常委会法制工作委员会联合制定《关于实施刑事诉讼法若干问题的规定》。

〔2〕 参见胡康生、朗胜主编：《中华人民共和国刑法释义》，法律出版社2004年版，第62页。

〔3〕 参见李长坤：《刑事涉案财产处理制度研究》，上海交通大学出版社2012年版，第62页。

〔4〕 参见张明楷：《论刑法中的没收》，载《法学家》2012年第3期。

质利益。[1] 更有观点将违法所得分为三类:犯罪行为产生之物、由犯罪行为所获得的物以及作为犯罪报酬取得之物。[2] 笔者认为,违法所得没收的主要目的是恢复财产原状,不让犯罪行为人从犯罪行为获得任何利益,因而只要具有财产性的利益,均应予以没收,而将非财产性利益纳入违法所得范围在司法实践中难以操作。如通过犯罪行为已享受的非财产性利益、各种待遇等,既难以评估,也没有恰当的方式进行没收,因此,将非财产性利益视为违法所得,明显违反罪刑法定原则。[3]

(二)刑事诉讼法的规定

《刑事诉讼法》第245条、第300条确认了对被害人合法财产,应当及时返还的处置原则。对于已扣押、冻结的犯罪嫌疑人和被告人的财物,法院、检察院和公安机关在审前阶段有妥善保管和及时返还被害人的义务,在执行阶段有没收上缴国库和返还被害人的义务。从性质上看,返还是对被害人民事财产权利的保护和救济。而没收则体现了国家与犯罪人之间的刑事法律关系。因为犯罪行为本质上是对国家和人民利益的损害,国家对犯罪行为进行追诉并予以处罚,对犯罪人通过违法手段获得的违法所得予以没收,体现了国家追诉犯罪的职权。有学者认为,追缴和责令退赔应作为程序上的强制措施,由公安、检察机关在诉讼环节实施,但涉及对追回、退赔款物的处分时,必须由法院批准。[4] 换言之,只有当违法所得被确定为没收时,才完成对财物的最终实体处分。

《刑事诉讼法》第16条规定的犯罪嫌疑人、被告人死亡以外的情形之一而撤销案件、不起诉、终止审理或宣告无罪的案件,都有可能存在未定罪情况下的没收。按照我国有关法律与司法解释的规定,公安机关、检察机关都有权决定在审判之前发还被害人的合法财产,无须受其他机关审批和制约。根据《公安部刑事程序规定》第187条的规定,在需要撤销案件或者对犯罪嫌疑

---

〔1〕 参见李毅磊:《刑事违法所得界定的法理学基础》,载《广西政法管理干部学院学报》2014年第5期。

〔2〕 参见姚贝:《没收财产刑研究》,中国政法大学出版社2011年版,第223~225页。

〔3〕 参见吴光升:《刑事涉案财物处理程序研究》,法律出版社2018年版,第13页。

〔4〕 参见何帆:《刑事没收研究——国际法与比较法的视角》,法律出版社2007年版,第96~108页。

人终止侦查的,对查封、扣押的财物及其孳息、文件,或者冻结的财产,除按照法律和有关规定另行处理以外,应当解除查扣冻。我国《刑事诉讼法》第177条规定,检察机关决定不起诉的案件,对被不起诉人需要没收其违法所得的,应当提出检察意见,移送有关主管机关处理。这里的主管机关,主要是指公安机关和监察机关。一般而言,在审前程序中,需要没收的涉案财物须移送公安机关或监察机关等按行政程序予以没收。《治安管理处罚法》第11条、《行政处罚法》第74条、《监察法》第46条等也作出规定。在审判阶段,对于该案件涉案财物应当如何处理,《刑事诉讼法》与有关司法解释均缺乏明确的规定。法院对于物品存在没收必要的,作出有罪但免刑的判决。法院针对因为未成年人、患有精神病而不负刑事责任案件的涉案财物的,适用直接没收程序,但对于其他情形的未定罪没收的规定尚有待完善。

第二节　我国国际刑事司法协助中的没收协助

一、关于没收协助的规定

(一)国际公约中的没收途径

根据《联合国反腐败公约》的规定,缔约方在收到对根据公约确立的犯罪拥有管辖权的另一缔约方关于公约所述的、位于被请求缔约方领域内的犯罪所得、财产、设备或者其他工具的请求后,应当在本国法律制度的范围内尽最大可能将这种请求提交其主管机关,以便取得没收令并在取得没收令时予以执行。被请求缔约方依照公约作出的决定或者采取的行动,应当符合并遵循其本国法律及程序规则的规定或者可能约束其与请求缔约方关系的任何双边或多边协议或者安排的规定。

学者对公约规定的跨境追回腐败犯罪所得的法律途径进行划分,如“民事途径”和“刑事途径”,[1]“直接追回”和“间接追回”模式;[2]也有学者将“直接追回”等同于“民事途径”,划分为“直接(民事)追回资产”和“通过刑

---

〔1〕 参见张士金:《对资产追回国际法律合作的现实考量》,载《政法论坛》2010年第1期。

〔2〕 参见卞建林、李晶:《腐败犯罪资产追回机制研究》,载《国家检察官学院学报》2010年第2期。

事没收追回资产";[1]还有"传统途径"和"创新途径"之分,"传统途径"与"刑事途径"对应,"创新途径"包括"民事途径"和"策略性追赃"等。[2] 刑事与民事途径的划分,主要是基于两者在所依据的诉求基础、主体地位、举证责任等方面不同,而直接与间接途径的划分更具有相对性,主要是基于公约条文的表述,公约第 53 条表述为"直接追回财产的措施",但第 54 条并没有规定为"间接追回资产的措施",而是规定为"通过没收事宜国际合作追回资产的机制"。笔者认为,不能简单地将"通过没收事宜国际合作追回资产的机制"就等同于"间接追回资产的措施",因为从公约条文的内容及逻辑来看,"直接追回"是直接确认腐败犯罪所得的所有权或产权的归属,既包括民事诉讼(如确权之诉与侵权之诉),也包括刑事诉讼(刑事附带民事诉讼),还包括司法或行政程序的确权,并不只限于"民事途径",同样,将"间接追回"与"刑事途径"等同,也有一定的片面性。

《联合国反腐败公约》第 54 条第 1 款规定了通过没收事宜旳国际合作的 3 种措施:(1)各缔约方应根据本国法律,采取必要措施,使其主管机关能够执行另一缔约方法院发出的没收令;(2)采取必要措施使拥有管辖权的主管机关能够通过对洗钱犯罪或者可能发生在其管辖范围内的其他犯罪作出判决,或者通过本国法律授权的其他程序,下令没收这类外国来源的财产;(3)采取必要措施,以便在因为犯罪人死亡、潜逃或者缺席而无法对其起诉的情形或者其他有关情形下,通过不经过刑事定罪而没收此类财产。

从没收的分类形式来看,第(1)项是执行他国的没收令。第(2)项协助方式包括两种情形:一是要求被请求方,即资产所在地主动通过洗钱犯罪或者对可能发生在其管辖范围内的其他犯罪作出判决而进行没收;二是被请求方通过法律授权的其他程序,下令没收源于外国的财产,其他程序即指资产所在地存在的独立的没收制度,在对该财物的性质进行甄别和认定之后,可以单独作出是否予以没收的裁决,而不以是否在资产所在地刑事立案或者刑

---

[1] 参见李年乐、张士金:《资产追回的法律途径分析》,载《云南大学学报(法学版)》2008 年第 1 期。

[2] 参见林雪标:《外逃腐败资产的追回》,载《国家检察官学院学报》2010 年第 5 期。

事定罪为前提。第(3)项是一种民事没收,也是一种未定罪没收,或以非定罪为基础的没收,通过申请被请求方协助执行没收令。从没收协助的方式来看,第(1)项、第(3)项协助均涉及没收令的承认与执行问题。这种直接执行方式对于被请求方来说,需要建立一套能够执行对公约确立的犯罪拥有管辖权的外国法院发出的没收判决的国内制度。而第(2)项属于间接执行方式,要求被请求方应主动通过洗钱犯罪或者对可能发生在其管辖范围内的其他犯罪作出判决,或者通过本国法律授权的其他程序,下令没收来源于外国的财产。

大多数国家国内法皆允许直接和间接两种方法同时适用。在一些国家,间接执行体系就能够很好地完成外国的请求。这种方法实际上是使被请求方利用请求方提交的证据获得本国需要的外国命令。但用间接执行的方式也可能基于种种原因而使被请求方不能完成对外国请求的执行。在2005年的《联合国打击跨国有组织犯罪公约的执行情况:秘书处的分析报告》中认为,直接执行外国请求相比间接执行麻烦较小,程序更快,因为直接执行可以不必在第二个法域中就案情进行诉讼,而且克服了与请求方和被请求方之间证据要求方面的差异的有关障碍,因而直接执行程序显得更有效。这些公约和条约对我国生效后,有的国家已经开始依据公约和条约向我国提出"没收事宜"的刑事司法合作请求。[1]

(二)我国双边刑事司法协助条约中的没收协助

1994年,我国与加拿大签署刑事司法协助的条约第17条明确规定了移交赃款赃物及归还被告人财物的措施。一方可以根据请求,尽力确定因发生在另一方境内的犯罪而产生的赃款赃物是否在其境内,并将调查结果通知该另一方。被请求方一旦发现所述之赃款赃物,则应采取其法律所允许的措施对赃款赃物予以冻结、扣押或没收。在法律允许的范围内,被请求方可以根据请求方的请求将上述赃款赃物移交给请求方。这是我国刑事司法协助条约中首次出现"没收"字样。之后,明确将没收措施规定为司法协助范围的条约逐渐增多,条约中对没收措施的具体表述不一,有的直接称为"没收",

---

〔1〕 参见高秀东:《国际刑事条约在中国的适用》,中国人民公安大学出版社2012年版,第182页。

也有的笼统称为“赃款赃物的移交”。“赃款赃物的移交”一般具有两层含义：一是将赃款赃物作为刑事证据移交，属于调查取证的一种方式；二是依据请求方法院作出的没收赃款赃物的命令，将赃款赃物移交给请求方。对于没收的对象也是含混不清，大部分条约称为“赃款赃物”，还有的表述为“采取措施查找、冻结、扣押和没收犯罪所得”“没收犯罪所得和犯罪工具”“追查、限制、追缴和没收犯罪活动的得益和工具，包括限制处分与冻结被指刑事事项有关的财产等”。我国与美国的刑事司法协助协定第 16 条，则直接表述为“没收程序中的协助”，要求“双方在各自法律许可的范围内，应在没收犯罪所得和犯罪工具的程序中相互协助。其中可包括在等候进一步程序前为临时冻结、扣押犯罪所得或犯罪工具所采取的行动”。这一规定只是没收协助程序的简单流程。

双边刑事司法协助条约涉及对没收的犯罪资产的处置，但更加侧重于请求执行或承认与执行外国的裁决。如我国与美国签署的刑事司法协助协定第 16 条规定，收管犯罪所得或犯罪工具的一方应依其本国法律，处置这些犯罪所得或犯罪工具。在其法律允许的范围内及双方商定的条件下，一方可将上述犯罪所得或犯罪工具的全部或部分或出售有关资产的所得移交给另一方。该条款实际上要求缔约双方通过协商解决对被没收资产的处置问题，并且要尊重被请求方相关的法律制度。我国与加拿大、韩国等国签署的刑事司法协助条约中，在资产移交给请求方的过程中也明确要求“顾及被请求方和第三人的权益”，或者“不能损害被请求方及第三人权益”。如果该犯罪所得或物品为被请求方未完结刑事判决所必不可少的，可以推迟犯罪所得的移交并履行通知的义务。

（三）我国引渡制度中的违法所得移交

外国向我国请求引渡的目的在于追究被请求引渡人的刑事责任或者执行刑罚。为了保证对被请求引渡人的刑事诉讼和判决的顺利执行，请求方提出引渡请求时，可能会同时提出移交与案件有关的财物的请求。中国《引渡法》第 24 条规定：“根据请求国的请求，在不影响中华人民共和国领域内正在进行的其他诉讼，不侵害中华人民共和国领域内任何第三人的合法权益的情况下，可以在作出符合引渡条件的裁定的同时，作出移交与案件有关财物的裁定。”其中的“案件”，是指与请求方引渡请求书中指称的被请求引渡人所实施的犯罪行为相应的案件。“有关的财物”，是指与引渡请求书所指的案件有直接或者间接联系的财产或者物品。如行为人通过犯罪行为直接获得的财物或者其转化物，即赃款赃物；行为人用以实施犯罪的财物，即犯罪工具；其他与该案件有一定关联，有助于请求方随后的刑事诉讼活动的财物等，如证物等。中国《引渡法》第 39 条和第 51 条明确规定执行引渡时移交与案件有关的财物的问题，其中第 39 条规定，我国在执行引渡时，公安机关应当根据人民法院的裁定，向请求方移交与案件有关的财物。因被请求引渡人死亡、逃脱或者其他原因而无法执行引渡时，也可以向请求方移交上述财物。本条规定中措辞是“可以”体现了公安机关的自由裁量性。换言之，在引渡实践中是否交付财物，应由执行引渡的公安机关根据案件的具体情况决定是否予以移交。第 51 条规定是公安机关关于接收外国准予引渡的人以及与案件有关的财物的规定，包括被引渡人的犯罪工具，作为证据的物品以及犯罪所得的物品。

在我国与外国签订的引渡条约中，大多有“财物的移交”的具体规定，有学者称之为“物的引渡”，可以移交的财产，主要是指因犯罪行为而获得的财产或者需要作为证据的财产。而且，财产的移交附属于引渡，在引渡犯罪人的同时，引渡有关财产，在被请求引渡人死亡、失踪、脱逃而不能执行引渡时，被请求方也可以单独进行财产移交。如我国与法国、意大利等国签署的引渡条约中，均涉及违法所得追缴的内容，即经资产流出方请求，被请求方可以扣押在其境内发现的犯罪所得，并在准许引渡的情况下，对该部分资产进行移交，由于犯罪人的问题导致无法引渡时，不影响犯罪所得的移交。而在与俄罗斯、哈萨克斯坦、吉尔吉斯斯坦、乌克兰等国签署的引渡条约中，在返还的基础上增加了享有权益的第三人在请求方境内，则请求方经被请求方同意，可直接将上述物品归还该人的规定。[1] 2008 年，我国根据与泰国的引渡条

〔1〕《中国与俄罗斯联邦引渡条约》第 16 条，《中国与哈萨克斯坦共和国引渡条约》第 16 条，《中国和吉尔吉斯斯坦共和国引渡条约》第 16 条，《中国和乌克兰引渡条约》第 16 条。

约的规定,向泰国提出将陈某雄、陈某园引渡回国时,一并提出了移交与案件有关财物的请求,最终,泰国向我国移交了部分财物。

二、《国际刑事司法协助法》中的没收协助

我国《国际刑事司法协助法》的第七章第一节,共 3 个条文,是我国向外国提出请求协助没收、返还违法所得及其他涉案财物的规定,其中,第 47 条的规定是关于请求的程序,第 48 条的规定是关于请求书及所附材料内容的规定,第 49 条的规定是关于移交及资产分享的规定。从以上 3 条的规定来看,基本能够实现我国向外国请求没收、返还司法协助的要求。外国向我国申请没收、返还协助的规定在《国际刑事司法协助法》第七章第二节,共 5 个条文。其中第 50 条、第 51 条和第 52 条的规定是外国提出的协助没收违法所得及其他涉案财物的请求的审查条件,以及拒绝向外国提供有关没收协助的情形的规定;第 53 条的规定是关于外国请求返还违法所得及其他涉案财物的处理;第 54 条的规定是关于外国请求协助没收、返还违法所得及其他涉案财物时,我国可以提出分享请求的有关规定。

(一)我国向外国提出没收协助

根据我国《国际刑事司法协助法》第 48 条的规定,我国向外国提出没收和返还违法所得及其涉案财物的请求,请求书所附材料需载明的事项包括:(1)需要没收、返还的违法所得及其他涉案财物的名称、特性、外形和数量等;(2)需要没收、返还的违法所得及其他涉案财物的地点,资金或者其他金融资产存放在金融机构中的,应当载明金融机构的名称、地址和账户信息;(3)没收、返还的理由和相关权属证明;(4)相关法律文书的副本;(5)有关没收、返还以及利害关系人权利保障的法律规定;(6)有助于执行请求的其他材料。其中第(1)项和第(2)项是关于没收的财物的客观状态的要求。意味着我国向外国请求没收协助时,我国必须对拟没收的违法所得及其他涉案财物的名称、特性、外形、数量,以及存放地点调查清楚,便于外国采取没收措施。第(3)项和第(4)项是没收返还的理由和相关权属证明及有关的法律文书副本,表明没收的合法性和关联性,其中,法律文书副本包括刑事判决、缺

席审判没收判决以及违法所得独立没收程序的没收裁定;以及监察、公安或检察部门对境外财产作出的查扣冻决定,这类财产可能已经在外国采取了相应的保全措施,或者尚未采取保全措施。依据财产所在地国的法律予以没收并请求返还。第(5)项要求对利害关系人的权利进行保障,第(6)项是其他规定。

1. 法院作出含有没收违法所得内容的刑事判决

我国《刑事诉讼法》第245条规定一般案件的定罪没收,要求"人民法院作出的判决,应当对查封、扣押、冻结的财物及其孳息作出处理"。这是一种适用刑事诉讼程序且定罪没收的程序,即经过我国刑事诉讼程序,法院在作出定罪判决的同时,没收其违法所得。

特别值得注意的是,法院在刑事审判中作为附加刑判处的没收财产,是将受到有罪判决的人的财产收归国有,没收的目的在于剥夺犯罪分子实施犯罪的物质基础,对犯罪分子给予经济的惩罚,没收时只要财产属于犯罪分子所有即可没收,属于对被告人的定罪没收的情形。一般而言,在已废除财产刑的国家,以财产刑的形式作出的外国没收裁决一般不能得到承认与执行。[1] 在某案中,济南市中级人民法院采用没收个人全部财产的判决对犯罪人用受贿款购置的法国戛纳松树大道7号的枫丹·圣乔治别墅实行追缴,但因中法两国刑事没收制度的差异,有关的司法协助请求至今没有提出。[2] 我国在《国际刑事司法协助法》(草案稿)中除规定违法所得的没收协助之外,还规定了作为罚金刑罚、没收财产刑罚以及刑事附带民事诉讼损害赔偿的协助,因为这些均会涉及刑事裁决的承认与执行问题,但在正式立法稿中取消了这类财产刑的协助。

2. 依据缺席审判作出的没收判决

人民法院依法定条件适用缺席审判,"依法作出判决,并对违法所得及其他涉案财产作出处理",这是一种适用刑事诉讼程序并缺席定罪而没收的

---

〔1〕 参见解彬:《境外追赃刑事法律问题研究》,中国政法大学出版社2016年版,第117页。

〔2〕 参见黄风:《建立境外追逃追赃长效机制的几个法律问题》,载《法学》2015年第3期。

程序。

无论是法院作出含有没收违法所得内容的刑事判决，还是依缺席审判作出的没收判决，均必须先经对被告人的刑事审判。法院在审理过程中对查扣冻的财物及其孳息的权属情况进行调查，在作出刑事判决时，应当对这些财产作出处理，刑事裁判涉财产部分的裁判内容明确了没收的具体财物的名称、数量或金额，为此，在诉讼程序中，公、检、法机关对于查扣冻的犯罪嫌疑人、被告人的财物及其孳息，应当制作清单，随案移送。《最高检刑诉规则》要求，起诉书应当附有涉案财物的清单，检察机关在起诉书中提出没收申请的要求，可以限制法院定罪没收审理范围，也为被告人确立了抗辩对象。该定罪没收的审理与裁决是在刑事责任追究程序的审理与裁决中完成的，法院定罪判决的同时作出对涉案财物的处理，对于确属违法所得或者依法应当追缴的其他涉案财物，应当判决返还被害人，或者没收上缴国库，但法律另有规定的除外。[1] 最高人民法院《关于刑事裁判涉财产部分执行的若干规定》第6条要求刑事裁判涉财产部分的裁判内容，应当明确、具体。判处没收部分财产的，应当明确没收的具体财物或者金额。判决追缴或者退赔的，应当明确追缴或者退赔的金额或财物的名称、数量等相关情况。但实践中，也存在大部分法院会按该规定在刑事判决书中载明"违法所得予以追缴"，至于哪些财物属于"违法所得"，哪些财物属于"违法所得"的替代物并未明确，而由执行机构在执行中进行判断。

3. 针对违法所得的没收裁定

我国犯罪嫌疑人、被告人逃匿、死亡案件违法所得的没收程序属于未定罪的特殊情形下的一种特别没收程序，也有学者称为"独立没收程序"，[2]

---

〔1〕《刑诉法解释》第279条、第445条规定，法庭在审理时，对查封、扣押、冻结的财物及其孳息，应当调查其权属，是否属于违法所得或者依法应当追缴的其他涉案财物；确属违法所得或者依法应当追缴的其他涉案财物，应当判决返还被害人，或者没收上缴国库，但法律另有规定的除外。

〔2〕参见万毅：《独立没收程序的证据法难题及其破解》，载《法学》2012年第4期。

"刑事独立没收程序",[1]或者称为"判决前的财产没收"等。[2] 表现为对物的诉讼。该程序不需要对犯罪嫌疑人、被告人定罪,而是由检察机关向法院提出没收申请,最后由法院裁定是否没收这些涉案财物。该程序在犯罪嫌疑人不在案的情形下,不需要依附于刑事程序就可以自行启动和运作违法所得的没收,调整了以人为中心和以财产为中心并立的刑事诉讼程序。[3] 显然,在以"人"为中心的刑事审判中,该没收程序未能实现对被告人的刑事追诉,但却可以解决犯罪嫌疑人、被告人潜逃、死亡等无法归案的情况下,对违法所得和其他涉案财产的没收,通过定罪与没收相分离来追缴涉案财产。《违法所得没收程序规定》进一步明确了违法所得没收程序适用罪名范围,以及对没收违法所得申请审查处理的期限和原则等,为我国请求外国开展未定罪没收违法所得及其他涉案财物的协助程序提供了法律依据。其中第 23 条明确了我国制作没收令申请外国司法协助的程序。

然而,根据《刑诉法解释》第 628 条第 1 款的规定,没收违法所得裁定生效后,犯罪嫌疑人、被告人到案并对没收裁定提出异议,人民检察院向原作出裁定的人民法院提起公诉的,可以由同一审判组织审理。该规定虽然有利于保护犯罪嫌疑人、被告人的权益,也意味着没收裁定只能等到犯罪人归案并经法院重新审理后才具备最终法律效力。可见,第 1 款的内容并不属于正常的审判监督程序,[4]逃匿案件中违法所得特别没收程序所作出的裁定不具有通常意义上的终局效力,从而对请求外国法院的承认和执行造成极大的障碍。我国法院作出的"没收裁定"和《联合国反腐败公约》中要求的"生效判决"不是同一概念,并非所有国家都认可和接受我国的"没收裁定",这就导致在反腐败合作中,资产流出国请求资产流入国返还资产受到很大的限制,实践起来困难重重。[5]

---

[1] 王燕芳:《刑事独立没收程序的法理问题探究》,载《中北大学学报(社会科学版)》2015 年第 2 期。

[2] 陈卫东:《论新〈刑事诉讼法〉中判决前财产没收程序》,载《法学论坛》2012 年第 3 期。

[3] 参见蒋志如:《刑事特别程序研究》,法律出版社 2016 年版,第 29 页。

[4] 参见王君祥:《违法所得没收特别程序问题研究》,法律出版社 2015 年版,第 247 页。

[5] 参见喻海松:《刑事缺席审判程序的立法进程》,载《法律适用》2018 年第 23 期。

无论是定罪没收还是未定罪没收，都由法院作出刑事判决或裁定。在刑事判决或裁定中包括没收违法所得的内容，相当于对违法所得签发的没收令。其中前两者以判决形式作出，既有对被告人的定罪又有违法所得的没收，第三种则是以裁定形式作出的只包括违法所得的没收。

4. 申请外国签发没收令

我国向外国申请签发对位于外国的财产的没收令，属于《联合国反腐败公约》第 54 条间接追回资产的途径，针对的财产有两种类型：一种是已经被外国采取查封、冻结、扣押等保全措施的；另一种是位于境外，但未被财产所在地采取措施的财产。这种协助方式表现为我国向外国提出协助申请，请求外国对位于其境内的财产签发没收令。一般而言，犯罪人在向外国非法转移犯罪所得时，会采取洗钱等手段使非法所得进入资产所在地，因此，资产所在地可以根据本国的刑事法律启动刑事调查和追踪程序。资产来源方只需向资产所在地提供信息或相关的证据材料，能够证明可疑的资产与其犯罪来源之间存在一定的联系，资产所在地的刑事调查就能获得圆满成功，对进入境内的外国犯罪人员以其可能构成的犯罪进行控诉并定罪，从而对进入境内的该犯罪所得进行没收。如在“李某祥案”中，我国检察机关向澳大利亚提供了外逃人员李某祥采用洗钱手段转移资产的证据材料，并请求澳方对非法转移的资产实行没收，澳大利亚主管机关根据中方的请求对李某祥洗钱犯罪提起刑事诉讼，并采用澳大利亚本国的法律程序没收了被转移到澳大利亚境内的赃款，随后将其中约合 3000 万元人民币的资产返还中方。资产所在地还可对境内的财物的性质进行甄别和认定之后，单独作出是否予以没收的裁决，这要取决于外国要有独立的没收制度，资产来源方可以在资产所在地没收时以财产合法所有人身份主张财产所有权，直接取回财产，也不以我国是否作出定罪或未定罪的没收裁决为前提。

（二）外国向我国提出没收协助

在我国《国际刑事司法协助法》的草案稿中，对外国向我国提出没收协助的两种形式均作出了规定，包括针对没收裁判的协助执行以及没有没收裁判的情况下的协助执行（草案稿第 49 条、第 58 条），并规定了不同的协助条件和程序。但从立法稿第七章的内容来看,我国关于没收协助方式并没有明确以签发没收令或承认与执行没收令的方式执行。该章的立法范式与第六章类似,在立法稿中都是统一表述为"办案机关需要外国协助没收违法所得及其他涉案财物的"(第47条)和"外国向中华人民共和国请求协助没收、返还违法所得及其他涉案财物的"(第50条)。这样立法的理由主要是考虑我国刑事法律并无关于相互承认和执行外国刑事裁决的规定,我国在司法实践中也无承认和执行外国没收裁决的案例,现有的刑事司法协助条约也不包含任何关于承认和执行外国刑事裁决的条款。因此,立法稿力图回避在协助中对没收裁判的承认与执行的表述,而且也取消了原草案稿中的罚金刑、没收财产刑罚的承认与执行的规定。但这并不意味着在我国国际刑事司法协助中,不可以申请外国执行我国没收裁判或者对外国的没收裁判不予执行。从立法稿第48条的请求书所附材料来看,其中包括"相关法律文书的副本"。该法律文书副本就可以是外国的没收令。可以认为,外国如果签发了针对财产的没收令,并请求我国执行,那么我国并不采取承认与执行没收令的方式直接执行,而是将没收令作为请求书所附的材料之一,在协助执行时仍然要依据我国的国内程序对有关财产实行没收。

我国《国际刑事司法协助法》第51条明确规定,外国申请向我国请求没收协助的条件包括:(1)没收违法所得及其他涉案财物符合中华人民共和国法律规定的条件;(2)外国充分保障了利害关系人的相关权利;(3)在中华人民共和国有可供执行的财物;(4)请求书及所附材料详细描述了请求针对的财物的权属、名称、特性、外形和数量等信息;(5)没收在请求方不能执行或者不能完全执行;(6)主管机关认为应当满足的其他条件。以上6项条件中,第(1)项是外国向我国请求没收协助的法律依据问题;第(2)项涉及没收协助中利害关系人的权利保障;第(3)项、第(4)项、第(5)项是拟没收财物的客观状态及可执行性的要求;第(6)项为兜底性规定。

1. 关于符合法律规定的条件

对于外国向我国请求没收位于我国境内的违法所得,必须符合我国法律的相关规定。从我国现有的立法规定来看,按照我国《刑事诉讼法》的规定,我国对于违法所得的没收要以立案为前提,也就意味着,外国已签发没收令申请我国执行或者直接对位于我国境内的外国犯罪的违法所得申请执行没收,必须是在我国立案或者由外国到我国来立案,启动刑事诉讼程序,由法院裁判予以没收。但是,外国办理的案件,犯罪事实多发生在境外,甚至犯罪嫌疑人也在境外,在中国很难满足立案"有犯罪事实,需要追究刑事责任"的条件,可能导致没收协助程序根本实现不了。而且,我国也没有独立没收制度的存在,即便外国提出请求中有证据证明存在于我国境内的特定财物属于犯罪所得,我国也无法根据其请求单独作出没收决定。可见,我国加入的一些国际公约虽然作出规定协助追缴资产,但是,没有国内法的配合,也最终导致追缴协助无法完成。有学者认为,我国难以追回犯罪资产的主要原因是我国没有可以得到外国司法机关承认并执行的没收裁判,对于外国的没收裁判,我国也缺乏应有的承认和执行程序,由此也难以执行国外提出的没收请求。[1] 这种观点不无道理,在国际刑事司法协助中,如果外国的请求得不到我国的实际协助,那么,外国极有可能根据互惠原则对我国提出的没收协助请求以对等的方式作出报复性拒绝,这显然是有悖尽可能广泛地开展没收事宜国际合作的原则。

2. 对于可供执行的财物的客观状态的要求

第 51 条第(3)项和第(4)项是关于财物客观状态的条件,包括财产所在地以及财物的属性、名称、特性、外形和数量等具体信息,便于准确确定财产的所在地及待执行的财产的范围,避免不当执行。第(5)项要求没收在请求方可以执行或能够完全执行。该 3 项的规定对于没收的财产价值也没有明确的要求。为了诉讼经济,有的国家规定,对于犯罪收益的等价物价值不大的,可以不予没收。《德国刑事诉讼法》也规定,没收等强制措施并不是很重要,可以以其他代替行为予以处罚。还有的国家会直接规定没收对象的最低数额来保证没收程序不违背诉讼效益价值。如英国的民事追缴令程序中规定只有执法机关有充分理由认为追缴财产的总价值比国务大臣指定的最低

---

〔1〕 参见刘文峰:《犯罪收益独立没收程序研究》,中国政法大学出版社 2016 年版,第 336 页。

数额高时,才允许启动民事追缴令程序。[1] 目前这一最低数额为10,000英镑。一些国际或地区性公约中特别强调对财产价值的要求,《联合国反腐败公约》规定对价值极其轻微的财产,允许缔约方拒绝没收合作。欧盟2001年《关于清洗、识别、追踪、冻结、扣押和没收犯罪财产与收益的框架决议》则把成员国开展没收协助的财产最低价值限定在4000欧元。笔者认为,跨国没收协助必须经过双方的国际刑事司法协助,必然耗费双方大量的司法资源,诉讼经济原则的适用十分必要。司法机关在处理刑事涉案财物时,为了保证经济利益的最大化,须考虑处理涉案财物的成本,保证被害人的利益以及国家利益的最大化,对不具有经济价值的没收案件进行排除性规定,可以尽量避免为追缴数额不大的财物而耗费较多的合作资源。

此外,我国向外国请求没收协助,以及外国向我国请求没收协助均涉及有关利害关系人相关权利的保障制度,这是在查扣冻以及没收协助中一个重要的问题,本书将在后文对该问题进行详细阐述。

(三)没收协助的拒绝

我国《国际刑事司法协助法》第4条第2款规定,"国际刑事司法协助不得损害中华人民共和国的主权、安全和社会公共利益,不得违反中华人民共和国法律的基本原则"。第14条至第16条是拒绝外国向我国提出刑事司法协助请求的情形,对外联系机关及主管机关对请求书及所附材料进行审查作了一般性规定。第52条是在立法稿第14条规定的基础上,特别规定的关于拒绝向外国提供没收协助的情形,其中第(1)项明确规定如果对请求针对的财物已经存在生效裁判,并且已经执行完毕或者正在执行的,则失去了继续执行外国请求的法律基础,存在这种情形的可以拒绝外国提出的协助请求。[2] 第(2)项是请求针对的财物不存在,已经毁损、灭失、变卖或者已经转移导致无法执行的情况。第(3)项是请求针对的人员在我国境内尚有未清偿的债务或者尚未了结的诉讼的情形。该项体现了我国《刑法》规定的民事

---

〔1〕《2002年英国犯罪收益追缴法》第287条。

〔2〕"生效判决"是应我国的要求确定的最终判决,也是公约草案中使用的词语,英文为"Final judgement"。按照其他国家的解释,这个最终判决意味着对此判决不适用任何上诉或申诉。

赔偿责任优先原则。由于涉案财物的情况复杂,财物本身表现形式也各不相同,对位于我国境内并向我国提出请求进行没收协助的财物,须具体列明财产状况,如财物可供执行;详细描述请求针对的财物的权属、名称、特性、外形和数量等信息;我国或者第三国司法机关已经对请求针对的财物作出生效裁判,并且已经执行完毕或者正在执行,或者请求针对的财物不存在,已经毁损、灭失、变卖或者已经转移导致无法执行的,我国将拒绝提供没收协助。该条规定的理由均属于任择性理由,立法表述是"可以拒绝"。

（四）返还协助

我国《国际刑事司法协助法》中,除对违法所得的没收之外,还蕴含着对属于被害人合法所有的财产的返还,既包括对违法所得的"没收"协助,也应当包括对被害人合法所有财产的"返还"协助。"返还"应包含两层意思:一是对被没收的违法所得及其他涉案财产的返还;二是对被害人合法财产的返还。"返还"应该理解为只适用于被害人所有的财物原物存在,而且能够确认属于被害人的情形。从程序上讲,我国先提出没收违法所得及其他涉案财物的请求,可以根据案件的具体情况一并提出返还财产的请求。如果外国依其国内法已经没收的,我国可以单独提出返还请求。

在我国,对赃款赃物的处理一般实行简易程序,除需要作为证据或者需要对其性质或归属作出正式的司法认定的财物应当随案移送审判机关处理外,对于在诉讼中已查明属于被害人所有的财物可通过公安机关、人民检察院或人民法院在侦查、起诉和审判阶段当即予以发还,并不需要特别的审查和裁决程序。

总之,在请求方与被请求方之间开展没收协助时,双方必须充分考察并了解资产所在地与本国的没收体系,特别是被请求方的没收、承认与执行外国没收判决和关于没收的犯罪所得或财产处置的国内立法,并策略性地作出适当的应对或处理:第一,如果资产所在地只有刑事没收制度,请求方通常需要获得一份本国内的刑事判决,附有独立的没收裁决才能追回资产。第二,如果资产所在地只没收已经由请求方决定没收的资产,那么请求方就必须提供独立的没收裁决,使资产所在地可以根据本国法律获得没收判决。第三,如果资产所在地有民事没收制度,资产来源方通常不需要提供刑事定罪判决和没收判决,只需要将位于所在地的资产是非法所得的证据提交给被请求方,被请求方就可以依据本国的民事没收制度将位于本国境内的资产予以没收。第四,如果资产所在地可以洗钱或其他犯罪对进入其境内的犯罪人员进行控诉,那么这些资产可以作为洗钱犯罪所得予以没收。则请求方需要向资产所在地提供关于洗钱等其他犯罪的证据,方便资产所在地按本国的法律程序进行追诉和定罪。

此外,在国际刑事司法协助中,执行没收协助的请求方与被请求方之间的协商与谈判仍面临很多问题。双方在协商和谈判中分别处于被动和主动地位,两者的话语权显然是不对等的。处于主动地位的主体基于自身利益的考量会设置各种附加条件,如欧洲国家都要求外国法院的没收判决必须满足《欧洲人权公约》的有关要求,这些条件无形中加大了没收国际协助的实现难度。

三、没收资产的分享

(一)各国对于资产分享的立法与实践

司法不仅追求公平、公正,也追求效率和效益。如何考量和衡平经济利益,会直接影响国际刑事司法协助。在实践中,犯罪及其巨额赃款的流向,一般是从发展中国家流向发达国家,在利益的驱动下,一些发达国家在犯罪资产不危及本国安全的情况下,国际合作的主动性并不强、积极性也不高,而资产流入国在国际合作中要承担较大的经济资本,其预期收益和成本付出不相适应,从而给实际操作造成障碍。

为此,一些国际公约允许缔约方在返还没收所得资产以前从所得或其资产中扣除合理的费用。其中,在费用补偿问题上采取积极、肯定的态度,允许缔约方在返还或处分犯罪资产前扣除对犯罪资产没收、处分及返还等诸环节中实际发生的开支、合理费用。这一费用主要是被请求方基于请求方的请求采取具体行动,协助完成了本应由请求方采取但又无法实施的法律行为。请求方对合理费用的负担也有助于激励被请求方的司法协助行为,为双方的进一步合作奠定良好的物质基础。公约的规定是倡导性的，具体扣除费用的确定权仍由缔约方之间的协商安排，但单纯的费用补偿有时也不足以充分调动财产所在地的积极性。

《联合国禁毒公约》首次创制了犯罪所得分享的理念，并鼓励缔约方之间分享没收的犯罪所得。《联合国打击跨国有组织犯罪公约》第 14 条“没收的犯罪所得或财产的处置”也鼓励经常性地或逐案地与缔约方分享犯罪收益。《联合国反腐败公约》谈判之时，部分国家对于分享制度表示明确反对。因此，《联合国反腐败公约》第 57 条“资产的返还和处分”第 5 款仅规定在适当的情况下，缔约方可以特别考虑就所没收财产的最后处分逐案订立协定或者共同接受的安排。此项内容虽然没有明确提出资产分享，但却包含了没收资产分享的可能性，同时鼓励缔约方之间就分享进行协商。2005 年，联合国经济及社会理事会发布了《关于分享没收的犯罪所得或财产的示范协定》，为国际刑事司法协助中分享犯罪资产提供了可操作范本。资产分享有助于在经济利益的刺激之下，促进被请求方主动协助的意愿，激发被请求方在追缴、没收协助中的积极性，补偿被请求方因开展没收协助而花费的时间、人力和物力，并提高协助效率，分享最主要的意义还在于对刑事司法协助的鼓励与支持，以巩固国家之间的合作机制，强化承担合作的义务。

（二）我国对于资产分享的态度

我国《刑法》和《刑事诉讼法》均强调没收的违法所得应上缴国库或返还给受害人，不得挪用和自行处理，一般也不作其他处置。我国逐渐将有关分享的规定纳入立法范围。我国《禁毒法》第 57 条明确规定，通过禁毒国际合作破获毒品犯罪案件的，我国可以与有关国家分享查获的非法所得、由非法所得获得的收益以及供毒品犯罪使用的财物或者财物变卖所得的款项。显然，该法对毒品犯罪资产分享的规定较原则化，并未明确毒品犯罪资产分享机制的指导理念。在后期签订的一些双边司法协助协议中也开始有了费用补偿的例外规定，如我国与大不列颠及北爱尔兰联合王国刑事司法协助条约第 20 条规定了返还与分享财产。持有被没收资产的被请求方可以在其法律允许的范围内，向请求方返还或者与请求方分享该资产或者出售该资产的收益。当被请求方没收的资产是公共资金时，且这些资产是从请求方贪污、挪用所得，无论这些资金是否已被洗钱，被请求方应当将没收的资产或出售该资产的收益返还请求方。2016年9月，我国与加拿大签订了《关于分享和返还被追缴资产的协定》，该协定包括“分享”和“返还”两个方面，是我国在追缴和没收犯罪资产的第一个专门协定，开启了我国在海外追缴过程中的分享合作制。2016年召开的G20峰会上，中美双方同意进一步加大反洗钱和返还腐败资产的合作，商谈相互承认和执行没收事宜以及资产分享协议。[1]表明我国在资产分享机制上取得了实质性突破。我国《国际刑事司法协助法》第49条第2款规定：“对于请求外国协助没收、返还违法所得及其他涉案财物，外国提出分享请求的，分享的数额或者比例，由对外联系机关会同主管机关与外国协商确定。”第54条规定：“对于外国请求协助没收、返还违法所得及其他涉案财物的，可以由对外联系机关会同主管机关提出分享的请求。分享的数额或者比例，由对外联系机关会同主管机关与外国协商确定。”这些条款在立法上认可了资产分享，虽然只是一些概括性规定，但仍体现了我国法律发展的必然要求，为我国跨境追赃实行资产分享提供了有效的基础和可行性条件。资产追回中的分享机制也可以弥补我国在进行没收协助中所带来的成本损失。

在实践中，如何确定资产分享的范围、数额或比例，国际实践中一般是针对跨国犯罪所得或财产开展分享，并对犯罪资产中合法所有人和被害人资产作区分。由于不同案件的司法协助中的难易程度差别巨大，因此要明确犯罪资产分享比例的确定标准。联合国《关于分享没收的犯罪所得或财产的双边示范协定》规定有关分享比例：一是依据资产所在地的国内法和资产请求方总体给予合作相称的程度决定；二是由双方协商确定具体比例。[2]加拿大《被没收财产分享规定》中规定，分享比例最高可达到90%。美国对于分享被没收的资产的比例，主要取决于在执法合作中作出的“贡献”，分为三个档

〔1〕 参见《中美将加大返还腐败资产合作》，载中新网2016年9月5日，http://www.chinanews.com/gn/2016/09-05/7993867.shtml。

〔2〕 联合国《关于分享没收的犯罪所得或财产的双边示范协定》第5条。

次:重大协助,分享比例为50% ~80%;较大协助,分享比例为40% ~50%;提供便利,分享比例为40%以下。[1] 分享即便有明确的比例,但在具体个案中确定分享份额时,都要经双方反复多次的磋商谈判才能完成。赞成分享的国家,会因刑事案件的罪名不同而采用不同的分享及处理结果,如贪污罪、侵占罪的赃款一般不进行分享,而是直接返还,这也是美国等国家坚持的立场,而对于洗钱罪、贿赂罪的赃款则以分享方式处理。当然,也有以墨西哥为代表的折中派主张以个案的具体情况来决定是否进行资产分享。在"闫某明案"中,我国向新西兰执法机关提供闫某明在我国境内犯罪的证据材料,新西兰以洗钱犯罪的名义没收了闫某明价值人民币2亿多元的资产,拿出了将近2/3被没收资产和我国分享。

多数资产分享国要求与其进行分享的相关国家须明确地指定某个官方机构负责处理相关事宜。如美国的资产分享具体内容由司法部和财政部共同确定,而加拿大则由总检察长全权负责,英国则在国内成立"扣押资产基金",专门负责接受各国没收或分享的请求,对没收所得进行分配。毛里求斯制定《没收资产法》,明确规定设立一个执法机构和一个可以存放所没收资产的已追回资产基金。笔者认为,我国也应当尽快在立法上指明具体的负责的主管机关及其职权范围,可以考虑由司法部和外交部协商确定与其他国家之间的犯罪资产的分享问题,以便更有效地追缴外流的国家资产。当然,没收违法所得的不仅是特定机构内部的事情,还需要银行、出入境管理等部门的协作。我国对于国际刑事司法协助中犯罪资产分享程序的具体规范尚属空白,亟待完善。我们应当正视现实,采取务实、灵活的态度,本着互惠互利和长期合作的精神,积极主动地与有关国家,特别是外逃人员较多的发达国家签订分享协议。

---

[1] 参见李晓欧:《打击跨国腐败犯罪刑事司法协助制度比较研究》,对外经济贸易大学出版社2014年版,第153页。

第三节　我国没收国际刑事司法协助之完善

一、没收令的承认与执行

(一)承认没收令的内涵

一种观点认为,罚没犯罪所得本质上是一种刑事制裁,一国对发生在本国范围内的犯罪行为具有管辖权并作出罚没判决,而资产所在地没收财产正是基于该种刑事判决。因此,承认与执行外国罚没裁决属于承认和执行外国刑事判决的范畴。[1] 如果没收裁决视为刑事判决的话,各国对于刑事判决的承认与执行问题则关系各国刑事司法管辖权,各国对此十分审慎。也有观点认为,罚没裁决的性质不完全等同于对犯罪嫌疑人或被告人"定罪"的刑事判决。如果将罚没裁决认定为刑事判决,则其会出于对刑事政策的顾虑而不愿与外国签订包含此项内容的司法协助协定。但如果能够顾及罚没裁决中确实可能存在的民事因素,则其可能会在进行司法协助谈判时减少此类担忧。[2] 在国际公约中,被请求方根据请求方的没收请求作出决定或采取行动也应符合并遵循本国法律及程序规则的规定或双边或多边条约、协定或安排的规定。因此,各国往往强调承认和执行外国没收判决是一种个案行为,而不是概括行为。承认和执行的对象只能是其他国家或法域作出的某个具体的没收判决,承认和执行的内容只能是没收判决中的财产和收益内容。[3]

(二)没收令执行中的承认原则的确立

对外国刑事判决的承认,实质上是一国对另一国的刑事判决的合法性与有效性的认可,体现的是一国对他国司法既判力的尊重。在对外国没收裁判的承认与执行方面,国际公约起了很大的推动作用,《联合国禁毒公约》将相

---

〔1〕 参见[美]M. 谢里夫·巴西奥尼:《国际刑法导论》,赵秉志、王文华等译,法律出版社 2006 年版,第 304～311 页。

〔2〕 参见卢月:《反腐败国际追赃法律问题研究》,华东政法大学 2016 年博士学位论文,第 49 页。

〔3〕 参见张士金:《资产追回国际法律合作问题研究》,中国人民公安大学出版社 2010 年版,第 119～120 页。

互执行没收裁决作为国际公约为追回犯罪收益而确立的基本刑事司法合作措施。《联合国打击跨国有组织犯罪公约》第13条“没收事宜国际合作”对执行外国没收判决、执行请求书的内容、执行外国没收判决的程序规则进行了规定。同时还就没收执行国际合作的充分条约依据、拒绝给予合作的事由和合作中不得损害第三人权利作出规定。《联合国反腐败公约》更是专门规定了“资产的追回”事宜。第53条“直接追回财产的措施”;第54条“通过没收事宜的国际合作追回资产的机制”;第55条“没收事宜的国际合作”直接要求各缔约方采取必要措施,使其主管机关能够执行另一缔约方法院发出的没收令,并规定了承认和执行外国没收令的总体要求;第56条“特别合作”;第57条“资产的返还和处分”。可见,资产追回机制逐渐建立与完善,这些国际性条约的内容为违法所得没收裁定的域外执行提供了法律框架,缔约方在“条约必须信守”的国际法原则之下开展更有效的司法合作。

在区域层面,早在1990年,欧盟《关于清洗、搜查、扣押和没收犯罪收益公约》提出,应当加强对有组织犯罪的犯罪工具和犯罪所得的确认、追踪、冻结、查封和没收。要求缔约方尽最大努力承认和执行另一缔约方签发的没收令,或者为了取得没收令向缔约方的有权机关提出申请,如果没收令得到承认后,执行该没收令。[1] 2006年,欧盟委员会通过了《将相互承认原则适用于没收令的框架决定》,规定了缔约方应立即承认并无条件执行申请国的没收令,无须符合双重犯罪标准,表达欧盟彻底根除洗钱犯罪并采取具体措施来追踪、冻结、扣押以及没收犯罪收益的决心。欧盟的相互承认原则改变了传统的刑事司法协助程序烦琐的缺陷,由生效裁决直接承认并执行,从而让所有的协助都在司法机关或主管机关之间直接进行,只需要签发司法机关或主管机关按照统一格式将签发的终局性裁决书交给其他成员国的执行机关或主管机关,极大地简化了协助程序,加快了协助的速度。

国际条约对没收裁决的承认与执行主张不仅体现了对缔约方国家主权

---

〔1〕 See Council of Europe Convention on Laundering, Search, Seizure and Confiscation of the Proceeds from Crime 2005.

的尊重性,避免了各国之间产生的义务冲突,同时能够有效规避没收执行过程中出现的与国家利益冲突而导致难以执行的情形。但国际社会并未形成针对承认与执行外国没收裁决的国际标准,各国的规范基本采用的是内国法的形式。有的国家在刑事诉讼法典中规定对外国没收令的承认与执行,如1988年9月22日《意大利刑事诉讼法》第十一编第四章第一节规定“外国刑事判决的效力”。有的国家由刑事司法协助立法专门调整,如1982年《德国刑事事务国际司法协助法》第4部分“执行外国判决的司法协助法”,在通过承认程序后,无论国外的没收令是在刑事、民事还是行政程序中作出的,都可以在德国执行;1987年《澳大利亚刑事司法协助法》经2006年法案第40号修订,其中第六章第二节第A小结“外国令状的执行”,也规定了帮助外国剥夺有理由怀疑存在澳大利亚境内的犯罪收益的程序。还有的国家在刑事法律或刑事司法协助法中都进行规定,如《加拿大刑法典》第十二章“犯罪的收益”规定了根据外国请求没收和处置犯罪收益,1985年《加拿大刑事司法协助法》第9条“没收令”,规定了针对承认与执行外国刑事没收裁决的条件和程序。还有的国家在专门性法规中规定没收令的执行,如美国2001年的《爱国者法案》确立了承认与执行外国没收裁判的制度,并被纳入《美国法典》第二十八章第2467条。

(三)我国的立法完善

1. 确立没收令的承认与执行制度

我国在《民事诉讼法》中规定了外国法院、国外仲裁机构作出的裁决的承认与执行问题。在我国与外国签署的刑事司法协助条约中,只有部分条约对刑事附带民事赔偿承认与执行作了要求,如我国与波兰的民事和刑事司法协助的协定第16条第2项的规定,承认和执行的范围包括法院对刑事案件中有关赔偿请求所作出的裁决。我国与乌克兰、俄罗斯签署的关于移管被判刑人方面的条约中,可以实现对外国没收判决有限度的承认与执行。也有学者主张,我国《刑事诉讼法》应增设“承认外国刑事罚没裁决”制度,包括一切以追缴犯罪所得为目标的司法裁判:针对犯罪收益作出的刑事没收、民事没收和行政没收裁判,法院作出的罚款罚金裁判、在刑事附带民事诉讼中作出的涉及财产没收、资产返还裁判等。[1]

在国际刑事公约的没收事宜国际合作中，均要求缔约方在本国法律允许的范围内，最大限度地承认与执行请求方主管机关作出的没收令，但各国法律规定和司法实践中对于主管机关裁决存在较大分歧。如新西兰要求请求方提交“法院或其他机关签章”且经“合法认证”的没收决定，而且行政执法机关也被包括在“其他机关”中。相反，美国则将主管机关裁决严格限定为由具有刑事司法管辖权的法院作出的裁决。

笔者认为，我国在国际刑事司法协助中建立执行外国没收裁判的制度，无论是定罪没收令还是未定罪的没收令，明确对没收令的承认与执行的规定应尽快完善。

2. 对于没收令的审查

承认与执行没收裁决的条件和程序在国际司法协助的条约中尚未明示，一般由各国以国内立法的形式加以确定。由于请求方与被请求方法制的差异，在请求方获得没收裁决的程序被请求方可能不接受，或者使用直接执行制度的国家往往对直接承认与执行外国的没收判决设定一定的条件，以及在特定情况下有拒绝执行的权力，导致没收裁决无法执行的情况也大有存在。

我国《国际刑事司法协助法》第 13 条规定了外国提出请求及请求书载明事项的具体规定。而第七章的第 48 条，是我国向外国提出请求时所附材料的规定，第 51 条是对外国提出的协助没收违法所得及其他涉案财物的请求进行审查的进一步规定，包括审查主体、内容、后果等，其条件与《联合国反腐败公约》的规定基本一致。资产追回方在请求资产所在地进行没收事宜的国际合作时，应对下列内容予以说明：财产所在地和估计价值；资产追回方签发罚没裁决所依据事实的充分陈述；法律上可以采信的没收令副本；对没收令执行范围的说明；向第三人提供充分通知并确保正当程序而采取的措施以及

〔1〕 参见毛兴勤：《违法所得没收裁定的域外执行：机遇、挑战与进路》，载《法治研究》2014 年第 3 期。

该没收令为已经生效没收令的陈述。对于审查的具体形式是否需要经过审理程序,本条并未作要求。对于审查内容的规定包括六项特别规定,特别要注意的是:

在审查主体方面,中国《引渡法》中对外国引渡请求的司法审查确定由高级人民法院进行。我国在根据请求方的请求,作出符合引渡条件的裁定的同时,可以作出"移交与案件有关财物"的裁定。我国有学者认为,为了保持司法职权配置的统一性,也建议统一授权由高级人民法院行使。[1] 但也有学者主张建议,由最高人民法院负责,必要时可授权省、自治区、直辖市的高级人民法院行使。[2] 笔者认为,为了保持立法的一致性,由高级人民法院统一行使较合适。

在审查内容方面。根据我国《国际刑事司法协助法》的规定,外国向我国提交没收令申请没收协助,或者外国直接向我国申请对位于我国境内的违法所得及其他涉案财物予以没收,审查的内容是一致的。而实际上,针对外国提交的没收令的执行,以及针对外国犯罪违法所得位于我国境内的没收程序在性质上是不同的。对于前者的没收协助,涉及没收令的承认与执行;而后者的没收协助涉及对财物与犯罪的关联性的审查。因此,笔者认为,针对外国提交的没收令的执行,以及针对外国犯罪违法所得位于我国境内的没收程序应适用不同的审查程序,明确不同的审查内容和重点,否则会给实践操作带来执行无所适从的尴尬。对于外国没收裁判,应重点审查是否符合我国《国际刑事司法协助法》的相关规定,以及该裁判是否符合正当程序要求或满足我国诉讼程序关于人权保障的要求,而不宜对没收令中所依据的犯罪事实进行过多的实质性审查,应尽量尊重请求方司法机关对案件事实的认定,从而更有效地在全球范围内开展没收国际刑事司法协助。以德国为例,德国承认国外没收令的条件是,该没收令必须具有法律约束力和可执行性、不得

---

〔1〕 参见黄风:《中华人民共和国国际刑事司法协助法立法建议稿及论证》,北京大学出版社2012年版,第182页。

〔2〕 参见毛兴勤:《违法所得没收裁定的域外执行:机遇、挑战与进路》,载《法治研究》2014年第3期。

有违《欧洲人权公约》的原则,需要符合德国国内法关于执行的规定。德国对外国没收令的承认既考虑了裁判本身的法律效力和可执行性,也考虑到没收程序符合正当程序要求或满足诉讼程序关于人权保障的要求,值得考察。

3. 对于没收令的执行

从国外立法来看,对外国没收裁决的承认和执行方式,包括判决和登记两种方式,前者是指被请求方通过作出予以承认的判决的方式,将外国没收裁决的内容纳入其中,赋予请求方的没收裁决可以在本国境内执行的法律效力,相当于针对外国没收裁决的确认效力之诉。意大利的《刑事诉讼法》规定对外国刑事判决,可以由上诉法院以判决的方式予以承认,包括对财产刑的承认以及为执行没收而宣告的承认,承认之后由作出承认决定的上诉法院的检察长依职权执行。也有的国家以登记方式直接赋予请求方没收裁决可以在本国境内执行的法律效力,被请求方完全按请求方没收裁决中没收的财产种类和数量予以执行。以登记方式则直接赋予请求方没收裁决可以在本国境内执行的法律效力,如 1990 年《英国刑事司法(国际合作)法》第一部分"刑事诉讼和调查"第 9 条"外国没收令执行"就是登记执行。在集追逃、追赃与国际追诉于一体的"李某波案"中,江西省上饶市中级人民法院于 2015 年 3 月 3 日作出违法所得的没收裁决,之后我国请求新加坡承认和执行李某波违法所得没收裁决;新加坡根据与我国的司法协助协定,于 2015 年 11 月 12 日由新加坡高等法院裁定:根据新加坡总检察长申请,对没收裁决予以登记并执行。据此,对李某波在新加坡境内共计 5,454,158.96 新加坡元(约合人民币 2680 万元)的资产实行追缴,并返还我国财产受害人。[1] 相对于判决执行方式,登记方式更便捷、有效。

笔者认为,我国在构建对外没收裁决的承认和执行程序中,也要设置审查与登记等环节。通过审查之后,国外没收裁判还应向有管辖权的地方法院申请登记,只有通过登记后,外国没收裁判才能取得与我国国内裁判相同的

---

〔1〕 参见黄风:《检察机关实施〈国际刑事司法协助法〉若干问题》,载《国家检察官学院学报》2019 年第 4 期。

执行效力,可以申请强制执行。

二、针对外国的违法所得独立没收协助程序的建立

根据《联合国反腐败公约》的规定,没收来自外国的违法所得,是指拥有管辖权的主管机关通过对洗钱犯罪或者对可能发生在其管辖范围内的其他犯罪作出判决,或者通过本国法律授权的其他程序,下令没收这类来自外国的资产。在对来自外国的违法所得进行没收后,资产追回国必须通过合法权利证明的提交,主张对相关资产拥有合法所有权,从而实现对违法所得的成功追回。为此,各国必须允许本国法院或主管机关就没收作出决定时,承认另一缔约方对本公约所确认的犯罪而产生的资产主张合法所有权。独立没收制度也在没收来自外国违法所得的实践中发挥重要作用,逐渐为世界各国所认可,各国开始纷纷建立该制度。而且,一个国家作为资产流出国或资产流入国的身份并非绝对的,随着经济的全球化以及我国国际经济地位和影响的日益提升,我国也逐渐成为非法资产的流入国。当我国作为资产流入国一方时,根据公约所赋予的缔约方在一定条件下对洗钱犯罪行为的普遍管辖权内更积极、主动地帮助他国进行资产追回,先行主动提起没收程序,将资产没收后返还资产流出国形成良好的国家间的互惠互利。同时,也出于正义的立场,打击腐败等经济类犯罪中非法资产的转移,为我国赢得良好的国际声誉。

(一)必要性分析

国际社会对没收违法所得的一致态度为我国建立针对外国的违法所得独立没收程序奠定了坚实的国际合作基础。从目前国内立法来看,大多数国家都支持没收由本国主管机关管辖的罪行的违法所得,但对外国主管机关追诉的罪行的违法所得予以没收的,则需要被请求方根据外国的没收申请,对位于本国的财物的性质进行认定,而签发没收令或作出没收决定。该程序并不要求在被请求方刑事立案或刑事定罪,一般是为了履行有关国际条约规定的司法协助义务。因为,这意味着本国在没有刑事立案或刑事定罪的前提下,对位于本国的财物的性质进行认定,继而签发没收令或作出没收决定。这种协助方式,只在少数国家的刑事司法协助中有所规定。如《牙买加刑事

司法协助法》第 27 条第 8 款规定，允许外国依照《牙买加毒品犯罪收益追缴法》规定的程序，向牙买加最高法院申请没收令或者罚金令，追缴来源外国犯罪并存在于牙买加境内的财物。《英国 2002 年犯罪收益追缴法》第 241 条也规定了对于发生在英国境外的犯罪行为，只要该行为发生在英国境内构成犯罪，对于该犯罪的收益就可予以没收。美国对于上游犯罪发生在国外，全部或者部分洗钱行为发生在美国的收益的清洗有关联的所有财产都可以被没收。[1]《澳大利亚 2002 年犯罪收益追缴法》第 19 条规定，可以针对“外国可公诉罪”采取限制令；第 337A 条规定，构成违反外国法的犯罪的行为提出限制令或没收令。可见，本国可以签发针对外国犯罪提起的没收程序，而不问此犯罪是否违反了澳大利亚法律以及澳大利亚司法机关对该犯罪是否享有司法管辖权。这些立法更强调违法所得的没收程序不再依附于刑事诉讼程序，使刑事追诉与没收这两种程序相对分开，为违法所得独立没收制度优势的发挥开辟了制度空间，成为刑事诉讼追诉发生障碍时的一种有效替代措施。该独立的没收程序由于与刑事追诉程序分开，相关人员是否承担刑事责任或是否参与诉讼程序，均不影响其作为违法所得的“物”的地位的确定，因而其不受到无罪推定原则的约束。人权保障和正当程序的要求较低，证明上更具灵活性，由于这种财物也非犯罪人所拥有的合法财产，因此，对其没收也不构成对其合法权益的剥夺；应是具有保安处分的性质，以满足防卫社会、打击犯罪的需要，特别是针对犯罪资产的跨国转移的情况，体现了没收国际刑事司法协助的加强。

司法实践中，很多流入我国的外国资金也是犯罪收益，外国请求我国主管机关对位于我国境内的违法所得作出没收裁决的请求，我国一些刑事司法机关以没有国内法依据为由，拒绝外国提出的冻结或扣押在我国境内发现的违法资产的司法协助请求，也影响到我国向外国提出的执行没收裁决的请求

---

〔1〕 我国与美国开展的没收中国银行开平支行特大贪污案件主犯余某东非法转移至旧金山的 355 万美元，也是通过中美刑事司法协助进行的。美国采用民事没收程序对“余某东案”的 355 万美元进行没收。

以及冻结、扣押犯罪资产的请求。[1] 为此，有学者曾提出，当对待外国提出的没收违法所得及其他涉案财物的请求时，检察机关可以依据《刑事诉讼法》的违法所得没收程序向法院提出没收申请。[2] 还有学者主张，我国亟待细化违法所得没收程序的司法制度，应制定《违法所得没收(追缴)法》，将产生于外国违法行为的财物也列为民事追缴的对象。[3] 以上建议体现了我国建立一种针对位于我国境内的外国犯罪资产的独立没收程序的必要性。我国违法所得独立没收程序只适用于在中国进行的刑事诉讼中加以实施，针对不归自己管辖的刑事案件的违法所得实施没收显然不适用该程序，但该程序本质上也体现了对物的诉讼的基本特点，完全可以在此基础上予以改进，建立一套独立的针对外国犯罪的违法所得独立没收程序。

通过引入民事手段打击以追求巨额利益为根本目的的特定犯罪，使我国可以根据外国主管机关的请求以及所提供的证据材料，对来源于外国犯罪并且处于我国境内的违法所得予以没收，而无论我国是否对该犯罪拥有管辖权。从性质上看，该程序并不针对犯罪行为进行惩罚，而是对与犯罪有关的财物的追缴和剥夺。财产与犯罪有关，主要是指财产源于法律所禁止的犯罪行为，或该财产为犯罪行为提供了便利或协助，那么，在法律拟制上，我们就认为该物也同时“涉嫌犯罪”，因而产生管辖权。该诉讼程序对物之诉讼所处理的虽然是由犯罪行为引起的犯罪资产的问题，但其并不直接处理行为人的定罪量刑问题。[4] 该程序所要解决的主要是物的归属问题，而判断物的归属问题的标准是该物是否属于违法所得，如果能证明该物属于违法所得，则物与所有人或占有人的法律关系即被切断，应被强制收归国有，而物的所有人或占有人的责任并不在其关注的范围之内。因此，该程序也体现了“对物的诉讼”的理念，意味着把“物”作为相对独立的“被告”，在无法对被告人

---

〔1〕 参见黄风：《建立境外追逃追赃长效机制的几个法律问题》，载《法学》2015年第3期。

〔2〕 参见黄风：《检察机关实施〈国际刑事司法协助法〉若干问题》，载《国家检察官学院学报》2019年第4期。

〔3〕 参见王文华：《境外追逃追赃与国际刑事司法合作的法治化》，载《深圳大学学报(人文社会科学版)》2016年第6期。

〔4〕 参见万毅：《独立没收程序的证据法难题及其破解》，载《法学》2012年第4期。

刑事责任进行追究的情况下,可以单独解决被诉之“物”是否是违法所得,是否应予以没收,从而为根除洗钱、毒品、腐败等犯罪的经济基础和犯罪利益预期提供诉讼工具。在未定罪之前就先行对涉案财产进行了实体处分,一定程度上抛弃了证据裁判与司法最终裁决原则,是对正当程序的减损。[1] 但笔者认为,这种减损是在必要的限度、合理范围之内,并不会造成对正当程序理念的悖反,如果没收裁决出现错误,仍然可以通过之后的刑事裁判或启动审判监督程序予以纠正,通过执行回转对被追诉人或利害关系人的损失予以补救。

(二)管辖权的确立

没收来自外国的违法所得涉及刑事管辖权的确立、资产来源国的所有权主张以及司法协助等问题。违法所得没收程序的启动涉及的第一个问题是资产所在地的管辖权依据,如在“许某凡案”中,虽然其挪用公款的行为发生在我国,但是其在美国进行了洗钱行为,美国法院对此案件进行管辖,最终判定被告人许某凡犯有洗钱罪。

我国违法所得没收程序适用于贪污贿赂犯罪、恐怖活动犯罪等重大犯罪案件。2017 年最高人民法院、最高人民检察院的司法解释将案件适用范围进一步扩大到危害国家安全、走私、洗钱、金融诈骗、黑社会性质的组织、毒品犯罪案件、电信诈骗、网络诈骗犯罪案件。2018 年《监察法》通过之后,监察机关调查的贪污贿赂、失职渎职等职务犯罪案件,符合条件的也可以适用没收违法所得程序。这类犯罪体现出两个特点:一是行为具有严重危害国家、社会利益且体现跨国性和有组织性特点;二是犯罪行为体现了巨大的经济性。对于不具有产生巨额犯罪收益可能,或不必以数额巨大的犯罪资产作为犯罪能力的案件,没有必要纳入针对外国犯罪的违法所得没收程序的适用范围。传统的犯罪类型一般不存在巨额的犯罪收益,其没收的重点在于犯罪工具或违禁品。而违法所得的独立没收程序并非针对所有案件,主要限于跨国洗钱犯罪及其上游犯罪,包括毒品、走私、恐怖活动和腐败犯罪等。这类案件

---

[1] 参见王燕芳:《刑事独立没收程序的法理问题探究》,载《中北大学学报》2015 年第 2 期。

中犯罪分子常以犯罪为业且能产生数额巨大的犯罪收益并依靠犯罪收益生活,体现出跨国性、有组织性,危害巨大,或必须以数额巨大的犯罪资产作为犯罪能力,而且,这类犯罪涉案人员众多,作案手段隐秘或呈现出高科技化,传统刑事追诉和定罪对于打击这几类犯罪效果不甚明显,而独立没收程序正是为填补犯罪控制的漏洞而创设。各国违法所得的独立没收程序是一种对跨国有组织犯罪的打击措施,从为预防上述犯罪的刑事政策而发展起来的,往往需要跨境适用,涉及比较复杂的司法协助环节,司法成本很高。如德国就有两种犯罪收益独立没收程序:一种是针对特定犯罪行为收益的没收程序;另一种是针对有组织犯罪的扩大犯罪收益的没收程序。该程序的设计最为关注的是有效追缴违法所得,减少国家财产的损失,旨在恢复原有的合法财产秩序,从经济上剥夺再犯罪能力,更加注重诉讼效益价值。

(三)制度设计

建立对外国追诉的犯罪的违法所得的没收程序不涉及定罪问题,因此刑事诉讼中为保障定罪准确性和平衡控辩双方诉讼地位的诉讼规则也就没有强制适用的必要,但应避免对公民合法财产的侵犯,和对善意第三人利益的保护。因此,在具体程序设计上,没有必要完全依照普通刑事诉讼程序的思路,对于无罪推定原则的要求更趋缓和,违法所得没收程序设置可以更加简化,证明要求可以降低,诉讼周期也可以缩短,从而更加有利于提高诉讼效益。

1. 启动程序

启动程序十分重要。大陆法系国家的刑事没收的启动依附于刑事诉讼程序,并没有确立完全独立于刑事诉讼程序的民事没收程序,没收申请一般由检察官提出,以刑事案件开始调查或侦查为启动条件;而英美法系的定罪没收程序一般以定罪为前提。未定罪没收程序一般正式启动于对可疑资产的扣押或冻结,并往往由民事性主体或专职没收机构、政府执法部门负责提出申请或起诉状。针对外国犯罪的违法所得的没收程序必须是一项不以刑事诉讼程序启动为前提的、也不依附于定罪程序的独立没收程序。这一点与我国现行的违法所得独立没收程序不同。

独立的违法所得没收程序的启动包括启动的主体和条件，由于违法所得的没收涉及刑事、民事交叉性问题，对境外资产的追踪、调查还涉及复杂的刑事司法协助问题，执法的专业性要求较高，有的国家成立专职或综合性的没收机构统一负责相关信息的收集、调查取证、申请没收和实施没收等，如英国的资产追缴局、爱尔兰的刑事资产局等。也有国家没收案件仍由各执法部门分别负责，但在机构内部设置专职小组或专门人员。如英国的没收令程序，需要在完成对被告人定罪之后进行，由检察官、资产追缴局局长提出申请，或者刑事法院认为应当签发没收令时依职权启动。[1] 美国的刑事没收由检察官负责，在提出刑事指控时一并提出申请，之后首先进行定罪量刑的程序，在对被告人定罪后，刑事没收程序才正式启动。如果未能对被告人成功定罪，刑事没收程序也即告终结，政府只能通过另行提出民事没收程序来实现。民事没收程序由检察机关以及政府执法机关如财政部部长、邮政部部长向法院提出请求对违法资产予以没收，证明责任均由政府承担。政府须证明相关财产应当被没收的事实，不能举证或未完成说服责任的由政府承担不利裁判的后果。

笔者认为，针对外国犯罪的违法所得独立没收程序，可由我国最高人民检察院作为主管机关，根据外国主管机关的请求启动独立的没收协助程序。最高人民检察院指定主要财产所在地的市级检察院向中级人民法院提出针对来源于外国犯罪的违法所得的财产实施没收的申请。如果申请没收的财产已经由我国采取了查扣冻等保全措施，则由最高人民检察院指定采取保全措施所在地的市级检察院向中级人民法院提出没收申请。

2. 调查程序

对于没收来自外国的违法所得时，由于犯罪行为发生在外国，违法所得的获得具有隐秘、复杂的流程，同时往往伴随跨国流转，对于违法所得的没收的审理就需要资产来源国的大力支持。如在美国法院审理的“许某凡案”中，我国为美国检方提供的证人证言，作为同案的犯罪人余某东和一名审计

---

〔1〕《英国2002年犯罪收益追缴法》第6条。

员的证词证明许某凡等人通过各种方式窃取银行资金,包括虚开贷款、篡改账目、虚假陈述和利用法人洗钱等行为。当然,一些国家为了保障违法所得的资产的调查成立专职或综合性调查机构,并为调查机关规定了强大的调查措施和手段,配置了专业调查人员和技术力量,如英国、爱尔兰、美国、澳大利亚等国,英国的财产调查由资产追缴专职机构的官员、特派金融调查员、警察或海关官员负责,刑事法院或高等法院的法官负责调查司法令状,在犯罪收益民事追缴程序中设有披露规则,资产追缴局局长根据调查案件的需要,可向法院申请披露令,根据披露令可以向有关人员发出通知,要求回答有关问题、提供案件信息或书证。[1] 澳大利亚在犯罪收益没收程序中建立了调查制度。根据这一制度,在签发限制令后,法庭可以根据检察官的申请签发讯问令,对财产持有人、权利主张人及利害关系人等进行讯问。此外,为了识别犯罪财产,澳大利亚警察机关等执法部门可以向当地法官申请出示令,要求有关人员提供有助于追踪财产的相关文件。对于存在金融机构的资产,上述机构还可以向法庭申请签发监视令,要求金融机构提供账户持有人在一定时期内的金融交易信息。美国的犯罪调查主体也很广泛,在联邦层面,主要是司法部管辖的联邦检察机关,如“打击有组织犯罪与欺诈处”“资产没收与反洗钱处”“刑事局国际事务办公室”,还有隶属于司法部的联邦调查局和司法执行官,移民和海关执法局以及由财政部管辖的一个金融情报中心即“金融犯罪执法网络”等。[2] 由于财产调查往往具有跨国性,本国犯罪财产的调查需要向其他国家或国际组织提出协助调查请求,由被请求方具体实施调查行为并反馈调查结果,或者一国的执法机构基于双边协议或对方国家的同意,派员直接到外国境内进行财产调查协助措施。关于犯罪财产调查的国际合作主要是根据各国的刑事司法协助法或一些国家专门的没收立法中规定的犯罪财产调查的国际合作而开展。

我国有必要针对位于我国境内的是否属于违法所得的资产设定专门的

---

〔1〕《英国2002年犯罪收益追缴法》第357条第4款。

〔2〕参见黄风:《资产追回问题比较研究》,北京师范大学出版社2010年版,第135页。

调查制度。笔者认为,一方面,考虑由专业的人员负责调查工作,在相关执法机关如公安机关、检察机关、监察委等执法机关内部成立负责违法所得资产调查的工作机构。另一方面,建立与外国关于资产调查的跨国合作机制以应对资产流转的复杂性。由于位于我国境内的违法所得是源于外国,针对该财产的调查往往具有国际性,我国应与外国建立完善的犯罪数据和情报交换机制。在证据收集方面,外国应向我国提交证据证明该财产是来源于犯罪的违法所得的财产。

3. 证明体系

针对外国犯罪的违法所得的独立没收程序的证明体系包括:证明对象、证明责任、证明标准、证明规则等。

在证明对象方面,对于外国犯罪的违法所得的没收程序的审理重点是有关财物的取得与转移的环节所表现出的财物与犯罪事实的关联性,该资产是用于或拟用于某一犯罪的财产,或者是与某一犯罪活动"有关联"的财产,因此,财物与犯罪事实的关联性是证明对象之一。"广东省南海市(现佛山市南海区)置业公司原经理李某祥案"中,我国警方向澳大利亚提供了李某祥将国内公款转移至澳大利亚的相关证据链,证明该项资产与犯罪存在关联性,且属于应当被没收的范围,澳大利亚以洗钱罪对李某祥进行刑事定罪,并根据《澳大利亚2002年犯罪收益追缴法》没收李某祥位于澳大利亚境内的犯罪资产,并向我国返还了3000余万元。[1] 对于财产与犯罪行为有关联的证明可以绕开被告人定罪量刑问题,因而无须适用定罪的证明标准,而适用民事证明的"优势证据"标准。

---

〔1〕 参见《外逃贪官原南海市置业公司经理在澳洲获刑26年》,载搜狐新闻网2011年9月25日,http://news.sohu.com/20110925/n320486198.shtml。2001年5月,李某祥伙同他人非法挪用公司资金4000余万元人民币,并通过"地下钱庄"等洗钱方式将该笔款项转移至澳大利亚。后李某祥本人也逃至澳大利亚,广东省人民检察院在最高人民检察院的授权下,请求澳大利亚提供刑事司法协助。澳大利亚联邦警察对李某祥以洗钱罪立案并展开调查。在广东省检察机关的大力协助之下,澳大利亚警方逐笔建立起公款由境内转向境外的证据链,证实了调取的有关银行资料的来源的合法性及可靠性,为确立李某祥在澳大利亚涉嫌洗钱罪提供了有力的证据。2009年4月22日至5月13日,由澳大利亚联邦检察官指控的"李某祥洗钱案"在澳大利亚布里斯班法庭进行预审听证,以裁定该项指控是否被法庭接纳;9月12日,法庭审理结束,陪审团于9月13日裁决李某祥被控九项罪名成立。

证明责任方面,由于证明某物是否来源于犯罪这类证据通常较难获得,考虑到诉讼的效益价值,违法所得的独立没收程序还可以通过将一部分诉讼负担转移给当事人,即“公共成本私人化”的方法来实现,通过加大当事人的证明责任的方式来降低司法的公共成本。《联合国反腐败公约》第31条第8款规定,缔约方可以考虑要求由罪犯证明这类所指称的犯罪所得或者其他应当予以没收的财产的合法来源,但是此种要求应当符合其本国法律的基本原则以及司法程序和其他程序的性质。也有的国家规定政府所掌握的证据达到中等标准(比刑事定罪证明标准水平低,比采取预防措施证明标准高),举证责任可由被告人承担。不同国家和地区对此的规定也不同。[1] 如德国在扩大追缴中规定,如果犯罪嫌疑人涉嫌的是贩毒等有组织犯罪,则推定在其住处发现的财物一概来源于犯罪行为。当事人可以就该财物非来源于犯罪行为进行证明,从而减轻了检方的证明负担。英国的没收令程序中检察官或资产追缴局局长在申请没收令时提出的信息陈述更像是一种诉讼主张,而此后被告人有义务就财产来源的合法性作出说明,否则即要承担不利后果。澳大利亚的没收令程序中针对恐怖主义犯罪或可公诉罪,如果有证据证明相关财产在犯罪嫌疑人实施犯罪当时或之后马上为其所拥有,可以推定相关财产为犯罪收益。这些举证责任倒置的规定都大大减轻了检察官的证明责任,节约了大量的公共诉讼成本。

在证明标准的选择上,大陆法系国家往往将刑事没收作为刑事诉讼程序的一部分,没收证明受到无罪推定原则的影响,适用于与定罪程序相同的“排除一切合理怀疑”的刑事证明标准,如瑞士在所有的没收案件中均使用刑事证明标准,即内心确信标准。[2] 英美法系国家更倾向于“盖然性占优势”的民事证明标准。如英国的没收令程序中,检察官或资产追缴局局长在启动程序时,应向刑事法院提交关于上述证明对象的信息陈述,而且也适用优势证

---

〔1〕 参见张士金:《资产追回国际法律合作问题研究》,中国人民公安大学出版社2010年版,第97页。

〔2〕 参见[美]西奥多·S.格林伯格等:《追缴腐败犯罪资产——非定罪资产追缴实用操作指南》,王晓鑫译,中国政法大学出版社2014年版,第104页。

明标准。英国的民事追缴令程序和现金简易没收程序也都采用优势证据标准。美国的民事没收程序中，在证明标准上也适用优势证据标准。美国于2000年出台了《美国联邦民事没收程序改革法》，对民事没收成程序的证明进行了更加严格的规定，将民事没收程序的证明标准从“可能理由”标准（probable cause）提高到了“优势证据”标准（preponderance of evidence）。民事没收程序中需要证明的没收财产的可没收性，即检察机关需要证明没收财产与犯罪行为之间的实质联系。

没收对象与犯罪之间的关系与没收裁决的性质有关，如果将没收裁决视为刑罚，则应遵守刑事证明标准，而如果将独立没收视为一种民事措施，则在证明没收对象与犯罪之间的联系时，只要证明“具有高度可能属于违法所得及其他涉案财产”则可，即只需遵守“盖然性优势标准”。笔者认为，违法所得的没收程序有着不同于普通诉讼程序的特点，具有“对物不对人”的特点，该程序只涉及财产权，并不涉及人身自由、生命权等基本人权，在诉讼标的上与民事诉讼具有相似性，而财产权具有相对容易恢复的特点。如果发现错判，完全可以通过撤销原判，追回资产，恢复财产关系。在诉讼价值上更加强调便捷和实用性，如在证明责任的设定上通过调整证明责任转移诉讼成本以及直接对不符合诉讼效益的案件作除外规定，都体现了这一诉讼价值，在证明标准的选择上亦是如此。

4. 审理程序

对外国提出的有关协助没收违法所得及其他涉案财物的请求进行审理，是我国司法主权的体现，是主管机关的重要职权，也是开展国际刑事司法协助的必经程序。由哪一级别的法院进行审理则涉及管辖问题，在国外对于违法所得的独立没收案件的管辖各国采取不同的样态：英国针对不同的没收程序规定了不同的级别管辖，刑事没收案件由刑事法院集中管辖。在英国，刑事法院属于英国最高法院的一部分，是治安法院裁判之简易刑事案件的上诉法院，也是比较严重犯罪案件的一审管辖权。相对普通刑事案件和其他没收案件而言，没收令程序往往涉及对被告人是否存在“犯罪生活方式”的认定，需要适用一系列的法律推定，涉及比较复杂的证据、法律适用和人权保障问题,对法官的法律政策水平有较高的要求,而民事追缴案件由资产追缴局局长提出,由高等法院或最高法院负责签发。

在法庭审查的方式上,各国规定有所不同。如英国的没收令程序、民事追缴令和现金追缴简易程序,对资产追缴局或检察官及其他执法机关提出的申请,大多以不开庭的书面审查方式进行,即便是刑事没收令程序中对"犯罪生活方式"的认定,也没有要求法院必须采取庭审的方式,而允许法院根据申请人提供的信息和相关依据、被告人的答复和相关辩护证据进行书面综合评判。

笔者认为,在我国,针对外国犯罪的违法所得的没收程序可以由法院组成合议庭进行审理,主要对是否存在没收的基本事实以及对没收的必要性进行审查。法院对申请之后的公告方式、开庭审理的程序以及对利害关系人权利保护的申请参加诉讼的程序、审级规定以及再审程序等,都可以参照适用犯罪嫌疑人、被告人逃匿、死亡案件违法所得的没收程序的相关规定,由法院最终作出没收裁定。但是,由于违法所得特别没收程序的生效文书是裁定,其效力弱于缺席审判程序的生效文书的判决,在国际刑事司法协助中,容易被其他国家以此为由而作为拒绝提供协助的理由之一。

5. 执行程序

我国《国际刑事司法协助法(草案)》征求意见稿第 58 条规定:外国向中国请求承认和执行没收裁判的,如果对外联系机关认为可以提供协助,转交给最高人民法院审查、安排办理。正式颁布的《国际刑事司法协助法》从先前的草案中删除了两个重要的用词,一是"最高人民法院",二是"没收裁判"。这意味着,无论请求方是否已作出没收裁决,《国际刑事司法协助法》第 6 条列举的所有"主管机关"都可以同意并且安排根据外国请求没收违法所得及其他涉案财物,只要在违法所得没收问题上该主管机关根据我国法律享有决定权或者程序启动权。实际上,除国家监察委、最高人民法院、最高人民检察院、公安部、国家安全部外,我国其他一些执法机关也享有这样的职权。

三、没收协助中对利害关系人的权利保障

（一）善意第三人及其保护

没收是强制且彻底地剥夺个人的财产权，但没收财产是剥夺财产非法持有人的财产权，并不剥夺任何第三人对该被没收财产的请求权，没收不得损害其他因不知情或无过错而持有没收对象的人的合法利益。对善意第三人的权益保护也是国际刑事法的普遍原则，财产权保障是人权的重要内容，执法机关拥有的财产调查和保全权力越大，公民的人身、财产、隐私等权利面临被侵犯的风险也越大。犯罪人的犯罪所得在发生转换、混合后，经常会和第三人的财产利益产生联系。对财物进行保全、没收、返还与处分的过程中，极有可能会使善意第三方的权利遇到风险。财产保全之扣押，因与“宪法”保障之生存权、财产权、自由（使用财产权）等密切相关，执行或审查时应严守比例原则及确保相关第三人参与诉讼等之程序正义。[1] 各国对扣押的对象、理由、权限、程序等方面都作了明确具体规范，以确保扣押行为在法治的轨道上运行，将扣押实施中对财产权的侵害降低到最低限度。在有关的国际性条约或公约中也非常重视在启动国际合作到财产没收及处置的过程中对善意第三人的保护。

联合国《刑事事件互助示范条约》第17条要求被请求方特别注意对善意第三方权利的保护，包括将任何材料送交请求方作为证据的请求时。多数国际公约也要求在国际合作中不得损害善意第三人的权利，一些区域性多边条约，《关于清洗、搜查、扣押和没收犯罪收益公约》要求各缔约方在对执行没收而对第三人造成影响的应当提供广泛的法律救济措施。明确在执行合作的过程中，如果因为某人的故意或过失导致损害责任的发生，有关各方应当协商解决，适当地赔偿损失。为保证没收措施不对合法所有人的权利造成侵害，各国均设置了专门条款对第三人予以保护。如西班牙、意大利和瑞士等国，在其刑法典中明确规定，对第三人善意合法取得犯罪相关财产的，不予没

---

〔1〕 参见李杰清：《没收犯罪所得程序法制与实务》，中国检察出版社2016年版，第56页。

收。或者在对第三人所有物加以没收后,由国家提供相应补偿。如果善意第三人能够证明自己对被没收的财产享有合法所有权,他就有权从自己已被国库"充公"的财产中获得返还或者获得国库补偿。[1]《英国2002年犯罪收益追缴法》第308条规定,善意取得财产的个人不知道财产是可追缴且以有效对价诚信购得该财产时,应当终止追缴。我国《刑法》也明确如果犯罪人财产不足以全部支付罚金或者其财产被判处没收时民事赔偿优先的原则,体现了对利害关系人的权利保护。我国《刑事诉讼法》以及司法解释并未禁止对扣押款物进行审前处分,主要是针对不当扣押的物品或者不当冻结的款项的解除和退还。

关于善意第三人的范围标准,可以参考1999年的《泛美反洗钱示范规则》:(1)请求人对所主张的财产、收益或工具享有法定的合法利益;(2)请求人没有参与、共谋诈欺、卷入非法贩运或其他严重犯罪而使之陷入该法律程序中;(3)请求人对财产、收益或工具的非法使用不知情且不具有故意忽视,或者他虽然知道但并非自愿同意上述财物的非法使用;(4)请求人没有从被追诉人处获得任何权利,以使在该情形下为避免财产、收益或工具最终被没收而进行转移财产、收益或工具;(5)请求人采取了能够合理预防的防止非法使用财产、收益或工具的一切行动。[2] 司法实践中如果对第三人的财产予以没收,通常需要考虑第三人是否有隐藏犯罪行为,或者与犯罪行为有牵连;是否在该财产中有合法利益;是否曾根据法律和商业做法恪尽职责;如果该项财产要求对交易进行公开登记或者采取任何行政程序,是否完成了这些信息;如果交易庞大,是否遵循了真正的市场价值等。

(二)我国国际刑事司法协助法中第三人权益的保护

笔者认为,涉案财物的保全以及违法所得的没收会对公民的财产予以限制与剥夺,所以必然对办案机关的执法提出更严格的要求。办案机关须严格遵循人权保障原则与程序正当的价值追求,对财产、设备以及其他工具的利

---

〔1〕 参见黄风、凌岩、王秀梅:《国际刑法学》,中国人民大学出版社2007年版,第321页。

〔2〕 参见徐汉明、阎利国:《〈联合国反腐败公约〉资产追回和返还机制与完善我国诉讼制度之探讨》,载《武汉大学学报(哲学社会科学版)》2007年第3期。

害关系人进行充分通知,确保其有条件和渠道提出自己的主张。即要建立和完善正当法律程序的核心——被告知权、听证权和辩护权、返还请求权等一系列救济权利,为权利受到影响的当事人提供正当程序保障,防止其对公民财产权的干预和侵犯。我国签订的双边司法协助条约中,皆有不得损害第三人正当权利的规定。我国《国际刑事司法协助法》第一章第17条规定"办案机关在执行请求过程中,应当维护当事人和其他相关人员的合法权益",第六章第二节在审查条件中也明确要求"执行请求不影响利害关系人的合法权益",第六章外国向我国请求查封、扣押、冻结涉案财物时,第45条规定的利害关系人异议程序以及第46条规定的损害赔偿责任也是该保护原则的立法体现。外国向我国请求没收违法所得及其他涉案财物时,第51条将"外国充分保障了利害关系人的相关权利"作为主管机关审查的条件之一,体现了没收程序对利害关系人权利保护的基本原则。本书针对保全程序和没收程序中有关利害关系人权利保护的内容进行分析。

1. 通知和公告程序

保全、没收程序的公开原则主要体现在通知和公告制度方面。刑事诉讼中财产权的保障不仅涉及被追诉人,而且还涉及其他诉讼参与人。知悉权是被告人有效参与刑事诉讼活动的前提和基础。在现代刑事诉讼中,给予合理适当的通知以便当事人知情是正当程序观念的基本要求,使与诉讼结果有利害关系或因该结果而受到不利影响的人都有充分的机会并实质性地参与到诉讼中提出有利于自己的主张或反对意见,对裁判结果的形成发挥有效的影响和作用。程序参与是程序公正的核心,因此,应保证犯罪嫌疑人、被告人的参与权,这也就意味着国家司法机关承担着告知义务。

在采取保全措施后、没收或返还前向被告人以及与没收或返还的物品有直接利益关系的人或潜在善意第三人进行充分通知或在有关媒体发出公告,在规定的异议期内向有处置权的司法行政机关或具有管辖权的法院主张自己的权益并予以证明。使被告人或利害关系人对违法所得的没收程序的启动、调查措施、保全措施等的采取情况有全面了解的权利,以便于其在法定期限内向司法机关申报权利或提出异议。为了甄别相关财产是否属于违法所得,美国民事没收程序中建立了完善的没收通知制度,要求启动民事没收程序的主体扣押相关财产后及时向财产所有人或相关利害关系人发出通知,以利于相关人员证明有关财产的合法性或主张自己的权利。[1] 没收通知在美国的行政没收程序中十分重要,没有在法定期限内履行通知义务,执法机关要承担不利的后果。

我国在刑事违法所得的没收程序中的公告程序中也明确要求人民法院受理没收违法所得的申请后,应当发出公告,公告期为6个月,以保证财产利害关系人及时知悉审理活动,及时参加诉讼以维护自身合法权益。但我国《国际刑事司法协助法》中并没有采取协助保全措施时对利害关系人通知程序的规定,如果利害关系人根本无从得知保全程序的实施,又怎么可能启动救济程序呢?可见,虽然我国在保全协助程序中对利害关系人权利保护采积极态度,但因为制度设计不到位,导致救济程序可能根本不会启动。因此,笔者认为,我国的国际刑事司法协助应该借鉴刑事违法所得的没收程序中公告程序的立法,进一步完善增加财产保全的通知或公示程序,让利益关系人知晓该保全程序后能够及时采取相应的权利救济手段,以保护其对财物的合法权利。

没收通知制度应包括以下要素:一是对执法机关通知义务及未履行通知的后果,强调执法机关在对违法所得采取保全措施之后,必须在一定期限内将财产被采取保全措施的情况通知相关权利人,执法机关如果未履行通知义务,应承担财产原持有人返还被扣押财产的后果。二是明确被通知的对象,一般而言,与被采取保全措施财产相关的人,包括财产所有人、占有人以及对财产主张权利的所有利害关系人,如留置权人、抵押权人等都是通知的对象。可见,为了平衡各方面的利益,该程序必须建构一套更复杂的权利保障的通知制度。三是要明确执法机关通知的具体内容至少应包括被采取保全措施的财产种类、地点、具体时间,权利人的异议权以及提交异议的期限等。四是规定通知送达方式,包括邮寄、公告等。

---

〔1〕 参见王俊梅:《美国民事没收制度研究》,中国政法大学出版社2013年版,第76页。

2. 异议及听证程序

在财产保全或没收程序中,相关权利主体不仅可以参与保全与没收裁判程序,还必须能够充分地参与到审前程序、救济程序甚至是执行程序中,从而对保全决定或没收裁判的形成、变更、执行产生实质影响。我国司法解释规定案外人如果对查扣冻的财物及其孳息提出权属异议,人民法院应当审查并依法处理。但在侦查和审查起诉阶段,犯罪嫌疑人、被害人或案外人如何对涉案财物的保全措施提出异议,向谁提出异议,异议的处理程序等这些问题都没有具体规定。《国际刑事司法协助法》也明确利害关系人可以对财产保全提出异议,由办案机关进行审查,审查的主要内容是保全不符合第 43 条第 1 款规定的条件,应当报请主管机关决定解除保全并通知对外联系机关。

异议权,是指被保全财产的被告人以及利害关系人可以申请撤销或变更保全措施的权利。听证权,是指被告人及利害关系人拥有的可以要求法院或检察院就调查、保全等事项的合法性、正当性进行听证的权利。在程序设计上,首先,被告人及利害关系人在获悉财产保全的情况之后,可以针对被采取保全措施的财产就保全财产不是违法所得,或者对财产采取保全措施缺乏足够的证据等,提出异议和听证申请。如德国的《刑事诉讼法》规定当第三人可能对没收标的有法律上的请求权时,应于侦查程序中尽可能地对其进行讯问,并需在中间程序及审判程序中参与诉讼。经由法院的参与命令,该第三人即成为“没收参与人”,原则上拥有与被告人相同权利,并可以对没收裁判提起不服、审判程序中需在场、提出调查证据之申请,还可以提起法律救济。[1] 其次,要求法院或检察院对财产保全措施的合法性和正当性举行听证,以便决定是否应当撤销或变更已经采取的保全措施。有异议时,可以就其所有权或其他合法权利而应从保全财产中予以排除进行举证。

还有学者提出建立排除制度。对于犯罪收益的追缴不能完全剥夺当事人的生活条件,在对当事人的财产进行扣押或者没收时,应当为其以及其所赡养的人保留基本生活费用。如果当事人提供担保,也可以暂缓扣押或者没

---

〔1〕 参见[德]克劳思·罗科信:《刑事诉讼法》,吴丽琪译,法律出版社 2003 年版,第 600 页。

收。作为追缴对象的只能是犯罪收益,对于确定不是犯罪收益或者确定属于第三人的财产,不具有追缴的合法依据,应当排除追缴范围之外。[1]

3. 财产返还及补偿程序

无救济则无权利,权利的有效行使依赖权利遭受侵害时的救济措施,救济体现了程序的正义,是权利保护的最后一道防线。对物的保全和没收涉及被追诉人或其他公民的财产权利的限制与剥夺,除处分的决定权应由相对中立的司法权决定外,还应赋予被剥夺该权利的被追诉人、被害人或第三人的救济措施来限制司法机关行使职权,纠正司法权的滥用。我国《国家赔偿法》第 18 条明确规定,行使侦查、检察、审判职权的机关以及看守所、监狱管理机关及其工作人员在行使职权时,违法对财产采取查扣冻、追缴等措施的,受害人有取得赔偿的权利。刑事赔偿制度对保护公民的财产权益发挥着至关重要的作用。

被害人或利害关系人如果有足够的证据证明其对某一财产享有合法所有权,可以请求对错误的保全和没收予以纠正,恢复合法财产的原来状态,保护其合法财产权益,如德国法律赋予当事人对法院关于搜查、扣押的决定有抗告权。对于未经法官决定的扣押,当事人可以随时申请法官裁判。《意大利刑事诉讼法》规定被告人、其物品受到扣押的人及有权要求返还被扣押物的人,可以依法要求对扣押令进行复查。澳大利亚的限制令中,财产用于被限制人及其赡养人的合理生活费用、合理的商务费用、善意负担债务的,可以作为排除财产保全的法定理由。我国《国际刑事司法协助法》第 45 条、第 46 条也明确规定,利害关系人对查冻扣有异议,办案机关经审查认为查扣冻不符合本法第 43 条第 1 款规定的条件的,应当报请主管机关决定解除查扣冻。由于请求方的原因导致查扣冻不当,对利害关系人的合法权益造成损害的,办案机关可以通过对外联系机关要求请求方承担赔偿责任。

---

〔1〕 参见张磊:《论我国经济犯罪收益追缴制度的构建》,载《政法与法律》2009 年第 5 期。

第八章　国际刑事司法协助中的移管被判刑人

第一节　移管被判刑人的理论与实践

随着法治观念的提高,各国都十分重视对犯罪人的行刑问题。随着国际交往越来越频繁,一国公民在另一国犯罪被外国审判机关判刑并在外国服刑的案件也越来越多。由于语言、文化、宗教信仰、生活习惯等方面的差异,使判刑国的刑事设施超负荷运行,给国内监狱管理带来相当大的困难和挑战。在刑罚执行过程中,法律附加给罪犯的痛苦,除行为自由的限制和剥夺之外,罪犯的人格、信仰以及生活习俗等自由,大多不在被剥夺之列。为有效对被判刑人进行改造和教育,便于其重新融入本国社会,同时也减轻判刑地国监管工作中的额外负担,确保被判刑人国籍国实现对其国民的司法保护和人权保护,移管被判刑人日益成为国际刑事司法协助的重要内容。1975 年召开的第 5 届联合国预防犯罪和罪犯待遇大会提议:“为了便于外籍犯人返回本国服刑,各国应采取区域合作或者双边协定的方式来构建移管制度,以确保移管的现实执行。”移管被判刑人属于最广义的刑事司法协助范畴,也被认为是作为 6 类刑事司法协助形式中“外国刑事判决的承认和执行”的一种。[1]

在我国,继狭义的刑事司法协助和引渡之后,移管被判刑人是近年来发展最快的司法协助措施,并被列入我国《国际刑事司法协助法》中,第八章用

---

〔1〕 参见成良文:《刑事司法协助》,法律出版社 2003 年版,第 15 页。

12 个条文的篇幅系统规定了移管被判刑人的适用条件、请求协助需要的材料以及具体程序，构建了我国的移管被判刑人制度。

一、相互承认原则在国际刑事司法协助中的开展

在早期的国际刑事司法协助中，各国十分注重刑事司法权的自主性，一国请求另一国开展刑事司法协助须遵从严格的规定，而被请求方是否给予协助又具有相当大的自由。大多需要经过行政和司法双重审查，一国只可执行本国法院作出的刑事判决。到了 20 世纪，各国逐渐认识到相互承认原则在国际司法协助中的作用。以欧盟为例，在欧洲一体化进程中，由统一市场和申根协议下的无国界人员自由通行带来很大便利，但也给成员国及其人民带来新的危险。其利用成员国之间法律制度的差异来钻法律的漏洞，欧盟内部的洗钱、贩毒、非法移民等跨国犯罪活动日益猖獗。为了有利于国家之间的相互协助，欧盟开始使用“相互承认”的原则，单一市场中的相互承认旨在保证欧盟公民的自由流动；而刑事司法协助中的相互承认则是为了保证国家作出的司法裁决能够自由流动。1999 年 10 月 16 日，欧洲理事会召开了具有里程碑意义的坦佩雷会议，形成了建设一个“自由、安全和公正”的区域的五年“坦佩雷计划”，正式将相互承认原则确立为刑事司法合作的基石，确保了欧盟成员国的司法裁决在整个欧盟境内发生法律效力，加强成员国之间的司法协助，并增加对个人权利的保护，增加欧盟范围内法律的确定性。2000 年 11 月 30 日，欧盟理事会通过了《在刑事裁定方面执行相互承认原则的措施方案》，提出了 24 项贯彻相互承认原则的具体措施，之后，欧盟理事会连续出台了推行相互承认原则的法律文件。《欧洲逮捕令和成员国之间移交程序的框架决定》（2002 年 6 月 13 日）、《欧盟范围内执行财产冻结令或证据令的框架决定》（2003 年 7 月 22 日）、《关于〈欧洲证据令框架决定〉的议案》（2003 年 11 月 14 日）、《关于相互承认非羁押性质的审判监督措施绿皮书》（2004 年 8 月 17 日）、《将相互承认原则适用于经济处罚的框架决定》（2005 年 2 月 24 日）、《将相互承认原则适用于没收令的框架决定》（2006 年 10 月 6 日，第 2006/783/JHA 号）、《为了在欧盟内部执行科处监禁刑或剥夺自由处遇的刑

事判决而将相互承认原则适用于这类判决的框架决定》(2008 年 11 月 27 日,第 2008/909/JHA 号,以下简称《被判刑人移管框架决定》)、《为了对缓刑处遇和替代性制裁措施进行监督而将相互承认原则适用于此类判决和缓刑裁定的框架决定》(2008 年 11 月 27 日,第 2008/947/JHA 号,以下简称《欧洲缓刑监督令》)、《欧洲证据令》。在欧盟刑事司法合作领域,一个全面的相互承认和执行刑事司法裁决的体系已基本确立并得到发展,并于 2009 年 12 月 1 日生效的《里斯本条约》,成为建立欧洲司法区的基石。[1] 欧盟从“坦佩雷计划”开始,历经“海牙计划”“斯德哥尔摩计划”的 15 年,相互承认原则广泛适用于具有司法性质的审前程序、审判程序和执行程序中的各种终局性裁定和判决中。对于其他成员移送的生效裁决,除非决定援引拒绝或执行的理由外,都不需要其他手续,应当承认并立即执行,包括对逮捕令、证据令、冻结令、调查令、没收令、缓刑监督令、被判刑人移管令和被害人保护令的相互承认,也包括对其他国家先前作出的有罪判决和缺席判决的相互承认。相互承认的范围之广,已涵盖并远远超出传统刑事司法协助的范围。当然,欧盟范围内这种相互承认原则要求成员国接受彼此不同的刑事司法制度进行合作,该原则的良好贯彻不仅源于欧盟国家不同的法律制度建立在相同的民主政治原则、尊重人权和人的基本自由基础之上,更重要的是,不同法律制度之间存在较大程度的近似性。

总之,刑事判决是一国基于对本国整体利益的维护,以国家的名义对于破坏本国统治秩序的行为给予的处罚。相互承认司法裁决,意味着一种宣告,表示被请求方承认请求方刑事判决的合法性和有效性,被请求方因其承认而要承担起某种法律上的责任,如保护犯罪人的合法权利的义务,合作执行判决的义务等。一个主权国家完全执行另一成员司法机关的判决,促进了国家之间司法裁决的自由流动,并在其他国家产生具有相同或相似的效力。《联合国打击跨国有组织犯罪公约》《联合国反腐败公约》中都涉及承认和执

[1] 参见高秀东主编:《欧盟刑事司法合作领域相互承认原则研究暨相关法律文件》,中国法制出版社 2019 年版,第 5～17 页。

行外国刑事判决的问题,尽管这些判决是建立在不同的价值基础上的法律秩序,虽然也有国家拒绝承认外国的刑事裁决,但是,在司法实践中,各国之间在开展引渡、执行外国刑事裁决和冻结、扣押犯罪收益等又在一定程度上体现了对外国刑事裁决后果的认可。

我国《刑法》第10条也体现了对外国刑事判决的承认。我国在《反洗钱法》以及《禁毒法》的立法过程中,在草案稿中均包括有为追缴犯罪所得和犯罪收益而开展国际合作的条款,由于我国不存在承认和执行外国刑事判决的规定,因而在正式通过的立法稿中删除了原草案中关于根据外国请求没收和处置犯罪收益的内容,而只保留了原草案稿中分享查获非法所得的内容。即便这样,立法中却增加了移管被判刑人制度,而被判刑人移管合作实际上是相互承认与执行刑事判决尤其是剥夺自由刑判决的一种形式。[1]

根据我国缔结的移管被判刑人双边条约以及加入的国际公约,承认和执行外国刑事判决已成为我国在一定条件应当履行的国际义务,在《德国刑事事务国际司法协助法》中,移管被判刑人列在第四部分"为执行外国判决而提供的协助"中。也有学者建议,移管被判刑人的合作实际上是相互承认与执行刑事判决尤其是剥夺自由刑判决的一种形式。我国应在《刑事诉讼法》修订时,考虑尽快建立承认外国刑事判决制度。[2]

二、移管被判刑人的内涵

(一)移管被判刑人的概念

移管被判刑人(transfer of sentenced person),日本学者森下忠的解释,又称为服刑人的移送,是指把被判处自由刑或者剥夺自由处分的服刑人从审判国移送到该犯人国籍国(所谓母国)或者居住地国执行,并且依照执行国的法律执行判决的制度。也称为刑事判决执行的移管。"移管被判刑人"一词,或称"被判刑人移管",在不同的条约、立法和著作中,具有不同的表述。

---

〔1〕 参见黄风:《〈刑诉法〉应增加承认与执行外国判决的制度》,载《现代法学》2007年第2期。

〔2〕 参见黄风:《〈刑诉法〉应增加承认与执行外国判决的制度》,载《现代法学》2007年第2期。

在西方的法律文献中，一般称为“囚犯移管”“外国囚犯移管”“已决在押犯的移管”“被判刑的罪犯移管”；也有学者更愿意选择具有中性意义的“被判刑人”一词，因此，我国学者对此的称谓主要集中在“移管被判刑人”“移交被判刑人”“转移被判刑人”。在我国与其他国家和地区签订的双边条约中，统一使用了“移管被判刑人”的表述，我国《国际刑事司法协助法》中也使用“移管被判刑人”。[1] 在我国区际刑事司法协助中，香港特别行政区与澳门特别行政区签订的《香港特别行政区政府与澳门特别行政区政府关于移交被判刑人的安排》。笔者认为，移管被判刑人意味着一国向另一国移送或者移交的并不仅是被判刑人本人，随之移送的还有对被判刑人的刑罚执行权和监管权，移交是监管的前提，监管是移交的目的，移管被判刑人属于一种刑罚执行的特殊措施，意味着刑罚执行场所的变更。因此，“移管”一词相对于“移交”或“移转”等词更能表达出监管权转移的含义，也更能明确地表达这一刑事司法协助制度的基本含义。

1. 判刑国与执行国

在移管被判刑人中，“判刑国”，是指法院对被判刑人判处刑罚的一方。即在本国将被判刑的人移管给另一国的国家；“执行国”，是指接受该被判刑人并对其执行刑罚的国家。执行国一般与被判刑人存在某种紧密联系，“判刑国”和“执行国”这一对术语更能反映出被判刑人移管的实质含义，本书也统一使用“判刑国”和“执行国”的概念。

2. 被判刑人之“刑”

移管的对象是“被判刑人”。被判刑人泛指根据任何一方法院作出的发生法律效力的刑事判决而被判处刑罚的人。被判刑人之“刑”，一般也理解为“自由刑”，即被判处剥夺自由刑并在监禁场所处于被剥夺自由状态下服刑的人。欧洲《移交被判刑人公约》中被判刑人之“刑”界定为判处有期或无期剥夺自由的处罚或措施。[2] 《德国刑事事务国际司法协助法》第 71 条第 2

〔1〕 参见张明：《被判刑人移管及与相邻制度比较研究》，载《犯罪与改造研究》2002 年第 11 期。

〔2〕 参见赵秉志、黄风主编：《被判刑人移管国际暨区域合作》，中国人民公安大学出版社 2004 年版，第 219 页。

款第2项也规定“移管被判刑人只可为执行剥夺自由的制裁而实行”。在我国香港特别行政区与菲律宾的移管协定中,“刑”,是指法院在行使其刑事司法管辖的过程中命令作出涉及剥夺自由的惩罚措施,在我国香港特别行政区与泰国的移管协定中,则包括在“执行刑事审判权期间下令有限期或无限期剥夺自由的任何处罚或措施”。在我国与外国缔结的移管被判刑人条约中,有的将“刑”解释为有期徒刑和无期徒刑,或者限缩解释为有期徒刑,有的则干脆采用的“监禁刑罚”的表达方式。现代移管往往已扩展到被判处限制自由刑,如缓刑犯的移管,假释犯的移管等,而且对这种限制人身自由而置于社会中服刑的被判刑人进行移管的趋势越来越明显。这些罪犯遇到的有关矫正和回归社会的问题要少得多,但以现代的刑罚观念和人道观,他们也可以成为被移管的对象。

除定期刑外,还有一些国际条约以及国家或地区之间签订的双边条约也允许对被判处不定期刑的被判刑人进行移管。联合国《关于移交外国囚犯的模式协定》(UN Model Agreement on the Transfer of Foreign Prisoners)第11条规定了不定期刑的情况下的移管。欧洲《移交被判刑人公约》也有类似规定。美国与加拿大、泰国签订的《刑事判决执行条约》也允许对判处不定期刑的人实行移管。还有的国家之间的条约,允许对判处不定期监禁刑的“危险犯”或“惯犯”可以移管。[1] 我国香港特别行政区与外国的移管被判刑人协定中,规定“因心智上无行为能力而无确定刑期”或者“因精神失常而无确定刑期”的可以移管。此外,管制刑是我国特有的一种限制人身自由的刑罚种类,在我国刑罚的语境下,管制刑并没有超出被判刑人之“刑”这一术语范围,因此,判处管制的被判刑人也隶属于“被判刑人”的范畴。可见,基于移管目的的实现,移管的对象也有扩大的趋势。基于此,将“被判刑人”作为移管的对象更准确,词义也比较中性,因此,本书统一使用“移管被判刑人”。

3. 被判刑人的身份

有些公约对移管的“被判刑人”的身份进行限定,如《关于跨国服刑的美

---

〔1〕 参见张明:《被判刑人移管及与相邻制度比较研究》,载《犯罪与改造研究》2002年第11期。

洲公约》、欧洲《移交被判刑人公约》都将移管的条件限定为执行国的"国民",对于具有执行国永久居留权或者实际上长期居住在执行国的被判刑人是否可以移管?目前尚存争议。在实践中,确实存在具有一国国籍的人,长期生活、居留在其他国家,因长期居住地国不承认双重国籍而不将这些人视为本国国民,而将长期居住者排除在被判刑人移管适用范围之外。从被判刑人移管制度的初衷来看,将移管主体限制在执行国国民在一定程度上也会造成移管程序难以启动,有悖这一制度的宗旨。因此,一些国家或地区的国内立法以及一些国际条约将"国民"的条件范围从"国籍国"扩大到"居住国",允许对在执行国长期居住的外国人开展移管合作。联合国《关于移交外国囚犯的模式协定》第1条规定:"应提供方便让国外被判定有罪的人尽早返回其国籍国或居住国服刑。"《德国刑事事务国际司法协助法》第71条第1款第1项规定:长期居住在执行国的人也可以向该执行国移管。欧洲《移交被判刑人公约》则允许执行国自行解释"本国人"的覆盖范围。在各成员国的做法中,有的国家根据国内法律中对"本国人"的定义采取了同一的解释,有的国家出于现实执行移管条约的目的作了实用性的解释,有的成员国则将"本国人"的范围延伸到本国公民的配偶、政府认定与本国具有紧密联系的人、从事犯罪行为时具有本国国籍的人、具有双重国籍但其中一个国籍是本国的人、因为战争失去国籍的人、经常居住在本国的无国籍人或外国人等。我国香港特别行政区与外国签订的移管被判刑人协定中,对于被判刑人的主体身份,并没有采用狭隘的国民利益保护主义,而是将有密切联系的人也纳入可移交的范围。可见,在移管被判刑人的制度中,是否需要对被判刑人的"身份"进行限定,实际上取决于各国或地区对该制度目的与价值的判断,作出更具适用性的解释。

(二)移管被判刑人的意义

本国监狱监禁外国服刑人员,会造成对其行为自由被剥夺的痛苦之外的其他痛苦,这是当代法治国家的刑罚体系中不容存在的现象。为此,如何解决外籍被判刑人关押中的问题,是每一个刑罚执行体系都必须考虑的。移管被判刑人正是通过刑事诉讼领域国际合作,将被剥夺自由的外籍囚犯移交给该被判刑人熟悉的社会环境中服刑,以此促进刑罚目的最大限度地实现和被判刑人顺利回归。

1. 彰显刑罚目的,实现特殊预防

从 19 世纪后期开始,随着刑事实证学派逐渐登上历史舞台,关于刑罚目的的争论愈演愈烈,"预防刑论"还是"报应刑论"成为刑事实证学派与刑事古典学派论争的焦点。到 20 世纪中叶,一些理性的学者试图在报应刑与教育刑之间寻求平衡。他们认为,对犯罪人定罪与量刑以罪刑法定和罪刑相适应为主要考量,主要是考虑报应刑的目的;而到判决执行阶段应当以教育改造犯罪人为主要考量。无论是"预防刑论"还是"报应刑论"抑或是"折中论",至少就剥夺或限制自由的刑罚执行的目的很大程度上在于使罪犯接受教育改造,改过自新,不再违法,最终能够顺利回归社会。把被判刑人置于其本国的社会背景、文化背景和生活习惯中,保持与外界和家庭适当的联系和接触,更加有利于刑罚目的的实现。移管被判刑人是一项以人为本的刑事司法协助制度,是为被判刑人的利益服务的。这也是移管被判刑人制度区别于以追求国家刑罚权的实现为主要目的的刑事司法协助制度的主要标志之一。

2. 体现了刑罚人道化精神

理论上,在对传统的社会防卫思想进行深刻反思的基础上,新社会防卫理论的刑罚思想认为,刑事政策应当以人道主义为基础,但不应当强调政策的同情性与怜悯性,而是应当力图通过人道主义的方法来实现防卫社会的目的;刑法应当重视犯罪人特殊预防的目的,将犯罪人重返社会建立在刑罚人道主义改革的基础之上。近现代以来,刑罚人道主义成为国际社会刑罚改革追求的目标和奉行的基本原则。

所谓刑罚的人道化,除了强调刑罚的体系和种类的科学严谨、刑罚的裁量宽严有度,还要求刑罚执行的全过程要维护被判刑人的尊严和价值,尊重其习惯风俗、宗教信仰等;除了强调禁止酷刑、惨无人道或有辱人格的行为,还应当关注其日常生活、亲属探视、监所环境等,通过感化教育抵消刑罚惩罚对罪犯人格带来的负面影响。对被判刑人的人道主义保护是一种行刑理念和原则,并非一种具体的改造罪犯的方式和手段。

在诸多国际性法律文件中，实行人道主义是被判刑人移管制度的一个重要方面，联合国《囚犯待遇最低限度标准规则》要求，监狱当局不得基于种族、肤色、性别、语言、宗教等原因对服刑人员产生歧视，囚犯应享有“饮食权、医疗权、教育和娱乐权、宗教信仰权、同外界接触权”，但现实中，大多数国家不会因收押外籍囚犯而调整监狱固有的规章制度。在异国服刑，长期处于封闭的环境、缺乏亲友的资助和探望，对犯人的家庭关系和社会交往会造成严重的损害，外籍囚犯处于比国内犯感到更加孤独的境地。联合国提出《关于移交外国囚犯的模式协定》正是为了规避文化隔阂、语言障碍、生活差异等因素给外籍罪犯服刑所带来的种种困境而有悖于刑罚人道主义精神。通过移管为服刑人员创造一定的对外联络的路径，接受亲友的帮助感化，并有助于出狱后尽快重新适应社会生活，使受刑人的基本权利在事实上得到保障。其中还隐含着实现刑事政策目的的制度设计，最大限度地彰显现代刑事政策所倡导的刑罚人道化精神，也正是国家保护义务在刑事司法合作中的体现，反映了国际刑罚的发展趋势。

3. 实现判刑国与执行国的互利

世界多数国家都面临着司法资源匮乏的境况，随着在本国监狱内服刑的外籍囚犯的不断增加，监狱为外籍囚犯的生活习俗、物质待遇、文化隔阂问题而导致运行成本越来越高，监狱不堪重负。如果将外国被判刑人送回其本国执行刑罚则可以减少这方面的开支；开展移管被判刑人合作，判刑国可以不用通过驱逐的方式将外籍犯遣送出境，而是将他们移交给执行国，使判刑国可以节省更多的司法资源给本国的罪犯，减轻改造罪犯的负担。

而对于执行国来说，将本国公民移管回国执行刑罚可以体现国家对于公民责任的承担，通过接收被判刑人，可以获取其所犯罪行的详细信息，在判刑国的前科记录以及在监狱的生活、改造情况。移管在国外被判刑的本国人回国服刑，可以减少驻国外领事馆向在当地服刑的本国人提供咨询的成本、并有效监管被释放的被判刑人以维护社会安全、同时加强与他国间的刑事执行合作以建立良好的国际关系。此外，执行国通过移管被判刑人得以有机会按照本国的刑事司法体系对犯罪人释放前后采取某些措施进行控制，实现刑罚的特殊预防功能，并间接地维护本国的司法权威，也可以妥善地保护本国公民及其家属的现实和长远利益。在被判刑人家属及其他社会关系的支持下，被判刑人也能够更容易接受改造，更快、更好地回归社会。

总之，移管在被判刑人这一刑事司法协助形式中，判刑国和执行国均属受益者，真正体现了互助互利的国际刑事司法协助精神。

三、移管被判刑人的性质

从被判刑人移管的内涵可以看出，该制度的基础是判刑国和执行国相互承认和执行刑罚的判决。

移管对于判刑国来说，是执行国对有关处罚的执行在其已完成的范围内具有在判刑国消灭该处罚的效力。而对执行国来说，是对判刑国所判刑罚继续执行或者通过一项法院令或行政令继续执行有关处罚。[1] 在加拿大《罪犯移交法》中也规定，加拿大籍罪犯被移交到加拿大时，由移出国法院对其作出的定罪量刑判决，应视同为由加拿大对刑事犯罪有司法管辖权的法院作出的定罪和量刑判决。可以认为，执行国接收了判刑国的判决并予以执行，意味着执行国承认了判刑国行使主权形态之一的刑事判决。被请求方不是继承外国判决，而是继承外国判决所处刑罚的执行。[2] 但是这种承认具有一定的特殊性，换言之，这种承认并不需要经过一个专门的程序，而表现为一种默认的方式，一旦被判刑人被移管进入执行国，就意味着判刑国的判决在执行国内生效；而判决的承认与执行需要判决国提起承认与执行的请求，被请求国对判决进行审查，然后再决定是否给予承认和执行。执行外国刑事判决被认为是"刑法的国家性原则"进行了重大观念变革的产物，一般只有在政治、经济、文化发展程度大体相同、法律制度基本类似的国家之间才有可能实现。[3] 但现实的需要，更多的双边条约以及多边条约或国内立法摆脱了这

[1] 《关于在英联邦内移管被判刑人的安排》第10条、第11条。

[2] 参见[日]森下忠：《国际刑法入门》，阮齐林译，中国人民公安大学出版社2004年版，第235页。

[3] 参见[日]森下忠：《国际刑法入门》，阮齐林译，中国人民公安大学出版社2004年版，第225～226页。

种观念束缚，规定移管被判刑人的制度，也正因如此，我国在《国际刑事司法协助法》中并没有规定刑事判决的承认与执行的刑事司法协助形式，而是规定了移管被判刑人制度。

（一）移管被判刑人不同于引渡

首先，从目的来看，引渡的目的是请求方将触犯本国刑法犯罪分子带回国内以便对他进行刑事审判或将已被本国判刑的人带回国内以便对他执行刑罚，追究其刑事责任，以实现请求方的刑罚。从严格意义而言，引渡是一种跨国诉讼，引渡存在的前提是国与国之间的礼让和支援，是对诉讼国主权的尊重，因此，引渡不仅仅是一个法律问题，而且在很大程度上是一个政治问题；[1]而移管被判刑人主要是为了行刑方便，被判刑人在自己熟悉的国家和社会环境中服刑，快速地接受改造和教育，并回归社会。

其次，移管的对象或被请求引渡的对象的意志在有关国家合作中的作用不同。移管被判刑人需要判刑国、执行国以及被判刑人均表示同意，移管合作才得以顺利开展，被判刑人对于移管是自愿的。而被请求引渡人的意志在引渡制度中则完全处于被动状态，即使被请求引渡人愿意引渡，但如果被请求方经审查不同意引渡，合作也无法进行。而一旦被请求方经过审查决定予以引渡，即便被请求引渡人具有不同意引渡的意志，提出反对引渡的抗辩理由，也无法改变该决定。

最后，在移管被判刑人这种司法协助形式中，对于判刑国、执行国以及被判刑人本人来说都是受益的，双方的协助更体现为一种双向的互利，因而在实践中，移管被判刑人比较容易为各国所接受；而引渡制度的受益方则主要是请求方，是被请求方协助请求方，使其实现对被引渡人的刑罚权。从这个意义而言，引渡更体现为一种单向的司法协助。

（二）移管被判刑人不同于刑事诉讼移管

诉讼移管制度，也称为“刑事管辖权的转移”“国际刑事案件移交”，是将管辖刑事案件的权力从一个国家转到另一个国家，是国家主权“转让”的一

---

〔1〕 参见刘大群：《论引渡的主体》，载《法学研究》1990年第1期。

种形式,[1]是刑事案件管辖权在国与国之间的转移制度。这是20世纪50年代出现的最广义的国际刑事司法协助方式。第二次世界大战之后,随着跨国犯罪、国际犯罪的不断增多,传统意义上的刑事司法协助不仅不能适应新形势的要求,而且可能导致放纵犯罪,如在外国人犯罪之后逃回本国的情形。对犯罪享有管辖权的国家没有控制犯罪嫌疑人而无法在本国对犯罪完成刑事诉讼活动,而控制犯罪嫌疑人的国家又因为没有刑事管辖权而无法开展刑事诉讼,本国也不愿意将本国公民引渡给他国审判,致使犯罪行为得不到应有惩罚,如果不把刑事管辖权从犯罪地国转移给犯罪人国籍国,该刑事案件就无法处理。刑事诉讼移管最初作为本国公民不引渡原则的一种替代措施,因而只针对可引渡之罪,后来,扩展到轻罪,甚至包括根据被请求方的法律构成犯罪,但请求方的法律构成行政违法的行为。为此,欧洲一些国家根据地缘优势,率先开展了刑事管辖权转移的国际合作,1964年《欧洲惩治道路交通肇事罪公约》明确规定了道路交通肇事案件中,居住地国有关司法部门,依据犯罪地国的请求,对犯罪地国发生的道路交通犯罪进行追诉。经过实践,欧洲国家普遍认识到这种国际合作的积极性,1972年欧洲理事会成各成员国在斯特拉斯堡签订《欧洲刑事诉讼移管公约》将管辖权转移的对象扩大到全部犯罪行为,规定了欧洲国家之间刑事管辖权转移的条件、原则以及程序。1988年的《联合国禁毒公约》专门规定了一个移转管辖的条文。1990年,联合国《刑事事件转移诉讼示范条约》,号召各国积极开展这一国际刑事司法协助。《联合国打击跨国有组织犯罪公约》和《联合国反腐败公约》中都有关于刑事诉讼移管的规定。1992年我国与土耳其缔结的关于民事、商事和刑事司法协助协定中第一次写入了关于开展刑事诉讼移管合作的条款。之后,我国与希腊关于民事和刑事司法协助的协定中也有基本相同的规定。同时,在我国与突尼斯引渡条约中还规定在拒绝引渡的情形下,根据请求方的请求,被请求方应依本国法律对被请求引渡人就引渡请求所涉及的犯罪行为进行刑事诉讼。

---

[1] 参见王新清:《刑事管辖权基本问题研究》,中国人民大学出版社2014年版,第226页。

基于主权原则,国家一般不愿意放弃本国对案件的刑事管辖权,但在惩治国际犯罪、涉外犯罪的过程中,各国认识到将某些案件的管辖权转移给他国是有效且有利的。现代国际社会普遍认可刑事诉讼的移管是对主权国家司法权绝对化的突破,成为实现本国的司法目的而委托他国协助办理有关刑事法律事务的一种手段。管辖权让渡被认为是构建刑事诉讼移管制度的逻辑前提,适度地放弃管辖权是主权国家自主、自愿的行为,作为行使国家主权的一种方式,理应成为保障实现国家利益最大化的一种手段。[1] 换言之,当事国通过刑事诉讼移管的方式将刑事管辖权移交某个国家管辖,委托其代理本国进行审判和处罚,解决双方在刑事管辖权方面的冲突。[2] 在刑事管辖权转移的过程中,请求方对案件有原始管辖权,被请求方本来对案件没有刑事管辖权,由于两个国家之间达成了委托行使刑事管辖权的协议,被请求方取得了刑事管辖权,请求方与被请求方形成了一种委托代理关系,因此,刑事诉讼移管又被视为刑事管辖权的代理。日本学者森下忠也同意"代理原则"的观点,认为刑事诉讼移管是作为刑法适用新原则的代理原则确认缔约方之间形成一个法律的共同体。[3] 而移管被判刑人则是"被判刑人"在判刑国和接受国的两国之间移转。换言之,刑事诉讼移管是移管对犯罪嫌疑人的刑事管辖权,请求方将本来属于其管辖的案件移交给被请求方,由被请求方对罪犯进行追诉;而移管被判刑人是移管被判刑人和对被判刑人的刑罚执行权及监管权。因此,有学者认为,对于国外判决的移管执行,是审判权力得到认可后,对执行力作出的转让。也就是说,移管制度是相互承认制度的进一步延续和发展,相互承认是移管制度暗含的理论和制度前提。[4] 在刑事诉讼移管中,移管的对象与被请求方一般也具有特定关系,是犯有可移管之罪的被请求方的公民或者特定关系人,如在被请求方长期居住的人。黄风教授起草的《中华人民共和国国际刑事司法协助法(立法建议稿)》第五章专章规范

---

〔1〕 参见郇习顶:《国家间刑事诉讼移管基础探讨》,载《江苏警官学院学报》2011 年第 3 期。

〔2〕 参见齐文远、刘代华:《国际犯罪与跨国犯罪研究》,北京大学出版社 2004 年版,第 262 页。

〔3〕 参见[日]森下忠:《国际刑事入门》,阮齐林译,中国人民公安大学出版社 2004 年版,第 107 页。

〔4〕 参见商希雪:《国际刑事司法合作领域被判刑人移管制度的比较研究》,载《时代法学》2018 年第 3 期。

“刑事诉讼移管”。

四、移管被判刑人的国际立法

双边协定或公约是移管被判刑人法律制度的一个重要组成部分,随着国家刑事承认和执行双边合作协议的兴起和发展,移管外籍被判刑人的第一个双边协议是1951年黎巴嫩与阿拉伯叙利亚共和国之间的司法协定(Judicial Convention between Lebanon and the Syrian Arab Republic)。[1]

(一)欧洲等国家的区域性移管公约

第一个多边移管协议于1963年由丹麦、芬兰、冰岛、挪威和瑞典共同签署的条约规定,在任何国家的被判刑人,如果是该协议签署国的国民,其他国家可以执行缔约方中的任何一个国家作出的自由刑和罚金的生效判决,也可以执行对缓刑者的保护观察。[2] 根据这项协议,每个国家都颁布了相同的刑罚执行法律。由于外国籍犯罪人和外国籍被监禁人的增加,监狱负荷、人权问题给欧洲监狱系统的管理带来困难,解决将外籍罪犯移交回本国服刑问题成为欧洲理事会的重要工作之一。1964年11月30日,欧洲理事会成员国缔结《监管附条件判刑或附条件释放犯罪人的欧洲公约》(European Convention on the Supervision of Conditionally Sentenced or Conditionally Released Offenders, 1975年8月22日生效)。该公约规定了外国判决对缓刑犯和假释犯宣告的保护观察,由该犯人居住地的缔约方负责执行。《欧洲惩治道路交通肇事罪公约》规定对于道路交通犯罪宣告的外国判决,可以在其他缔约方执行。这两个条约都蕴含对外国刑事判决执行的承认与执行。

欧洲关于判决执行的移管主要规定在1970年在海牙签订的《关于刑事判决国际效力的欧洲公约》,其中第2条涵盖了剥夺自由刑、经济处罚、没收和剥夺资格刑,但是被请求方可以拒绝执行剥夺资格刑。1983年在斯特拉

---

〔1〕 参见商希雪:《国际刑事司法合作领域被判刑人移管制度的比较研究》,载《时代法学》2018年第3期。

〔2〕 参见[日]森下忠:《国际刑法入门》,阮齐林译,中国人民公安大学出版社2004年版,第218~221页。

斯堡签订的欧洲《移交被判刑人公约》，反映了各国对于囚犯管理和改造的人道主义待遇以及惩处犯罪的国际合作的关注，也是全球多边移管公约中覆盖范围最广的公约。旨在通过简便而快捷的程序来方便各缔约方最大限度促使被判刑人移交回国，以达到进一步开展在刑事领域的国际合作，并最终促进欧洲国家之间的更大团结。全文由序言和 25 个条文组成，规定了移管被判刑人的条件、程序及规则等内容。该公约的名称中不再含有“欧洲”字样，对欧洲和欧洲以外的国家平等开放。可见，欧洲各国对移管被判刑人问题都比较积极，也体现欧洲国家对囚犯管理和改造的人道主义待遇以及惩处犯罪的国际合作。包括英国、美国、加拿大、智利、以色列、日本、澳大利亚等 60 多个国家也加入该公约，这是一部在国际刑事司法合作领域受到广泛认可并被普遍适用的国际文件，其影响之大远远超过了公约本身。1997 年 12 月 18 日，欧洲《移交被判刑人公约附加议定书》开放签署，增加了两种适用被判刑人移管的特殊情形：一是被判刑人从判刑国逃到其国籍国，从而导致大部分情况下，判刑国不可能执行已判刑罚；二是作为已判刑罚的附随后果之一，被判刑人在服刑完毕后被驱逐出境。对于第一种情形，判刑国可以提出接管刑罚执行的请求，由执行国对被判刑人采取临时措施，以待针对判刑国的请求作出决定。对于从判刑国逃到国籍国境内的被判刑人，国籍国可以对该判刑人在移管之前犯下的、判刑国已判刑罚所针对的罪行之外的其他罪行进行刑事追究。对于第二种情形，被判刑人一旦在判刑国服刑完毕就可能被禁止在判刑国停留的情况下，可以移管被判刑人。该议定书于 2000 年 6 月 1 日起生效。而 2008 年欧盟理事会通过的《被判刑人移管框架决定》《欧洲缓刑监督令》，欧盟建立了一套适用于成员国本着协助被判刑人回归社会的目的而承认由另一成员国作出的判决和执行刑罚的规则。[1]

还有一些地区性协定中也通过了移管被判刑人的规定，如 1983 年阿拉伯国家司法部部长理事会通过的《利雅得阿拉伯司法合作协定》，其中第 7 条

---

〔1〕 参见高秀东主编：《欧盟刑事司法合作领域相互承认原则研究暨相关法律文件》，中国法制出版社 2019 年版，第 36 页。

规定被判处监禁的罪犯的移管问题。1996年,英联邦地区制定的《关于在英联邦内移管被判刑人的安排》(CommonwealthScheme for the Transfer of Offenders),以及美洲地区制定的《关于跨国服刑的美洲公约》(The Inter-American Convention on Serving Criminal Sentences Abroad),对位于本地区内各国之间的被判刑人跨国移管问题作出指导。该公约也向美洲以外的国家开放,许多《美洲国家组织关于在外国服刑的公约》缔约方也签署了欧洲的《移交被判刑人公约》。一般而言,由于各国国内的立法体系和司法制度存在差异,因此,在多边公约中,各国为了便于公约的通过,移管的内容规定得较概括,在具体操作上往往保留一定的自由裁量的空间。

国际刑事法院成立后,由于其没有属于自己的执行场所和执行力量,国际刑事法院判决执行的唯一方式就是移管被判刑人,《国际刑事法院罗马规约》第十编规定了移管国的指定、被判刑人员的监管、移管案件的复审及被判刑人员监管期满后的安排等方面内容。

(二)联合国的示范协定

联合国在移管被判刑人方面也做了很多努力。第五届和第六届联合国预防犯罪和罪犯待遇大会都极力建议,通过区域合作方式促进有关在国外服刑的人返回其国籍国的政策和实践,并力促各成员考虑建立与罪犯移管有关的程序。联合国《关于移交外国囚犯的模式协定》对代为执行外国刑事判决而移交罪犯问题作出专门规定,对国家之间建立双边协定或条约涉及的主要条款都作出了示范性规定,为各国之间协商双边或多边移管条约,提供了系统化的制度模式。联合国在第45次会议上通过了《有条件判刑或有条件释放罪犯转移监督示范条约》,该条约为各国提供了一个更加灵活的框架,允许通过转移监管责任的方式,将被判缓刑、假释或被判刑罚暂停执行的外籍罪犯移交给其国籍国或其他国家,促进各国开展被判刑人移管的合作。

联合国《关于移交外国囚犯的模式协定》与欧洲《移交被判刑人公约》在立场和基本规定方面非常一致。1986年,联合国经济及社会理事会一致通过一项决议,提请犯罪预防和控制委员会参照以往进行的工作拟定一项关于缓刑犯和假释犯监督移管的示范协定,以便在全世界推广这种司法协助形式。《联合国禁毒公约》第 6 条、《联合国反腐败公约》第 45 条和《联合国打击跨国有组织犯罪公约》第 17 条均是被判刑人移管的规定。[1]

(三)国内立法

有些国家积极加入有关被判刑人移管的公约,以节省与多国各自进行协商的时间和成本,但同时又与未加入公约的国家签订双边协定或条约。如英国加入了欧洲《移交被判刑人公约》和《关于在英联邦内移管被判刑人的安排》,还签署了《被判刑人移管框架决定》,但是依然与 20 多个国家和地区签署了双边条约。双边协定或条约相较公约在内容上更加明确具体,更具有灵活性和可操作性,更能够适应两个国家之间移管被判刑人的需要。美国同样积极开展移管被判刑人合作,不仅签署了欧洲《移交被判刑人公约》,还与加拿大、墨西哥、法国等签订了被判刑人的移管条约。这些条约可以加强各国改善彼此的关系,增强国与国之间在共同打击犯罪方面的合作。

为了将公约或双边协定的有关规定转换为国内法进行执行或者为了弥补国际公约或双边协定的缺失,一些国家或地区制定了移管被判刑人的国内法进行实体和程序上的法律规制,或者在刑事诉讼法或国际刑事司法协助法中列专篇或专章规定。如 1982 年《德国刑事事务国际司法协助法》以及 1981 年的《瑞士国际刑事司法协助法》,1991 年《葡萄牙国际刑事司法合作法》等,都涵盖移管被判刑人的制度内容。此外,《俄罗斯刑事诉讼法典》第十编第五十五章,法国、俄罗斯、意大利等国《刑事诉讼法》中也规定了关于移管被判刑人的内容。专门立法的国家,如加拿大于 1978 年 7 月制定的《罪犯移交法》,澳大利亚 1997 年颁布实施的《囚犯国际移管(昆士兰)法案》。瑞典的国内立法《国际刑事判决执行合作条例》(Act on International Cooperation in the Enforcement of Criminal Judgements)规定,对于欧洲《移交被判刑人公

[1] 《联合国禁毒公约》第 6 条规定,缔约方可考虑订立双边和多边协定,无论是特别的还是一般的协定,将由于犯有本条适用的罪行而被判处监禁或以其他形式剥夺自由的人移交其本国,使他们可在那里服满其刑期;《联合国反腐败公约》第 45 条规定,缔约方可以考虑缔结双边或多边协定或者安排,将因实施根据本公约确立的犯罪而被判监禁或者其他形式剥夺自由的人移交其本国服满刑期;《联合国打击跨国有组织犯罪公约》第 17 条规定,缔约方可以考虑缔结双边或多边协定或安排,将因犯有本公约所涉犯罪而被判监禁或其他形式剥夺自由的人员移交其本国服满刑期。

约》的签署国或者与瑞典签订了双边协定的国家，如果存在“特别的理由”，即使没有欧洲公约或双边协议上的义务，瑞典也可以移交外籍犯人到其他国家服刑，或者接管来自其他国家的被判刑人。即一国提前在国内移管制度上做准备，以“由内而外”的方式应对与他国之间互相提出的移管请求。[1]

五、移管被判刑人的基本原则

移管被判刑人的基本原则，是指贯穿于外国被判刑人移管制度，在被判刑人移管活动中始终应遵循的基本规则。国际刑事司法协助的基本原则适用于移管被判刑人。为了实现被判刑人移管制度的宗旨，并使该国际刑事司法协助形式能够有效地进行，在被判刑人移管实践中逐渐形成了一些基本原则，并在国际条约和相关立法中得到了确认。如欧洲《移交被判刑人公约》确立的原则：相互尊重国家主权和管辖权原则、双重犯罪原则、一罪不再罚原则、有利于被判刑人的原则以及简便快捷的原则。

（一）相互尊重国家主权与管辖权原则

这是国际刑事司法协助主权原则在被判刑人移管领域的体现。联合国《关于移交外国囚犯的模式协定》也为各国在缔约时规定这一原则提供了范本，总则第2条规定，“移交囚犯应在相互尊重国家主权和管辖权的基础上进行”。在移管被判刑人中，判刑国与执行国对于移管被判刑人的案件均有刑事管辖权，判刑国无论是根据何种管辖确定自己的刑事管辖权，执行国都可以根据属人管辖原则确定自身的刑事管辖权，因而在判刑国与执行国之间存在刑事管辖权的冲突。因此，开展移管被判刑人活动，也是顺利解决双方刑事管辖权冲突的方式之一，有助于维护各个国家或者地区的司法主权，便于刑事诉讼的进行，并保障刑罚的执行性。该原则在被判刑人移管制度中的体现包括：

1. 以信任为基础达成个案协议

双方签订了移管被判刑人的条约就表达了缔约方之间在最大范围内进

---

〔1〕 参见商希雪：《国际刑事司法合作领域被判刑人移管制度的比较研究》，载《时代法学》2018年第3期。

行移管合作的意愿。被判刑人移管协助的开展除了双方的合意之外,还需双方以相互信任为基础就移管的个案达成协议。两国的同意是这一国际合作的基础,这一点与引渡以及其他形式的司法协助存在重要区别,国家间一旦签订引渡条约或司法协助条约,就必须承担履约义务,否则即构成违约,甚至会影响到国家履约的信誉。因此,移管被判刑人条约更像国家间的一种合作意向书,"判决国"与"执行国"只有就具体被判刑人达成移管协议才形成真正的"合同"。[1]

2. 相互尊重刑事裁判

判刑国与执行国在移管被判刑人过程中应相互尊重刑事裁判,执行国接受移管的囚犯之后,其主管当局应当立即或者通过法院发出执行外国刑事判决的命令,或者转换判决,用执行国法律对相同犯罪或者相类似犯罪所规定的刑事处罚来代替判决国所作出的刑事判决。但是,在执行过程中,执行国应受判刑国所作判决书上所有事实结论的约束,无权对原判决进行复审。执行国执行刑罚应依照执行国的法律,执行国有权作出一切适当的决定,即使是对刑罚进行调整,也应当接受该判决对犯罪事实认定的约束,此即不可触及既判力的原则,判决是否生效依据审判国的法律确定,其他国家无权对此提出异议。[2] 执行国实施合法的具体执行活动将导致原刑事判决不能实际得到执行时,如执行国将对被判刑人实行赦免、减刑或依法对判刑国科处的刑罚作出相应的转换或变更时,执行国和判刑国应进行充分的协商,争取达成一致意见。

移管被判刑人之后,判刑国应尊重执行国根据本国法律对原判刑罚作出的转换与变更,尊重执行国对被判刑人的管理。判刑国在移管后充分尊重执行国在刑罚执行方面的主权,即行刑权,不干涉执行国的具体执行活动。

3. 刑事判决管辖权的保留

判刑国向执行国移管被判刑人,移管的只是对被判刑人的监管权,并没

〔1〕 参见张明:《被判刑人移管及与相邻制度比较研究》,载《犯罪与改造研究》2002 年第 11 期。
〔2〕 参见[日]森下忠:《国际刑法入门》,阮齐林译,中国人民公安大学出版社 2004 年版,第 232 页。

有移管对被判刑人原有犯罪的审判权，刑事判决管辖权的保留是判刑国与执行国相互尊重司法管辖权的重要体现。一般来说，国际条约一致认为，对判决的改判权是一项专属于作出终审判决的判刑国的权利。因此，国际条约一致为判刑国保留了一项“专属权利”，即对刑事判决管辖权保留给判刑国，执行国在刑罚执行过程中，将新事实可能出现时有必要对终局判决进行重新审查的权利赋予判刑国。只有判刑国有权对事实进行重新审理。刑事判决管辖权的保留是判刑国对其司法审判权的维护，是对其审判机关所作出的有效的终审司法判决的唯一性和严肃性的维护。

欧洲《移交被判刑人公约》第 13 条规定：“仅判刑国有权对任何复查判决的申请作出决定。”联合国《关于移交外国囚犯的模式协定》第 17 条规定：执行国应受判刑国所作判决书上所有事实结论的约束。联合国《有条件判刑或有条件释放罪犯转移监督示范条约》也规定：“只有判刑国有权对任何要求重新审理案件的申请作出裁决。”对已决案件的重新审理意味着在判决终局之后，对于有新的事实出现而有必要对案件的法律方面进行重新审查的程序。实践中，如果被判刑人对原判决提起申诉，只能由判刑国进行重新审理，判刑国和执行国都必须采取一切合适的措施保证被判刑人有效行使申请复审的权利。被判刑人如果在移管后向执行国提出申诉，执行国应当尽快通知判刑国，并向判刑国转交有关申诉材料；而一旦判刑国重新审理后对被判刑人作出减轻或免除刑罚的决定，应立即通知执行国，执行国在接到判刑国的通知后，应当尽快修改或者终止执行刑罚。

（二）有利于被判刑人原则

移管被判刑人首先要考虑的是能否给被判刑人的服刑生活和刑满后的生活带来直接的利益。这点与某些基于政治原因或外交目的的交换人质存在本质区别，不能从“对等交换”或“政治交易”的角度来看待这一司法协助形式。[1] 一国对于在国外被判刑的本国公民或居民应履行一定的国家保护义务。当然，执行国也会考虑外籍犯人的罪行在本国所造成的社会影响、公

〔1〕 参见马进保：《国际犯罪与国际刑事司法协助》，法律出版社 1999 年版，第 234 页。

众的情绪以及与执行国的外交关系等。联合国《关于移管外国囚犯的模式协定》和欧洲《移交被判刑人公约》均规定，开展移管合作应促进公正目的和被判刑人社会地位的恢复。《德国刑事事务国际司法协助法》也规定只有"在被请求方执行判决对被判刑人或公共利益有利"时，才可"请求外国执行在德国境内对外国人作出的判决或其他制裁"。我国与外国签订的移管条约在序言中也有类似规定。总之，移管被判刑人制度以被判刑人利益为出发点和落脚点，并因此区别于引渡、刑事诉讼移管等其他国际刑事司法协助形式。有利于被判刑人原则在被判刑人的移管中，表现为：

1. 不得加重原判刑罚

由于各国在刑罚制度上的差异，移管被判刑人在执行国通常需要根据本国的法律对判刑国科处的刑罚进行转换，而且转换之后对于被判刑人的境况不得恶化，这一要求涉及刑期以及执行处罚的种类，即所服刑期不得超过判刑国所判处的刑期，不得实施比判刑国所判刑罚更严厉的处罚。不恶化还意味着如果判刑国所判处的刑罚比执行国法律对同一犯罪所规定的最低刑罚轻时，执行国不得适用本国的最低刑罚。《关于刑事判决国际效力的欧洲公约》和欧洲《移交被判刑人公约》都严格规定：在刑罚转换中，执行国适用本国法对被判刑人执行刑罚时不得提高原判刑罚的强度和量度。欧洲《移交被判刑人公约》第 11 条第 1 款第 4 项规定，不应加重被判刑人的受刑罚身份，且不应受执行国法律对该罪行或犯罪可能规定的最低限度的约束。《瑞士国际刑事司法协助法》规定，执行外国判处的刑罚不应当超过瑞士法律对同类犯罪判处的刑期，但未达到瑞士法律规定的最低限度的，可以执行。对于一种明显地意味着比瑞士数罪并罚的刑罚更严厉的处罚，可以拒绝执行。

在移管被判刑人制度中，执行国在适用本国法律对判刑国判处的刑罚进行转换和调整以及对被判刑人执行刑罚时，也要本着对被判刑人有利的原则，不得加重原判刑罚。欧洲《移交被判刑人公约》第 11 条规定：在转换刑罚的情况下，应适用执行国法律所规定的程序。转换刑罚时，主管当局：(1)应受判刑国所作判决中明示或默示范围内的对事实的调查结果的约束；(2)不能将涉及剥夺自由的制裁转换成金钱制裁；(3)应扣除被判刑人已服剥夺自由之刑的全部期间；(4)不应使被判刑人的受刑状况更加恶化，且不应受执行国法律对所犯罪行可能规定的最低限度的约束。

2. 囚犯处境不得因移管而变坏

监狱条件，包括监狱的生活条件、人道主义的待遇条件、是否存在刑讯等情况，也可能成为一国主管机关在决定是否准予被判刑人移管时考虑的重要方面。根据国际人权保护公约的规定，一国不能将外籍犯人移管回可能面临生命危险、暴行、虐待的执行国，被判刑人在移管后，其物质和精神方面的生存环境均不得比在判刑国更恶劣。

对判刑国来说，提出移管申请时要考虑执行国的监狱条件与设施是否胜任被判刑人的矫正工作。确保移管后的物质和精神方面的生存环境不得比在判刑国更加恶劣，否则有违刑罚人道主义的要求，也与移管制度的初衷相悖。联合国《关于移交外国囚犯的模式协定》第19条规定，在任何情况下，囚犯的处境不得因移管而变坏。泰国和美国签订的《关于合作执行刑事判决的条约》第3条第3款第1项也规定，在就罪犯移管问题作出决定时每一方应当考虑，罪犯移管是否将有可能帮助罪犯重返社会或者将给他带来其他最大的好处。《关于跨国服刑的美洲公约》列举了判刑国在作出移管申请和决定时需要考虑的具体因素，包括是否有利于矫正工作的进行、罪行的严重程度、犯罪记录、健康状态以及外籍犯人与该国的关联紧密性等。[1] 如果被判刑的外籍犯人是其他未完结案件的证人、执行国是犯罪组织基地的所在地以及外籍犯人可能对被害人做出打击报复时，判刑国可以对外籍犯人不采取移管措施。这是开展外国被判刑人移管活动的国家应当保证做到的，否则这种司法协助活动很难持续下去。

3. 对被判刑人的同一犯罪行为不得重复处罚

一罪不再罚，也即“一事不再理”，是指对同一个人不得因同一行为重复定罪判刑，也不得重复执行刑罚。这一原则建立在罪刑相适应的基础上，蕴含着深厚的人道主义精神，为国际社会和各国立法普遍接受，在移管被判刑

---

[1] Inter-American Convention on Serving Criminal Sentences Abroad, Art. V.

人制度中同样具有约束力。主权国家之间应相互尊重、信任和互惠合作,承认其他国家司法机关已作出的裁决,不得因同一行为,针对同一人再次进行审判、定罪和判罚,体现了对被告人权利的保障,避免陷入无休止的追诉中。

联合国《关于移管外国囚犯的模式协定》第 13 条规定:执行国应受判刑国对被移管囚犯定罪的约束,不得根据移管判决所针对的同一犯罪行为再次对其进行审判。欧洲《移交被判刑人公约》第 8 条规定:执行国当局对判刑人的接管应具有在判刑国中止执行刑罚的效力如果执行国认为刑罚已执行完毕,判刑国不再执行刑罚。在我国与外国签订的被判刑人移管条约中也有明确规定,如我国与西班牙移管被判刑人的条约第 10 条也规定,对于被移管的被判刑人,执行国将根据本国法律继续执行判刑国判处的刑罚,并且不再对判刑国据以判刑的同一罪行重新进行审判。

一罪不再罚原则对判刑国和执行国都具有约束力。对于判刑国而言,一旦执行国对被判刑人执行了由判刑国科处的刑罚,判刑国就应当承认该执行与在自己国家内的执行具有同等效力,如果执行国对被判刑人执行刑罚完毕,判刑国也应当视为该刑罚已经执行完毕,且不得以任何借口重新对其执行刑罚;而对于执行国来说,接受移管即意味着已经承认判刑国所作的判决,执行国不得依判刑国据以作出有罪判决的同一罪行再对被判刑人进行审判或处罚。

当然,如果被判刑人在执行国还犯有其他罪行,那么在执行判刑国的刑罚时或在执行刑罚完毕后仍然可以对其进行审判。

六、移管被判刑人的法律适用

刑事判决是一国基于对本国整体利益的维护,以国家的名义对于破坏本国统治秩序的行为给予的处罚,可能涉及剥夺自由、资格、财产甚至生命。在对被判刑人实行移管后,执行国接过了对被判刑人的监管权,被判刑人回到执行国,执行国将根据本国的法律对被判刑人进行监管。根据欧洲《移交被判刑人公约》第 9 条的规定,执行国对执行程序一般有两种模式,即可以继续执行刑罚或转换刑罚。继续执行原判刑罚,是指执行国应受判刑国所确定的刑罚的法律性质和期限的约束，相当于把审判国的判决视为本国的判决，遵照审判国的判决的法律性质和刑期，在本国继续执行。英国就采用该模式，《关于在英联邦内移管被判刑人的安排》与《2008/909/JHA 号欧盟委员会框架决定》排除了对国内程序转换判决的适用，执行国只能执行原判刑国作出的判决，不能根据国内法律重新作出判决，该禁止性规定可以避免移管成为变相形式的引渡。转换刑罚，是指如果判刑国判处的刑罚种类或者期限不符合执行国的法律，执行国可以将该刑罚转换为本国法律对同类犯罪规定的刑罚予以执行，如德国采用转换刑罚的模式。在操作上，第一种模式相较第二种模式更简单。联合国《外国囚犯移管的模式协定》中对于执行程序选择也有类似的规定，执行国主管当局应直接或通过法院、行政命令继续执行判决；或改换判决，用执行国法律对相应罪行所规定的处分来替代判刑国所作出的处分。

由于判刑国和执行国存在刑事处罚体系的差异，将审判国宣告的刑罚转换成执行国的刑罚，执行国应受外国判决中明示或暗含的事实的约束。在原判决的基础上，可能出现下列情况：一是同一犯罪或者同一性质的处罚超过了执行国法律规定的上限或者下限；二是执行国法律对该类犯罪不适用该类刑罚方法；三是执行国法律根本就没有该种刑罚方法。因此，执行国在处理一些问题时也需要考虑判刑国已作出的决定，由此产生了执行中的法律适用问题，甚至执行国根据本国或当前的刑罚实践，进一步减轻所施加的刑罚。

(一)刑罚的转换

移管被判刑人之后，如果判刑国的判决的性质和期限与执行国的法律性质不一致，则执行国应当依据本国的法律将判刑国科处的刑罚转换成本国的刑罚，这种转换应当依据执行国的法律实行，并且要受到判刑国所作判决中明示或默示范围内的对事实的调查结果的约束，且应遵循有利于被判刑人的原则。以我国与西班牙移管被判刑人条约为例，转换刑罚时，执行国应当遵循下列条件：(1)应当受判刑国判决关于事实认定的约束；(2)不得将剥夺自由的刑罚转换为财产刑；(3)转换后的刑罚在性质上应当尽可能与判刑国判处的刑罚相一致；(4)转换后的刑罚不得加重判刑国所判处的刑罚，也不得超过执行国法律对同类犯罪规定的最高刑期;(5)不受执行国法律对同类犯罪规定的最低刑期的约束;(6)应当扣除被判刑人在判刑国境内被羁押的时间。

1. 自由刑的转换

其一,最低刑和最高刑的限制。如果判刑国所判刑罚低于执行国法律对同一犯罪规定刑罚幅度时,执行国不得将判刑国所判刑罚提高至该刑罚幅度的刑期,而只能执行原判刑罚。如果判刑国所判刑罚高于执行国法律对同一犯罪规定刑罚幅度时,执行国可以将所判刑罚调整或转换为本国对于该刑罚幅度中的最高的刑期加以执行。如《瑞士国际刑事司法协助法》规定,执行外国判处的刑罚不应当超过瑞士法律对同类犯罪判处的刑期,但未达到瑞士法律规定的最低限度的,可以执行,对于一种明显地意味着比瑞士数罪并罚的刑罚严厉的处罚,可以拒绝执行。这一点体现了在转换刑罚时有利于被判刑人的原则。

其二,刑种的转化。如果判刑国所科处的刑种因在执行国不存在而需要在执行国转化成相应的刑种,转化的刑罚在性质上尽量与原刑罚相近,并且不得超过执行国法律为该种刑罚规定的最高限度或者重于判刑国原先判处的刑罚。

其三,不因移管而延长关押时间。被判刑人移管之后,在判刑国已被羁押的时间应当在执行国的刑罚期限中予以折抵,也就是被判刑人已经服过的剥夺自由的刑期须从执行国转换后的刑罚中扣除。

2. 实刑转换为缓刑

欧洲刑事判决条约说明书肯定了执行国可以把实刑转换为缓刑,《德国刑事事务国际司法协助法》第 57 条第 2 款也明文肯定了这种转换的可能性。理由在于:其一,执行国有权在外国判决的基础上,按照本国当前的司法实务减轻制裁;其二,执行国法院按照本国法令,在转换时可以考虑审判国没有规定的减轻事由。

3. 自由刑不得转换为财产刑

执行国转换后的刑罚在性质上应当尽可能与判刑国判处的刑罚相一致,

不得将剥夺自由刑转换为财产刑,更不得将财产刑转换为剥夺自由刑。我国与外国签署的被判刑人移管条约中,明确要求不得将剥夺自由的刑罚转换为财产刑。

(二)刑罚执行中的其他问题

1. 关于被判刑人减刑、赦免以及假释的问题

被判刑人移管之后,除以上关于执行刑罚过程中刑罚适用之外,还有诸如刑罚减免权、执行国应向判刑国提供有关执行刑罚的信息以及移管的费用等问题。对于刑罚的赦免、减刑或假释,各国签订的双边和多边条约中的规定不一致,联合国《有条件判刑或有条件释放罪犯转移监督示范条约》规定,缔约双方均可根据本国宪法或其他法律给予赦免、大赦或减刑。欧洲《移交被判刑人公约》也有相同规定。但也有的规定赦免和减刑权由判刑国行使,如《关于在英联邦内移管被判刑人的安排》第13条规定,只有判刑国才可以依据本国宪法或者其他法律决定对有关处罚给予特赦、大赦或减刑,除非判刑国与执行国另行达成协议。泰国和美国《刑事判决执行合作条约》规定,移交国应当保留赦免罪犯和减刑的权利。但也有的规定由执行国决定,如波兰与叙利亚《关于民事和刑事司法协助协定》规定,刑罚的全部或部分赦免、减刑权按已决犯所属一方的法律处理。[1]

2. 被判刑人员监管期满后的安排

一般而言,执行国应通知判刑国被判刑人执行刑罚状态。这些信息包括:(1)执行国认为刑罚已经执行完毕的;(2)如果被判刑人在刑罚执行完毕之前逃脱的;(3)如果判刑国要求提供特别报告的。执行国可以以总结报告或具体案例或通过定期刊物,在特定的时段里对所有的判决已经执行完毕的案例提供需要传递的信息。

被判刑人如果是执行国国民,在刑满后便可以留在执行国。如果被判刑人不是执行国国民,如何处理?在《国际刑事法院罗马规约》中规定被判刑

---

〔1〕 参见赵秉志、赫兴旺、杨正根:《海峡两岸间刑事案件移交和已决犯管问题研究》,载赵秉志、黄风主编:《被判刑人移管国际暨区域合作》,中国人民公安大学出版社2004年版,第167页。

人员监管期满后的安排处理方式有四种：一是移送到有义务接受该人的国家；二是移送到同意接受该人的另一国家，但应考虑该人的意愿；三是在执行国同意的情况下留在执行国；四是依照国内法，将该人引渡或移交给为了审判或执行一项判刑而要求引渡或移交该人的国家。

第二节　我国国际刑事司法协助中的移管被判刑人

我国《国际刑事司法协助法》第八章专章规定了移管被判刑人，分为两节：第一节为向外国移管被判刑人，7 个条文；第二节为向我国移管被判刑人，5 个条文。具体内容包括：移管被判刑人的条件、拒绝移管请求的情形、移管请求的提出和请求书的内容、被判刑人移管意愿的核实、移管的决定程序、移管后的刑罚执行和对原判决的申诉处理等。

一、我国移管被判刑人制度的立法与实践

（一）相关立法

我国移管外国被判刑人回国服刑的实践始于 1993 年。当时，罗马尼亚向我国提出了移管在我国服刑的罗马尼亚籍罪犯弗洛雷亚回国服刑的请求，我国有关部门研究形成了我国向外国移管被判刑人工作的意见，并经国务院批准，但是由于对方的原因该次移管没有成功。1997 年，我国外交部根据 1993 年 7 月最高人民法院、最高人民检察院、公安部、司法部和外交部就与外国开展移管被判刑人的个案合作确定的规则，与乌克兰在双方没有签订移管条约的情况下，根据互惠原则，按个案合作的方式，将在华犯有抢劫罪而被判刑的乌克兰公民克里米诺克·奥列格和舍夫佐杰·杰尼斯成功移管回其国籍国服刑，[1] 成为在我国移管被判刑人实践中具有开创意义的首个成功的案例。之后，喀麦隆公民孔某因盗窃罪被山东省青岛市中级人民法院于 1999 年 12 月 13 日判处 12 年有期徒刑，并关押在青岛市监狱服刑。2004 年 2 月

〔1〕 乌克兰公民克里米诺克·奥列格和舍夫佐杰·杰尼斯曾于 1994 年伙同两名俄罗斯人在我国境内抢劫钱财，同年 3 月被黑龙江省哈尔滨市中级人民法院分别判处有期徒刑 10 年。参见赵秉志、黄风主编：《被判刑人移管国际暨区域合作》，中国人民公安大学出版社 2004 年版，第 568 ~ 569 页。

22 日，司法部主管机关在北京首都机场将该名喀麦隆籍服刑人员移交给喀麦隆主管机关，由喀麦隆主管机关继续对其执行由我国法院判处的刑罚。

在我国内地与乌克兰开展了第一次移管被判刑人个案的成功实践之后，2001 年 7 月 21 日，我国内地与乌克兰签订首个移管被判刑人条约。此后，又与俄罗斯、泰国、西班牙、葡萄牙、澳大利亚、韩国、哈萨克斯坦、蒙古国、吉尔吉斯斯坦、伊朗、塔吉克斯坦、阿塞拜疆、比利时、巴基斯坦 14 个国家签订了专门的移管被判刑人条约，除比利时、巴基斯坦外，其余移管条约均全部生效。此外，我国香港特别行政区和澳门特别行政区作为一个独立法域，也与其他国家签署了有关移管被判刑人的协定。香港特别行政区在回归前后，与美国、英国、斯里兰卡、泰国、菲律宾、意大利等 15 个国家签订有关移管被判刑人的协定。

尽管我国没有签署欧洲《移交被判刑人公约》，但目前我国和其他国家已经签订的双边移管条约的大部分内容，包括移管的审查、外国刑罚的转换规则等，都和欧洲《移交被判刑人公约》以及联合国《关于移交外国囚犯的模式协定》相一致。但是，我国移管成功的案例大多属于"移出式"移管，"移入式"模式发展缓慢，直接导致在被判刑人移管合作实践中陷入被动处境。[1] 我国参加的上合组织《反恐怖主义公约》中也有移管被判刑人的内容。在公约框架内，我国可与其他缔约方进行移管被判刑人方面的刑事司法协助。

我国有学者建议在刑事诉讼法典中增加有关被判刑人移管的规定，[2] 也有学者曾经就"关于我国与外国移管被判刑人若干问题的规定"提出"学术讨论稿"，[3] 该讨论稿针对我国与外国开展移管被判刑人的协助程序提出 19 条具体要求。虽然《刑事诉讼法》还没有针对移管被判刑人的任何实质性条件和具体程序作出专门规定。但我国现有多部法律已对移管被判刑人作出明确的规定。《监察法》第 51 条明确规定国家监察委组织协调有关方面，

---

〔1〕 参见周凌、赵金金：《论我国适用被判刑人移管制度之现实困境及路径选择》，载《时代法学》2016 年第 3 期。

〔2〕 参见张智辉：《国际刑法通论》（增补本），中国政法大学出版社 1999 年版，第 449 ~ 454 页。

〔3〕 参见张明：《关于我国与外国移管被判刑人若干问题的规定》，载赵秉志、黄风主编：《被判刑人移管国际暨区域合作》，中国人民公安大学出版社 2004 年版，第 127 页。

加强与有关国家、地区、国际组织在反腐败执法、引渡、司法协助、被判刑人移管、资产追回和信息交流等领域的合作;《反恐怖主义法》第70条和《出境入境管理法》第28条都对移管被判刑人作了明确规定。[1] 2017年的《国际刑事司法协助法》草案稿中并没有关于“移管被判刑人”的内容,但为更好地规范和开展移管被判刑人工作,2018年我国在《国际刑事司法协助法》二审稿中将“移管被判刑人”作为专门一章,设两节规定了被判刑人移管制度,为我国开展国际被判刑人移管协助提供了法律基础。

(二)我国区际刑事被判刑人移管的实践

1. 香港特别行政区与澳门特别行政区移管被判刑人

澳门特别行政区在其1997年4月1日生效的《刑事诉讼法典》第五卷“与本地区以外当局之关系”部分,分两编从第213条至第223条规定了承认与执行其他国家或地区之刑事判决的制度。澳门特别行政区政府与葡萄牙政府于1999年签订《关于转移被判刑人之协定》,该协定在澳门特别行政区回归后,仍然在澳门特别行政区实施。1997年实施的《移交被判刑人士条例》在香港特别行政区回归后继续生效。

2005年5月20日,香港特别行政区政府代表与澳门特别行政区政府代表签订了《关于移交被判刑人的安排》,该安排于2005年12月1日对双方生效。该安排引入了近年来国际被判刑人移管制度的成熟做法和成功经验,确立了区际移管被判刑人制度的基本原则和主要规则,是“一国两制”框架下我国不同法域签订的第一个区际刑事司法协助协定,标志中国范围内不同法域开展刑事司法协助的重要进步,具有相当强的示范作用。

2. 海峡两岸被判刑人移管

1990年9月海峡两岸红十字会就私渡者、刑事犯罪嫌疑人、刑事犯的遣返达成了著名的《金门协议》;1994年,海峡两岸关系协会(以下简称海协会)

---

[1] 《反恐怖主义法》第70条规定,涉及恐怖活动犯罪的刑事司法协助、引渡和被判刑人移管,依照有关法律规定执行。《出入境管理法》第28条规定,外国人有下列情形之一的,不准出境:(1)被判处刑罚尚未执行完毕或者属于刑事案件被告人、犯罪嫌疑人的,但是按照中国与外国签订的有关协议,移管被判刑人的除外……

与我国台湾地区海峡交流基金会(以下简称海基会)在台北就劫机犯遣返问题达成了很多共识,其中包括被判刑人的移管内容。海协会与海基会于2009年在南京签署《南京协议》,第1条将“移管(接返)被判刑人(受刑事裁判确定人)”纳入两岸协助事项,在第三章第11条规定了“罪犯接返(移管)”,明确:“双方同意基于人道、互惠原则,在请求方、受请求方及被判刑人(受刑事裁判确定人)均同意移交之情形下,移管(接返)被判刑人(受刑事裁判确定人)。”从此确立了两岸移管被判刑人制度,为两岸开展被判刑人移管、进一步完善相关的具体规定提供了基础。

二、移管被判刑人的条件

欧洲《移交被判刑人公约》和联合国《关于移交外国囚犯的模式协定》是目前规范移管被判刑人的两个主要文件,均规定了进行被判刑人移管的5项基本条件。欧洲《移交被判刑人公约》第3条规定:(1)该人为执行国国民;(2)该判决为终审判决;(3)在收到移交请求时,该被判刑人至少仍需服刑6个月或服刑期不确定;(4)该被判刑人同意移交,或鉴于其年龄或者身体或精神状况,判刑国和执行国中的任何一国认为有必要时,经该被判刑人的法定代理人同意;(5)据以科处刑罚的行为或不作为依执行国法律构成犯罪;(6)判刑国和执行国均同意移交。联合国《关于移交外国囚犯的模式协定》在总则和其他规定中也规定了内容基本相同的条件。

我国《国际刑事司法协助法》中规定的移管被判刑人条件如下:

(一)被判刑人是执行国的国民

1. 国民的范围

许多国际公约、双边条约均将“被判刑人是执行国国民”作为移管的首要条件,欧洲《移交被判刑人公约》第3条移交条件中明确要求移交的对象必须是“执行国国民”,其中第4款允许任何国家向欧洲理事会秘书长提交声明,对“国民”含义加以解释。有的国家同时规定公民或国民,如美国的被判刑人移管协定中,被判刑人,是指“美利坚合众国的公民或国民”。

在我国《国际刑事司法协助法》中有两处是明确使用“公民”的概念,如在该法第 19 条和第 22 条,外国通报诉讼结果的,对外联系机关收到相关材料后,应当及时转交或者转告主管机关,涉及对我国公民提起刑事诉讼的,还应当通知外交部。对于要求我国公民接受讯问或者作为被告人出庭的传票,我国不负有协助送达的义务。但在移管被判刑人条件中却用了一个"国民"的概念。"国民"是国际法上的概念,与"外国人"概念相对,是被某一国家视为自己的属民并且受到该国特殊的法律保护和外交保护的人。哪些人属于某一国国民范围或者应享受国民待遇,国际法一般并不作规定,而是由该国的主管机关根据本国的法律和具体情况加以认定。"国民"与"公民"的概念相互包容,但并不完全重合。在我国,公民是具有中华人民共和国国籍的人。

但随着香港特别行政区和澳门特别行政区的回归,香港特别行政区和澳门特别行政区居民中有一部分不具有中国公民的身份,但仍享有特别行政区基本法和其他法律的保护,均属于"中国国民",在香港特别行政区的《移交逃犯条例》中,使用的就是"国民"的概念,既包括中国公民,也包括香港特别行政区居民。在香港特别行政区与菲律宾的移管被判刑人协定中,对于移管条件的规定,如果香港特别行政区是接收方,则要求"被判刑人是香港特别行政区永久性居民或与香港特别行政区有密切联系"。

可见,中国国民包括形式上不具有我国国籍,但仍可以受到我国法律保护和外交保护的中国人。我国的引渡条约和双边司法协助条约均使用了"国民"这一概念,显然,如果外国针对处于我国境内的上述人员提出引渡请求,我国主管机关可以援引本国国民不引渡的条款拒绝该请求。

2. 被判刑人是执行国国民

这一条件是由移管被判刑人制度的宗旨决定的,被判刑人的国籍国是其最佳服刑地。联合国《关于移交外国囚犯的模式协定》将执行国明确规定为被判刑人的国籍国或居住国。

一般而言,请求移管外国籍被判刑人,请求方和执行方都可以根据实际情况和需求提出,体现了移管被判刑人这种司法协助形式对协助双方的受益性。我国《国际刑事司法协助法》也明确这两种情形,外国可以向我国请求移管外国籍被判刑人,我国也可以向外国请求移管中国籍被判刑人。条件是被判刑人具有执行国的国籍的人。国籍国通常是被判刑人熟悉的国度,所有开展移管被判刑人合作的国家都毫无例外地接受具有本国国籍的公民回国服刑。我国与乌克兰、俄罗斯、西班牙、葡萄牙、澳大利亚和韩国签订的移管条约均将移管对象限定为具有执行国国籍的"国民"。笔者认为,被判刑人拥有永久居留权或长期居住地的情况比较复杂,被判刑人甚至会拥有不止一个国家的永久居留权或者分时居住在不同国家,会对移管产生复杂影响,但将被判刑人的居住国和国籍国并列为执行国,同时也具有重要的现实意义,也符合对被判刑人进行移管的宗旨。

有的国家或地区也接受那些被判刑前在本国有惯常住所或其主要亲属居住在本国的人到本国服刑。如澳大利亚与我国香港特别行政区签订的《移管被判刑人协定》第4条(c)项规定,若澳大利亚为接收方,则被判刑人须为澳大利亚公民,或者根据澳大利亚法律,获准前往、进入并无限期留在澳大利亚,而且与澳大利亚州或地区之间存在社区关系。

澳大利亚在与我国谈判缔结移管被判刑人条约时,规定更灵活,双方在条约的有关移管条件中规定:"被判刑人为接收方公民。在例外情况下,双方可同意放弃此项条件。"这为双方在协定生效后灵活处理不具有对方国籍的被判刑人到对方监狱服刑的问题留下了具可操作性的余地。我国迄今为止与外国签订的条约或协定都把移管的对象,原则上限于执行国公民,但是也保持一定程度的灵活性。

(二)对被判刑人判处刑罚所针对的行为在执行国也构成犯罪

这是我国在对被判刑人移管中对"双重犯罪"原则的坚持。联合国《关于移交外国囚犯的模式协定》中对双重犯罪原则作了明确的要求,提供了示范性表述条款,欧洲《移交被判刑人公约》和《美洲国家组织关于在外国服刑的公约》也作出了相应规定。外籍被判刑人在判刑国被宣判的犯罪行为,体现了判刑国的司法主权,执行国只有在认为被判刑人的行为依本国法律也构成犯罪时,才有可能与判刑国开展此类合作,以确保移管被判刑人的犯罪行为属于执行国的司法权限范围。但各国在法律分类和术语上存在一定的差别，因此，在有的双边或多边的被判刑人移管条约中，判刑国和执行国并不要求对被判刑人实施的行为在法律中被规定为完全相同的犯罪，而是适用“实质类似标准”，强调双方法律对于这一犯罪行为规定的基本要素具有可比性，即无论该行为是否被规定在相同的法律文件中、是否归属于同一类罪以及是否使用相同的法律名称，只要求对于相同的行为，作为实质犯罪构成要件被法律规定为犯罪行为。

也有的国家或地区更加注重移管对于被判刑人提供行刑时的便利，而对双重犯罪原则并不苛求。如澳大利亚在与我国香港特别行政区缔结的《移交被判刑人的协定》第 4 条(a)项在涉及双重犯罪原则作为移管条件时规定：引致判刑的作为或不作为，根据接收方的法律构成一项刑事罪行的要素，或如发生在接收方司法管辖区内，将构成一项刑事罪行的要素。如缔约双方均同意并在接收方的本地法律允许的范围内，个别个案可豁免这项规定。

双重犯罪原则在被判刑人移管中也有例外，更进一步实践了对被判刑人移管制度的价值的重视。《欧盟委员会框架决定》(2008/909/JHA 号)中，对于相当一部分犯罪不要求在判刑国和执行国都构成犯罪，而且其列出的清单包括了绝大多数传统和新型犯罪。根据第 7 款规定，如果依据判刑国的法律规定，外籍犯人被判处 3 年以上的自由刑，则无论在执行国的法律体系中是否被规定为犯罪，均适用该移管令；该移管令还具体列举了排除双重犯罪原则适用的多种犯罪行为，即如果实施了所列举的犯罪行为，则无论在判刑国和执行国法律中是否被规定为犯罪，均适用该移管令。从列表内容来看，列举的犯罪行为多为国际罪行，危害国际社会安全和全人类利益。

(三)刑事判决已经发生法律效力

刑事判决已经发生法律效力，是指判刑国对被判刑人规定的上诉期已经届满，或者被判刑人在判刑国已经用尽所有可能的法律救济途径，因而在判刑国不存在针对判决效力提出异议的申诉活动。

被判刑人在判刑国无其他应承担的刑事责任，是指在移管前不存在任何未审结的刑事诉讼程序。欧洲《移交被判刑人公约》使用的是“终审判决”，但在联合国《关于移交外国囚犯的模式协定》则表述为“有执行效力的最终判决”,《关于在英联邦内移管被判刑人的安排》明确要求“有关的裁决是终局的”。按照欧盟委员会建议,作为一个具有可操作性的定义,“终审判决”,是指对刑事案件作出的不再有普通上诉程序或者即使有上诉程序可能但不影响其立即生效的包括刑事实体判决在内的一切决定,即用尽了所有的法律救济方法或提出救济的时限已过,当事人没有利用救济方法。显然,移管被判刑人必须依据判刑国具有执行效力的终审判决,即执行国刑罚执行依据必须为最终性判决,要求对外籍犯人所执行的刑事判决必须是最终效力的判决。否则,执行国没有办法处理被判刑人针对判决而提出上诉的问题,也不可能将被判刑人再送回判刑国审理。当然,根据欧洲《移交被判刑人公约》第 13 条的规定,并不排除在出现新的证据也可能存对判决进行复查的可能性。

在我国对外缔结的移管被判刑人条约中的表述包括“判决已经发生法律效力”,或者“判决为终审判决,且在移交方境内不存在与所涉犯罪或其他犯罪有关的未完结诉讼”。[1] 在我国,“判决已经发生法律效力”,是指经过法定期限没有上诉、抗诉的判决,以及上诉、抗诉后经二审终审的判决。“终审判决”,是指判决已经生效,且在判刑国不存在其他未审结的刑事诉讼,这就意味着已经穷尽了所有诉讼程序的判决,这也是众多国家法律制度中对生效判决最常用的表述。

一些国家可能还规定了被判刑人的申诉程序或司法部门的审判监督活动。可能引起对生效判决再次进行审查的程序,被判刑人在服刑的全过程中,甚至服刑完毕之后都可以行使申诉权。申诉程序不影响移管,但是申诉应当向判刑国提出。

---

〔1〕《中国和韩国被判刑人移管条约》第 4 条第 1 款第 3 项规定,只有在对被判刑人判处刑罚的判决已经发生法律效力,且不存在进一步上诉的可能,方可进行移管。《中国和澳大利亚移管被判刑人条约》第 4 条第 4 项规定:“判决为终审判决,且在移交方境内不存在与所涉犯罪或其他犯罪有关的未完结诉讼。”

（四）判刑国、执行国与被判刑人三方同意

1.判刑国与执行国的同意

移管被判刑人涉及两个国家的司法主权的尊重，需征得判决国和执行国的同意，这是移管合作的刚性条件之一。欧洲《移交被判刑人公约》也坚持这点，但在欧盟《被判刑人移管框架决定》（2008/909/JHA号）中，对国家的同意权作出了限制，当被移管犯人是该成员国的非国民居民时，该国可以撤回同意。在一定的条件下，移管甚至不需要经过执行国的事先同意：成员国可以在批准本框架决定之时或之后通知理事会秘书处，在它和其他已经发表了同样声明的成员国之间，对（a）如果被判刑人现在生活在执行国且已合法地连续居住了5年以上，且将取得该国的永久居留权，并且/或者（b）被判刑人是执行国的公民，以上（a）、（b）情形中的被判刑人移管不需要事先同意。[1]

2.被判刑人的同意

在实践中，移管动议往往是由被判刑人本人提出的，如果判刑国或执行国请求移管，则必须征得被判刑人的同意。判刑国或者执行国需要对被判刑人履行告知义务，被判刑人有权获悉条约的内容，知晓自己享有可获移管的权利，有权了解移管的法律后果。这也是对被判刑人知情权的尊重，许多国际条约和国内立法将保障被判刑人的知情权纳入规范化、制度化的轨道。《德国刑事事务国际司法协助法》第71条第3款规定，在接到被判刑人"告知后表示同意而且将其同意表示记录在案或者他在有权认证意思表示的领事官员面前表示同意"。我国《国际刑事司法协助法》对此予以确认。我国与葡萄牙移管被判刑人条约第8条规定："判刑方应当根据本国法律确保被判刑人或者其代理人在完全知晓移管的法律后果的情况下自愿表示同意移管，并在同意移管的声明中对此予以确认。""如经执行方请求，判刑方应当提供机会，使执行方通过领事官员核实被判刑人已按前款规定的条件表示同意。"移管必须是完全出于被判刑人自愿且清楚地知道移管的法律后果，包括移管

〔1〕参见高秀东主编：《欧盟刑事司法合作领域相互承认原则研究暨相关法律文件》，中国法制出版社2019年版，第79页。

产生的利弊、移管对刑罚转换的结果,甚至包括之前在执行国所犯其他罪行有可能会被再次提出追诉等,不得违背其意志,被判刑人在完全知晓移管为他所带来的所有法律后果的情况下的真实意思表达。为此,移管条约中通常规定,同意移管的意思表示采取书面形式,并规定判刑国应提供方便,以使执行国通过指定的官员对其意思表示进行核实。这一要求也是为防止判刑国以移管被判刑人的名义将被判刑人驱逐出境或变相引渡。

被判刑人"同意",还包括被判刑人因为年龄、身体、精神状况等原因,而不能作出意思表示或者不能完全独立作出意思表示的情况下,为保障其合法权益,就需要由"代理人"代为作出意思表示。在欧洲《移交被判刑人公约》第3条移交的条件中,使用的是"法定代理人"同意,但从理解上来说,"法定代理人"并不意味着代表人在法律上是合格,它包括代表被判刑人、经法律正式授权的任何人,如被判刑人父母或主管机关特别授权的人。[1]《关于在英联邦移管被判刑人罪犯的安排》中表述为"代表被判刑的罪犯行事的人员的同意",与上述理解基本一样,在我国香港特别行政区与菲律宾和意大利的移管协定中,也是笼统规定被判刑人同意可以由"有权代其行事的人代表其同意"。

我国与外国缔结的移管条约中,如我国与葡萄牙移管被判刑人条约第4条第1款第4项规定:"被判刑人书面同意移管,或者任何一方鉴于该人的年龄、身体或精神状况认为有必要时,经被判刑人的代理人书面同意。"同样使用的是"代理人"同意。笔者认为,我国与外国签订的移管条约以及我国《国际刑事司法协助法》第56条"代理人书面同意"中"代理人"的解释应该与之相同,包括经法律正式授权的、能够代表被判刑人的任何人。

条约规定移管必须取得被判刑人同意,但对于该同意是否基于自愿、同意的表示形式以及对同意后又反悔的现象是否进行审查均缺乏相应的规定。我国签订的被判刑人移管条约国都忽略了同意是否可以撤回的问题。笔者认为,基于保护被判刑人权益的考虑,应该允许被判刑人在一定期限内撤回

---

〔1〕 参见赵秉志、郭泽强、杜启新:《欧洲〈移交被判刑人公约〉及〈移交被判刑人公约附加议定书〉研究》,载赵秉志、黄风主编:《被判刑人移管国际暨区域合作》,中国人民公安大学出版社2004年版,第45页。

因考虑不周或因其他失误而作出的同意，应规定在判决方同意移管且发布移管命令之前或实际移管之前允许被判刑人撤回同意，使被判刑人对于移管的同意能够代表其最终的真实意愿。对于移管错误的情形，即按照我国法律或双边条约本不应移管却错误进行了移管，以及对在移管之后才发现的冤假错案如何进行赔偿，我国现有移管双边条约均未作出规定，在今后的移管的双边协议中有待进一步明确。

3. 被判刑人同意的例外

也有国家对于移管须征得被判刑人同意持否定或保留态度，认为是否同意移交外国囚犯，应当取决于国家本身，而不能取决于被判刑人本人。欧盟国家刑事一体化后，基于有利于被判刑人再社会化考虑，对欧盟国家赋予了一定情况下接收被判刑人的义务，在这种情况下，两国之间若就移管达成了一致，即便被判刑人不同意，也不影响移管的进行。近年来，一些国际公约对被判刑人的同意这一条件作了修改。在欧盟《移交被判刑人公约附加议定书》中，还增加了两种可以不经被判刑人同意而进行移管的情况：被判刑人从判刑国逃到其国籍国，从而导致在大部分情况下，判刑国不可能执行已判刑罚；作为已判刑罚的附随后果之一，被判刑人在服刑完毕后将被驱逐出境。对于第一种情况属于犯罪人逃避法律制裁、故意破坏司法程序的情形，因而被排除在《移交被判刑人公约》框架之外，以维护法律尊严。对于第二种情况，驱逐出境是判刑国所判刑罚的附随后果之一，被判刑人在服刑完毕后将被禁止在判刑国停留的情形，将其留在判刑国服刑也不符合《移交被判刑人公约》的宗旨，因此无须其同意也将其移管。

（五）被判刑人移管的拒绝

1. 被判刑人被判处死刑缓期执行或者无期徒刑

我国《国际刑事司法协助法》明确对被判处死刑缓期执行或者无期徒刑的被判刑人拒绝移管，除非其在请求移管时已经减为有期徒刑。在我国与俄罗斯签订的双边移管条约中，明确规定了“请求被移管的人被判处死刑或者无期徒刑”，可以拒绝移管，但我国与乌克兰签订的移管条约中并没有类似的规定。判处死刑缓期执行或者无期徒刑的罪犯，都有根据被判刑人在死缓考验期内或者服刑期内的表现作出变更的规定,因此,在死刑缓期和无期徒刑执行期间不可以进行被判刑人移管,但死刑缓期执行或者无期徒刑减为有期徒刑的除外。这也表现了我国对严重犯罪从严惩处的精神。

2. 被判刑人在中华人民共和国境内存在尚未了结的诉讼

一些多边公约和双边条约或协定均会规定,被判刑人如果在判刑国存在尚未完结的诉讼,若对被判刑人进行移管,会影响到案件的调查和审理,进而影响诉讼进程,对案件当事人会产生影响。这里“诉讼”是指包括民事诉讼、刑事诉讼等各类诉讼。例如,我国与乌克兰和俄罗斯分别签订的双边移管条约中,均明确规定了“被判刑人在判刑国境内有尚未偿清的债务或因其他刑事案件被立案而尚未做出终审判决”的,双方均可以拒绝移管。美国与加拿大《刑事判决执行条约》要求在判刑国不存在任何悬而未决的、针对罪犯受到的定罪或判决提出的上诉或“附带攻击”诉讼程序,并且为罪犯对定罪和判决提出上诉规定的期限已经届满。我国《国际刑事司法协助法》也对此予以明确规定。

3. 犯罪性质的限制

一些国际条约列举了一些排除适用移管被判刑人的罪行,从而使判刑国保留对实施一些特定罪行的人加以惩处和监管的权利。基于保护国家安全和维护政治利益的需求,各国会将一些特定的犯罪,如政治、军事目的实施的犯罪排除在国际刑事司法协助的范围之外。一般而言,各国对于允许被移管的罪行范围具有自主决定权,明确地排除了某些犯罪对移管的适用。例如,我国与俄罗斯、乌克兰的双边移管条约中,将有损其主权、安全、公共秩序或者违反本国法律的基本原则作为可以拒绝移管的情形之一。在我国与俄罗斯签订的双边移管条约中,还增加一项,将“因犯危害国家安全罪对被判刑人做出判决”的,可以拒绝移管。《泰国和美国刑事判决执行合作条约》第 2 条和第 3 条也规定将侵犯国家内部或外部安全的犯罪,以及侵害国家元首或其家庭成员的犯罪排除在移管适用范围之内。美国与加拿大和墨西哥签订的移管协议则排除移管违反移民法的情形。在老挝与英国的移管协定中,对于针对特定人(总统、国民大会主席、总理以及他们的配偶)实施的犯罪、危害国家安全的犯罪、涉及国家保护文物的犯罪的外籍犯人，不得被采取移管措施。

4. 在请求移管时，被判刑人剩余刑期不足一年

剩余刑期的要求主要是为了移管被判刑人更具有可操作性，如果剩余刑期较短，可能在剩余刑期间还走不完移管程序，导致司法和行政资源的浪费，而且也达不到矫正、改造回归的目的，丧失其实际意义，这也是从经济效益的角度对被判刑人的移管所设立的条件。欧洲《移交被判刑人公约》的解释报告，考虑移管在判刑国和执行国所产生的经费问题，尤其是对执行国来说，只有当因移管而产生的费用和移管所要达到的目的在成本效益上相称时，实施移管才是必要的。联合国《关于移交外国囚犯的模式协定》也设置了 6 个月剩余刑期条款供成员参考。但是，对于最低期限的有无或者具体期限的长短，最终还是取决于两国之间的自由协商，出于对被判刑人身体健康等因素的考虑，剩余刑期低于法定要求的也可以。我国对外签订的移管条约始终坚持被判刑人移管一般只适用于被判处剥夺自由刑的被判刑人，且在请求移管时剩余刑期一般都要求至少 6 个月或者 1 年。在特定情况下，虽然被判刑人的需服刑的期限少于 1 年，双方同意的仍然可以移管。

在移管被判刑人条约中，通常不规定应拒绝或可拒绝移管的理由。在实践中，无论是判刑国还是执行国，均可以在任何情况下因任何原因拒绝对方提出的移管请求，且无须说明拒绝的理由。这是移管被判刑人合作有别于引渡、刑事司法协助等其他形式的重要区别之一。我国《国际刑事司法协助法》在拒绝移管的条件中将“其他不宜移管的情形”作为一个弹性的兜底条款。

三、移管被判刑人协助程序

被判刑人移管程序大致是按照提出移管请求、被申请方进行审查并作出决定、双方进行磋商、移交被判刑人、继续执行刑罚这几项来进行，其中被申请方进行审查是较为重要的一步程序，同时对申请处理的迟延也是造成整个移管程序拖沓冗长的主要原因。我国目前签订的移管被判刑人条约对于在收到移管申请后进行审查的具体标准和审查的期限都没有进行规定。从被

判刑人的利益出发,移管程序应简便、快速,因此,立法应当明确各主管部门审查的内容、标准以及审查的期限,如果各主管部门未能在规定期限内提出审查意见,视为同意;作出审查决定也应尽快向申请方通报,以提高移管的效率,移管程序需要特别注意以下几个方面:

(一)移管的请求

虽然判刑国与执行国在移管意愿方面所考虑的利益因素不同,甚至判刑国的属地管辖权以及执行国的属人管辖权还可能发生冲突,对于移管被判刑人的启动规制模式也不同。《关于刑事判决国际效力的欧洲公约》规定,被判刑人的移管仅判刑国可以提出请求,但欧洲《移交被判刑人公约》第2条第3款规定:判刑国或执行国均可提出移管请求。这种变化使执行国在遣送服刑人员过程中由于文化、宗教、家庭以及其他社会关系的原因所产生的利益得到承认,也是有利于被判刑人原则的体现。我国《国际刑事司法协助法》规定,被判刑人移管程序的启动具有双向性,判刑国或者执行国均可以提出,被判刑人及其代理人也可以首先提出,这是被判刑人移管制度与其他刑事司法协助在启动方式上的不同。

《监狱法》赋予司法行政机关的职能,向外国移交正在监狱中服刑的被判刑人的具体实施工作由我国司法部负责。监狱主管机关依法与外国开展被判刑人移管。我国一些地方监狱管理局已经以行政规定的方式率先对被判刑人移管规则作出探索,如广东省监狱管理局办公室于2010年7月16日印发了《广东省监狱管理局外国籍罪犯管教工作规定》(粤狱发〔2010〕257号),其中对于被判刑人移管的规定较具体,可操作性较强。外国与我国签订有移管条约的外国籍罪犯要求移管回国服刑的,可以由外国籍罪犯本人向监狱提出书面申请移管;没有与我国签订移管条约的外国籍罪犯要求移管回国服刑的,则按个案进行处理,由外国籍罪犯通过所属国驻华使、领馆直接向司法部提出申请。

(二)被判刑人移管的意愿核实

无论是由哪一方先提出移管都必须符合被判刑人的意愿。被判刑人移管的请求在一些情况下还可以首先由被判刑人提出而启动。根据欧洲《移交被判刑人公约》第4条第1款规定,一旦判刑国对外籍罪犯作出终审判决后,就应把有关将其移交本国服刑的事项通知被判刑人,以便被判刑人能够全面了解其权利和义务。被判刑人根据其意愿来决定是否同意移管回国服刑。判刑国当局应将征求意见结果记录在案,以便执行国移交时核查。如果被判刑人同意移交,判刑国应将有关情况通报给被判刑人的国籍国当局。欧洲《移交被判刑人公约》规定,判刑国有义务告知被判刑人移管的可能性以及移管的法律后果。如果被判刑人因身体或状况不能自由决定或正常表达其意愿,也可以要求由被判刑人的法定代理人表示上述意愿。对于少年犯而言,移管必须得到其法定代理人同意。同时,判刑国还应对程序上保障执行国有机会在移管前通过领事或以与执行国商定的其他方式对被判刑人表达的意愿加以核实。

我国《国际刑事司法协助法》第58条规定,中国向外国移管被判刑人,主管机关应当对被判刑人的移管意愿进行核实。外国请求派员对被判刑人的移管意愿进行核实的,主管机关可以作出安排。我国与韩国签订的移管条约中,被判刑人对于同意移管的核实,主要是要求其在同意移管的声明中予以确认。

(三)移管的决定程序

我国《国际刑事司法协助法》明确启动被判刑人移管的双向性,因此,在向外国移管被判刑人时,无论是外国向我国提出请求,还是我国主管机关认为需要向外国提出请求的,都由主管机关会同相关主管部门进行审查,作出是否同意向外国移管被判刑人的决定。执行国在决定是否接受被判刑人移管的请求时,一般只根据条件进行审查,执行国一般不对判刑国的判决进行实质性审查。在我国与乌克兰和俄罗斯分别签订的双边移管条约中,赋予了缔约方自主决定是否同意移管的权力。

(四)刑罚转换程序

我国的双边条约中对移管之后继续执行刑罚适用的法律及程序规定不够明确,只规定了由执行国法院以裁决的方式转换。根据我国《国际刑事司法协助法》的规定,被判刑人移管回国后,由主管机关指定刑罚执行机关先行关押。人民检察院应当制作刑罚转换申请书并附相关材料，提请刑罚执行机关所在地的中级人民法院作出刑罚转换裁定。人民法院应当依据外国法院判决认定的事实，根据刑法规定，作出刑罚转换裁定。但立法没有具体明确人民法院是否以及如何组成合议庭的方式作出转换裁定，也可能使实践操作无法可依。

（五）刑罚的执行

被判刑人移管之后，执行国接过了监管权，刑罚执行机关根据刑罚转换裁定对被判刑人执行刑罚。我国《国际刑事司法协助法》规定刑罚执行以及减刑、假释、暂予监外执行等，依照我国法律办理。有关赦免的问题未在立法中明确。但我国与韩国、乌克兰签订的被判刑人移管条约中有赦免的规定。这三种刑罚执行方式在本质上有相似之处，都是对认真遵守监规、接收教育改造、表现良好的犯罪分子的奖励制度。被判刑人移管回国后对外国法院判决的申诉，应当向外国有管辖权的法院提出。由于我国《国际刑事司法协助法》明确被判刑人是执行国的国民，因此，在我国刑满之后便可以留在我国境内。

（六）关于移管被判刑人的费用

欧洲《移交被判刑人公约》以及联合国《关于移交外国囚犯的模式协定》中均规定，被判刑人移管的费用由执行国承担，但完全发生在判刑国境内的费用除外，或者判刑国与执行国另有约定的除外。有的国家签订的双边条约中，如加拿大、泰国和美国签订的条约则分别要求接收国“自费实行罪犯移管”，或者“由接收国承担罪犯移管或执行费用”。从我国开展的实践来看，移管被判刑人或在移管被判刑人后继续执行刑罚所涉及的开支，应由执行国承担，这也是国家责任的体现。